新时代立德树人策略

主编：华建明

广西教育出版社 ·南宁·

图书在版编目（CIP）数据

新时代立德树人策略 / 华建明主编. -- 南宁 : 广西教育出版社，2021.12（2022.4 重印）
ISBN 978-7-5435-9041-0

Ⅰ. ①新… Ⅱ. ①华… Ⅲ. ①德育-教学研究 Ⅳ. ①G41

中国版本图书馆 CIP 数据核字(2021)第 245843 号

策划编辑：黄立明　　装帧设计：李浩丽
责任编辑：孙华明　　责任技编：蒋　媛

出 版 人：石立民
出版发行：广西教育出版社
地　　址：广西南宁市鲤湾路 8 号　　邮政编码：530022
电　　话：0771-5865797
本社网址：http://www.gxeph.com
电子信箱：gxeph@vip.163.com
印　　刷：天津奥丰特印刷有限公司
开　　本：787mm×1092mm　1/16
印　　张：22
字　　数：370 千字
版　　次：2021 年 12 月第 1 版
印　　次：2022 年 4 月第 2 次印刷
书　　号：ISBN 978-7-5435-9041-0
定　　价：70.00 元

编委会

序

党的十八大以来，习近平总书记高度重视社会主义精神文明建设特别是思想道德建设，就立德树人、以德铸魂等工作发表一系列重要论述，多次亲切会见、关爱礼敬道德模范，推动全社会形成崇德向善、见贤思齐、德行天下的浓厚氛围。2013 年 11 月 24 日至 28 日，习近平总书记在山东考察时指出，国无德不兴，人无德不立。必须加强全社会的思想道德建设，激发人们形成善良的道德意愿、道德情感，培育正确的道德判断和道德责任，提高道德实践能力尤其是自觉践行能力，引导人们向往和追求讲道德、尊道德、守道德的生活，形成向上的力量、向善的力量。只要中华民族一代接着一代追求美好崇高的道德境界，我们的民族就永远充满希望。

2018 年 9 月 10 日，全国教育大会在北京召开。习近平总书记发出号召："要把立德树人融入思想道德教育、文化知识教育、社会实践教育各环节，贯穿基础教育、职业教育、高等教育各领域，学科体系、教学体系、教材体系、管理体系要围绕这个目标来设计，教师要围绕这个目标来教，学生要围绕这个目标来学。"

我们是党和国家教育方针与政策的坚定执行者。在充分把握方针与政策的本质之后，我们的核心任务就是遵循教育规律，实现学生的全面发展。因此，我们从党中央、国务院系列文件精神中获得教育发展、改革创新的营养与教益，提出了"立德树人、全面发展"的建校构想。

在政策文献研究、实践探索总结中，我们更加坚定了学校发展的方向定位与实策。《中共中央 国务院关于深化教育教学改革全面提高义务教育质量的意见》明确要求："树立科学的教育质量观，深化改革，构建德智体美劳全面培养的教育体系，健全立德树人落实机制，着力在坚定理想信念、厚植爱国主义情怀、加强品德修养、增长知识见识、培养奋斗精神、增强综合素质上下功夫。坚持德育为先，教育引导学生爱党爱国爱人民爱社会主义；坚持全面发展，为学生终身发展奠基；坚持面向全体，办好每所学校、教好每名学生；坚持知行合一，让学生成为生活和学习的主人。"

文件又要求我们："完善德育工作体系，认真制定德育工作实施方案，深化课程育人、文化育人、活动育人、实践育人、管理育人、协同育人。""广泛开展先进典型、英雄模范学习宣传活动，积极创建文明校园。健全创作激励与宣传推介机制，提供寓教于乐的优秀儿童文化精品；强化对网络游戏、微视频等的价值引领与管控，创造绿色健康网上空间。突出政治启蒙和价值观塑造，充分发挥共青团、少先队组织育人作用。"由此启发了我们推行立德树人的实践定位和策略建模。

自2019年始，笔者有幸参与深圳市光明区凤凰学校教育改革规划与实施。深圳目前进入了粤港澳大湾区、深圳先行示范区"双区"驱动，深圳经济特区、深圳先行示范区"双区"叠加的黄金发展期。光明区正在加快打造世界一流科学城和深圳北部中心，广大光明区教育人努力赶超奔跑，朝着"幼有善育""学有优教"的先行示范目标坚实迈进。经政策、理论、实践的反复论证，我们提出了"立德树人、全面发展"的总体构思，提出了"立德树人全智慧"实施方案，明确立德树人是根本，内涵建设促发展。

立德是坚持德育为先，通过正面教育来引导人、感化人、激励人。树人是坚持以人为本，通过合适的教育来塑造人、改变人、发展人，从而实现新时代学生的全面发展。人生最高的境界是立德树德、实现道德理想，其次是事业追求、建功立业，再次是有知识有思想、著书立说。这三者是人生不朽的表现，而立德居于人生三不朽之首。

遵循以上系列政策、理念、规律指引，参照立德树人的成功经验，我们产生了"立德树人全智慧"的构想。古人云：工欲善其事，必先利其器。为贯彻好党中央、国务院系列指示，落实好立德树人目标，我们特提出如下立德树人智慧体系：第一类立德树人智慧——说服感召，包括晓之以理、重复、导之以行等策略；第二类立德树人智慧——榜样引领，包括典范、示范、评优等策略；第三类立德树人智慧——修身自省，包括读书、座右铭、立志、自我批评、慎独等策略；第四类立德树人智慧——教育性赏罚，包括表扬、奖励、批评、处分等策略；第五类立德树人智慧——体验自悟，包括角色换位、情境感染等策略。

经过近三年的努力，我们获得了初有成效的成果，愿以著述方式呈现给学术界、实践者，以期获得大家的指正，让“立德树人、全面发展”的构想不断完善。

时俊卿

2021 年 11 月

目录

第一章

新时代立德树人概论

教育是一场时代挑战下的攻坚战，如何使人得到全面自然的发展是教育的重点，而新时代下的立德树人命题正是对这一重点的最好诠释。2019 年，中共中央办公厅、国务院办公厅印发的《加快推进教育现代化实施方案（2018—2022 年）》明确将“实施新时代立德树人工程”置于推进教育现代化的十项重点任务之首，这充分彰显了做好新时代立德树人工作的重要性。以立德树人作为新时代下教育的根本要务，是教育自身发展的迫切需要，更是从“硬”生存技术到“软”文化传承的深刻转变。立德树人是教育的初心和使命，这一思想的提出具有重要的现实意义。它不仅是对学校育人目标的重新审视，而且是对中国特色社会主义人才培养的深刻思考。立德树人思想具有深刻的时代内涵，是学生立身之本，学校立校之基，社会和谐之源。

第一节　对新时代立德树人的认知理解

立德树人的语境宏阔，立意深远。“培养什么人”以及“怎样培养人”始终是教育的永恒主题和根本问题，也是我国社会主义教育事业发展中必须解决好的根本问题。立德树人是对“培养什么人”以及“怎样培养人”的一种积极回应。在当前教育改革的背景下，立德树人是教育的根本任务，因此，正确认识和理解立德树人就显得尤为重要和关键。

一、新时代立德树人概念的提出

如何理解立德树人的含义？立德，就是坚持德育为先，通过正面教育来引导人、感化人、激励人；树人，就是坚持以人为本，通过合适的教育来塑造人、改变人、发展人。回溯改革开放以来我国教育发展的历程，我们会发现，立德树人是以人为本的重要体现。立德树人贯穿整个教育改革历史，以与时俱进与发展为诉求，并在其中发挥着“转轴”作用。

1997 年 9 月，党的十五大报告指出，要“优化教育结构，加快高等教育管理体制改革步伐，合理配置教育资源，提高教学质量和办学效益”。至此，强国梦以教育为开端，多方面考察教育培养“软硬”结合的高层次人才。2012 年 11月，党的十八大明确提出“努力办好人民满意的教育”。教育不断深化改革，与时俱进，以发展为诉求，向立德树人标杆不断靠近。2017 年 10 月，党的十九大报告指出：“要全面贯彻党的教育方针，落实立德树人根本任务，发展素质教育，推进教育公平，培养德智体美全面发展的社会主义建设者和接班人。”如何实施中国特色社会主义条件下的教育兴国战略，为中华民族伟大复兴的中国梦的实现培养高精尖人才，立德树人再一次做出了有力回答。至此，立德树人这一马克思主义关于人的发展理论与中国特色社会主义现代化建设相结合的时代产物在教育改革历史中开始发挥自己的独特作用。

2018 年 9 月 10 日，习近平总书记在全国教育大会上提出：“要把立德树人融入思想道德教育、文化知识教育、社会实践教育各环节，贯穿基础教育、职业教育、高等教育各领域。”特别是习近平总书记在 2019 年 3 月 18 日主持召开学校思想政治理论课教师座谈会上强调，“加快推进教育现代化、建设教育强国、办好人民满意的教育，努力培养担当民族复兴大任的时代新人，培养德智体美劳全面发展的社会主义建设者和接班人”，进一步明确了新时代高校内涵式发展的根本任务，为新时代高等教育发展指明了方向。

立德树人是教育的根本任务，是新时代全面贯彻党的教育方针的根本出发点和落脚点。坚持立德树人要以马克思主义为理论基础和指导思想，把培育和践行社会主义核心价值观融入教书育人全过程。推进新时代中国特色社会主义事业发展，必须优先发展教育事业，做好立德树人工作，回答好对新时代立德树人“如何看”“怎么办”两个层面的根本问题，培养担当民族复兴大任的时代新人。培养以中华民族伟大复兴为己任的有理想、有本领、有担当的时代新人，就是对当前高校立德树人新的时代要求。

目前，我国社会正处于深化改革开放和发展社会主义市场经济的关键时期，在这种现实境遇下，强调立德树人显得格外重要。社会主义市场经济的发展，对人们道德观念产生了双重影响：一方面，它有力促进了人们新的价值观念和道德观念的产生；另一方面，也使人们在转型的过程中产生了种种新的道德困惑甚至道德迷失。在经济全球化、社会信息化、文化多元化的时代背景下，学校如何有效推动中国特色社会主义理论体系进教材、进课堂、进头脑；如何有效开展理想信念教育，弘扬民族精神和时代精神；如何深入开展爱国教育、集体教育、社会主义教育；如何有效帮助学生树立社会主义核心价值观，确立和坚守正确的社会主义道德观；如何帮助学生把握成长的方向和规律，拥有优良的品德和健全的人格，成为品学兼优、德才兼备的栋梁之材，已成为突出的时代性课题。

二、新时代立德树人的界定

立德树人是老话题，更是新任务。立德树人突出了“以德性立人、树人以德性”的意蕴，体现了“德”在人的素质中的主导作用。《辞源》将“立德”之“立”解释为“树立”，进而将“立德”释为“树立圣人之德”；对“树人”之“树”采“种植”之意，并将“树人”释为“培植人才”。“立德”与“树人”并提，直至合而为一，始于当代的教育实践。在“立德”与“树人”的逻辑关系上，陈华文指出，“德”因“人”而立，“人”因“德”而树。“立德”是为了“树人”，“树人”的前提是“立德”，立怎样的“德”，决定了树怎样的“人”，树怎样的“人”，体现了立怎样的“德”。① 其实质是强调“立德树人”中“立德”与“树人”辩证统一的关系。

但是，人的本质不是单个人的、抽象的、凝固的，任何人都是在一定历史条件下从事实践活动的人，所以立德树人的具体内涵和时代要求是与时俱进的。冯建军基于“时代之德”的特定要求，从构筑共产主义理想信念、牢固确立社会主义核心价值观、厚植中华传统美德、弘扬民族精神和时代精神以及树立全

① 陈华文．立德树人维度下的大学生社会主义核心价值观教育研究［D］．武汉：中国地质大学，2016.

球观念和生态意识五个角度赋予了立德树人新的时代内涵。[①] 糜海波从立德树人价值诉求的“三个塑造”切入，阐明立德树人的价值内涵在于：灵魂塑造，即人的思想、感情和人格；生命塑造，即人的自由全面发展；新人塑造，即有理想、有本领、有担当的时代新人。[②] 白显良和崔建西指出，新时代立德树人的时代内涵体现在培养“明大德、守公德、严私德”的“德性”要求以及担当民族复兴大任的时代新人上。[③]

“立德”和“树人”本身是一个问题的两个方面，二者不是同义反复关系，而是都蕴含着对教育的总体性的深刻关注。对于新时代立德树人的内涵认识，学界的共识首先在于立德树人不仅仅是一个德育论题，更关键的是在如何把握“立德”与“树人”辩证统一的逻辑关系中理解立德树人。也就是说，在不同的时代背景下，立德树人具体要“立什么样的德、树什么样的人”，具有鲜明的时代性和历史性。

第二节　新时代立德树人的原则规律

新时代立德树人工作是为学生个性形成、精神培养、德性塑造和人格提升提供保障，它有着自身的建构逻辑和推进原则。新时代立德树人的原则规律主要有遵循学生成长规律、教书育人规律、思政工作规律以及历史传承与时代创新规律。

一、遵循学生成长规律

学生的成长规律是教育工作的基础和前提。冯刚认为，立德树人是为了人的发展，坚持以人为本不是简单地去迎合学生，而是一切工作都围绕学生的健康成长开展，尊重教育规律和学生身心发展规律，关心学生的可持续发展，坚持育人为本、德育为先、能力为重、全面发展。心理健康教育、校园文化建设、

① 冯建军．立德树人的时代内涵与实施路径［J］．人民教育，2019（18）：39-44

② 糜海波．“三个塑造”：立德树人的价值诉求［J］．理论导刊，2019（5）：67-71.

③ 白显良，崔建西.新时代立德树人的价值定位、时代内涵与实践要旨［J］.思想理论教育，2018（11）：4-9.

社会实践都应纳入培养德智体美全面发展高素质人才的重要途径和内容。① 王学俭和杨昌华认为学生成长有其自身的规律，其中最为主要的是全面发展，德育、智育、体育和美育是一个综合性的系统，不可荒废其一。② 林崇德从关注学生发展核心素养的角度，指出核心素养体系之所以被置于落实立德树人目标的基础地位，正是因为这一体系符合我国学生的身心发展规律，涵盖了人的全面发展内容，有利于学生的成长。③

二、遵循教书育人规律

教书育人包含教书和育人两个层次，侧重教育者用自身的道德行为和人格魅力引导学生塑造自身完美的人格。立德树人需要教育者通过自身的言谈举止，将一定的政治观点、道德规范和价值体系转化为受教育者的自觉行为，也需要受教育者自主学习，自觉地完善自身的道德品质和行为。王学俭和杨昌华基于事物发展过程中外因和内因相结合以及教育者和受教育者之间平等互动的新型关系，提出了立德树人要坚持主导教育与自我教育相结合，应将教育者的主导作用和受教育者的能动作用相结合，即将教育和自我教育紧密结合起来。④ 这实际上反映了一方面受教育者德性水平的提高依靠教育的灌输和引导，另一方面“关于德性的知识”要自觉转化成为“关于德性的行动”最终还得依靠受教育者自我教育来实现。田慧生认为，立德树人依托课堂载体的实践落实，关键是教与学的关系是否能够调整到位，即是否能使课堂中学生的学习由被动走向主动，由单一的要求走向多样化的指导，由被适合的学习走向适合的学习，由强制走向选择。⑤ 方晓珍则基于师德修养的角度，认为教师队伍在立德树人中心环

---

① 冯刚 . 坚持立德树人　注重提升质量　扎实推进大学生心理健康教育工作创新发展［J］. 思想政治教育研究，2014，30（1）：1–4.

② 王学俭，杨昌华 . 立德树人：中国特色社会主义高校的立身之本［J］. 新疆师范大学学报（哲学社会科学版），2018，39（1）：54–62.

③ 林崇德 . 学生发展核心素养：面向未来应该培养怎样的人？［J］. 中国教育学刊，2016（6）：1–2.

④ 王学俭，杨昌华 . 立德树人：中国特色社会主义高校的立身之本［J］. 新疆师范大学学报（哲学社会科学版），2018，39（1）：54–62.

⑤ 田慧生 . 新时代创新人才培养模式应高度关注的几个问题［J］. 中国教育学刊，2019（1）：43–45.

节中扮演着重要角色，教师应把崇高师德内化为自觉价值追求，自尊自励、自警自省，以自身的模范行为成为学生的表率。爱与责任是师德的灵魂，学识魅力与人格魅力是师德的最高境界。①

三、遵循思政工作规律

立德树人是思想政治工作的根本问题，决定着思想政治工作的内涵、范畴、功能、目标以及发展方向；反过来，把握立德树人的基本理念，也要遵循思想政治工作的规律。习近平总书记在全国高校思想政治工作会议上强调，“思想政治工作从根本上说是做人的工作，必须围绕学生、关照学生、服务学生，不断提高学生思想水平、政治觉悟、道德品质、文化素养，让学生成为德才兼备、全面发展的人才”。朱翠明和王炳程探究了思想政治工作时代发展与社会进步的宏观动因以及教育对象个体差异性的微观动因，指出立德树人要符合当代思政工作的发展趋势，要从“灌输”走向“互动”，从“经验”走向“科学”，从“封闭”走向“开放”。②可见，思想政治工作本身是坚持立德树人、德育为先的兴国之策的重要诉求。

四、遵循历史传承与时代创新规律

传统文化所蕴含的代代相传的思维方式、价值观念、行为准则，具有强烈的历史性以及鲜活的现实性。王学俭和杨昌华基于“因事而化、因时而进、因势而新”的“三因理念”，指出新时代立德树人一方面要汲取中国传统文化中德育为首的育人理念，将“德”作为育人之根本；另一方面也应当继承传统文化中的德育方法，诸如正面灌输、身教示范、礼乐结合、化民成俗等，将其进行创造性转化和创新性发展。其中包括创新育人理念、创新立德树人的内容和形式以及创新立德树人的手段和方法。③沈壮海也认为，人才的传统文化素养与创新素质并不矛盾，将优秀传统文化融入立德树人的实践工作，实现传统文化

---

① 方晓珍．高校“立德树人”的理论指导与实践路径［J］．思想理论教育导刊，2013（6）：94–98.

② 朱翠明，王炳程．从德育到立德树人：高校思政工作发展逻辑［J］．中国高等教育，2020（3）：24–26.

③ 王学俭，杨昌华．立德树人：中国特色社会主义高校的立身之本［J］．新疆师范大学学报（哲学社会科学版），2018，39（1）：54–62.

中崇真向善的永在与优秀精神基因的永续。[①]

综上，探究新时代立德树人的原则规律实质上是回答了立德树人如何设计以及如何推进的问题。新时代立德树人是对以德化人规律性认识的深化和拓展。新时代立德树人的途径、方法和策略具有多元色彩，其中说服教育、榜样教育、修身自省教育、赏罚教育、体验教育是学校德育工作中最常见的几个方法。它们在内涵、性质、意义等方面有许多共同点，基于此我们可以构建实现立德树人目标的途径、方法和策略，为一线教育教学工作者提供切实可行的实践方法。

第三节　新时代立德树人的意义

我国关于立德树人研究的学术论文从党的十八大召开以来不断增加，立德树人一直是学术界关注的焦点。习近平总书记准确把握时代大局，着眼于国家的长远发展，就立德树人发表了一系列重要讲话，系统阐明了新时代“立什么德、树什么人”的重大理论问题，为教育的发展指明了方向。习近平总书记对立德树人提出的新论述与新要求，激发了教育界研究立德树人的热潮。厘清“立德树人”这一概念的发展脉络、本质内涵等对于落实立德树人这一根本任务具有重要的理论和现实意义。

一、“引人大道、启人大智”的人的培养

“培养什么人”是教育的首要问题。无德不成人，无人不成国。回归个体成长，实现人生出彩始终是立德树人的终极关怀。谢安国指出，立德树人思想内在地包含“以德量才”的人才选拔培养原则和“成德达才”的人才成长发展逻辑，立德树人所强调的“立”和“树”，不是简单地依靠灌输和考试等学校教育手段，而是强调整体社会氛围的浸染与熏陶，是在继承传统、结合人才发展趋势的基础上，对优先“德育”、重视“德性”、凸显“德才”这一人才培养观念的深刻把握。[②] 陈孝柱和杨旭东基于目前改革时期出现的社会矛盾视角，指出立德树人是对教育本质的回归，是对教育过度工具化的导正，是对教育育人本性的呼

① 沈壮海．将优秀传统文化融入高校立德树人实践［J］．思想政治工作研究，2014（4）：10–13.

② 谢安国．习近平立德树人思想的科学内涵和重大意义［J］．国家教育行政学院学报，2018（8）：9–14.

唤。[①] 李松在论述立德树人的价值诉求时提出，“真、善、美”构成一个人的优秀品德，立德树人思想为人的发展奠定了良好的思想基础。[②] 林梦泉等指出，立德树人着力促进学生德智体美劳全面发展，既是国家培养新型人才的长远需要，也是顺应人的发展规律，全面提高个人综合素养、塑造良好品行的现实需要。[③]

立德树人对于人的培养体现了两个基本维度，即德性成长与能力素养。德性成长是个体幸福、实现梦想的根本保障；能力素养是个体发展、适应社会的根本条件。立德树人所体现出的“人的培养”思想不仅明确了“立何德”“树何人”的主流标准，更回答了“何以立德”“何以树人”的实践问题。

二、“筑社会和谐，立社会稳定”的价值建构

徐蕾从弘扬社会主义核心价值观的角度出发，并基于“立什么德”和“树什么人”两个问题，提出新时代立德树人的根本命题是对中华优秀传统文化的继承和时代要求的创新，体现了社会主义本质要求，也是弘扬社会主义核心价值观的不二法门。[④] 李力和金昕阐述了立德树人中“明大德”“守公德”“严私德”三类道德的具体含义及其与社会和谐风尚的关系。“明大德”即树立正确的政治信仰，“守公德”即对人类社会生活中最基本的关系的把握，对中华优秀传统文化的坚守，“严私德”即对自我的严格要求，三类道德是营造和谐社会的基本条件。[⑤] 还有的学者从新时代立德树人传播中华优秀传统文化的角度展开研究，比如叶亚林指出，立德树人以中华优秀传统文化为文化之源，透过深远历史感发掘立德树人的深度，有利于在新时代中重新解读传统文化，并将根植于传统文化的道德信念转化为具体实践，实现“知行合一”的道德风尚。[⑥]

---

① 陈孝柱，杨旭东 . 立德树人视域下大学生思想政治教育的意义、限度与实践路径［J］. 湖北经济学院学报（人文社会科学版），2020，17（4）：117–120.

② 李松 . 高校思想政治教育中“立德树人”的价值诉求研究［J］. 晋城职业技术学院学报，2014，7（1）：91–93.

③ 林梦泉，陈燕，毛亮，等 . 以立德树人为核心的中国特色人才培养成效评价初探［J］. 学位与研究生教育，2019（4）：1–7.

④ 徐蕾 . 培养道德自觉：立德树人的现实路径［J］. 当代教育科学，2016（15）：56–59，64.

⑤ 李力，金昕 . 新时代高校立德树人的内涵、难点及实现路径［J］. 东北师大学报（哲学社会科学版），2019（2）：149–154.

⑥ 叶亚林 . 高校榜样教育落实立德树人的三重维度［J］. 人民论坛，2019（30）：104–105.

立德树人体现出对于社会风尚、社会关系、社会稳定、社会文化建构等层面的价值和意义。立德树人对于和谐社会的建构，也为育人提供了丰厚的条件，我们也可从其具有的引导功能、激励功能、陶冶功能以及规范功能分析立德树人的社会价值。

三、新时代立德树人的实践意义

在教育改革不断深入的当下，中小学如何结合地域、学校实际践行立德树人是一个亟须面对的命题。

长期以来，受形而上学和认知主义思维的影响，在我国德育的理论与实践中一直存有误区，认为德育是一种单独的教育，它可以脱离其他教育、脱离学生的整体生活。这种认识导致了两个抽离：一是把学校德育从完整的教育中割裂、抽离出来，使之成为学校中一个单独的实体，试图靠单独的德育课程、单独的德育教师、单独的德育机构（如政教处、德育处）来实施德育；二是把德育从生活中抽离出来，使之成为独立于生活世界的孤立实体。学校里所搞的德育与现实生活中的道德实际之间存在较大的差距，使学校德育脱离活生生的人际交往，表现出空疏的特征，对学生在社会生活中遇到具体道德情境时的道德判断和选择帮助不大，学生很难形成实际的道德体验，因而很难对现行德育产生兴趣。

当前德育最为突出的问题是教条化的思想教育。教师机械地、形式化地给学生强行灌输一些德育的理念，只是告诉了学生一个行为的框架，而实际上重点应该是如何落实以及落实的方法。经常有新闻报道称，某学校有关行政人员会给家长发紧急通知说：某某工作组下校巡查，要求学生背诵某守则或者校规校纪的条文，并要求全校师生高度重视……这不但不会起到德育的作用，反倒会给学生留下心理负担。因此，德育是需要相关的教育人员在日常生活中给予引导与帮助的，是更需要策略指导的。

学校当以立德树人工作的丰富实践为基础，以理论为指导，探寻我国新时代中小学立德树人工作策略的内涵、作用机理和具体参考案例，为中小学立德树人工作提供方法、丰富策略、提高成效。本书正是对这一背景的回应。本书主要讲述立德树人的方法策略，重点在于立德树人在学校环境下的具体实施策略。我们不仅对这些策略进行了详细的阐释，而且补充了大量生动、鲜活的真实案例作为支撑，相信能够帮助读者更好地理解这些策略，掌握其运用方法，有朝一日运用到不同的教育情境中去。

第二章

说服教育

说服教育是教师在教育学生过程中经常运用的一种手段。说服教育是教师向学生提供对其原有态度的支持性或非支持性的诊断，使学生获得与教师要求的态度有关的事实和信息，以改变他们原有的态度的一种教育方法。本章采用多种方法，多方位、多角度考察我国新时代立德树人背景下的说服教育。

第一节　对说服教育的认知理解

说服教育是指运用事实和科学论证以确立和改变某种思想认识的德育方法。中国古代教育家孔子、孟子等主张循循善诱，以德服人。《论语·子罕》："夫子循循然善诱人。"《孟子·公孙丑上》："以力服人者，非心服也，力不赡也。以德服人者，中心悦而诚服也，如七十子之服孔子也。"《礼记·檀弓上》："君子之爱人也以德，细人之爱人也以姑息。"当今学校的德育，更需要靠科学真理使学生口服心服，通过摆事实、讲道理使学生提高认识、形成正确观点。

一、说服教育的含义

（一）"说服"的含义

"说服"首先出现在《礼记·学记》中："夫然后足以化民易俗，近者说服，而远者怀之，此大学之道也。"此处的"说服"即"悦服"。

《现代汉语词典》对“说服”的解释是：“用理由充分的话使对方心服。”二者均表示用话语使人心悦诚服地接受。

我国学者对说服的定义不尽相同。马能义认为，说服是个人或群体运用一定的战略战术，通过信息符号的传递，以非暴力手段去影响他人（或群体）的观念、行动，从而达到预期的目的。[①]黄先健认为，说服是说服者为了一定的目的，用有说服力的理由和适当方法打通对方的思想，使其在思想上和行动上接受自己的正确主张或要求。[②]陈秉公认为，说服主要是个体或者组织利用充足的理由来引导其他人而进行的活动。[③]约翰·费斯克认为，说服是由于接收别人的信息而产生的态度改变。[④]申智奇认为，说服实际是通过某种交际形式（通常为语言）来实施一种行为，并以此来影响他人的信念或愿望。所以，他认为说服就是一种言语行为。[⑤]虽然学者们的观点不一，但是有几个关键点是一样的：一是说服者本身需要有力的说服理由，二是说服者需要恰当的说服手段，三是说服对象会在思想或行为上发生一定的改变。除此之外，大家都认可不能通过强制、暴力的方式进行说服。

“说服”一词在传播学中被广泛研究，其原理还受到了心理学的影响。在传播学中，说服就是改变受众的态度从而引发新的意见。沃纳·赛佛林和小詹姆斯·坦卡德认为，说服是“通过接收他人的信息产生态度的改变”[⑥]。心理学上，说服主要被理解为改变态度的一种方式，即“通过交换意见、参观访问、收听广播、观看影视、阅读报刊等方式改变人们的偏见及转变不正确观念与信念的方法”[⑦]。传播学和心理学更重视说服对象态度的改变，而且这种态度改变是积极的。

说服的概念研究后来发生了一些细微改变。罗洪铁认为，在进行说服过程

---

① 马能义.说服的艺术：德育工作方法初探［J］.南通师专学报（社会科学版），1996，12（1）：44–45.

② 黄先健.令人心悦诚服的艺术：说服与口才［M］.长沙：中南工业大学出版社，1998：1.

③ 陈秉公.21 世纪思想政治教育工作创新理论体系［M］.长春：吉林教育出版社，2000：375.

④ 费斯克.关键概念：传播与文化研究辞典：第二版［M］.李彬，译注.北京：新华出版社，2004：17.

⑤ 申智奇.关联理论对说服行为的解释［J］.外国语言文学，2004，21（4）：31–35.

⑥ 赛佛林，坦卡德.传播理论：起源、方法与应用：第四版［M］，郭镇之，等译.北京：华夏出版社，2000：175.

⑦ 朱智贤.心理学大词典［M］.北京：北京师范大学出版社，1989：632.

中不宜采用强迫方式，需要根据充足的理由，利用不同信息的传递达到说服目的，并可有效影响其他人的活动，使人们能够完全信服。[①] 梁静则认为：说服是在说服对象能够进行自由选择的环境下实现的；说服的前提条件是人与人之间沟通的存在，而说服行为是人与人之间沟通的过程；说服的实施者是带有一定目的性的，说服并不是一种随意的行为，说服者希望自己的观点得到赞成和肯定，并且其建议能够得到实施。因此，其行为具有目标导向性。[②] 洪明认为，说服是以口头语言为主要方式，使得对方服从说服者的观点，并接受说服者的观点或规定，包括道德品质、行为习惯和意志传达等方面的一个过程。[③] 说服的概念除了前面提到的三个关键点之外，研究者还提出了新的要求：说服者需要有明确的、正确的、符合道德的目的。

综上所述，说服是说服者为了实现某个明确的、正确的、符合道德的目的，而使用合理有力的理由使说服对象的想法、行为、态度发生积极的改变。

（二）对说服教育的理解

说服教育与说服的改变有相似的地方，但并不完全相同。将说服运用到教育当中，就给说服加入了教育的性质，因而说服教育多运用在德育方面。陈秉公提出："所谓说理教育法，就是通过阐述某种思想理论去说服人和教育人的教育方法。"[④] 他认为的说服教育（说理教育）更倾向于一种思想政治教育的方法。苏振芳也认同这一观点，说服教育法是指思想政治教育者针对教育对象存在的具体思想问题和认识问题，通过摆事实、讲道理达到提高认识、启发自觉、教育对象的基本方法。[⑤] 后来的研究者在此基础上将定义的范围扩大化，不单单局限于思想政治教育这一方面。江峰认为，说服教育是一种说服对象的态度改变过程。它以口头语言为主要方式，使得孩子服从、接受自己的观点或规定，包括道德品质、行为习惯等，使孩子在服从的基础上达到某种预期的变化。第一层变化是接受教师或家长的意见，第二层变化是让其内心发生某种变化，即

---

① 罗洪铁．思想政治教育与现代人才开发研究［M］．北京：中央文献出版社，2006：273.

② 梁静．销售互动中的说服效果：基于消费者说服应对的视角［D］．杭州：浙江大学，2010.

③ 洪明．说服教育：讲理与会讲理［J］．少年儿童研究，2016（9）：10-14.

④ 陈秉公．思想政治教育学［M］．长春：吉林大学出版社，1992：295.

⑤ 苏振芳．思想政治教育学［M］．北京：社会科学文献出版社，2006：245.

让孩子成为一个明理懂事的人。[①] 洪明把说服教育视为一种说服者的言语行为，即说服者通过某种交际方式（通常为语言），将他认为正确的道理，讲给那些他认为不懂或者不知道这个道理的人听，并希望听者可以接受或者理解他讲的道理。[②]

在现实教育中，人们对于说服教育存在误解，将说服教育当作一种教师向学生单向灌输观点的活动，这与“说服”和“说服教育”原本的意义是相违背的。综合研究者对说服和说服教育的定义，我们可以得出：说服教育是说服者使用摆事实、讲道理等方式，使说服对象的思想品质、行为习惯、态度意识发生积极的改变，最终实现说服对象明白道理、提高思想觉悟、形成良好的道德品质的目标。

二、说服教育的特征

（一）互动性

说服并不是一个单向灌输或者操纵的过程，从本质上，说服是言者与听者之间的思想（观念）互动。[③] 在说服教育中，这种互动性体现在教育的过程中，教师作为说服者以谈话等方式了解到学生的想法（观念）的局限性或谬误性，然后再将自己正确的想法（观念）以学生能够接受的方式使对方了解、接受、践行，从而引起思想、行为、观念等方面的改变。但是教师的观点不一定总是正确的，在交流的过程中，说服者的身份也有可能是学生，被说服者是教师。在这过程中，教师与学生交流互动是有来有往的：教师说—学生听；学生说—教师想……有了互动才有了思想的碰撞，才会产生共情，才可能使得自己的观点被对方了解接受。

（二）自愿性

真正的说服教育是通过说明道理和提供事实信息而使对方自觉服从或使对方自动出现某种服从性的或预期性的变化的一种教育方式。[④]“说服”一词从出现之初，就强调要使说服对象能够心悦诚服地接受，这意味着说服教育应该是

---

① 江峰．论教育中的说服原理［J］．北京大学教育评论，2007，5（2）：46–58.

② 洪明．说服教育：讲理与会讲理［J］．少年儿童研究，2016（9）：10–14.

③ 江峰．论教育中的说服原理［J］．北京大学教育评论，2007，5（2）：46–58.

④ 洪明．反思说服教育［J］．中国德育，2016（24）：15–18.

让说服对象心甘情愿接受对方观点，并且乐于按照对方的想法去作出改变，不论是接受观点或者改变都是说服对象自愿的，没有强迫的成分。

（三）开放性

在道德意义上，每个人都是自己的主人，有时需要提供准确信息的参谋，但决定权首先应在当事人自身。尤其当人们已具备相当的道德推理能力和道德水平时，人为地将他们看得比自己低一等级而进行控制性引导，本身就是不道德的。教育要求师生的地位是平等的，教师在对学生进行说服教育时应该以平等的态度对待他们，所选择的教育内容应该是全面的、开放的。教师不能为了实现自己管理和教育的某些个人目的，而删减、篡改说服教育的内容，关闭或窄化学生了解世界的通道，应当将世界的好恶真实地展现给学生，让学生了解。说服的结果和说服的内容一样，也是开放的，学生可以被说服，也可以不被说服。

（四）内在性

通过讲明道理和提供事实信息使对方能自觉自愿地服从或根据德育工作的预期要求发生变化，这是德育工作的最高境界。它给受教育者带来了内心的变化，使受教育者不但习惯地遵守社会规则，而且逐渐成为超越道德训练的人，最终达到道德自律的高度。说服教育作为德育的一种方式，其本身就包含培养受教育者思想品德的内涵，这意味着说服教育是一种引起受教育者内心思想发生改变的教育方式，说明它可以通过影响被说服者的内在因素来改变外在因素。

（五）权威性

研究表明，说服者越具权威越有威信，说服教育就越有效，被说服者就越容易产生教育者所预期的变化。现代社会教师权威性的确立要更多地依靠教师个人学识、魅力等形成的实质性权威，特别是要注重良好的师生关系的形成。①说服教育是教育者与受教育者的对话，在对话过程中，教师依赖自身的学识、魅力、人格等因素使学生信服。说服教育需要受教育者自愿自觉地接受、改变，如果他们不能信服教育者，那么说服教育很难展开。事实上，通过对话教师本身也得到教益，学生在被教的同时反过来也在教育教师，他们合作起来共同成长。在这一过程中，建立在权威基础上的论点不再有效；为了起作用，权威必

---

① 汪家华 . 论教师权威性的时代内涵：基于后现代主义主体间性教育观的考察［J］. 河北工业大学学报（社会科学版），2014，6（3）：63-67.

须支持自由，而不是反对自由。[①] 在说服教育中，教育者的权威性是为了实现说服教育，教育者的话越具有权威性，受教育者越能够接受、认同教育者的观点，从而纠正自己错误的观点。

（六）实践性

说服教育本质上也是思维的教育，通过说服锻炼孩子的思维过程；同时，说服教育还是实践的教育，目的是让孩子在明白某些道理的同时，将想法进行内化，最终形成良好的人格。[②] 说服教育的目的是使说服对象的思想、行为、态度的某一方面或者几个方面发生积极改变，这些改变不单单是停留在说服对象的话语方面，更重要的是体现在他的行为表现当中。因为一个人的内心想法我们很难了解，但是通过其外在的行为表现，我们可以得知其内在的思想和态度。说服对象在认可说服者的观点后所作出的最直接回应是言语方面的，但是最直观的改变是行为上的，当他的想法发生改变时，其行为也会发生相应的变化。因此，说服教育虽表现为“说”，但落实在说服对象身上是“行”。

（七）理智性

说服教育使人认同社会价值、规范，承认其合法性、合理性。这一合理性也就是我们通常所说的道理或真理。教师要学生相信的不是自己，而是自己所述的道理或真理。当教师所述非真理时，学生可以提出质疑，可以与教师进行讨论、辩论。虽说说服教育要求教师所执的“理”要具备权威性，但是学生依旧有自己主观判断的权利，他们应该接受和服从的是社会共同的行为规范、价值观念、文化习俗和客观真理，而不是情感上盲从教师，这恰恰证明了说服教育需要理智判断而非感情用事。

（八）主体性

说服效果研究告诉我们，在进行说服活动之前，应当充分考虑说服对象的“主体”作用。主体性是相对于客体性而言的，是指主体区别于客体并使主体之所以成为主客体关系中的主体的特殊本质。学生的主动性体现在：能动性、独立性、独特性、整体性。[③] 说服教育虽然要求教师具备“理”，但这个“理”是为学生而准备的，在说服教育的过程中要尊重学生的主体性，不论是说服内容、说服

---

① 弗莱雷．被压迫者教育学［M］．顾建新，等译．上海：华东师范大学出版社，2001：41.

② 洪明．反思说服教育［J］．中国德育，2016（24）：15–18.

③ 沈建．体验性：学生主体参与的一个重要维度［J］．中国教育学刊，2001（2）：41–43.

方式，还是说服情境，都应该以学生为中心来设计。因为只有以学生为主体开展的说服教育，才能确保学生在教师进行说服教育的过程中接受教师的观点，最终实现说服教育最初的目的。

三、说服教育方法的分类

说服的方式有很多，亚里士多德在《修辞术》中提出三种说服论证方式：诉诸人格、诉诸情感、诉诸逻辑。洪明认为，说服大致分为演绎推理、类比推理和辩证推理三种形式。① 安美丽将销售商品过程中的说服话语分为：顺应物理世界、顺应社会规约和顺应心理需求。② 郭桂周、易娜伊、于海波将“教学作为说服”，并分类如下：从说服的媒介角度看，可以分为基于口头的说服、基于书面的说服、基于媒体的说服和基于活动的说服等；从教师在教学中的地位看，可以分为以教师为中心的说服、以学生活动为中心的说服和“教师—学生”交互的说服；从实施的场景看，可以分为在教室之中的说服和在教室之外进行的说服；从说服的展开方式看，可以分为基于讲授的说服、基于对话的说服、基于讨论 / 争论的说服和基于活动的说服等。③ 综合来看，说服的分类与其构成因素——说服者、说服内容、说服途径和被说服者有关。④ 说服教育的方式也可以依照说服教育的构成要素进行分类，即按照主体数量、说服内容、说服方式、实践方式划分。

（一）按主体数量划分

结合实际的教育情境，实施说服教育的主体有学校、教师、家长等，他们可能单独对受教育者实施说服教育，也有可能多个进行。单独进行说服教育的称为“个体说服教育法”，多个进行的称为“群体说服教育法”。个体说服教育法，一般是指受教育者在教育者的思想观念引导下，进行自我思考、自我反省，

① 洪明 . 反思说服教育［J］. 中国德育，2016（24）：15-18.

② 安美丽 . 服装销售交际语言的语用分析［J］. 湖南医科大学学报（社会科学版），2010，12（3）：86-88.

③ 郭桂周，易娜伊，于海波 . “说服式教学”：内涵、价值与实施［J］. 外国中小学教育，2015（6）：60-64，48.

④ 王甲旬，喻继军 . 基于说服理论的大学生思想政治教育创新［J］. 学校党建与思想教育，2015（3）：31-33.

接受教育者的观点并改变其错误的思想、行为、态度的说服教育方式。群体说服教育法分为两种：一种是多个教育者对一个受教育者的思想、行为、态度进行引导纠正的说服教育方式；另外一种是一个教育者对多个受教育者进行的说服教育活动。前者一般是在受教育者经个体说服无法达成预期效果时采用的；后者则是因为受教育者存在相同或者相似的问题，教育者可以运用一样的说服教育方式进行引导。但是在采用一个教育者对多个受教育者的群体说服教育法时，需要辅以个体说服教育法，因为即使受教育者所犯错误相似，但是具体的情况还是有所差别的，只有个体说服教育法才更能对症下药。

（二）按说服内容划分

按说服内容分类可以参考亚里士多德的“人格、情感、逻辑”三个角度，分为事实说服教育法、情感说服教育法、说理说服教育法等。教师要使讲授内容被学生信服，应具备三方面的人格品质，即明智、德性与善意。事实说服教育法，是指教育者凭借自己的人格，通过客观地讲解真理，使学生认识到自己思想、行为、态度上的不足或者偏差。情感说服教育法，是指教育者通过引起受教育者的情感变化而发现自己认知或者行为错误的说服教育方式。当听众的情感被演说打动时，演说者可以利用听众的心理达到说服的效力，这是因为伴随忧愁或愉快、友爱或憎恨等不同情感的判断会有所不同。社会心理学研究表明，在特定的情境中，如果说服者的逻辑论证强而有力，说服对象专注于沟通中的事实，能积极梳理与把握沟通中的逻辑论证，则他们容易被说服，且说服结果的稳固性更持久，对行为的影响也更深远。[①] 说理说服教育法，就是教育者通过有力的逻辑论证使受教育者认识并改变其错误的思想、行为、态度的说服教育方式。

（三）按说服方式划分

说服教育的方式主要是“说”，其说服方式主要体现在“说”的方式不同，可以是口头说、书面说、借他人之口说，对应的说服教育方式则是口头说服教育法、书面说服教育法、传媒说服教育法。口头说服教育法，是指通过演讲、讨论、谈话等方式进行的说服教育。书面说服教育法，是指通过写作、信件等

---

① 沈贵鹏. 心理学视域中说服性思想政治教育探微［J］. 思想政治教育研究，2018，34（2）：100–104.

方式进行的说服教育。传媒说服教育法，是指通过电话、电视、网络等方式进行的说服教育。

（四）按实践方式划分

教育者在选择了何种方式说服受教育者后，在实际的操作过程中可以采用“指导—内省式”“过程—体验式”“践履—训练式”三类说服方式。[①] 其中，“指导—内省式”是指教育者在使用道理对受教育者指导后，剩下的时间让学生自己反省顿悟，在此期间教育者不会干预其思考，待其思考后自觉改正自己的想法、行为或者态度。“过程—体验式”是指在实施说服教育时，教育者不仅会使用言语说服，更多的是设计与其所述道理相关的活动情境，使受教育者参与到活动当中，生成经验体验后明白其中道理。“践履—训练式”是指教育者让受教育者参与到实践活动当中，并且有意识地对受教育者进行训练，增强学生对道理的理解和体会。

第二节　以说服教育实现立德树人的路径

说服教育是德育工作的基本方法，教师可以通过摆事实、讲道理，运用语言说服和事实说服，使学生提高认识、形成正确观点。在研究说服教育与新时代立德树人关系的基础上，我们提出说服教育的原则以及通过说服教育实现立德树人的方法。

一、说服教育与立德树人的关系

（一）二者的相同之处

1. 目的一致

陈秉公指出：“在思想政治教育中，采用说理教育法的目的在于使受教育者比较系统而清楚地接受马克思主义理论和其他科学理论知识，从根本上提高他们的思想觉悟，树立正确的政治观、世界观、人生观和道德观。思想政治教育的根本任务是要解决人们的思想问题和认识问题，而解决思想认识问题主要

① 沈贵鹏．心理教育论［M］．徐州：中国矿业大学出版社，2015：264-267.

靠摆事实、讲道理、以理服人。因此，说理教育法是思想政治教育的基本方法。”[①]由此可知，说服教育（说理教育）的目的是使受教育者明白真理或道理，改正自己不良的思想、行为和态度，形成正确的三观，重点在于培养学生良好的道德品质，最终目的是让学生更好地成长和发展。

党的十八大以来，党中央、国务院曾经多次强调把立德树人作为教育的根本任务。“立德”是为了“树人”，“树人”是指培养合格的社会主义建设者和接班人。“合格”是指德智体美劳全面发展。立德树人是发展中国特色社会主义教育事业的核心所在，是培养德智体美劳全面发展的社会主义建设者和接班人的本质要求。在立德树人的任务当中，培养受教育者良好的道德品质，促进他们更好、更全面地发展也是最终目的。

虽然我国的说服教育与立德树人的目标在具体表现上并不完全相同，但是整体上看，二者都是为了培养学生的道德品质，让他们更好地发展，二者的出发点都是受教育者，符合我国教育以学生为本的要求。

2. 都强调教师的德行

在说服教育中，教育者的道德品质往往影响说服教育目标的实现。一般来说，教育者的道德品质越高，受教育者越容易被说服。在说服教育中，教育者本身的品行素质是关键因素之一。

在《春秋左传正义》中，孔颖达解释道：“立德，谓创制垂法，博施济众，圣德立于上代，惠泽被于无穷。”“立德”是指自身形成德性、成就德业，并以此影响他人，尤其强调教育者对教育对象的道德垂范作用。就教育者来说，“立德”意味着自身以德立世并垂范他人。从《辞源》中“树人，谓济而成立之”来看，“济”本身亦有“成就、成功”之意，“树人”可解为“助益于人，使之成人”。因此，教育过程不能是简单的规训过程，而要切实体现“助益”之品格，实现“助益”之功效。只有“上者”立德，才能为树人确立正确的方向、可行的路径、合理的方法，才能合德、顺利、有效地进行教育，才能实现“树人”的总体目标。[②]这也就意味着，立德树人不仅强调立学生的“德”，树学生的“人”，它与说服教育一样，都强调在教育者实施立德树人的方法策略前，教育者本身要有“德”

① 陈秉公. 思想政治教育学［M］. 长春：吉林大学出版社，1992：295.

② 戴锐，曹红玲. “立德树人”的理论内涵与实践方略［J］. 思想教育研究，2017（6）：9–13.

要成“人”，只有这样教师才能为学生提供立德树人正确的方向、方法和途径。

3. 都具有实践意义

理论彻底固然是说服人的前提，但是理论不能直接说服人，理论必须通过人来说服人，毕竟“思想要得到实现，就要有使用实践力量的人”①。正是基于此，说服教育虽然用的是“说”的方式，但是其目的是让学生去思考、实践、改变。尤其是中国特色社会主义进入新时代，要实现用思想铸魂育人，就要用习近平新时代中国特色社会主义思想所蕴含的科学理论体系、坚定理想信念、崇高人民情怀和深沉精神力量来武装头脑、立心铸魂。②说服教育可以帮助我国教育者把这一科学理论体系介绍给受教育者，使他们了解、接受、运用。

习近平总书记曾在全国高校思想政治工作会议上强调：加强师德师风建设，坚持教书和育人相统一，坚持言传和身教相统一，坚持潜心问道和关注社会相统一，坚持学术自由和学术规范相统一，引导广大教师以德立身、以德立学、以德施教。其中的教书、育人、言传、身教、问道等都是我国广大教育者为达成立德树人目标需要做到的。立德树人不仅仅是我国教育者的目标，更是指导我国教育教学工作的路标。立德树人只有变成教育者教育教学工作的“日常”后，才具有价值。

4. 都具有双向性质

说服并不是一个单向灌输或者操纵的过程。从本质上说，说服是言者与听者之间的思想（观念）互动。③说服教育中言者与听者的位置在教育者与受教育者之间是可以互换的，听与说的运动在说服教育中是不断发生动态变化的。正因为说服教育不是单向的灌输，在说服教育的过程中，教育者与受教育者之间的思想或者观点可以交流，这有利于他们思想的沟通，使受教育者理解教育者的观点存在可能性。

立德树人具有的双重指向，意味着它既包括学生之德育，又包括师德之建设，

---

① 马克思，恩格斯．马克思恩格斯文集：第1卷［M］．中共中央马克思恩格斯列宁斯大林著作编译局，编译．北京：人民出版社，2009：320.

② 钟启东．从“理论彻底”到“彻底说服”：马克思“理论只要彻底就能说服人”经典论断解析［J］．观察与思考，2020（3）：25–31.

③ 江峰．论教育中的说服原理［J］．北京大学教育评论，2007，5（2）：46–58.

或曰“立学德”与“立师德”。[1]立德树人并不是教育者对受教育者单向的要求，要求受教育者培养良好的品德习惯，树立正确的三观；也包含了教师本身的道德建设。立德树人与说服教育一样，在教师要求学生之前，教师自身的内在素质也需要提升。立德树人要求学生培养良好的道德品质，树立正确的世界观、人生观、价值观来引导自己的思想、行为、态度，那么教师也应当做到这一点。除此之外，教师还需要做到自己职业道德本身要求具备的道德素养。

（二）二者可建立联系

1. 立德树人是说服教育的具体目的之一

说服教育的目的是引导学生向正确的思想、行为、态度发展。什么样的思想、行为和态度在不同的教育情境下要求不一样，但都是在国家教育的总要求下进行的。党的十八大以来，立德树人作为我国教育的根本任务，它的要求是我国各项教育教学活动开展的前提。加上立德树人的目的与说服教育的目的具有相同之处，我国说服教育的开展也需要在立德树人的要求下进行，把立德树人中关于“立什么德”“树什么人”的要求作为说服教育的总指导。

2. 说服教育是立德树人的实现方式之一

说服教育与立德树人存在许多共同点：目的一致，都强调教师的德行，都具有实践意义，都具有双向性。如此多的共性使得说服教育和立德树人在发展教育时是走在同一条路上的。但是说服教育与立德树人的性质不一样，说服教育是教育的具体方式之一，立德树人是教育的目的之一，这让说服教育可以称为实现立德树人的方式之一。立德树人的相关科学理论体系，可以通过教育者运用说服教育的方式对受教育者进行说明、解释。

二、以说服教育实现立德树人的原则

目标通过原则得以坚持，借由方法得以实现，原则和方法结合成为策略。[2]原则相对于方法和策略来说，是抽象的，且具有指导性质，它为方法和策略提供了方向。因此，以说服教育来实现立德树人的目标，首先要了解说服教育的

① 张澍军，苏醒．论“立德树人”根本任务与思想政治教育学科建设使命［J］．思想教育研究，2013（7）：40–44.

② 何宛怿．“灌输”与“说服”在高校思想政治教育中的策略性结合［J］．中北大学学报（社会科学版），2020，36（2）：110–114.

原则有哪些。

（一）主体性原则

江峰从说服的概念和本质入手，对说服作为德育方法的内在矛盾和冲突进行了初步的理论探讨，提到了以理服人的原则在实际教育中的矛盾。[①]石鸥认为说服教育属于德育的范畴，它的实施需要遵循与德育实践一样的原则：多元化原则、适道德水平原则、适智力水平原则、教育者权威原则、利益原则。[②]二者均从德育的角度出发，侧重于受教育者在说服教育中的主体性，提出的这几个原则更注重以学生为先：在适合学生道德发展水平和智力发展水平的基础上，教育者以其丰富的知识储备和个人修养树立其权威，以情理、事理、真理去说服学生。在教育者实施说服教育的过程中，学生始终作为说服教育的主体，教育者的说服教育活动都应围绕着学生展开。

（二）教育性原则

我们还可以借鉴说服式教学中的三个核心指导原则。首先，学习者和信息的特征需要整合进说服过程中来。其次，学习环境拥有多样化的知识与信息资源。再次，学习者必须通过说服过程获得教育，从而确定基本的观点并评估呈现的证据。说服教育容易被人误解的原因之一，便是教育者对受教育者强制性的单向灌输。在这种情况之下，教育者把说服当成了目的，说服教育当中“教育学生”的本质被忽视了。说服教育中的教育性原则与主体性原则既有相同之处，又有区别。教育性原则不仅要求教育者要以学生为主体，还强调在说服教育的过程中，让学生明理、知理、行理，成为道德高尚的人。

（三）人本性原则

袁通斌探讨了思想政治教育过程的说服机制，总结出说服的四大基本原则：平等性原则；针对性原则；可信性原则；感染性原则。[③]潘静认为，运用思想政治教育说服教育法的原则有：理论与实践相结合的原则；平等民主、双向交流的原则；情为先导、情理结合的原则；身教与言教相结合的原则；说服与自我说服

---

① 江峰．论教育中的说服原理［J］．北京大学教育评论，2007，5（2）：46-58.

② 石鸥．德育困境中的病理性说服教育及其诊治原则［J］．湖南师范大学社会科学学报，1994，23（6）：112-116.

③ 袁通斌．思想政治教育过程规律探索［M］．哈尔滨：黑龙江人民出版社，2008：229-230.

相结合的原则。[①] 虽然二者的研究是在思想政治教育范畴下总结出来的原则，但也符合说服教育法的客观规律，适用于说服教育法在不同范围、不同层次、不同方面的运用，具有参考价值。在袁通斌和潘静的研究当中，尤其体现出人本性原则。不论是平等民主地与学生展开对话，或者是采用可信性的、感染性的内容和方式，还是以情为先导、身教与言传结合等令学生愉悦的方式，都充分体现了在教育者实施说服教育的过程中要遵循人本性原则。

从诸多研究中可以发现，说服教育的主要原则就是：主体性原则、教育性原则、人本性原则。说服本身就包含感化的成分，要想让对方改变思想、行为和态度，教育者本身就要从自身的思想、行为和态度做好表率，始终以学生为主体，尊重学生，不忘自己的教育目的。因此，在说服教育过程中，教育者通过摆事实、讲道理等具体形式与教育对象进行平等交流，教育对象的不良情绪才能得以疏导，才能达到预期的教育效果。

三、以说服教育实现立德树人的方法

（一）语言方式

1. 口头说服教育法

口头说服教育法指教育者使用口头语言对受教育者进行说服教育。王斌兴和吴杰明提到了两种说服教育方法：一是谈话法，另一个是讨论法。其中，谈话法是说服教育方法中最常用的方式。[②] 谈话法是指教育者结合受教育者的思想心理活动，有针对性地摆事实、讲道理，多是用来帮助受教育者领会某种道德行为标准，掌握正确的思想观念。讨论法则是指教育者和受教育者以平等、民主的态度共同研究、讨论问题，以便使受教育者在共同研讨中明辨是非善恶，提高思想认识，掌握正确的行为规范。在开展立德树人的教育活动中实际运用这两种口头说服教育法时，教育者需要了解受教育者的思想和心理特点，将立德树人的内容进行加工，使说服教育的内容符合受教育者的心理特点，然后结合自身的心理特质和行为习惯，选择适合自己和受教育者的表达方式以及恰当的时机进行说服教育。

---

① 潘静．思想政治教育说服教育法研究［D］．重庆：西南大学，2009.

② 王斌兴，吴杰明．大师谈教育沟通［M］．重庆：西南师范大学出版社，2009：257–258.

2. 书面说服教育法

书面说服教育法指教育者运用文字语言与受教育者进行思想沟通的教育方法。有些说服教育的内容需要更正式、更规范、更准确的表达方式，在这方面文字表达会更胜口头语言表达一筹。在实现立德树人目标时，有时候需要教育者使用严肃的态度进行说服教育，文字的方式可以加深受教育者对所述内容的印象和理解，有利于弥补口头说服教育的局限性。

3. 传媒说服教育法

传媒说服教育法指通过电话、电视、网络等传媒技术而进行的说服教育。如果说口头说服教育法是让受教育者“听”，书面说服教育法是“看”，那么传媒说服教育法就是将听与看结合在一起的一种说服教育方法。随着科技的发展，多媒体技术在教育教学中的运用越来越频繁，而且发挥着不可替代的作用。将多媒体技术运用到说服教育当中，既能使立德树人的目标达成途径增多，又能使说服教育的方法紧跟时代的发展步伐，为立德树人的内涵增加活力。

（二）非语言方式与语言方式的结合

1. “指导—内省式”说服教育法

立德树人的内涵深刻，并非教育者用语言的方式一朝一夕即可让受教育者接受、认可并积极践行的。在说服教育的过程中，受教育者与立德树人的目标偏差或者距离不会因一次说服教育就能改正或者拉近，这需要教育者在日常的教育教学工作中不断观察、指导、帮助，令受教育者能够掌握独自思考、判断、改正的能力并养成习惯。这里的“指导”指的是教育者运用眼神、肢体动作、奖罚等方式引导学生的思想、行为、态度向立德树人的目标靠拢。

2. “过程—体验式”说服教育法

教育者通过创设情境、提供亲身经历的机会，帮助受教育者在活动过程中体验生活的滋味、人生的百态，能够增加他们对生命、对世界、对人生的认识，受教育者的思想觉悟在不知不觉中也会提高。体验式教学在教育当中愈发被人们重视，受教育者对于抽象的世界观、人生观、价值观的认识，可以在生动的教育教学情境或者活动当中逐渐形成轮廓。社会实践、研学旅行、职业扮演等活动，都是“过程—体验式”说服教育法的具体实现形式。这一方法能够帮助受教育者更直观、更立体、更近距离地接触自己所不熟悉的知识或者体验，他们的思想、行为、态度在参与和体验的过程当中便会悄然发生改变。

3. “践履—训练式”说服教育法

“践履”是将立德树人的要求认真贯彻到受教育者日常的学习生活当中。“践履—训练式”是比“过程—体验式”更深层次的说服教育方法，它要求教育者为受教育者提供履行立德树人要求的机会，受教育者在接受、认同立德树人的理论体系后自觉自愿地内化到自己的思想、行为、态度当中。在践行过程中，如果受教育者与立德树人的目标发生偏离，教育者则指引受教育者更正。如有必要，教育者可以适当作出行为的示范，以便受教育者更好地理解。这一过程是不断反复的，但确实是有效的。因为理论的学习只有最后落到实践中，才能真正发挥它的价值。

第三节　以说服教育实现立德树人的策略

策略是原则和方法在理论上的有效结合，是目标和手段在实践中的统一。原则是抽象的，方法是具体的，策略是抽象与具体的结合；原则是指导性的，方法是操作性的，策略则是实施性的；原则为方法提供“指向标”，方法为原则寻找“着陆点”，策略结合它们绘出“航海图”。[①] 如此多的说服教育的原则和方法，在立德树人的目的实现过程中要如何使用呢？这需要运用到一定的策略。

策略一：晓之以理

（一）基本概念

韩婉丽认为，晓之以理是最为理直气壮的传播方式，具有很强的说服力。这是因为，它最主要的构成要件就是严肃而具体的事实信息，并且借由这些事实信息来佐证最终可以承诺给受众的那些最直观的“利”或“害”。[②] 每个人都是独立的个体，有自己的思维和行为方式，说服对象与说服者之间的想法不会总是有共鸣的，情感的交流不会总是愉悦的，这就需要理智的逻辑分析帮助说

---

① 何宛怿．“灌输”与“说服”在高校思想政治教育中的策略性结合［J］．中北大学学报（社会科学版），2020，36（2）：110–114.

② 韩婉丽．虚弱的说服：试论我国电视公益广告说服性传播的困境与出路［D］．天津：天津师范大学，2014.

服者去阐述自己的观点。在说服者阐述的过程中，说服对象会有自己的思考和判断。说服者理智地讲理，说服对象更易明理。

（二）基本操作

晓之以理，要求教师在说服学生时不要有权威压服的心理。晓之以理的前提是教师与学生建立起良好的交流基础，充分理解学生，然后鼓励他做自己喜欢的事情，真正激发他的内驱力，变“被动”为“主动”，这样的晓之以理才能起到效果。

面对学生出现的问题，教师在讲道理之前，要带着欣赏的眼光去看待每一个学生，从学生的兴趣爱好入手，在课堂上加入学生喜欢的话题或者课下多与学生聊聊他们感兴趣的话题，以此来激发学生的学习动力，增强学习内驱力，使他们感受到自己喜欢的东西与所学的知识是紧密相连的。没有所谓的“问题学生”，只有老师发现背后的问题，真正地关心他、赏识他，他才能听得进老师的教育。

（三）实践案例

案例1

说服，需要从学生的角度出发

我所带的七年级班里有个学生，叫小方。小方学习新知识速度很快，但是学习习惯不好，有时候遇到自己感兴趣的内容，上课就特别积极主动地回答问题，遇到一些不擅长的知识，就很容易走神，有时候还会打瞌睡，课下也常常完不成作业。

通过了解小方上课时的表现和课下的沟通，我发现他对历史很感兴趣。课上老师偶尔提到的一些历史人物，他就一下子特别积极，迫不及待地要分享他所了解到的这个人物。某次上课讲《孙权劝学》这篇文言文，课后，他意犹未尽，跑到讲台上来与我聊他书中读过的孙权，聊孙权的一些小故事……回到办公室，我也找到《三国志》《资治通鉴》等书，专门拿给他，借此机会鼓励和提醒他：“我们常说，文史不分家，未来要想深入研究历史，语文功底也要好，尤其是研究古代史，文言文学不好，未来又怎么能读得懂第一手的古文资料呢？”他使劲地点点头。

经过这次谈话，我发现他的学习动力增强了，上课时大都能做到认真听讲，偶尔要走神的时候，老师的一个眼神与他交会，他便抿了抿嘴，马上又集中注意力认真听讲。课下的文言文作业他都做得特别认真，虽说一下子还做不到每天都能完成所有的作业，但是相较之前也有了很大的进步。有时候，他还会拿着最近读的历史书与我分享他的阅读感受。

班里的另一个学生也是如此，一次随笔要求学生选取《子衿》中自己最喜欢的一句话，谈一下自己的体会。有个平时经常晚交随笔的学生竟然写了满满一页半，她专门找了几本书，结合资料谈了很多自己的体会和感受。热爱一样东西，学生就会主动去了解、去学习。

（案例作者：深圳市光明区凤凰学校　黄静）

案例2

说服，要走进学生的内心

班里有个学生叫小张，他爱阅读、爱思考，平时作文也写得不错，就是爱偷懒，老师布置的任务总是想着打个折扣完成，更不要提主动学习了。

一天上午写作文，我看到他的作文几乎写跑题了，而这个作文题目已经提前一天告诉了他们，看来他并没有提前做好准备。下课后，我专门找到他，表示我对他的作文很期待，猛夸他的作文水平和能力。我说：“这次作文收上来，我第一个想看的就是你的作文，因为每次你的作文都写得很有灵性，很自然，不做作，但是这篇作文却没有达到你的应有水平啊。你自己觉得写得怎么样呢？”他害羞地笑了笑：“确实没写好，有点写跑题了。”我说：“是啊，你觉得哪里写偏了？”他认真地分析了题目的限定词以及自己的作文中缺少的东西。我说：“你分析得很准确啊！说得很到位！”他惭愧地表示，确实写作文的时候不太认真，也没有提前做准备。我说：“太可惜了，你本可以完成得更好！”他若有所思地点点头，小声地询问他是否可以拿回去修改，并保证下午第一节课前就能交给我。我答应了他，还一起讨论了这篇作文怎么改会更好。

下午我本以为他会像之前那样偷懒、蒙混过去，结果他下午上课前就主动把改后的作文放到我的桌子上，而且比我想象中写得更好。

（案例作者：深圳市光明区凤凰学校　黄静）

案例3

说服，要与学生建立良好的交流基础

小杰是班里那个最“佛系”的男孩，大家都说他对什么都不在乎。大家推选他当班干部时，他总是淡淡一笑，说自己不在乎这些。经常不完成作业的他也习惯了老师的“关注”，被批评时也看起来内心毫无波澜。批评完之后，他的心情也照样不受影响。

一天上课时我提到了市里某一次作文比赛，话音刚落，就有几位同学叫着他的昵称，“杰哥，杰哥”。我之前只私下跟小杰本人提过，还没正式在班里说，很多同学却都已经知道了他获奖。那个瞬间我感觉到，看似对什么都不在乎的小杰，其实心里很在乎：他在乎老师的表扬与获奖，他在乎别人对他的肯定。我才发现，老师不要吝惜任何一次表扬学生的机会，每一个孩子都渴望被关注。下次他不写作业时，我不再从反面去否定他，而是找到他的优点，以此入手，与学生建立良好的交流基础，充分理解他，这样的说服教育才能起到应有的效果。

（案例作者：深圳市光明区凤凰学校　黄静）

案例4

说服，需要透过现象看本质

班里的小钟很少见到自己的父亲，父亲在外地打工，有时候一个月甚至更长的时间才回家一次。得不到父亲的关爱，母亲又总是用批评的方式教育他，由于得不到亲情的温暖，他心里很失落。他成绩不好，常常通过一些打架、骂人的举动来掩盖他那颗失落的心。

了解这些情况后，我知道了他表现出来的问题背后的原因，其实孩子表现出来这些问题也是希望能引起关注。我希望能用爱去关怀他，我首先从班级入手，在班里营造出一个爱的氛围，包括举办每个月一次的生日会等，让他感受到班集体的温暖。同时，我也会及时与他的妈妈沟通交流，尤其是当他的情绪出现波动时，及时反馈他在学校的情况，了解他在家的状态。有时候还会家访，和他的妈妈一同关爱他。最关键的是要走进他的心里，我像朋友一样与他分享周末看过的书、吃过的美食，分享开心的和不开心的事，让他拆掉心中的围墙。我感受到他的变化，于是我趁热打铁，让他彻底敞开心扉。他跟我讲了他的烦恼，我也带着微笑，用自己的例子、身边的例子告诉他该如何做。他转身离开办公

室的瞬间，我仿佛看到了他眼里的光——对自己充满信心，对未来充满希望。接下来，我也每天多花些心思去关注他的心理状态和学习情况，让他有学习上的成就感，看到希望。经过一个学期的努力，我看到了那个积极上进像变了一个人似的他。其实他根本没有“变”，他只是一个很典型的处于青春期的孩子，叛逆又缺少关爱。

（案例作者：深圳市光明区凤凰学校　黄静）

策略二：重复

（一）基本概念

沃纳·赛佛林和小詹姆斯·坦卡德认为，重复有助于态度学习和字词所含情感、意义的学习以及受众记得消息本身。但是克鲁格曼认为，要到达预期效果，电视广告需要接收三次，甚至要重复多次，才能达到真正的效果。重复也会出现非预期的效果，重复达到一定次数后，观众会降低认同感，增加与消息无关的想法，降低幽默的评价。[①]

（二）基本操作

教育具有持续性、长期性和重复性，因此我们对学生的教育要有耐心，坚持循序渐进、循循善诱。每个学生的情况都是不一样的，因此教育必须弄清楚学生的具体情况，从而确定行之有效的对策，因材施教，正确引导。

重复策略要求在教育工作中既不急于求成，也不强制接受，而是善于耐心地、持续地、有步骤地引导学生，启发自觉，激励动机，从而让他们学习，改进行为，健康成长。良好的习惯不是一朝一夕养成的，往往会出现反复现象，因此，日常的督促就显得尤为重要。要通过经常性的督促检查、重复教育，使学生在不断的实践中养成自觉的习惯。

（三）实践案例

说服，需要耐心

班里的小文入学时成绩不错，学习新知识速度也很快，但是在课上课下自

---

① 赛佛林，坦卡德．传播理论：起源、方法与应用：第 4 版［M］．郭镇之，等译．北京：华夏出版社，2000：179.

己完成作业时，注意力经常不集中，作业经常写不完，受到各科老师的“关注”。

一天小文的妈妈给我打电话说，孩子早上不肯来学校。我仔细询问了一下原因，原来是他前一天晚上回家就一直玩手机，不写作业，妈妈不让他玩，开始数落起他成绩下降，等等，他就生气地把手机给摔了，两人因此大吵了起来。以至于第二天，小文还在气头上，就是不肯来学校。我赶快安抚了孩子的情绪，在一顿安慰下他终于平安到校。

孩子去上课了，我也与孩子的妈妈继续沟通。小文的妈妈在年纪比较大时才有了这个儿子，一方面对他的期望很高，一方面沟通起来不太注重方法，有些时候一味数落孩子。我也分享了一些教育的方法。下课后知道小文没吃早餐，我先把自己的早餐拿给了他，同时充分了解了他的情绪，给他举了很多例子，希望他能理解妈妈的良苦用心。他也使劲地点点头。

第二天，我发现他按时完成了昨天的全部作业，包括平时都被大家忽略的背诵任务。我借此机会在班里大力表扬了他，全班都不禁为他鼓掌。下课后我找到他，鼓励他继续坚持，他坚定地点了点头。

然而，好的习惯不是一天能养成的。一天早读后，他又被早读老师“投诉”不写作业、上课打瞌睡，真让人头疼。到了我的课堂，刚好背诵作业检查到他，他又没有完成，我控制住自己想要发火的欲望。突然，我发现小文前一分钟还因为被老师批评而愁云满面，后一分钟却因为同桌流利地背出课文而不禁发出真诚的赞叹，他竖起大拇指说：“同桌你太棒了！”原来，小文是个内心很单纯的孩子，烦恼来得快，走得也快，也会因为同伴的优秀而真诚地赞美。我自然也毫不吝啬地对他这个优点进行表扬。在之后的一段时间里，面对他偶尔不写作业与成绩下降的情况，我也采用了各种办法帮助他树立信心、坚持好的习惯。即使他的作业写得再潦草，我也坚持在他的作业下面用积极的话语去鼓励他，这时我能看到他又在努力地坚持。

一天课间，小文害羞地拍了拍我，指了指手里的摘抄，虽然书写依然稍显稚嫩，但是看得出他在努力地按照老师的要求来做，内容也较以前有很大的进步。我告诉他：“太棒啦，我要为你认真、努力的态度打‘A+’，书写和句子的选取都有进步！继续加油哦，老师真的看好你！”我看到他的脸上露出开心又害羞的笑容，他心满意足地抱着作业回到了座位上。

（案例作者：深圳市光明区凤凰学校　黄静）

策略三：礼貌

（一）基本概念

唐霞认为，说服者应当遵守礼貌原则中的“得体准则”“慷慨准则”“赞誉准则”“谦逊准则”“一致准则”“同情准则”，应当多加赞美、少予贬低，以便削减交际双方的相异意见，增强双方意见的一致性，以便实现说服目的。①共情能够让人设身处地地了解自己的境地和想法，礼貌得体的言语和行为更容易被人接受从而产生共情。当共情在二人之间发生时，说服者的观点很容易传递到说服对象的思想当中。

（二）基本操作

礼貌策略首先要求教育者要有共情，要能充分了解和感受受教育者的境地和想法，再在此基础上进行正面的教育和鼓励，激发学生内心的主动性和责任心，从而达到让学生在内心认可并付诸实践的教育目的。

礼貌策略要综合运用“得体准则”“慷慨准则”“赞誉准则”“谦逊准则”“一致准则”“同情准则”，结合学生的具体特征灵活运用，以正面激励和鼓励为主，将学生置于教育的中心，从学生的角度考虑问题，尊重学生的主体身份，培养学生的自信心，营造和谐的氛围。礼貌策略的使用，一定要坚持善于发现学生的关注点和侧重点，善于发现学生的闪光点，有的放矢，紧抓焦点，做到教育针对性和目的性的统一。

（三）实践案例

案例1

学会赞扬孩子

在课堂管理中，对学生的正面表扬是必不可少的。越是低年级的学生，他们越是喜欢被表扬，表扬对他们来说不失为一种很好的管理方法。在表扬学生的过程中，要使自己的表扬更加奏效，发挥出表扬真正的作用，教师要注意表扬的真实性、具体性、及时性，将学生发生的事情具体清楚地表达给其他学生，体现出表扬的真正作用。

魏书生老师说过：“人人都有虚荣心和自尊心，尤其是孩子。十次恶狠狠

① 唐霞．“劝说”言语行为的语用分析［J］．长沙大学学报，2009，23（3）：73–75.

的批评和训斥，很可能比不上一次真诚的表扬和善意的鼓励。当人生还处在幼稚的可塑造阶段，寻求机会让他荣耀一回，或许能改变他今后的一生。”

管建刚老师在其《一线表扬学》书中提道：教师的艺术不只是传授本领，更多的是激励、唤醒和鼓舞。

园园是我们班新学期刚转来的插班生，生性乖巧但性格有些内向。第一天来学校是妈妈送她来的，妈妈带着她转了一圈校园便走了，但她迟迟未进教室，我正想打电话给她妈妈时看到了楼梯口落寞的身影。走近一看，她眼睛红红的，估计是开始想念她以前的学校和同学了。把她带进教室后，园园还是一直闷闷不乐，在新生自我介绍环节，她也十分害羞，站在那里一声不吭，不愿意说话。我向同学们简单介绍后她就回去了。

课堂上，园园也不愿意主动回答问题，提问时她回答的声音总是小小的，或者迟迟无法等到她的回答。长此以往，必定会让她越来越感到自卑。为了弄清她是不是就是这样的性格，我决定与家长联系，多了解她，并寻求家长的帮助。与家里联系后，我了解到她在家的情况是完全相反的，能够跟父母“侃侃而谈”，与哥哥玩得很开心。

她在学校上课、绘画、做操、玩游戏等都表现出胆怯的样子，就连说话时声音都是细声细气的。经过一段时间的观察和思考，我想她可能是对新环境、新接触的人存有陌生感。针对这种情况，我决定给她布置一些小任务，让她有机会跟班级里的其他同学多沟通交流，增进跟其他同学之间的感情。我同时采用多赞扬、多鼓励的方法帮助她建立自信，尽快地融入我们这个新集体。

为了让园园能够尽快融入班级，大胆地表达自己，我给她安排了一个数学小组长，并寻找机会在全班同学面前表扬她，增强她的自信心。果然，每个人都有自己擅长的一面，有自己的闪光点。

园园每天总是第一个收齐作业上交的小组长，她是一个非常有责任心和执行力的孩子。做了一段时间的小组长后，我在全班同学面前为她颁发了一个“最负责任小组长”的奖状，让其他组长向她学习，每天能够及时帮助老师收齐作业本。渐渐地，在课堂上，园园会尝试举手发言。每次看到她主动举手，我想这应该是她拿手的问题，我及时请她来回答，并给予肯定的评价。

通过多次的鼓励，她跟同学们慢慢熟络起来，在课堂上也能够主动举手发言，大胆地表达自己的想法。现在的园园活泼、乖巧、听话，喜欢与小朋友玩，与老师交流也多了，妈妈也说进步了不少。看着她一天一天的蜕变成长，我别提有多开心了。

通过对园园的观察和分析，我认为教师应及时把握住表扬孩子的时机。他们的自我意识还不够独立，很在乎别人的看法，我们要及时给予鼓励和表扬，可以培养出他们的自信和成就感。园园正是这样一个孩子，别人给予鼓励和赞扬，她就会把自己能力发挥到最大。各位老师一定不要吝啬你的表扬，你的一句“你真棒！”也许就会像阳光一样洒满孩子们幼小的心灵。

（案例作者：深圳市光明区凤凰学校　何菊珍）

案例2

从“满地垃圾”变身“垃圾桶管理员”

在教育过程中，惩戒是必要的，但惩戒要以理服人，有理有据。教师的职责是既教书又育人，学生犯了错误，老师要进行批评教育，这是社会赋予教师的职业责任。教师惩戒关键是如何把握好“度”。惩戒是希望达到让学生从批评和惩戒中获得教益的目的，教育不是改造人，而是唤醒人，让学生在惩戒中认识到自己的错误，成为一个能承担责任和对社会负责的人。所以，处罚学生是学生犯错后经批评教育无效而不得已采取的一种教育手段，是“惩前毖后，治病救人”，而不是滥施淫威。惩戒学生应当从尊重的角度出发。我们惩戒学生要让学生明白被惩罚的原因是什么，也要让学生明白关心爱护是老师惩戒的出发点，老师是在帮助他们改正错误与缺点。

小君，是一名比较高大的男同学，是班上数一数二的高个子。但他在整理桌面、个人卫生方面却稍逊于其他同学。小君的爸爸妈妈平时多忙于工作，由外婆接送上学，在家也主要是由外婆负责他的饮食起居。我想，应该是外婆比较爱护小孩，小君在家里也很少有做家务、整理房间的机会。因此，他在学校时个人卫生方面的表现较差。

他的桌子平时总是东倒西歪，周围有很多垃圾。一天才上午第一节课，我刚走进教室，就看到了小君座位的周围又是堆满了纸屑。我很生气，命令他把座位收拾干净再上课。他慢条斯理地开始收拾起来，耽误本节上课的时间，他似乎也没放在心上。他依旧是经常需要别人提醒收拾东西，课间也爱跟其他同学打闹玩耍。说了多次后，即使使用惩罚他写下“不能追逐打闹”“不能丢垃圾”“帮全班同学捡垃圾”等方法，也依旧收效不大。我想，小君同学实在是精力充沛。

于是，我给他安排了一个“垃圾桶管理员”的职位，需要他每天捡起周围同学的垃圾，并且负责每节下课倒一次垃圾。

一开始，我以为小君会像以前一样丢三落四，甚至忘记。第一天，到班上，小君主动跟我说：“老师，垃圾我已经倒啦。”第一天情况良好，而且下课有了这个活，小君也没有时间和大家追逐打闹了，一举两得。

第二天小君还担当起监督的责任，跟我打报告称：

“今天的垃圾都是我倒的，小唐没有倒。”

接下来的几天，我接连听到了：

“小唐，你又没有倒垃圾。”

“小唐，倒垃圾啦！”

“小唐，你不要忘记倒垃圾啦！”

……

渐渐地，小君已经养成了不乱丢垃圾的好习惯，并且多了些许担当精神，主动将班级的垃圾桶清理干净，为教室的整洁明亮贡献了自己的力量。

有时，惩罚并不是最佳的办法，被老师训斥、惩罚对学生来说是一件“不光彩”的事情，惩罚学生对老师来说也是一件身心俱疲的事情。不如给学生安排一个班级需要的职务，让学生感觉到老师对他的信任，同时也解决了班级里的某些问题。

（案例作者：深圳市光明区凤凰学校　何菊珍）

案例3

赞美的教育魅力

苏霍姆林斯基说过：“如果学生不愿意把自己的欢乐和痛苦告诉老师，不愿意与老师开诚相见，那么谈论任何教育总归都是可笑的，任何教育都是不可能有的。”

教师与学生之间的沟通对学生的学习和成长起着十分重要的作用。教师应如何与学生沟通交流，才能起到事半功倍的作用，这是我一直在思考的问题。赞美有着巨大的魅力，在孩子的心目中，老师、家长的一句赞美，胜过一千句批评。每个学生都有自己的闪光点，如果能够从学生的闪光点出发，通过礼貌性的赞美语言鼓励学生、激励学生，相信能够更大程度地激发学生的潜能。生活中不是没有美，而是我们缺少发现美的眼睛；孩子不是没有可表扬的优点，而是我们总盯着孩子的缺点。

教师更应该舍得赞美学生，把赞美、表扬当成教育的一种良药，充分发挥它的激励功效，科学地用好它，相信每位教师都能在教育的广阔天地中有所作为。

在我刚踏入教师行业的第一年，根据学校的工作安排，由我担任二年级的班主任。还未开学，我就被原来的班主任拉入了班级群，班主任工作在懵懵懂懂中就开始了。初入职场，我对班级管理、学生沟通等方面都十分生疏，不知从何做起。

在开学的前一天，学校安排学生到校报到注册，还有领取新书。这一天，学生按照要求到达班级，我在教室等待学生。学生陆陆续续走进班级，找到自己的座位坐下。我的心情随着学生的到来越来越紧张，不知道该如何跟学生开始互动。学生们对于我这个新班主任的出现表现得比较激动，班级一直处于较为吵闹的状态。

正当我在苦恼如何结束这"尴尬"的场面时，我的副班主任出现了，她的一个动作和一句话让班级的学生迅速安静下来。

她走近一个小男孩，摸了摸他的小脑袋，亲切地说："我最喜欢这个小朋友了，他坐得最端正。"其他学生马上停下讨论，坐端正，教室瞬间安静下来。这一句简单的话，不仅表扬了这个学生端正的坐姿，同时提醒了其他学生需要安静下来、坐端正听老师讲。不需要批评，不需要说要坐端正、要安静，只是表扬一个学生的优秀表现，其他学生因为希望自己也能够得到表扬而主动坐好。她的这样一个举动瞬间点醒了我，在接下来的核对书籍、分配任务环节都进行得很顺利。

低年级学生是非常渴望得到老师的认可和表扬的，但是由于他们自我控制能力较弱，即使心里想要做好，在行为上同样说到做到比较难。比如，要想让每个学生都在四十分钟的课堂上聚精会神地听讲，是很难做到的。当遇到孩子们坐不住了、开始开小差了、跟其他同学说话了，该怎么办呢？按照往常的做法，老师可能会停下来将不听话的孩子教育一番，或者是狠狠批评一顿，但是过不了几分钟这些调皮鬼又动起来了……

遇到这种情况时，我经常会想起副班主任当时表扬优秀学生的做法。有一次课堂上，小明正在走神，把手放在了抽屉，估计在玩什么"有趣"的玩意儿。

我适时提高音量，并表扬他的同桌，“坐姿端正又认真听讲，还积极发言，老师非常喜欢他”。小明迅速把手从抽屉放到桌面，并用期待的眼神看向我，我请他回答了问题并表扬他积极发言。他的腰挺得比刚刚更直了。

这样的方法在很多情境中都非常实用。早读课上，有些学生的读书声实在是太小了，整个班级的读书氛围较为沉闷。于是，我眼睛盯着几个读书声音响亮的学生，在“班级优化大师”给这些同学一一加分，并让其他同学看到。为了得到表扬，班级的读书声立刻有了“生气”。做课前准备时，一些学生总是懒懒散散，而另一些学生早早做好了准备，于是我表扬做得又快又好的学生，其他学生的速度也快了起来。做课间操时，一些学生总喜欢偷懒不做，我让班干部给认真做操的学生多加分，每一次加分都“牵动”着调皮分子的心，课间操做得越来越整齐。

（案例作者：深圳市光明区凤凰学校　何菊珍）

案例 4

把赞美送给学生

哲学家詹姆士精辟地指出：“人类本质中最殷切的要求是渴望被肯定。”每一个活泼、积极、向上的小学生更是如此。在日常生活中，赞美是人人都需要得到的。教师在孩子们日常学习活动中，要及时把握时机，多观察，及时发现孩子们值得赞美的事情。哪怕是一件很小的事情，只要是真心实意的，都能让孩子们感受深刻，激发他们上进的心理。教师的赞美越多，学生就越显得活泼可爱，学习的劲头就越足。

在班上，总有那么几个学生，平时能够遵守纪律、不惹是生非；在学习上总体问题不大，但是又鲜有进步；对班级活动也比较冷淡，既不反对也不积极参与。这样的学生，往往很容易被老师忽视，可以说是“存在感”较低的孩子。

我班的小成同学就是这样一个似乎没有什么特点的学生。在开学后的很长一段时间，我很少注意到他。他成绩不算很好，但也不差，在班上没有担任班干部，也不是小组长，课堂上也较少发言，是个“存在感”较低的小男孩。直到有一天，一件微不足道的小事改变了我对他的看法。一天中午，大部分同学已经吃完午餐，在教室内自由活动，一些学生在黑板附近来回走动。我发现黑板底下有一些掉落的粉笔，很多学生都笑着绕了过去，有个别学生无意踩到了，回头看了一眼就走开了，好像没有注意到它们。这时，小成走过来了。

小成说：“这边掉了很多粉笔，大家不要踩到了。”说着伸手挡住了正要往前走的同学，捡起了较长的还可以使用的粉笔，接着他拿来了清洁工具，将剩余的粉末和不能使用的粉笔清理干净，又用拖把拖了一遍地板。我被这一幕感动了，小成能够留意到班级地面的情况，并亲自动手处理干净。在午休铃响前，我提前让学生回到座位，在全班同学面前表扬小成同学刚刚的做法，并呼吁大家要像他一样关心集体、为他人着想，主动为维持班级卫生干净“搭一把手”。

此后，我又从几件小事里发现了小成性格中闪光的地方。比如，在一次更换座位中，一些同学为了不收拾抽屉，想要将自己的桌子直接搬到对应的位置。但是，学生的课桌椅是比较笨重的，二年级的学生力气也比较小，要想把桌子和椅子一起推走，不是一件容易的事情。小成同学看到有些小女孩很吃力，他马上放下自己的东西，转身帮助女生将桌椅调整到对应的位置。再一次看到这样的情况，我是发自内心的欣慰，原来平时没怎么注意到的小成同学还有乐于助人的一面。我马上在全班同学面前表扬小成热心助人的事迹，接着我就看到周围的同学纷纷互帮互助，调换座位在大家的齐心协力下很快就搞定了。

小成不仅在性格上有了变化，在学习上也越来越认真，积极回答问题，学习成绩也有了一定的提高，还被同学们选为班级卫生委员。这件事告诉我，在班主任工作中，要多走近学生，多了解学生，每一个学生都有值得赞美和表扬的地方。班主任要细心观察，捕捉他们身上的每一个闪光点，及时把赞美送给每一个学生，让学生感到“我能行”“我会成功”。

（案例作者：深圳市光明区凤凰学校　何菊珍）

策略四：合理运用尺与戒

（一）基本概念

肖可琴认为，“尺”即尺度、标准，“戒”即警戒、惩戒。在进行说服教育时，我们的家长、教师心中不能没有一把“戒尺”，不能没有“戒”，也不能没有“尺”。教师在合理运用尺与戒后，可以辅以体验教育策略，加强与说服教育联动。体验教育重在个人的经验总结和反思，学校教育中常常通过创设情境来实施体验教育，当然也包括对自然情境的利用。[①]

（二）基本操作

尺与戒的运用，首先要明确有效的惩罚要体现教师对学生的关怀，使学生从内心接受错误、改正错误，并因此受益匪浅。有效的惩罚是建立在理解、信任、关心和尊重基础上的，教师要尊重学生的独特个性，惩罚因人而异、因事而异。教师也要善于发现和发掘学生的闪光点，及时发现，及时谈话，及时表扬，通过学生的闪光点以点带面，增强学生的自信心和自豪感，进而带动学生的全面发展。

教师要避免简单粗暴的惩罚，要灵活运用情境体验，结合学生的关注点，了解学生的内心世界，综合运用正面引导、借题开展、扬长避短的策略，把对学生的批评和惩罚，变为学生成长与进步的助推器。

（三）实践案例

案例1

小小百宝箱

一项研究表明：老师越是用表扬代替惩罚，学生就越能集中精力学习。此外，除了在课堂公开的表扬和鼓励，也有学生因为老师课后在办公室的激励性谈话，而感受到被重视和有目标，自信心和学习积极性大为提高，有了越来越好的表现。

“金无足赤，人无完人。”即使是美玉都会有瑕疵，这是无法避免的。人更是如此，每个人都有优缺点，不可能是完美的，这就需要我们辩证地去看待。每个人在前行的路上都需要支持和鼓励，尤其是低年级的学生。

我们班的王老师在管理班级和鼓励学生方面有自己独特的方法，在工作中遇到的一些棘手的问题，我都会请教她。王老师不是班级的班主任，只是班上的语文老师，每天只有一两节是王老师的课，跟孩子的相处时间也较少，但是班里的学生都非常喜欢王老师。原来，王老师拥有一个神奇的百宝箱，她的百宝箱总会出现与众不同的东西。

王老师对于班里的每一个学生都是十分地认真负责，不会因为平时行为表

① 肖可琴. 说服教育一定有效吗：探究多元的教学管理模式［J］. 青年科学（教师版），2014，35（9）：47.

现差或者不认真听课而放弃任何一个学生。

记得有一次她去上一年级的语文课，同学们都说聪聪是班里最调皮和爱说话的男生，甚至其他老师也这样说。而王老师却说：“我倒是要去见见这位‘名人’。”确实如此，他非常爱说话，上课就不听你的。王老师走到他跟前说：“你要是上课表现好了，认真听课，举手发言，我可以允许你下课来参与一次抽奖活动。”接下来的课程中，他开始坐得很端正，停止与他人交头接耳的行为，并举手回答了一次问题。王老师看到他举手了，马上请他发言，在他发言结束后说：“恭喜你，获得了一次课后抽奖的机会！”聪聪非常开心，下课后兴高采烈地跑到老师跟前准备抽奖。当老师的幸运转盘启动的那一刻，他激动地跳起来。礼物是什么并不重要，能够获得转动这个幸运转盘的机会就已经很开心了！

在接下来的课程中，聪聪每次表现得都非常棒……

有一次，王老师下课拖堂了，下课后孩子们急忙跑到教室外面准备做课间操。在慌乱中，教室后面的拖把和扫把散落一地，学生光顾着跑出去排队，没有理会散落的扫把。王老师站在讲台上，维持着秩序。这时，聪聪挤了过来，提醒大家看着点，别绊倒，然后主动扶起了横在地上的扫把。

王老师被聪聪的行为打动了，虽然聪聪平时调皮，也不算是成绩很好的学生，但当班级需要他帮忙的时候，他依旧会主动伸出手，维护班级的整洁，为他人安全考虑。这是比成绩优秀更值得赞扬的品质。王老师抓住了这一点，在做完课间操后，学生们回到教室坐下了，王老师针对刚才发生的事情，大力表扬了聪聪，并对他关心集体、为他人着想的行为进行赞美，呼吁大家向他学习。此后，她又从几件小事里发现聪聪性格中闪光的地方，比如，热心帮助他人、做事主动积极、劳动能力强……王老师对他的行为及时给予表扬，聪聪感受到自己是班级的一分子，为班级、为同学服务的热情更加高涨。

在接下来的学习中，他变得更有自信了，也乐于与老师沟通交流，在课堂上积极表达自己的想法，上课特别认真，作业完成得很好，因此在学习上也有了进步，学习成绩获得了较大的提升。

（案例作者：深圳市光明区凤凰学校　何菊珍）

案例2

惩罚的艺术

教师的职责是既教书又育人。每个人都会犯错，学生也是如此。学生在学校犯了错误，教师有责任也有权利对其批评教育，有时需要采取一些适当的惩戒措施，才能让学生改正错误。惩戒要有理有据，以理服人，这是社会赋予教师的职业道德。在教育的过程中，采取适当的惩戒是非常有必要的，但关键是如何把握好“度”。

我认为，没有惩戒的教育是不完整的。教师要做到尊重学生，但是尊重学生并不意味着不批评学生。如果学生犯了错误又没有勇气接受批评，将来也无法面对复杂多变的社会人际关系。这种一味迁就、放任学生的做法，看上去是尊重了学生，实际上会让学生变得从小不能分辨是非，变得心理脆弱，抗压能力、抗挫折能力低。

惩戒学生应当从尊重和关心学生的角度出发。我们惩戒学生的目的是要让学生明白为什么自己被惩罚，也要让学生明白教师惩戒是出于关心、爱护他，是在帮助他改正错误与缺点。

对三年级的学生来说，信息技术课是他们最喜欢上的课程之一，每次上课，学生都异常开心和兴奋。每到要上信息技术课时，学生一听到上课铃声响，就会早早排好队伍，等待老师带领他们进入电脑室。对于当今的小学生来说，计算机的基本操作已经掌握得非常熟练了。学生在进入电脑室后，能够自己启动计算机并进行简单操作。紧接着我也进入教室，准备开始上课。

将本节课内容讲授完毕后，我让学生按照刚刚学习的步骤自行完成课本中的练习题。在课堂练习环节，我让学生以小组为单位，在练习过程中相互交流，讨论练习中遇到的问题，并在小组内探究解决，以培养学生团队合作、探究问题、解决问题的能力。以五名同学为一个小组，由小组内推选一名同学做组长，负责记录练习中出现的问题、解决方法，在练习结束后与老师进行沟通交流，同时可以把组内不能解决的问题汇报给老师，方便老师集中讲解。

一天我还是按照往常一样结束了新课讲授的内容，让学生自行完成课后练习，我开始巡视各个小组的学习情况。每个小组积极讨论交流，很认真地完成课后练习，一些小组的组长也把组内遇到的问题提出来。当我走到最后一排时，我听见最后一个小组的同学讨论得异常激烈，并且对屏幕不断地用手“指挥”

着。我以为这个小组是在研究练习题目，对操作有不同意见，起了争执。当我走近一看，他们并没有在完成练习，而是打开了微信聊天软件，在讨论微信聊天窗口的内容。看到我走近后，最后一个小组的同学忙着关闭聊天窗口，我“眼疾手快”，迅速瞄了一眼，一声令下：“把手放好！”一些学生还没来得及关闭，聊天窗口还展示在电脑屏幕上。

看到他们“不务正业”，没有按要求完成课后练习，我当时是非常生气的，但我没有直接批评和训斥学生。突然想起昨天看到的《惩罚艺术的魅力》这篇文章，思考了一会儿后，我决定尝试使用一下惩罚的艺术，看看能不能妥善地解决目前出现的这个问题，让学生能够在惩罚中受益。

微信是目前非常流行的通信软件，不仅是成人，中小学生也拥有自己的微信账号。我想，既然学生也有微信，不如让微信成为我和他们沟通交流的工具吧。正好，离下课还有一段时间，我对学生说：“停止一切操作，坐好！”刚说完，学生迅速坐好，他们以为我要发火了，迅速把手放好。

师：刚刚这个小组的同学，没有按老师要求完成课后练习，反而在微信世界里“遨游”，大家觉得应该怎样处置这五名同学呢？

学生讨论了一会儿，没有给出一个合适的建议，这也是我预料之中的。于是，我想尝试下惩罚的艺术，向全部同学宣布了对这个小组的惩罚意见。

师：既然这个小组成员对微信软件这么感兴趣，那就由组长负责建立我们班的班级微信群，并且要负责班级微信群的管理。在每节课上，收集同学在学习中遇到的各种问题，然后发布在班级微信群内，其他同学可以在群内进行讨论交流。其他小组成员，负责教不会使用微信群的同学，并帮助他们注册、入群，组建一个班级学习微信群。

生：好啊，我也有微信……

话音刚落，全班同学都很高兴，欢呼着这个方法很好。其他同学也对微信跃跃欲试。与其让他们每天“心系”微信，不如直接给他们一个使用微信的机会。我也看到这个小组长长舒了一口气，放松下来了。

在之后的信息技术课堂上，也见证了这个“惩罚”的成功。同学们在微信群中能够积极交流，一些平时较少发言的学生也能够在微信群内提出问题，和同学交流。

（案例作者：深圳市光明区凤凰学校　何菊珍）

案例3

科学惩戒，促进学生和谐发展

随着现代教育观念的转变，赏识教育、爱的教育、激励教育成了教育的热点，与此同时，惩戒似乎成了一个敏感词，也是教育界最困惑的问题。大部分教师谈“惩”色变，目前媒体、社会、家长对学校教育的关注、对惩罚的关注，让教师们不敢“管”，就怕被家长们扣上“体罚或变相体罚”的帽子。

每一个学生都是一个独特的生命体，在教育的过程中没有惩戒是不可能的。应该如何掌握好惩戒的度，让学生既能认识到错误，又能在错误中成长，是我一直在思考的问题。没有善意惩戒的教育，是不完整的教育。

我们班级的小朱同学，是个挺聪明的小男孩，但是他并没有把聪明放到学习上。他的学习成绩中上，能力是有的，但是上课爱搞小动作，不认真听讲。座位也是乱糟糟的，他经常找不到自己书本、作业本。卫生习惯也让人头疼。平时在课间、楼道总爱与其他同学追逐打闹，控制不住自己的行为。

刚开始，我每遇到一次他追逐打闹，我就让他在课间罚站，限制他的“行动”。可是刚站完这个课间，下一个课间又能看到他“活蹦乱跳”“到处乱蹿”的身影，着实让人抓狂。我想得改变这样的惩罚方式，于是课间我把他拉到一边聊天，告诉他在教室、楼道追逐打闹的危险，让他背诵《中小学生日常行为规范》的相应条例，并练习计算题。他从中认识到自己的行为违反了作为小学生的基本规范，吸取了教训。同时我也发现，小朱本质并不坏，只是自我控制能力较差，还需多提醒和多鼓励，需要老师们用宽容、正确的方式去引导他认识错误、改正错误。

只是让学生接受惩罚，并没有让学生认识到错误，学生依旧屡教不改，即使惩罚也起不到相应的作用。

小刘同学在我们班级算是十分调皮的一个学生了，平时经常不完成作业，上课也很少有认真听讲的时候，喜欢和前后桌的同学交头接耳，影响老师和其他同学上课。

一次上课，小刘还是像往常一样跟同学讲话，我看了他一眼，并没有直接批评他，在上课的同时提醒他调整好坐姿，让他看着书本，不要再跟其他同学讲话了。虽然这一节课他依旧没有进入学习状态，但是他没有再和同桌讲话，也没有打扰到其他同学。课后，我把他叫到一边，让他自己选择两种惩罚方式。

我给了他几个选项，他选择了抄写古诗 5 首和跳绳 200 次。通过这次惩罚，他把不会的 5 首古诗抄会了。他自己也主动找到我承认错误："我以为老师会在课堂上点我的名，批评我，但您让我自己选择惩罚方式，我不但会背这些古诗了，还跳绳跳了 200 个，锻炼了身体。您的宽容和尊重让我知道，课堂讲话是不对的，我要学会自律，控制好自己，学会尊重老师和同学。"

班上有一名叫小凯的同学，比较聪明，平时上课也能够认真听讲，但十分懒惰，能少做的事情绝不多做。有时作业也不按时完成，总喜欢"偷工减料"，为了快速完成作业，书写也是马马虎虎。我联系他家长，告知其孩子写作业的表现，希望能够改善这一情况。我并没有罚他写作业，而是让他每天负责搜集一篇跟"诚信"有关的文章在班级内分享，交流自己读后的感受。小凯读得流畅又有感情，赢得了同学们的掌声。之后，我还找他谈心，询问他阅读这些有关"诚信"的文章后有什么感受，自己今后在学习上应该怎么做。在他家长的大力支持和配合下，小凯开始认真完成作业，书写也有所改善，能够主动完成作业。相信他持之以恒地做下去，会变得越来越棒！

在教育教学过程中，教师的惩戒不等于体罚。教师在惩戒的过程中要眼中有光、心中有爱，适时、适当、适度地对犯错的学生进行科学的惩戒，才能促进学生的成长和发展，让学生在步入社会后能够有足够的抗挫折能力以应对未来社会的挑战。

（案例作者：深圳市光明区凤凰学校　何菊珍）

策略五：导之以行

（一）基本概念

韩婉丽认为，"导之以行"策略是指说服者不仅要告诉受众做什么，还要告诉受众怎么做。[①] 有时候明白道理很容易，但是明白道理后该怎么做却不容易。即使说服者说得天花乱坠，说服对象在听完后不知道该怎么做，那么道理仍是理论上的道理，对于解决实际问题没有用处，这样的说服是不会产生效果的。让说服对象知道在明白道理后该怎么做、可以怎么做，比空谈道理更有说服力。

① 韩婉丽 . 虚弱的说服：试论我国电视公益广告说服性传播的困境与出路［D］. 天津：天津师范大学，2014.

（二）基本操作

导之以行，就是要克服理论和实践相脱节的问题，是立足于想与做的有机统一。被说服者不仅仅要明白为什么去做，更要知道如何去做，最终落实于行为习惯的养成。

教师对学生的行为进行指导，要建立在对学生问题的科学分析上，要了解问题的前因后果，有的放矢，才能制定合情合理的行为指南和解决策略。教师要立足学生的具体情况，才能真正地导之以行。导之以行，既包含了在行为上为学生提供具体而详细的行为方案，又包含了引导学生通过思考、辨析，自觉养成良好的行为习惯。

导之以行同时要辅以表扬、鼓励、激励措施，激发学生的内在积极情感，让学生乐于接受，积极地去塑造自己，让好行为能够延续，让好习惯得以养成。

（三）实践案例

案例 1

有些问题，晓之以理更要导之以行

2020 年，新冠肺炎疫情在全球范围内暴发，给全球公共卫生、社会治理、观念习俗等人类诸多领域带来深刻影响。其中，新冠肺炎疫情中的西方种族主义和民族主义问题让海外华人处境更加困难。于是，这一年里，我们可以看到学校里多了一些从小在国外长大，如今跟随父母紧急回国的孩子们。我们班就有两个这样的同学。

今年我教的是二年级，小温是我们班一个因为疫情刚从澳大利亚回国读书的孩子。他本来到了上三年级的年龄了，但是由于担心他的语文知识储备不够，就让他留在了二年级。由于国外的学习氛围和学习要求等与国内有较大的差异，小温同学并不适应国内学校较为严格的管理模式，他一次次地违反学校的常规要求。随着年龄的增长，他的自我意识日益增强，我们需要花比管理一年级的孩子还多的时间来对他进行说服教育。

第一个比较常见的问题就是迟到。开学以来，小温同学经常迟到，不能在学校要求的时间内到校。于是我把他叫到办公室询问原因，试图纠正他的这一行为。

师：你为什么迟到？

生：昨晚太晚睡了，今天起不来。

师：几点睡的？

生：十一二点。

师：你知道你现在是长身体的时候，太晚睡会长不高的。你想不想长高一点？

生：想。

师：那我们是不是应该要早点睡？

（学生点头。）

师：你是不是经常很晚睡？

生：是的。

师：那我们从今天开始能早点睡吗？

生：能。

师：老师知道突然让你早睡可能会不习惯，有睡不着的情况，那么从今天开始，我们每天晚上提早半小时睡。你平时十一点睡，今晚就十点半，一点一点地提早，最终我们要养成每天九点到九点半睡觉的习惯，你觉得可以吗？

生：可以。

师：如果你早睡了，是不是就能早点起床了？

生：是的。

师：根据你家与学校的距离，每天早上应该要六点半左右起床，七点十五分出门，这样就不会迟到了，你觉得呢？

生：嗯。

针对小温迟到的问题，我首先询问他迟到的原因，从而找到问题出现的关键，再帮助他找到解决办法，告诉他具体要怎么做。就小温的情况，迟到主要原因是前一天的晚睡，于是我告诉他如何慢慢地调整自己的生物钟，如何安排自己的睡觉和起床的时间，从而很好地解决自己经常迟到的问题。

在那之后，小温虽然短时间内没有再迟到，但是过了一段时间，他又故态复萌。这一次，我找到了他的爸爸，爸爸对于孩子迟到的这个问题也十分头疼，但是爸爸给我提供了一个线索，那就是小温非常喜欢别人的夸赞，会因为别人的一句夸赞而做到不辜负别人。我们觉得这是一个可以“利用”起来的特点。

于是，我跟他爸爸约好今晚督促孩子早点睡，明天早点到，然后我就可以借机夸夸他。

那天是星期五，他确实是没有迟到，但是因为没带科学课教材并且和同学讲话被老师叫到了办公室。我问了事情原委后批评教育了他上课违纪的这件事。随后我就把话题转移到他没迟到的事。

师：今天没有迟到？

生（摇摇头）：没有。

师：嗯，很棒。你今天没有迟到，老师打算奖励你一次抽盲盒的机会，下周能继续坚持不迟到吗？

生（自信坚定地点点头）：能。

这个突然的奖励让他很欣喜，抽到的东西也是他很喜欢的一个玩具“文身贴”，他压抑住内心的狂喜，按照我的要求去了语文老师那里练字。

第二周，我小心翼翼地期待着他的变化。终于，他用行动向我证明了他的决心。连续一周，他都没有再迟到！

（案例作者：深圳市光明区凤凰学校　彭惠君）

案例 2

讲文明，懂礼貌，你知道该如何做吗？

“讲文明，懂礼貌”一直以来都是中华民族的传统美德，是小学生必须遵守的日常行为规范。在生活中，我们有大量的时间需要与他人进行沟通交往。学会倾听、学会文明地与他人进行沟通和社会交往是我们需要培养的良好行为习惯。因此，班主任每学期都要围绕这个主题对学生进行文明礼仪教育，这是必要且十分重要的。而班会的开展，起到了示范和引领的作用，让学生在日常生活中有样可学。

这周班会课的主题是“讲文明，懂礼貌”。虽然平时我们常常让孩子把这句话挂在嘴边，但是在实际生活中我们却经常能看到很多小学生身上有一些不文明的行为。归根结底，孩子们对于“讲文明，懂礼貌”的道理很清楚，但是具体应该如何去践行，他们却有些模糊。因此，这节班会课，我希望能让学生在课堂中学有所获，真正懂得如何做到讲文明、懂礼貌。

师：同学们，我们平时常常讲要讲文明，懂礼貌，那你觉得自己有没有做到呢？觉得自己做到了的同学举手。

（让举手的同学分享自己讲文明懂礼貌的事例。）

师：嗯，这些同学都非常棒，我们把掌声送给这些同学。其他没有举手的同学，你们觉得我们要讲文明，懂礼貌吗？

生：要！

师：老师相信我们每个同学都是知道要讲文明，懂礼貌的，但是可能有时候你们不知道要怎么做才是文明有礼的。今天我们就来玩一个“角色扮演”的游戏，然后看看怎么样才是文明有礼的。

今天老师准备了两个场景，我们一个一个来看。请大家想一想，如果你在这个场景里，你应该要怎么做才是文明有礼的。四个同学为一组，我邀请自愿的小组上来表演，其他同学进行评价。上来表演的同学都能得到一份奖品，表演得分最高的同学能得到大奖。

第一个场景是：下课了，你准备去上洗手间，此时走廊迎面走来一个你不认识的女老师。你要怎么做？小组内可以自由分工，如果人数多了可以安排一些导演、旁白或者路人的角色。注意文明用语和文明行为。

（给学生 5 分钟进行小组排练，老师在学生之间走动，听学生们的发言，并给予一定的指导。）

师：时间到，请问哪组同学想上来演一演呢？

（小组一：生 A 演学生，生 B 演女老师，生 C 旁白，生 D 导演。）

生 D：1、2、3，开始。

生C：下课了，小彤想要去上洗手间，他正小跑着，突然迎面走来一个女老师。他停下了脚步，一边敬礼一边说——

生 A：老师好。

（生 B 点了点头。）

（小组二：生 A 演学生，生 B 演老师，生 C、D 演路过的学生。）

生 A：（看到老师后，停下脚步，鞠躬敬礼）老师好！

老师：你好。

（小组三、四……）

师：刚刚上来表演的每个小组都表现得非常好，他们都做到了最基本的一点，是什么？

生：见到老师要主动跟老师说“老师好”。

师：那你觉得哪一组做得最好呢？

生：我觉得第二组做得好，因为他们除了敬礼还跟老师鞠躬。

生：我也觉得第二组好，因为第二组的老师也很有礼貌地回复了学生。

师：大家说得特别好，我也觉得第二组的同学表现得很好。我们平时见到老师后，尤其是不认识的老师，同学们一般都是急匆匆地走过，很少有同学会主动打招呼。就算是打招呼，我看到很多同学都是一边走一边敬礼说老师好，很少有同学会停下脚步，认真地敬礼。我们班有一名同学，胡××，他给我的印象比较深刻。他每次见到我都会停下脚步，鞠躬敬礼，然后说“彭老师好”。每次他这样跟老师打招呼，老师都感到特别开心，觉得这个同学真有礼貌。我希望，下次同学们在路上看到任何一个老师，都能停下你的脚步，认真地鞠躬敬礼，跟老师说“老师好”。同学们可以做到吗？

生：可以！

师：接下来我们看看第二个场景。马上要上课了，在课前准备的时候你发现自己忘记带笔了，你想跟别人借笔，你应该怎么做呢？放学了，你发现自己借的笔不见了，你又准备怎么做呢？

（同样，先让学生表演，再让学生和老师点评。）

师：由于时间关系，接下来我们就通过举手抢答的方式来进行。请同学们回答，如果你遇到了以下情况，你应该怎么说、怎么做？

师：第一，走廊上，你不小心撞到了同学，同学的书掉了满地。

生：我应该向他说“对不起”，询问他有没有不舒服的地方，并且帮他把书捡起来。

师：第二，你有事找老师，老师正在和其他同学讲话。

生：如果不是很急的事，我应该等老师跟同学说完话，再说话。如果是很着急的事，我应该先跟老师说：“老师，不好意思打断您，我想跟您说件事，您有空吗？”

师：第三，放学了，你在路上遇到了邻居家的爷爷。

生：我应该跟爷爷打招呼，说“爷爷好”。

师：第四，公交车上，有个叔叔给你让了座。

生：我应该跟叔叔说“谢谢”。

生：如果我能站着，我就跟叔叔说“谢谢，不用了”。

师：今天大家的表现都非常棒。严肃的鞠躬，亲切的问好，诚恳的道歉，真诚的感谢，其实这些都是每天发生在我们身边的小事，但却能很好地体现我们每个人的文明风貌。从今天起，老师希望同学们能够从自己做起，从每一件小事做起，提高自己的文明修养，做一个“讲文明，懂礼貌”的好孩子。

（案例作者：深圳市光明区凤凰学校　彭惠君）

案例3

教师正确导行，培养学生爱心

朱熹说：“论先后，知为先；论轻重，行为重。”先知而后行，知的目的在于行。在学校教育中，怎样让学生把对道德品质的认识转化成真正的道德行为，如何正确地引导学生行动才能起到有效的作用，需要我们去思考。空洞的说教并不是有效的说服方法，导之以行才能更好地引导学生明理知行，才能起到教育的实效。

我校一直都接纳符合入学要求但患有特殊疾病的孩子随班就读，并且开设由心理老师主管的特教班。一年级时就读我班的安同学就是一名患有先天性儿童自闭症的孩子。患这类疾病的孩子，他们对声响充耳不闻，对周围人与物视而不见，不知该如何开口说话。能和小朋友们一样来到普通的学校就读，尝试认识和交往更多的朋友，本是一件令人高兴的事，但是由于她的性格和行为与班里的同学差异较大，她常常不被同学理解，以致同学们冷落和孤立她，有些同学甚至会躲避、歧视她。我感到有些担心和诧异：孩子们的单纯、善良和爱心都去哪儿了呢？虽然我也经常在学习和生活中表现出对安同学的关心，对有不礼貌行为的同学进行批评教育，希望同学们都能够与安同学友好相处，但效果并不明显，孩子们对安同学还是很排斥。

于是我设计了一场名为“伸出爱的双手”的主题班会，希望能够引导孩子们对别人心存善心与爱心，并行动起来，伸出他们爱的双手。

首先，我播放了一个名为“来自星星的孩子”的短视频，向孩子们介绍这个特殊的群体，让孩子们初步认识到世界上还有这样一群弱势群体的存在。接着，我播放了一个关于社区志愿者在“星星之家”与“来自星星的孩子”一起学习、交流、玩耍的视频，让学生们看一看我们身边热心的志愿者是如何伸出自己爱的双手去帮助弱势群体，使得他们像正常人一样生活、学习和工作的。

在学生的情感被调动起来之后，我让同学们谈谈自己的感受，我问孩子们：

"假如你是来自星星的孩子，你会快乐吗？"

同学A：如果我是"来自星星的孩子"，我会觉得非常痛苦。

同学B：如果我是"来自星星的孩子"，别人不跟我玩的时候，我会觉得非常伤心。

师（继续问）：大家觉得我们应该怎么对待"来自星星的孩子"呢？

同学A：我觉得我们应该主动跟他们一起玩，让他们开心。

同学B：我觉得我们要帮助他们，让他们跟我们一起正常的生活和学习。

……

最后，我告诉孩子们："'来自星星的孩子'可能有时候会对我们很热情，有时候很冷漠，有时候他们会做一些令我们觉得很奇怪的事，甚至会做一些我们不喜欢的事情。但是我们要对他们包容一些，友爱一些，关心、帮助他们，让他们能像我们一样拥有更多的朋友，更开心快乐一些。"

当安同学因为检查身体请假没有到校的时候，有同学下课跑来问我："老师，安同学呢？她没事吧？"我说："等她明天回来的时候，你自己去问她吧。"等安同学回到学校的时候，有几个孩子马上跑过去安慰她，还要给她补课；下课时，同学们会邀请她一起玩游戏；有同学会跟安同学一起画画，把画作为礼物互相赠送；有时候，安同学喜欢拿着粉笔到黑板上乱画，同学们会把她拉走，告诉她不能在黑板上乱画，带着她去玩别的；如果安同学上课突然大喊，同学们也不会用诧异的眼光看着她，而是继续上课。

安同学在同学们的关心和爱护下，脸上常常挂着阳光灿烂的笑容。我感到很欣慰，在老师的正确引导下，孩子们的正直、善良和爱心都回来了。

（案例作者：深圳市光明区凤凰学校　彭惠君）

策略六：自我教育

（一）基本概念

教育改革家魏书生常常让学生写诸如《勤与懒的对话》的日记，在勤奋与懒惰的斗争中，当勤奋占上风时，懒惰的不良行为就渐渐地得到了克服。魏书生认为，经常写这类日记，能够使学生学会辩证地看待自己，实事求是地分析自己思想的两个方面，在自我批评和否定中取得进步。运用自我教育策略的关键在于有效地激发学生参与自我教育的动机，以及寻找切实可行的自我教育方法。[1]邓珂认为学校教育中说服教育要重视学生的自我教育。说服不是教师的特权，学生也有他们想说的道理、事实。在学校，说服一般是教师说，学生服。但学生是主体，没有学生主体地位，就没有学生的自我教育，也就不会有学生的心悦诚服，说服也就说而不服。[2]因此，魏书生和邓珂都是从说服对象的角度出发，提出了不同角度的说服教育策略。

（二）基本操作

教师在动机激发上，要善于发掘学生身边的人和事，用现实中的事例来带动学生的情感，激发学生自我教育的动机；在自我教育的方法上，要重视学生的主体地位，自我教育要让学生认识自己的内心，表达自己的情感。

自我教育要遵循不同年龄段学生的发展规律，有针对性地开展教育活动；要抓住合适的时机，因势利导，引导学生进行自我教育；发挥教育者的主导地位，借助班会课引导学生进行自我教育。

自我教育的目的就是要让学生懂得自己要求自己，自己监督自己，对自己的行为进行控制。通过自我教育能够有效地调动学生解决自身问题的积极性和自主性，帮助学生提高自身道德水平，解决人际交往中的问题。

（三）实践案例

案例1

自我教育的力量

上周我们举办了校运会，班级最后的团体总分并不算高，大家都有些失落。班长和体育委员突然找到我说，看到大家对这次校运会的成绩都不太满意，想和同学们一起谈谈参加校运会的心得体会，总结经验教训，争取下次校运会能更好地发挥。难得班干部这么有心，我答应了，把时间定在了这周的班会课上，并让班长和体育委员准备一下这个校运会总结会的流程。

这次班会课由班长和体育委员主持。班长首先表扬全班同学都为运动会作出了自己的贡献：有的同学积极报名，承担了多项比赛任务；有的同学语文成绩比较好，承担了写小新闻的任务；有的同学负责摄影记录；有的同学负责气

① 魏书生．班主任工作漫谈［M］．桂林：漓江出版社，2002：33-40.

② 邓珂．说服教育要重视“学生说”［J］．湖北教育（教育教学），2016（2）：69.

氛组；等等。大家都积极参与，没有消极对待。但是这次我们班的成绩并不是很理想，班长做了自我反省：“这次由于我经验不足，在班级的分工管理上还是有些疏忽，比如我没有指定好同学去提醒比赛的同学检录，导致有些参赛的同学很匆忙地到达比赛场地，影响了自身的发挥。”体育委员紧接着也做了自我批评：“我觉得这次我们班的成绩不理想我也有责任。很多可以拿分的项目我没有根据同学们的能力分配报名，如果下次再开运动会，我一定会尽量根据大家的强项来分配，争取为我们班拿到更多的分。”他们的发言赢得了全班同学的掌声。很多同学都安慰他们说没有经验，没有关系，下次一起做得更好。

随后班长宣布从第一小组的第一名同学开始发言，大家谈一谈自己对于这次校运会的心得体会。

有的同学说他虽然积极参加了比赛，但是没有取得理想的成绩，因此感到很遗憾，觉得对不起大家；有的同学说，自己虽然报了名，但是并没有提前花时间去训练，才会导致这样的结果，如果有下次，一定会在比赛前有计划地锻炼自己，争取拿个好成绩；有的同学说自己本来很害怕跑步，但是在这次运动会中她勇敢地挑战了自己，选择参加800米跑，并且在比赛前两个星期每天晚上去跑步，她学会了去挑战自己，学会了勇敢拼搏；有的同学说自己虽然学习成绩不好，但是喜欢运动，这次也为班级取得了一定的成绩，自己感到很高兴，也增强了自信，希望自己在学习上也能加把劲，继续为班级争光；有的同学说自己没有参加比赛，没有为班级增添荣誉，希望下次运动会能积极报名。这时班长说，没有关系，为大家送水加油打气，这也是一种付出。

每个同学都真诚踊跃地表达自己的感受，其他同学都默默聆听，时不时给予热烈的掌声。班长和体育委员还会适当地安慰、鼓励同学们。整个过程气氛融洽，没有抱怨，没有说教，有的只是诚恳的交流。同学之间互相理解、互相鼓励，集体荣誉感大大增强。我也受到感染，很多次情不自禁地鼓起了掌。

最后我进行了总结发言。我跟学生说，我们总是有不完美之处，人无完人。不完美并不重要，重要的是我们要认识到自己的不完美，我们要懂得看到自己的闪光点和不足，从而更好地扬长避短。现在运动会的成绩已经不重要了，重要的是我们每个同学都有强烈的集体荣誉感，都有为班级、为同学奉献的精神，每个同学都学会了宽容、理解和尊重他人，我为大家感到高兴。

从这次校运会总结会中我感受到自我教育的力量。学生们的自我教育远远胜过班主任的说教，因为他们都是当事人，是同龄人，他们更能感同身受，并在与他人的交流中重新认识自己，审视自己。

（案例作者：深圳市光明区凤凰学校　彭惠君）

案例2

春雨润物细无声

某天，我翻开了学生上交的日记本，突然看到我的科代表的日记，日记内容有些沉重。这个同学描述了奶奶住院和妈妈独自一人照顾奶奶的事情。她很后悔跟妈妈吵了架，很心疼妈妈既要照顾自己，还要照顾奶奶。因此，她告诉自己，从今天起，要懂事一些，也要帮妈妈分担一些家务。

我看着学生的日记，看到学生对于母亲的付出和不易有着这么深刻的感触，心中感慨不已。我也突然想起了自己正在准备的“感恩亲情”主题班会。我想，比起跟孩子们讲书上的故事，不如让孩子们听听发生在自己身边的故事，这样的内容更真实，更能引起他们的共鸣。

于是，我在征得了科代表的同意后，在班会课上读了她的日记。读完后，我看到台下有一些学生默默地流泪。我趁热打铁，对学生说：“树欲静而风不止，子欲养而亲不待。爸妈永远是最爱我们的人，但是，同学们，你们平时和爸妈相处，是否有过恶语相向，让他们伤心难过；是否有过自私、冷漠；是否做过让自己追悔莫及的事情？”

同学们纷纷举起手来，讲述自己和爸妈的故事。

陈同学说道：“这周末我看到妈妈在整理衣服，能看出来衣服都是穿了很多年的，我感到很心酸。妈妈经常给我买我喜欢的球鞋和衣服，挣的钱都花在我身上，但是自己却不舍得买新衣服。而我却觉得这些是理所应当的，一点都不懂得感恩，还会因为爸妈不给我买喜欢的东西而发脾气。”

我说：“是的，这是发生在我们很多同学家里的事情。我们的父母都是一样的，都想让自己的孩子穿最好的、用最好的，自己却不舍得吃不舍得穿，而我们却常常把这些付出视作理所应当。同学们，我们要心存感恩，理解父母，关爱父母，好好学习，将来回报我们伟大的父母。”

分享结束后，我让学生们拿出一张纸，把自己不好意思和同学们分享或者自己想表达的关于亲情的体会写在纸上。写的内容可以是对自己淡漠亲情的省察和对自己将来的提醒，可以是向老师倾诉对父母难以言说的情感，可以是想对爸妈说的话。我没有规定字数和内容，每个同学都能遵从自己内心的感受。写完以后，学生们可以有三种处理方式：自己保留，交给老师或者交给爸妈。有个别同学交给了我，也有很多同学选择了自己留存。我很好奇是否有学生会将自己写的内容交给爸妈，表达自己的感恩之情。

第二天早上，有个学生来办公室告诉我说，昨天妈妈看了她写的信，感动得哭了。也有学生说，妈妈看完没说什么，只是笑了笑就继续去做饭了。

通过这节班会课，学生们对于亲情的理解又加深了一步，对于父母的感恩之情更强烈了一些。我想，这就是自我教育的力量，借学生之口教育学生，通过分享发生在学生身边的事，鼓励学生进行自我教育。春雨润物细无声，善用自我教育的说服策略，能让我们的德育教育达到更好的效果。

（案例作者：深圳市光明区凤凰学校　彭惠君）

案例3

如何引导学生进行自我教育

法国著名教育家卢梭说，有三种教育方法会给孩子带来不良影响，它们分别是：讲道理、发脾气、刻意感动。讲道理是中国父母最常用的教育方式，但效果其实是最差的。而教育家叶圣陶先生曾说，教是为了不教。苏霍姆林斯基曾说，只有能够激发学生去进行自我教育的教育，才是真正的教育。可见，自我教育在我们的学校教育中有着极为重要的意义。把握自我教育的策略，能够帮助教师们在教育学生的过程中事半功倍。

在班主任工作中，启发和培养学生进行自我教育，让学生通过对自我的省察、思考，认同老师的教育，并内化为自身的行为，这是我们的教育能取得成功的关键。结合自身的教学经历，我认为我们可以从以下三个方面使用自我教育策略，引导学生进行自我教育。

首先，我们要遵循不同年龄段学生的发展规律，有针对性地开展教育活动。例如，我校的初中生家庭条件存在差异，有些学生属于“拆二代”，家庭条件十分优越，而初中这个年龄段的学生是最容易出现攀比心理的，我就发现校园里开始出现攀比现象，学生们比吃穿、讲排场，形成了互相攀比的坏习气。在我们班，最近就出现了“过生日，送重礼”的现象。根据中学生自我意识的觉醒和攀比思想的特点，我引导学生们思考：在你过生日收到贵重的礼物时，你在想什么？有学生说：“我曾经收到过贵重的礼物，我感到很开心，不过我也会思考下次我要送什么礼物给那个同学才是合适的。”“为了送同学一个比较好的礼物，我会跟爸妈要钱，爸妈不给够钱，我就会跟爸妈发脾气。”此时，我借机询问同学之间送贵重礼物会造成怎样的不良后果，贵重的礼物是否能够真正代表同学之间的友谊。最后，我让同学们讨论，初中生的经济来源是什么，挥霍浪费与勤俭节约该如何抉择。我发现，通过这样的自我教育活动，学生们加深了对友谊的认识，摒弃了攀比浪费的坏习气，懂得了勤俭节约的重要性。

其次，我们要抓住合适的时机，因势利导，引导学生们进行自我教育。在学生之间出现矛盾时，老师如果能懂得因势利导，引导学生通过自我教育去认识、解决问题，将会使我们的教育工作事半功倍。开学的第二天，学生们问我要如何安排座位。我打算让学生们自行制订排座位的规则，学生们纷纷表示同意，最终我们制订出按高矮顺序、照顾近视同学的原则。但是有些座位好，有些座位差，有的同学想和熟悉的同学一起坐，那要怎么办呢？有人提议：“把位置让给最有需要的人，以全班的利益为重。”大家纷纷表示认可。最终我们也定下了第三条规则：把好位置留给别人，以班级利益为重。最后同学们自主调整，自由组合，很快选好了位置。我看了一下，发现只有个别同学没有按照原定的要求选择座位。我先让第一组的同学站起来，请其他组评价他们是否符合原则，就这样一组一组地评议着。到了第四组，有个身高较矮的同学坐在了后面，同学们都在小声议论，该同学也红了脸。于是我指出：“我们要向第一组同学学习，提高自主自觉的能力。我相信大家都能做到。”最后，这个同学自觉地站起来和前面的同学换了座位。就这样，排座位这件事就在孩子们的自我安排中圆满结束了。通过这种方式，老师引导学生对彼此的行为进行道德评价，促使学生提高自身的道德水平。

再次，发挥班主任在班级中的主导地位，借助班会课，引导学生们进行自我教育。班主任是对学生进行德育教育最多的老师，班会课则是我们学校开展德育工作的主阵地。因此，利用好班主任的主导地位，利用班会课的时间引导学生进行自我教育，也是帮助孩子进行自我教育的有效途径。例如，我发现学生们在语文课上的纪律水平有所下降，原因是学生们认为语文老师的教学方法比较古板无趣，产生了逆反心理。于是我在班会上对学生说：“人无完人，每个人都有自己的优缺点。今天，我想跟大家一起讨论我们自己在上课过程中存在的优缺点和科任老师们的优缺点。首先，我们来说说语文老师有什么优点呢？请大家讨论一下。”同学们认真讨论，最终大家一起列出了语文老师的八个优点。我又问：“我们班语文、数学、英语三科中，哪门课的纪律最不好？”同学们异口同声地回答：“语文。”“你们觉得自己在上语文课时是否有做得不够好的地方？请大家再次讨论。”同学们纷纷讨论，最终列出了十几个缺点。就这样，学生们看着自己的缺点对比着语文老师的优点，开始恍然大悟，认识到自己平时在课堂上表现的不足。从那以后，我看到学生们的语文课纪律有了明显的好转，睡觉、讲话、插话的现象减少了很多。

我想，自我教育的目的就是要让学生懂得自己要求自己，自己监督自己，对自己的行为进行控制。遇到问题，老师们可以多尝试让孩子进行自我教育，学生们或许能够给出更好的、让我们意想不到的答案。

（案例作者：深圳市光明区凤凰学校　彭惠君）

策略七：动之以情

（一）基本概念

韩婉丽认为，人是有感情的动物，感性诉求较之于理性诉求具有五个优点：有趣、易于理解、易于记忆、让公众放低对说教的戒备、激发行动更快。动之以情就是要贴近人们的内心，通过感情的沟通打动受众，最终达到说服目的。[①]尽管说服者在说服过程中会尽可能地客观展现真理和道理，但是人与人之间交流的情感是主观性的，这点无法忽略。如果说服中能够产生轻松、愉悦的感受，那么交流对象将更容易被说服。

（二）基本操作

动之以情就是充分利用人与人交流的情感主观性，让交流产生轻松、愉悦的感受。情感是建立良好沟通的基础，能够有效降低学生的防备心理，达到和谐的教育效果。学生体会不到老师对学生的爱护和关怀，就无法从心底接受老师的说教，导致学生的接受程度大打折扣。

---

① 韩婉丽. 虚弱的说服：试论我国电视公益广告说服性传播的困境与出路［D］. 天津：天津师范大学，2014.

动之以情首先要了解学生每个表现的内在的深层原因，要耐心地探究其真正根源。每个学生产生困难的原因不尽相同，面临的困境也有所差异，所以我们不应该对所有学生一概而论地进行批评或鼓励，而应结合学生的具体情况，有针对性地进行辅导和感化。教师要从学生的角度出发，和学生建立情感联系，成为学生的盟友，用爱包容，用爱引导，用爱感动，让学生学会共情，回归正轨，建立积极乐观的心态。

（三）实践案例

案例1

情动人，效益收

在当下，我国教育行业倡导注重对学生的人文关怀教育，人文素养不仅是一个城市的底蕴，更是一个人内涵的基础，是影响学生性格以及人格形成的重要因素。而旧时的打骂教育或是“棍棒”式的教育已不是老师们的可行方案，罚抄、罚站等以惩罚为主的手段，也不再是大部分人认可的教育方式。那么在面对一棵棵待修正的小树苗时，“动之以情，晓之以理”或成为我们的首选方法。

某次在班级里检查数学作业，如往常一样，我先请组长挨个检查，统计好后再上交。在未完成家庭作业的名单里，我看到了几个熟悉的名字，于是我请他们起立，并严厉地说道：“没有写作业的，限放学前把作业补齐，并且再写两百字的不写作业说明和反思。”这时，突然发生了特殊情况，被罚的同学中有个叫小庞的，把作业本往书桌上使劲一丢，还没等我反应过来询问情况，小庞就头也不回地跑出教室。见此情形，我马上让他的同桌跟上去，把他劝回班级。可过了一会儿，只有同桌一个人回来，气喘吁吁地说：“不好啦老师，小庞跑出学校了！”

我瞬间紧张起来，心里大呼不好，连忙布置任务让其余学生自习，自己则马上与小庞的家长取得联系，询问是否跑回家了。在一番沟通之后，再迅速与德育处老师共同在学校附近文具店、小吃店等学生常常出现的场所搜寻他，但迟迟无果，大家都心急如焚。终于到了晚上，接到了家长的平安电话，我的心也终于落了地，然后对电话那端的家长及时进行了安抚，并了解了情况，将此事记录在案。由于个中缘由在电话中不便沟通，第二天我就马不停蹄地对小庞同学进行了家访。我这才了解到此次事件背后的深层原因：小庞的父母由于工作原因，在他10岁以前都把他交给亲戚带，上了初中以后小庞才回到父母身边。但由于父母缺席了孩子重要的成长时期，再加上之前亲戚对小庞的关心和管教严重不足，小庞养成了不良的习惯和偏激的性格，他经常偷拿零用钱去网吧，在同学中也“耀武扬威”，时间一长性格便越来越强势。

我在了解到这一家庭情况后，发现造成小庞叛逆的主要原因是父母缺席孩子的教育，但过去的事无法改变，只能从眼下入手，否则他将来很有可能闯下大祸。于是在和小庞的父母进一步沟通后，小庞的父母表示自己已经意识到事情的严重性。往日里对待小庞的叛逆，他们都是用严厉的“棍棒”式教育惩罚他，没想到这一方式，把本就和父母不亲近的孩子越推越远。在我的提议下，我们三方一同坐下来平和地谈谈心。

当天下午，我再次来到小庞的家。在我的引导下，小庞的父母向小庞展示了儿时的家庭合影，并且动情地讲述了当年创业的不易与艰辛，小庞从未听父母提起过这些，听下来似乎有所触动。最后，从来都是以严厉形象示人的小庞父亲坐到了他的旁边，手搭在儿子的肩膀上，说：“儿子，以前是我们不对，光顾着自己的工作而忽略了你。现在不一样了，爸爸妈妈回来了，以后会努力地弥补过去的遗憾。你一定要知道，爸爸妈妈永远爱你，因为你是我们的孩子。”说到动情之处，三个人都红了眼眶，相拥而泣。在临走之前，小庞也向我再三保证，以后不会再去网吧，同时会改掉以往的陋习，重新开始，好好学习。

可见，小庞本身是一个重情义的孩子，之前只是和父母之间存在芥蒂才导致自己走上歪路，好在经过父母和老师双方的共同努力，将家长与孩子之间的隔阂逐步消除。小庞在学校再偶尔犯错时，只要老师们用眼神制止，他就会意识到自己的错误并立马改正。在学习中，也一改往日拖沓的态度，更加专心听课，努力地向老师和同学请教，在班级里也不再趾高气扬，而是团结同学。可见他不再孤独，开始长大，学会了宽容和爱。

（案例作者：深圳市光明区凤凰学校　张子岱）

案例2

宽容，需要一张“梯子”

对于中学生而言，他们的思维方式偏向感性而非理性，更多地依赖情感作为驱动力。因此在教育教学过程中，师生情感的建立尤为重要，情感是建立良好沟通的基础，能够有效降低学生的防备心理，达到和谐的教育效果。许多师生冲突的产生源自学生与教师的情感建立的缺失，师生情感无法抑制学生的冲动行为而导致冲突的进一步恶化。

情感在教育中就像是调味剂。在说服教育过程中，即使是展现同样的道理和价值观，缺乏情感的教育就像白开水，寡淡无味，学生体会不到老师对学生的爱护和关怀，就无法从心底接受老师的说教。

期末将至，许多孩子内心有对假期的憧憬，还有对期末考试的焦虑。家长也纷纷提高了对孩子成绩的重视程度，近期有许多家长都开始联系各个科任老师，了解孩子的学习情况，孩子的情绪也在家长的压力下变得焦虑起来。

小慧和小玲是我们年级里关系很好的两个女生，分别在三班和四班，课间会经常看到她们互相串班。除了聊天玩耍，学习有困难时也会一起互相帮忙解决，平时活动她们俩也会一起参加，这样的友谊连老师们都忍不住经常称赞。但她们的成绩在班里都不拔尖，属于中等生，一直在中游徘徊。

期末复习前，各科老师都安排了一次摸底考试。作为一次非正式的模拟考，学校没有安排统一的考试时间，而是按照课表正常上课，各班按照进度自行安排考试。上午，小慧所在的三班刚考完物理考试，下课后我就到四班布置晚上的作业，碰巧看见小玲手里拿着刚考完的物理试卷，我一看试卷名字，果然是小慧的。当时，四班的物理考试安排在下午。看着小玲心虚和害怕的表情，我约莫猜到了几分，但还是希望事情不是我想的那样。我将作业布置完，微笑着对小玲说："小玲，课间操的时候来找老师一下，我们唠唠嗑。"

课间操时，小玲神色紧张地走进办公室，我将小玲带到了比较安静的走廊，拍拍她的肩膀："你怎么啦？老师看你最近状态不是很好，很担心你是不是受了什么委屈，或者有什么心事，有事情都可以告诉老师的，无论是学习上的还是生活上的，老师还会帮你保密噢。"小玲平常是个比较温柔、安静的女孩，内心比较敏感细腻。看着小玲神情紧张，几度欲言又止，我非常担心。我拿出了之前为她准备的物理复习资料和练习题，这是我根据每个学生这学期作业和考试错题情况准备的薄弱专攻资料。"对了，小玲，这是我为你准备的物理复习资料，我看了你之前的试卷和作业，计算题失分比较严重。这份资料里面有这学期物理计算题的分类答题思路和对应的习题，老师可是准备了很久的噢，要用心做呀！有什么问题就来找老师，晚自习我也会在这里陪你们的。虽然你现在成绩还在中游，但是老师看你很愿意花时间学习，是一个很勤奋的孩子，所以只要找对了方法，成绩自然而然就提高了。老师相信你噢。”我温柔地说道。

小玲接过资料，一时哽咽，低着头，过了一会儿才抬起头，两眼含着泪水看着我。看到小玲这副神情，我笑着摸摸她的头说道：“咋啦？这么感动，都感动到哭啦？老师今天看你拿着物理试卷，是不是小慧找你问物理问题啦？要是问题解决不了的话可以跟老师说噢，你们来问问题老师会很开心的！”小玲终于开口说道：“老师，谢谢你帮我整理资料。其实我今天做了一件坏事，小慧的试卷是我主动去拿的，我想下午考试前看到题目就可以提前准备好，考试分数就高一点。”我冷静思考了一会，说：“这样啊，首先小玲你愿意主动承认错误，老师觉得你很棒。老师明白你想要高分的心态，但是拿高分的方法有很多，你选择的方式对你们都是没有好处的呀，短暂的一次高分并没有太大的意义，老师相信你能明白。”

小玲叹了一口气说道：“老师，我知道这次成绩对于期末而言其实不是很重要，但是对于我来说挺重要的，最近我妈妈开始非常关注我的成绩，每次只有我考试成绩好她才会夸我、给我奖励，虽然很多次奖励都没兑现，但是每次她夸我，我就会很开心。”听到这个原因，我感到很心疼，沉重地说：“小玲，妈妈对你的期望高其实是希望你能成为更好的人。你可以为了父母的夸奖去考得更好，那可以作为一个动力，但是也要明白学习最终是为了自己，让自己成长为一个更美好的人，而通过提前看试卷的方式并不能实现这个目标。”小玲听完这番话，点了点头说：“老师，我知道我做错了。我会按照你给的资料好好复习，期末我会凭自己实力考好的！”“好！老师相信你，考好的话老师也会给你奖励噢，老师是说到做到的！”

（案例作者：深圳市光明区凤凰学校　冯丽燕）

案例3

满分的力量

在我们的日常教学工作中，由于学生的认知水平、学习兴趣、学习基础、家庭背景、个人身心发展等差异，学生的学习情况也会有所区别。在一个班级里，优秀生、学困生是客观存在的，但并不是一成不变的。学困生的困难原因不同，困难科目不同，困难程度也不一样，对每一个学困生的转化所采取的策略也必然不相同，但都离不开一个共同点：情感关怀。当学生的学习态度、上课状态、人际关系表现不佳时，教师要关注的不仅仅是这些表面现象，更要透过现象看本质，要关注到学生背后情感的缺失，给予学生充分的爱与耐心，帮助学生走出困境。

一年级六班有一个特别调皮捣蛋的男生名叫小琦，他上课的状态特别不佳，总是动来动去，和其他同学讲话，不仅自己不认真学习，还影响其他同学。他的卫生习惯也比较差，每次到学校后，不到一节课的时间，他的书本、作业本就会乱七八糟地躺在他座位周围的地板上。但他是一个特别聪明的孩子，只是不用心学习，学习目的不明确，学习态度不端正。我们语数英三个科任老师开始深入了解原因，走近学生，和他的爸爸妈妈谈话，倾听家长的声音，经了解，发现该同学存在以下问题：

父亲忙于生意，平常很少有时间陪伴和教育孩子，多数时间都是由母亲照顾；

这个小男孩是家里的独生子，爷爷奶奶对他比较溺爱，什么条件都会满足他；

父亲和母亲的教育理念不合，父亲偏向于严厉，对他要求比较严，做什么事情必须做好，比如语文写生字，字写得不好会要求他撕掉重新写一遍，但是母亲相对会溺爱孩子；

没有持之以恒的养成教育，在学习上缺乏专注和上进心。

了解情况以后，我们语数英三科教师想了很多种办法，小琦同学卫生习惯有所改进，但在学习上还是特别不上心，以致最近的一次语文考试考了 18 分，班主任和语文老师特别生气，便让他站在隔壁五班教室后面，反思一下自己。

我看他被罚站也比较无聊，便拿了最近考过的一张数学试卷让他重新写一遍。许是对五班环境比较陌生的缘故，小琦这次写得特别认真。为了鼓励他，让他体会得高分的快乐，遇到他不会的题我会相应地引导一下，他会很快理解其中的意思写出正确答案。他真的特别聪明，数学题只要引导一下就会理解得特别透彻。等他写完后，我批改他的试卷，最后竟然全对，我给他写了个大大的 100 分，改完后把试卷交给他。他看到每一道题都是一个对钩，看到大大的红红的 100 分，表现得特别开心。我继续鼓励他，告诉他："你是一个特别聪明的孩子，虽然之前每次考试的成绩都不理想，但不是你不会，而是你不认真学，不专心写。任何事情都怕认真的人，你看看今天这张试卷你写得就特别认真，因为认真所以拿了满分。”他听后也特别激动，回应说他要把这张试卷好好保管，拿到家给爸爸妈妈看一下。

我去班里上课，还未进到教室，在教室外面这个小男孩就跑过来围到我身边，问我下节是我的课吗，听到是我的课后开心地说了一句太好了！要知道，这个小男孩可是从来没有这么主动去亲近一位老师，这样的转变怎能不令人激动？以前上课写题时，这个男生是无论老师如何再三督促，他的练习册上只会歪歪扭扭地写几道题就交差了事。而今天这节课，这个男生表现得异常认真，不仅跟着上课的节奏走，字也写得特别工整。

这就是鼓励的力量吧！他看到自己得了100分，亲身感受到拿满分的喜悦，经过老师的鼓励，他也深刻了解到认真的重要性。这次期末考试，期待看到他的进步。

（案例作者：深圳市光明区凤凰学校　陈阳）

案例4

老师不是你的敌人，而是你的战友

教育不仅是教学的艺术，更是心灵的艺术，转化班级里的学困生，教师必须与学生之间产生心灵上的相通。每个学困生在学习上产生困难的原因不尽相同，面临的困惑也有所差异，我们不应该对所有学困生一概而论地进行批评或鼓励，而应结合学生的具体情况，有针对性地进行辅导和感化。尤其是面对家庭背景相对特殊的孩子，我们教师必须以孩子的具体情况为基准，从学生的角度出发考虑问题。

一年级六班的小逸同学是一个学困生，课堂上的学习表现和课后作业的完成度、完成质量都不太理想，成绩排名也比较靠后。为使小逸同学的成绩有所提升，班主任和我们科任教师联系了小逸同学的家长，了解到小逸同学家是单亲家庭，他跟着爸爸生活，爸爸平时忙于工作，都是奶奶在照顾他。经过了解，我们知道了为什么小逸同学学习习惯比较差。于是，我们科任教师平常上课时便会多关注他，注意观察他的动态，上课有意识地多提问他，作业上也经常鼓励他，有一点点进步，我们科任老师会立马抓住他的闪光点在班上大力表扬他。慢慢地，这个同学有了一点进步，开始对学习有了一些兴趣，上课开始认真听讲。

但是好景不长，这样的状态只维持了不到两周的时间就故态复萌了，于是我们不得已联系了他的爸爸，向他爸爸说明了他在学校的一些情况，他爸爸承诺会在家好好教育他。

第二天上课时，我发现小逸同学脸上青一块紫一块，下课后便连忙过去询问他原因，他说是爸爸打的。听到“爸爸打的”这四个字后，我的大脑瞬间蒙了。看到他脸上的伤，我内心涌上来一种愧疚感，觉得是因为我们老师向他爸爸投诉，导致他爸爸以暴力的方式去教育他。更奇怪的是虽然他一脸的伤，但是面部表情并没有任何的悲伤，我猜想这肯定不是他爸爸第一次打他，他已经习惯了他爸爸的拳头。

知道他爸爸喜欢用暴力教育他后，之后我们会尽量在校内解决他在学习上出现的问题，以免这么小的孩子再遭受家暴。但是，学校的教育始终离不开家庭的教育，毕竟我们科任教师带两个班一共 100 多个学生，精力难免不够，他的课堂表现和学习习惯始终没有太大的进步。有一次，班级里进行单元测试，尽管我再三提醒，小逸同学仍旧是没写几个字。我实在有些生气，下课后便让他拿着我的手机让他自己给爸爸打电话，告诉爸爸他今天都做了什么事情。他两手背在身后站立着，不敢拨爸爸的电话。我便拨通了他爸爸的电话，然后把手机拿给他。几声嘟声后，他爸爸接通了电话，虽然他爸爸在电话那头一直在问是谁打的电话，但他始终紧闭嘴巴，没有开口，他爸爸便挂断了电话。一分钟后，他爸爸又回电话过来，看小逸同学一直不张口，我便接了电话把他今天考试的情况一五一十地告诉了他爸爸，希望他爸爸能够重视起来，培养孩子良好的学习习惯和对学习的兴趣。他爸爸承诺放学回家后会好好教育他。我担心他爸爸会再一次使用暴力，便连忙解释道小逸这孩子其实特别聪明，只是学习习惯不好，希望他能和孩子好好沟通，不要使用暴力解决问题。

打完电话后我还是心有余悸，虽然我叮嘱了他爸爸不能用暴力去解决，但还是担心，如果因为今天的事情他再次对小逸动手，那以后小逸同学很可能会记恨我，会把我当成他的敌人。为避免出现这种情况，下午作业辅导时，我拿了一张新的卷子给小逸同学，耐心地陪他写完，耐心地给他讲解不会的题。写完后，我让他回家后拿出来给爸爸看一下，让爸爸知道他后来能认真写题，避免他爸爸动手。这样，我相当于成了小逸同学的盟友。

第二天上课时，小逸同学格外乖巧，也许是因为昨天的经历，他内心对我有了好感，不再处处和我作对。也许他的转变只是一时的，但毕竟教育不是一朝一夕就可以改变学生的，只要产生些许影响，我们的工作就是有效的，教育一直在路上。

（案例作者：深圳市光明区凤凰学校　陈阳）

策略八：合理怀疑、恰当反馈

（一）基本概念

查尔斯·U. 拉森在书中提出了说服对象需要责任：一是合理怀疑，二是恰当反馈。[①] 这里的合理怀疑和恰当反馈是指要尊重学生，学生也有合理怀疑和对说服内容进行提问的权利和自由。否定学生的合理怀疑和恰当反馈，违背了说服教育的民主性、合理性，不利于说服教育效果的长期实现。

（二）基本操作

合理怀疑、恰当反馈，需要激发学生的主动性，既要培养学生质疑和批评的精神，又要培养学生质疑和反馈的能力。合理怀疑、恰当反馈，是教育者和受教育者双向互动的过程。

合理怀疑、恰当反馈，需要以学生为主体，调动学生的积极性，和学生一起探索新知识、学习新知识，同学生相互沟通、相互交流、相互启发、相互补充。要注重教师反馈和同伴反馈两种反馈模式的有机结合，让教育更加高效、有力。

合理怀疑、恰当反馈，首先要理解学生想法以及诉求，倾听学生的合理怀疑和恰当反馈，运用共情的情境，引导学生敢于提出质疑，尊重和理解学生的内心诉求，尊重学生的需求感，培养学生的自尊感，引导学生主动改掉不良的习惯。

（三）实践案例

案例1

说服需要理解学生想法和诉求

说服需要让学生认识到原来的认知是错误的，进而认同老师的观点。教师

---

① 拉森 . 说服：如何聪明地说与听［M］. 周丽锦，董璐，译 . 北京：北京大学出版社，2017：129-133.

在说服过程中要尊重学生，学生有合理怀疑和对说服内容进行提问的权利和自由。否定学生的合理怀疑和恰当反馈，不利于说服教育的实现。面对无线网络技术的发展及手机、平板电脑等移动设备的普及，部分学生辨别能力和自我控制力很弱，学校出现了沉迷手机的现象。沉迷手机不但影响到学生学习和老师教学的成效，还会对学生的身心健康、社会适应等产生不良后果。老师在说服教育时要让学生了解沉迷手机的危害，积极回应学生的质疑，培养学生积极健康的学习生活习惯。

林云是高一七班的一名学生，班主任尹老师今年刚大学毕业。开学已经一个月了，各方反馈小林同学问题很多。特别突出的是，生活老师和班干部向班主任反映他在宿舍经常玩手机，有时躲在被子里玩到很晚。这几天语文老师和数学老师反映，林云同学不好好听讲，把手放在课桌里玩手机，有一次竟突然发出很大的声音，惹得全班哄堂大笑。老师非常生气，就告到了班主任这里。

尹老师想进一步了解他的情况，打电话问了他爸爸。爸爸的反馈是，他在家和在初中也是这样，根本不听老师和家长讲道理。小林还振振有词地说："我学习很累，我这么大了，玩下手机可以调节心情，还可以适当休息。我有那么多朋友，有时还要联系呢。世界是个网络的世界，如果没有手机了解外边的世界，我们在这个信息时代会落伍的！"听了这些，尹老师认为林云同学所谓的道理还不少，还能自圆其说呢，对玩手机有一套自己的观点和看法。尹老师心想，跟他讲大道理看来不行，采用其他迂回的教育策略试试。于是，尹老师决定采用同理共情教育原则，巧设问题和情境，让他合理质疑，也尊重他，让他及时回应老师的疑虑。

这天下午，她找林云同学谈话。"林云同学，听说你最近在宿舍、课堂和课间玩手机。"

林云同学对老师并不理睬。尹老师接着说："其实，现在是一个信息爆炸的时代，网络把我们与世界拉得很近。寄宿学校比较封闭，有一部手机可以了解外边的世界，而且手机里面也有很多好玩的游戏，我要是你这么大，我也有可能会玩的。的确，有了手机，可以调节下心情……"尹老师继续说道。

此时林云同学说："老师你也这样想吗？"看到林云已经打开话匣子，找到共情点，在寻求同样的感受，尹老师下一步就是要利用同理共情原则，让学生感同身受，再进行后面的说服教育。尹老师说："我理解你，我也大不了你几岁。”

看到尹老师如此亲切，那么理解他，并鼓励他表达自己的看法，没有像以前的班主任那样严厉呵斥，也没有像家人那样恶狠狠地告诫，林云同学开始慢慢接受尹老师，他说道：“我对你所说的不玩手机的规矩，我不认可，你们大人理解我们这些高中生吗？天天学习，一天到晚就埋在书堆里，我烦死了！我想调节放松一下，在宿舍被子里玩下游戏，释放下压力，有时候还会用手机查一下学习资料。”

尹老师说道：“你用手机查学习资料可以理解，但我们已经是高中生了，要有规则意识，要遵守校规。你也知道国家出台了不让学生带手机进校园这个规定，你看国家都重视，说明也不止你一个人有这样的问题，正因为问题严重才出台这样的规定。未成年学生自控能力较弱，哪怕是成年人也会沉迷其中。沉迷手机不仅影响你自己的学习，还会影响到同学学习和老师教学。更重要的是影响你的身体健康，你在宿舍里玩手机知不知道对身体危害有多大，这会影响你的睡眠和身体发育，老师非常关心你们的身体健康。”

老师的一席话，深深地触动了他的心。他真切地感受到，尹老师特别理解他，尊重他的想法，也在为他考虑。他想一定要改变这个坏习惯，养成良好的学习生活习惯。尹老师还讲了一些高中励志的故事，也讲到了他爸爸妈妈对他的期盼，老师相信他会慢慢开始转变的。

之后林云同学主动把手机交给老师和父母保管，同学们都反映林云同学的表现非常好。尹老师给学生尊重，理解他们的想法和诉求，给他们发表意见的机会，再晓之以理、动之以情，收到了良好的效果，比单纯的面对面说教强多了。教育是一门艺术，是讲究策略和方法的。不能让孩子站在老师的对立面，而合理运用共情同理的原则，再加以个性化的启发和引导，会收到事半功倍的效果。

（案例作者：深圳市光明区凤凰学校　吕行）

案例2

合理、及时反馈，让我们的教育形成闭环

合理、及时的反馈不仅是沟通教师和学生的有效桥梁，也是建立教师、学生、家长三者之间深度沟通、互动的桥梁。及时、高质量地向学生、家长反馈不仅能够提升教师教的质量，也能够提升学生学的质量，更有助于家长及时了解学

生在学校的学习情况，从而促进更深层次的家校共育。很大程度上，教师不是缺乏教学的能力，也不是缺乏设计活动的能力，也不是缺乏评价能力，而是缺乏反馈的能力。如果不与学生做深度反馈、沟通和互动，那么我们的教育就没有形成闭环，教育质量也就会事倍功半。教育最重要的一个环节就是反馈，因此，我们教师必须要有足够的反馈能力来提高我们的教学质量。

这周五我在教的五班和六班进行了第六单元的测试，这一单元是一年级下册的最后一个单元，重点学习内容是100以内的进位加法和退位减法。我从开始讲解这一部分的知识到考试前，每天都在安排学生练习：计算加法时，一遍遍强调数位对齐，从个位算起，个位满十向十位进一，十位满十向百位进一，进位的一一定不能忘记了，不能让它变成蝴蝶飞走了；计算减法时，也一遍遍强调个位不够减向十位借一，借一当十，一定要在十位的脑袋上画个点，记一下账。可是改卷子时，发现还是有很多同学错在了这一部分。

按以前的做法，考完试我只是单纯地让学生订正一下卷子上的错题，让家长检查一下，仅此而已，但是临近期末，加上这次班里总体考试成绩并不理想，于是我就在班级群里认真反馈了这次考试所反映出来的问题，并且建议90分以下的同学把试卷重新打印做一遍，也请家长一起与孩子针对错题分析问题，解决问题，集中精力为期末冲刺做好准备。

反馈完后，晚上就有几个家长向我咨询孩子在学校的学习情况和上课状态。其中小杜同学的妈妈问我试卷中的某一题应该如何做，如何给小杜讲解，我便耐心细致地回答了她的问题，她也告诉我孩子在家学习的一些状况，让我了解到小杜同学课堂之外的一面，也知道下一步该从哪方面入手去提高小杜同学的学习成绩。

小墨同学的妈妈看见孩子的成绩可能比较着急，晚上八点多和我语音通话问我小墨上课是什么样的状态，是不是爱讲话爱分心，以致这次的考试成绩不是特别理想。我和小墨妈妈认真分析了小墨的上课状态和作业情况，并且告诉她趁着周末让小墨再把卷子重新梳理一遍、做一遍，家长一定要陪小墨同学把不会的题弄懂、弄透，这样下次考试出现类似的题时就不会出错。我看到了小墨妈妈对小墨学习成绩的关心以及想要陪小墨一起进步的决心，接下来很期待看到小墨的进步。

还有小熙同学，上课也是特别容易分心，班上的一点点风吹草动都会把他吸引过去，班上某个孩子讲了一句话他都会接一下话茬。不管考试的时候还是上课的时候他总是不专心，导致每次考试成绩都不是特别理想。昨天我和他妈妈聊了一下，并和他妈妈想了一些办法，比如小熙同学在写作业的时候一定要规定时间，前期最好是家长陪在身边监督，后面等他养成一定自觉性后可以慢慢放手让他自己去给自己制定任务，规划时间。

经过这次的反馈，我发现我和家长的沟通更多了，在沟通中我和家长都对孩子有了更多的了解，我们也都在互相分析问题，想办法一起去帮助孩子进步。

（案例作者：深圳市光明区凤凰学校　陈阳）

案例3

同伴的行为和眼光有时候比老师的言语还要强大

教学过程不仅是师生互动的过程，也是生生互动的过程，在这个过程中，教师的反馈有助于落实教学目标，保障教学质量，同伴的反馈有助于促进学生的认知能力以及情感水平的发展，从而促进深度学习。教师的反馈在教学过程中具有重要作用，然而，在课堂上发生的一件事情让我意识到，对于低年级学生来讲，同伴的行为和眼光有时候比老师的言语还要强大。在今后的课堂中，我也要注重同伴反馈产生的效果。

2021 年 6 月，我们学校数学科组参加了全课程数学教学法的线上培训，其中吕老师分享的一个观点让我颇受震撼：当一个学生犯错时，同伴的行为和眼光比老师的言语还要强大，这个观点在今天的数学课堂得到了印证。

这周学习的数学知识主要是 100 以内进位的加法。在开始新知识的讲解前，为复习旧知识，我在黑板上写了三个算式，用“班级优化大师”随机抽了三个同学，让他们上讲台来列竖式计算。其中一个小男生计算的是 49+27，在列竖式计算时，他忘了写进位导致计算出错。因为其他两个同学还未写完，所以我是打算等其他两个同学写完了一起点评。当他写完回到自己位置上，发现其他同学都在说他哪儿写错了，我还未来得及说一句话，这个小男孩就哭了。当我询问他的同桌了解原因后，我立马制止了班上讲话的同学，让他们先安静，先不要讲出来，等下再抽三个同学上来批改这三个同学的计算，如果对就打对钩，如果不对就把正确的竖式写旁边，在这期间讲话的同学就没有机会上来批改了。同学们一听如果讲话就没有批改的机会，立马安静了下来。同时我也安慰这个小男孩，他计算的这道题本身就比另外两道题难一点，换其他同学上来写，他也不一定能写对，如此，这个小男孩情绪才平复了一些，不再哭了。

通过这件事情我发现，对于一年级学生，同伴的行为和眼光真的会比老师的话语影响要大。就像今天这个小朋友，因为在乎其他同学的反应，所以没控制住自己的情绪，直接在课堂上就哭了，即使此时我并没有因他的计算错误而批评他。

今天数学课堂上其他同学对这个小朋友的反馈偏向负面，发现他写错了，一些同学会有看笑话的心态，想要立马讲出来让老师和同学知道自己发现了错误。此次事件让我更加意识到同伴反馈的重要性，在平时教学中要注意引导学生对他人的反馈，避免再出现今天课堂上的情况。

当其他同学听到有机会上去批改的时候，表现得特别积极，我想这就是同伴互评的力量吧，可以发挥学生的主体作用，提高学生学习积极性，学生批改其他同学题目的过程也是进一步内化新知识的过程。

在以后的教学中，我不仅要提高作为教师的反馈能力，也要注重学生同伴之间的反馈，要尽量让同伴之间多些积极的反馈，让同学们无论在学校还是在生活中，多去发现他人优点，并向对方学习。

（案例作者：深圳市光明区凤凰学校　陈阳）

案例 4

合理怀疑、恰当反馈，是教师与学生的双向互动

教育是教育者与受教育者双向互动的过程。在学校教育中，教育者主要指教师，受教育者是指学生，双向互动即教师与学生相互作用、相互影响而彼此发生能动反应的过程。教师和学生都是双向互动过程的主体，承担不同的责任，两者之间具有用一方调动另一方的积极倾向，并且无论是教师还是学生在教育过程中都不能随心所欲，彼此都必须遵守一定的规范。在教育教学中，学生参与的本质是协商，反馈是教育过程的一个重要阶段，必然也是学生与教师之间彼此协商、双向互动的过程。合理怀疑、恰当反馈，不仅适用于老师对学生，同样也适用于学生对老师。

经历数数的过程，能正确数出 100 以内物体的个数是北师大版一年级数学下册第三单元《生活中的数》的一个重要学习目标。在教学生们数一数这节课时，

有一道题是有很多凌乱的小方块，要求将每十个小方块圈成一圈，整十整十地去数，体会十个一数的简便性。

当我在黑板上向学生展示时，学生们发现我有圈漏的，于是有同学举手提出了他的疑问，告诉我有哪一圈的小方块少圈了，不够十个。我仔细一看，发现确实是这样，于是赶紧在小朋友们的帮助下重新圈了一下，又数了一遍，得出了正确的答案。

圈完数完后，我大力表扬了才一年级的他们，小小年纪就已经敢于提出问题，这是非常了不起的。并且告诉小朋友们，有时候老师也不一定全对，不管是在学校还是生活中，同学们要有自己的独立思考，不盲从，不迷信权威，任何事情都要有自己的思考和见解，这样才能发现问题所在。在学习数一数新知识的过程中，这件事情让他们有了很大的成就感，同学们听到我表扬他们特别了不起后，整个班级的学习氛围也异常浓厚。

经过课堂上的这件事情，我体会到，合理怀疑、恰当反馈，不仅适用于老师对学生，同样也适用于学生对老师，是教育者和受教育者双向互动的过程。教育不能是我讲你听的单向传播，也绝不能是学习者没有独立思考和判断就全盘接收教育信息。在这个过程中，学生们能够发现我在圈一圈的过程中存在的问题，证明在学习新知识的时候，他们可以自己去认真思考，敢于举手提出他们发现的问题，证明他们不盲从、不惧怕老师的权威，小小年纪已有如此举动，确实非常了不起。

先圈一圈凌乱的小方块，然后去数一数，这样的题型一年级小朋友在做的过程中会很容易没有耐心，很多小朋友在圈数的过程中直接说“老师我有点蒙”，“老师我不会”。作为老师，当时我还不是特别理解他们的这种心境。当今天这件事情发生以后，我发现老师也很容易圈错数错，对于才一年级的他们来讲，难度可想而知。同学们的反馈也让我意识到即使自己是老师，在教题做题的时候也一定要认真、细心，要学会理解学生的处境，无论何时都要从学生的心理角度、知识水平出发去教学生。

在今天课堂上，学生对我的反馈与我对学生的反馈发生了相互作用、相互影响，实现了共同促进与提高。师生双方在探索新知识的过程中相互交流、相互沟通、相互启发、相互补充，我和学生分享彼此的经验和思想，达到共识、共享，实现了教学相长。

（案例作者：深圳市光明区凤凰学校　陈阳）

策略九：报答

（一）基本概念

报答策略就是采用正面积极的方式来直面学生的问题，避免采用惩罚等激起学生反感的方式。调查结果显示：在通常情况下，大多数人会采用报答的方式来进行说服，很少有人会运用惩罚这一说服方法。说服最基本的前提之一便是让对方接纳自己的观点，如此才有机会深入陈述，最终令人信服。惩罚是会引起他人不悦感受的一种教育方式，人在不悦时很难听进他人的言论，因此在说服别人时应多采用正面积极的报答方式。

（二）基本操作

采用报答策略，首先要坚持学生的中心地位，透过现象看本质，了解学生的内心世界，分析学生的内心需求。

教师爱学生是发自内心的包容和热爱，对于他们的优点多给予鼓励和表扬，要善于发现学生的闪光点，因势利导，让学生直面错误，勇于承担责任。对学生要充分尊重与宽容，耐心给学生分析对错，让学生一步步认识到错误，慢慢改正不良习惯。要善于运用鼓励，这会产生意想不到的结果，鼓励给孩子不仅带来的是知识层面的影响，更是给他带来了一辈子的自信和荣光。教育者爱护学生，学生也不负老师的期待，这才能让鼓励转化为学习的动力。

（三）实践案例

案例1

“叛逆女孩”在转变

很多“问题儿童”的问题行为与家庭教育密不可分，无论是家庭关系，还是亲子教育方式，都在影响着孩子。教师在教育学生时，如果能深入了解学生的家庭和成长环境，也许能发现原因。对处于青春期的叛逆孩子，教师严厉的说教也许能保持威信，却未必能让学生真正地敬畏，反而可能会让孩子产生对抗心理。师生关系的相处非常微妙，需要契机让学生感受到来自教师的关爱和包容，才能化解矛盾，建立师生信任。

王老师是一个严格、细心的老师，在她的班级，学生们都对她十分敬畏。

新学期，班里转来了一个女孩子小思。这个女孩子的行为表现和班上其他孩子不太一样，表现出一种桀骜不驯的样子。她不仅无视班级的管理制度要求，经常和同学闹矛盾，在学习上也缺乏进取心，基础比较差。一天早上，小思和同学在早读课上肆意打闹，被值日生发现后记下名字，告诉了老师。

王老师把小思叫到跟前询问事情的经过，但是她始终一言不发，歪着身子，不跟老师的眼神对视。看到这里，王老师也气不打一处来，直接命令她，你站着反思。过了15分钟，王老师看见小思脸色不太对劲，一问才知道这孩子早上没吃早餐，可能是低血糖。王老师没有责备她，而是关切地问她为什么没吃早饭。她支支吾吾地不敢说话，半天才跟老师解释：家里没人做饭，自己赶公交车，没来得及买早餐。听到这里，王老师有点心酸，把自己桌上的早餐拿给小思。原来王老师早上带了早餐，一直没来得及吃。吃完早餐，王老师没有再继续责怪她，而是让她回教室读书。“今天你来得那么早，没有迟到，这点值得肯定。但一定要记得吃饱饭再读书，这样才有精神。黑发不知勤学早，白首方悔读书迟。要珍惜时间。”小思听了，把头低下，点了点头，轻轻地说了声：“谢谢老师！”就飞奔回教室。

第二天放学后，王老师和两个科任老师一起到小思家家访，原来她家里父母在闹矛盾，谁也不管孩子。长期处在争吵中，家庭教育是缺失的，这使小思性格变得越发暴躁，对学习失去兴趣和信心。了解到这一情况后，王老师常常关心这个孩子，没有大声责备，而是心平气和地教她应该怎么做，也在班级里表扬小思为了不迟到，经常一大早就来学校早读了。慢慢地，小思在早读课上不再出现打闹的行为，有时还能看见她主动向同学请教学习问题。

宽容是我们人与人之间的美德，对学生宽容，能让他们能够感受到老师的关爱，那么他们会进步得很快。在王老师的关注下，小思慢慢地改变了自己的不良行为习惯，主动地接近老师，分享自己的心事，并且向老师请教学习方法。

（案例作者：深圳市光明区凤凰学校　张金伟）

案例2

好奇的“淘气包”

好奇是孩子的天性，他们总是对于周围的一切充满好奇和探索欲望。培养学生的核心素养，既要关注学生是非观、价值观的培养和塑造，也要注重对于学生探索和创新精神的培养。

课间，“班级小管家”小艺匆匆忙忙地过来跟我报告说，豪豪正在踩走廊上的沙袋，沙子都漏出来了。因为最近几天在下雨，教室门口比较湿滑，学校怕孩子们滑倒，所以放了几个沙袋在走廊挡水，我也在班上一再强调不能去动沙袋。

待我赶到的时候，豪豪已经被班长叫到黑板前等我了。当豪豪看到我，就低下了头，似乎已经做好了挨批的准备。他昨天刚刚因为一系列调皮惹祸的事被约谈了家长，比如堵住年级下水道、扔东西到灯管上、跟同学在教室追跑，没想到新的问题很快就来了。

我把他单独叫到办公室问他为什么要踩沙袋。他承认是他做的，原因是好奇，很想知道沙袋里装的是什么，这些吸了水的沙袋和里面的沙子是什么样的。听完后，我没有马上批评他，而是由他的行为开始给他分析。我说："豪豪，老师很高兴你对我说了实话，诚实就是进步的第一步。我没想到你是个小小观察家，你愿意去探索，虽然用错了方法。那么现在，你得到了你想知道的答案吗？"我跟他聊起沙袋的用途，讲了抗洪救灾的故事。他听后，跟我说："老师，对不起！我不该弄坏沙袋。"我非常欣喜地说："豪豪，你能够认识到问题，勇敢承认错误，你离优秀更近了一步。那么，现在沙袋弄坏了，漏出来的沙子容易让同学滑倒，你觉得应该怎么办？"豪豪想了一会说："老师，我来当课间安全辅导员，守在沙袋旁不让大家靠近。"回家后，他还主动制作了一个警示牌"不能踩沙袋！"，还配上了可爱的图画，放在走廊上。自那以后，没有孩子再去踩沙袋。

对于犯错的孩子，一味地指责和单纯地处罚也许会让孩子产生逆反心理。要对犯错的孩子宽容，帮助他们发现问题所在，引导他们自己想办法改正。同时，对于他们的进步及时表扬，这些孩子慢慢地也学会感恩，变得越来越好！

（案例作者：深圳市光明区凤凰学校　张金伟）

案例3

"爱管闲事"的东东

陶行知先生三颗糖果的故事，想必很多老师都听过。先生用教育机智且成功地引导孩子思考应该如何改正错误，是基于对学生的宽容和信任。这份宽容和信任，就是最好的教育！

第三节课间巡查走廊的时候，我发现东东在男厕所门口和一个男生在大声地吵架，还动手推了那个男生一把。只见两个同学都面红耳赤，尖锐的声音响彻整个厕所。正当东东准备挥拳揍过去时，我赶紧上前一把拉住他的胳膊。

我大声地呵斥他："住手！"

东东被这突如其来的声音震慑了，停下了挥舞的拳头。当他抬头看到有老师来了，涨红的小脸别了过去。因为刚好上课的铃声响了，而且东东停止了他的行为，于是，我只是记下了那个男生的姓名和班级，问他俩都说没有受伤，便让他们都回各自的班级了。临走前，我叮嘱东东和那个男生在放学后到我办公室等我。

待我上完第四节课，回到办公室门口时，两个孩子已经在办公室门口等着了。只见两个小冤家，还是一副苦大仇深的样子，背过脸去，谁也不看谁。我叫上那个男生的班主任一起，看看这两个孩子到底发生了什么矛盾。

我把他们带进办公室后的第一件事，是跟他们说："很好！你们都很准时。老师为你们的信守承诺点赞。"俩孩子刚进来，还是挺不高兴的，以为被老师"请"进办公室一定没好事。听到我说的话，都猛地抬起头。

接着，我听这两个孩子把他们刚才发生的事细细道来。

原来，男生顺顺认识我们班的小冠，为了捉弄小冠，就躲在厕所里吓他。小冠被吓到没站稳，在厕所摔倒了，东东路见不平"拔刀相助"，想让顺顺给小冠道歉。看着人高马大的顺顺，东东却丝毫不退缩，揪着人就揍。听到这里，我看了下这俩孩子，顺顺因为自己被揍了，很委屈，眼睛红红的。

东东也大方承认，人就是他打的。我之前疑惑东东为什么打人，原来是他看自己的同学被欺负，气不过，才出手"相助"。

听到这里，我转怒为喜："东东，首先，你能够诚实，这点非常值得肯定。其次，你是因为看到同学被欺负才出手的，说明你有同情心，有同窗情谊。老师不罚你。"听到这里，东东泪水夺眶而出，他激动地说："老师，谢谢你！"停了一会，他又说："其实，我这样也不对，也伤害了顺顺。""那么，你想如何弥补你的过错呢？"我顺势问道。

东东走到顺顺面前，给他诚恳地道了一个歉。我又把顺顺欺负过的小冠叫过来，顺顺给小冠也道了歉。

东东虽然个子小，能量却不小，是个行走的"小炮筒"，平时也很爱"管闲事"，遇到不平，总是倾向于用武力解决。虽然这孩子热心肠，总喜欢帮人出头，但是用“以暴制暴”的方式解决问题，会带来许多新的问题。作为老师，我最不希望看到学生受伤，因此，帮助他认识到错误行为，逐步改正，才是正确的办法。

于是，我先肯定了他见义勇为的行为，为他的勇敢点赞，同时教他学会控制情绪的方法：生气的时候先默念10个数字，然后分析如何能更好地帮助同学；如果犯了错，要学会主动道歉。

当再次与同学发生矛盾时，东东没有再出现暴力行为。我当即表扬他有进步，变得更加稳重了。同时引导他主动承认错误，在每次成功认错以后，给他发一张进步卡，集够五张，就给他换一个小奖品。慢慢地，东东变了，变得更加有礼貌，懂得谦让了。

（案例作者：深圳市光明区凤凰学校　张金伟）

案例4

难忘的鼓励

苏联教育家马卡连科曾经说过：“没有爱就没有教育！”这句话也道出了教育的真谛。教师爱学生，不是出于孩子的成绩分数，而是发自内心的包容和热爱。深圳是一座移民城市，学生的素质不一，有些刚从留守儿童转变为有父母监管的孩子，他们的自尊心很强，也因为长期在农村生活，难免会产生一些自卑情绪，觉得自己处处不如人。教师对待这部分孩子要一视同仁，对于他们的优点多给予鼓励和表扬。

我收到了以前教过的学生小A的一条短信。在信中，他感谢老师曾经对他的帮助和鼓励，现在的他即将毕业离开凤凰。这几年他坚持学习，英语成绩由几年前的B、C，升到现在的A。这条短信，也把我的思绪拉回几年前。

记得第一次见到小A时，他刚从老家转学过来。小A是个黑黑瘦瘦的小男孩，个子不高，很安静。因为老家学校是三年级才开始学英语的，而且学习的内容和深圳的不太一样，所以小A学得有点吃力，课上从不见他举手发言，齐声朗读时也几乎听不到他读书的声音。

一节绘本课上，学完绘本后，我提出请几个同学读读其中的几个句子。轮到小A了，只见他小脸涨得通红，小声地读，因为不确定读音，他还犹豫了一下。我便鼓励他：“还可以再大声一些吗？”小A鼓起勇气，提高了声音。有些孩子听到他的读音，忍不住在台下窃窃私语。“这是小A第一次回答问题！很好！

声音响亮！虽然个别单词的发音不够准确。”说完，我伸出手给他一个大大的点赞，同学们对他报以热烈的掌声。课后，我问小 A 为什么不敢举手，他说担心读错了，被人笑话。我鼓励他：“语言就是用来交流的，声音响亮，别人才听得清楚，况且我们说中文都难免会有口误。能够大声地表达也是需要勇气的，这一点，你做到了。真的不错！”小 A 在短信中提到，正是我当时对他的这番鼓励，让他燃起了学习英语的信心。此后，在英语课堂上，他读书的声音越来越响亮。

还有一件事也让他记忆深刻。那个时候小 A 的父母在闹矛盾，每天家中都是争吵声，他在家里无法专心写作业。但是来到学校，他也没有主动跟我提起这件事。当他第二天没交作业，我联系他的父母，跟家长沟通好，孩子在教室里补完作业再回家。当时已经四点半，想着他过半个小时应该能够补完，但当我五点回到教室，看到他只写了三行，再看看他的书桌，桌面上放着一张未完成的画。显然，他在这半小时里并没有好好利用时间，而是在玩。我刚想生气，看到画里的内容，突然觉得很酸楚。画里画的是他和父母。显然，从一个留守儿童变成有父母陪伴的孩子，他内心是极度渴望亲情的。我看时间也不早了，便带他回家。见到他家长的时候，我和他们聊起了孩子的情况，称赞了小 A 在学校表现优秀的一面，肯定了他为了学好英语所做的努力。家长听完很开心，这对进城务工的家长，最大的希望就是孩子能好好读书，将来可以不用像他们一样辛苦。我私下建议家长，尽量不当着孩子的面发生争吵。

自那天过后，小 A 再没有拖延交英语作业，而且学习的积极性越来越高。小 A 也在短信中提到，感谢老师当年在父母面前表扬他，对于一个长期缺乏父母关爱的孩子来说，他想让自己的父母也为他高兴一回。

几年过去，每次路过我的办公室，这孩子都要进来跟我打一声招呼，即使我已经不教他了。到深圳读书以后，他的英语在不断进步！小 A 说长大后的梦想是当翻译家。

这个孩子爱上英语学习的原因是什么？是一个农村孩子自卑的内心，得到了别人的肯定和鼓励。老师的鼓励给孩子不仅带来的是学习上的进步，更给他带来了一辈子的自信。当我回忆这些故事的时候，眼眶也湿润了。我想起自己小时候愿意练字，也是源于老师的一句鼓励。

（案例作者：深圳市光明区凤凰学校　张金伟）

策略十：顺应

（一）基本概念

安美丽认为，服装销售语言要做到顺应物理环境、顺应社会规则和顺应心理需要。顺应论提出了新的语言观与语言使用观，把语言看作一种交际顺应手段。[①] 虽然这是销售的策略，但是这其实利用了人们喜欢听顺耳的话的心理特点，适用于大部分人。顺应物理环境、社会规则和心理需要，意味着符合自然的规律，说服者与说服对象的谈话氛围是和谐自然的。

（二）基本操作

顺应策略的使用要根据具体情况灵活使用，要因时、因地、因事而异，顺应物理环境、社会规则和心理需要。教师要以学生为中心，根据学生的具体情况采取灵活多变的语言话术进行相应的交流，简单粗暴的说教只会激发学生更加强烈的逆反心理。

运用顺应策略，要积极主动地了解学生，寻找问题的成因。顺应策略既是一种语言艺术，更是一种心理学方法，要多采用表扬说服，既肯定优点又指出问题，以正面的方式去提醒孩子改正错误。要肯定学生的梦想，同时顺应学生的心理，鼓励学生，提供可操作的建议，这比强硬的、刻板的说教更能入心，让学生更加容易接受。

（三）实践案例

案例1

小强的转变

“数子十过，不如奖子一长。”对于犯错的孩子而言，教师的信任与期盼，就是最好的鼓励。

小强是个自尊心很强、比较容易冲动的孩子，他的父母早年离异，谁都不想抚养他，于是把他抛给了爷爷奶奶。溺爱孩子的爷爷奶奶从小就对孩子有求必应，这也让他养成了以自我为中心、专横跋扈的行为习惯。他在学校的时候容易和同学起矛盾，也喜欢和同学攀比。一天，上完体育课回来，小娜突然跑

---

① 安美丽．服装销售交际语言的语用分析［J］．湖南医科大学学报（社会科学版），2010，12（3）：86-88.

过来跟我说她放在书包里的五十元钱不见了。上体育课前，她特地把钱放进书包的夹层里，回来却发现书包拉链被打开了，钱也不翼而飞了。“钱肯定是被人偷走了。”她一边说着，一边看向小强，全班人的目光瞬时集中到小强身上。上节课，就只有小强说要回班级拿跳绳，去了半天才回来。被大家当众质疑，小强急忙说：“我没有拿。”为了不引起班级恐慌，我先让小娜自己想清楚，钱可能不是被偷走的。

课后，一个老师跟我说，小强回班的时候，她刚好路过，看到小强在翻别人的书包。

了解到这一情况后，我知道事情比我想象的棘手一点，因为刚才在班里时，小强就辩解过不是他拿的，我要想想如何与他谈话。我先把他单独叫进办公室，严肃地看着他，问道：“小强，你刚才回了教室，知道小娜丢钱这件事吗？”小强一口咬定说他没有偷，不是他干的。问了他几次，他都很坚决地答道：“不知道。”显然，他已经对我的问题做好了准备。我再一想，以这孩子要强的性格，即使是他做的，除非当面撞破，否则他不会轻易承认错误。要如何触动他呢？我想到，这孩子平时在班里是独来独往的，相信他也一定渴望有朋友。于是，我再把小娜的事情说了一遍，告诉他小娜丢失的钱是她放学后要给她奶奶买蛋糕的钱，丢了她该多着急呀！我们可以帮她找找，我想小娜一定会很开心的。这一次，我不是以质问的语气跟他谈话，而是希望他能协助我一起寻找，其实这样做也是给他找台阶下。

放学后，我和小强一起回到教室找钱。过了一会儿，小强红着脸过来跟我说：“老师，钱我找到了，就在小娜的桌子底下压着。”第二天，我在全班同学面前公布了这个好消息，并且表扬了小强拾金不昧的行为。当我表扬小强的时候，我看到他眼里闪过光。从那以后，班里没有孩子丢过钱。

我课后经常关注小强的言行，到孩子家里家访，力图争取家长的配合，让小强学会做家务，分担责任，让他慢慢地纠正饭来张口的习惯。小强也慢慢改正了偷偷摸摸拿别人东西的不良习惯，越来越懂事，能够自己独立完成很多事情。

（案例作者：深圳市光明区凤凰学校　张金伟）

案例 2

莫让早恋之花影响孩子

进入青春期以后，不少孩子的两性意识逐渐增强，同时，由于体内生长激素的影响，不少孩子开始对于异性有了懵懂的好感。对于一些有早恋苗头的孩子，强行干涉可能会使处于青春期的孩子产生强烈的对抗情绪。该如何正确引导学生面对？

小美和聪聪是同桌，也是好朋友。小美活泼可爱，多才多艺，是班级里学习名列前茅的孩子。聪聪则是班上的体育委员，为人憨厚，学习方面基础稍显薄弱。在分配学习小组时，这两个孩子刚好被分配到同一组。小美是个热心肠，大家经常能看到她辅导同学写作业的身影，于是基础比较薄弱的聪聪经常主动找小美帮助他学习。

最近，有其他科任老师和同学私下找我反映，他们经常看见小美和聪聪在晚自习后一起说说笑笑地回家。其实聪聪和小美并不顺路，聪聪住在学校旁边，而小美则住在离学校 5 千米的地方，需要乘坐公共汽车。同学们也反映曾经看到这两个同学在互相传纸条。老师们担心这样下去会有交往过密的苗头。这两个同学的交流方式也让一些同学私下议论纷纷，在学生中产生了不良的影响。于是，我打算找个机会跟他们好好聊聊。

周五放学后已是 7 点，轮到我值日，刚好我负责的地段是校门口最外面的一段。我在校门口跟他们说再见以后，目送着他们离开校门，这俩孩子肩并肩走着，说说笑笑，有时候还会有轻轻拍打的小动作。到公交站台的时候，聪聪和小美一起搭乘公交车。我没有马上把他们俩叫住，而是默默看着他们离开。

第二天一早，我把他俩请进了办公室，问道："聪聪，昨天放学后你怎么没有直接回家呢？我记得你家不就是住在学校旁边吗？那么晚了，尽量早点回家哟。"

聪聪听了，脸突然红了，说道："老师，我猜您是不是觉得我们俩有情况。"

这孩子这么直接的回答倒是让我很意外。我也就不拐弯抹角了，直接点了点头。

聪聪看了小美一眼，鼓起勇气说道："老师，我家确实就住在学校旁边。我看天色有点晚，小美一个人搭乘公交车，想到她平时也帮助了我很多，便想暗中保护她。于是，编了个借口要搭公交车去超市，帮妈妈买了东西再回家。"小美听到这里，脸一红，低下了头。

“但是我们俩什么也没有发生，我觉得她是一个特别可爱的女孩，和她一起聊聊天、散散步很开心。”聪聪坦然地说道。我也再一次被他的坦率所惊讶。

到这个时候，小美也终于忍不住接话说：“其实，我也觉得聪聪是个特别坦率、有责任心的男孩。老师，我们真的只是普通的同学关系，请您不要误会。”

我笑了笑，拍着他俩的肩膀说道：“不要紧张，老师没有误会，也不会责怪你们，因为你们也确实是为了学习才在一起讨论问题的。聪聪，我也为你的善良感到高兴，你开始有小小男子汉的气概了。不过，晚修后时间也不早了，如果你还护送小美回家，你的家长想必也会很着急了。老师上次去小美家里家访过，其实，一路都有很多店铺和行人，公交车也是很安全的。你大可不必担心她的安全问题。小美这么聪明，危机意识还是有的，上次班会课她不就提到了一些如何保护自己的办法吗？对吧，小美！”

说完，我转头看向小美，她也点点头。

到现在，我感觉到这两个孩子心地善良、单纯，还没有意识到这样做的不良影响。他们之间产生的可能只是朦朦胧胧的好感，但是如果任由他们发展，也许会产生不良的后果。于是，我搬出了学校关于男女生交往的注意事项，提醒他们要适当保持距离，注意交往方式。对于男女生如何交往，我也提出了自己的建议。进入青春期的同学对于异性会产生好感甚至崇拜，也是很正常的现象，关键是把握好度。我提起了自己高中时期隔壁班的同学因为没有把握好度，男女生走得太近，最后荒废学业的事。

我也对这俩孩子提出期望：“聪聪和小美，你们都有着美好而光明的未来，希望你们不负韶华，通过学习让自己成为更加优秀的人。在你们成年以后，也会遇到和你们一样优秀的人。”这两个同学听后使劲地点头。

此后，我没有在放学时看到聪聪和小美一起搭乘公交车的身影，也没有听到同事和同学们的私下议论。小美同学还主动要求换一个女生同桌，不过，小美还是一如既往地热心学习小组活动。他们恢复了正常的同学关系。

在处理这件事情时，我没有责备和批评，也没有否定他们曾经为了学习所做的努力，而是通过讲故事和善意的提醒让他们接受我的规劝。

（案例作者：深圳市光明区凤凰学校　张金伟）

案例3

好奇的明明

说服教育是一种深入学生思想的工作，需要特别的细心与智慧，尤其是对自尊心强、承受力差、自控力差的青少年来说，老师们如果直言不讳地当面批评，可能会导致师生情绪对立，产生反效果。俗话说“数子十过，不如奖子一长”，渴望被人赏识是人的天性。每个人都喜欢听好话，被人表扬。如果这个表扬恰到好处，会产生更好的效果。

明明是个好奇又贪玩的男孩，学校旁边的人才公园是他最喜欢待的地方。他喜欢抓小虫、摘花，老师为此几次提醒他都不奏效。一天，班主任张老师看到他这个样子，便问他：“明明，你的口袋鼓鼓囊囊的，里面装了什么宝贝呀？”明明支支吾吾，有点不好意思地说：“老师，我刚才从明心园经过，看到玫瑰花盛开了，有红色的、粉色的，还有一种黄色的，好看极了。我想，粉色、红色的玫瑰大家都看过，黄色的玫瑰估计大家都没有看过吧。我想把它们拍下来给同学们看看，但是我没有手机。我看那种黄色的玫瑰有好几棵，便想着摘一朵开始枯萎的花带给大家看。”

张老师听到后，称赞道：“明明啊，你真是个有爱心的孩子！”

明明听后，红着脸，低头问：“老师，我摘了花，你怎么还表扬我了？”

张老师说：“你虽然摘了花，但是你能够很快认识到这种行为是错的，说明你是个勇敢的孩子，勇于面对错误。你想给同学们看看花朵，说明你对于大自然有探索精神，你也愿意和同学分享。因此，老师仍然觉得你是一个有爱心的孩子。”

明明听了这些话很开心。接着张老师说道：“不过，你也提到摘花这种行为不好，你把花摘下来了，别人就不能观赏了。那么我们有没有什么办法来认识花朵呢？”

明明想了一会，说：“我可以带同学们去观察花朵，我还想上网找找资料，然后手绘一幅有关这些花朵的画给同学们看。”

张老师：“明明，你能想到这么多，真是太好了，我相信你以后也会好好爱护植物的。”

从那以后，明明没有再摘过花。

（案例作者：深圳市光明区凤凰学校　张金伟）

案例4

想当网络主播的孩子

网络对于现在的青少年而言，已经是他们生活中非常常见的事物，很多孩子玩过网络游戏，刷过短视频。而网络中传达的信息也在无形当中影响着他们，一些错误的价值观也在误导他们。教育应该紧跟时代的步伐，要时刻警惕网络负面信息对于学生的影响。

小嘉是个活泼可爱的女孩。进入五年级以后，这孩子变化有点大。以前，她的学习成绩在班级处于中上水平，课堂上积极发言，作业也完成得一丝不苟。可刚上五年级几个星期，她就有些不在状态，光不写作业的情况就发生了几次。一问她，她总是说作业本忘带了，要么就是回到家太晚了，忘记写了。课上也总是分心，玩文具、画画。课间，以前的她喜欢在走廊上和同学聊天、看风景，现在却常常一个人安静地坐在座位上，对着镜子梳头发。我非常纳闷，也有点着急，这孩子为什么突然变了呢？难道是心理转折期到了？找她谈了几次，没有什么效果。

周一的班会课主题是梦想，我请同学们轮流上台说说自己的梦想。轮到小嘉了，她站起来，很自豪地说道："我想当网络主播。"此话一出，孩子们都对她投来不一样的眼光。五年级的孩子，自我意识已经增强，开始有自己的主见和想法了。

课后，我找小嘉谈心，试图了解她为什么会有如此特别的梦想。

"小嘉，你的梦想很特别。你为什么想当网络主播呢？"

她一脸天真地看着我，说道："李老师，我看到好多网络主播每天漂漂亮亮的，还可以吃到很多的美食。我真想有机会也尝尝那些美味呀。"我听后，没有马上反驳她的观点，毕竟，网络上确实有励志的主播，但是也有很多负面的内容，而孩子接触到的只是网络的一个很小的面。

"小嘉，这些你都是怎么知道的呀？"我问。

"我是刷视频看到的。老师，你觉得这个梦想好不好呢？"小嘉说。

"老师觉得，有梦想是一件很好的事，让人有努力的方向。不过，首先，我们要对这个梦想有个大体的认识。想要成为一个出名的人，可不是一件容易的事情哦。比如歌手型的主播，需要学会演唱、表演、舞蹈等技能。又如现在很多的吃播，需要会主持、了解食材，也不是随随便便吃点什么，就能成名的哦。

不管做什么，都需要付出努力，才能让观众喜欢。”我慢慢地跟她解释并给她讲了一些名人的励志故事。

这孩子点点头，说道：“老师，我看过李子柒的一些视频。我也想成为她那样的人。”

我这才明白这孩子为什么最近比较爱打扮，还把镜子带来学校了。但是，我还想知道是什么原因导致她最近学习成绩下降。我继续问道：“小嘉，平时你家人会经常给你玩手机吗？”

“我妈妈给我买了一部手机，这样我就能经常跟她打电话了，还可以和妈妈视频通话。不过，老师，您跟我们说过手机不能带来学校，我就把手机放在家里了。”说到这里，她情绪明显有点低落。

我没有再继续说下去，而是希望改天到她家里家访，了解原因。周二下午，我约上其他科任老师到小嘉家里家访。到他们家才发现，小嘉父母离异，现在的小嘉虽然判给了她爸爸，但是主要是她的爷爷奶奶在照顾她。她的爸爸长期在另外一个城市工作，难得回家，父女间的交流很少。而孩子妈妈也只能通过电话或微信和孩子保持联系。爷爷奶奶平时比较溺爱孩子，对孩子总是有求必应，导致孩子有时候会比较自我，也会跟老人家顶嘴。自从孩子的父母分开以后，他们能明显感受到孩子的变化，对于孩子经常上网刷视频并没有强加干涉，有时候孩子确实会因为玩手机而没有完成作业。

到现在，我终于也找到了这个孩子学习退步、情绪低落、不愿意和同学交流的原因。在这次家访中，我跟小嘉的爷爷奶奶协商，虽然家庭情况不同以往，还是尽量不要溺爱孩子，小嘉使用手机之类的电子产品时，最好有家人监督。我也跟小嘉约定，为了防止沉迷手机而耽误学习，使用手机时应该要有家人在旁。同时为了保护眼睛，使用手机、平板的时间应在一小时内，连续看手机的时间不超过半小时。小嘉点头答应。家访后，我分别联系了小嘉的父母，建议家长多关注孩子的情况。

自那次家访后，小嘉慢慢有了一点变化。大家重新听到她课间和同学们的欢声笑语，她也没有再出现过拖欠作业的情况。通过跟她爷爷奶奶的沟通，我了解到小嘉现在除了和她妈妈通电话，不会每天上网刷视频了，只是偶尔周末会玩上半个小时的手机。

课间，小嘉常找我聊天。我问小嘉：“小嘉，你知道老师为什么要跟你约定玩手机时旁边必须要有家长监督吗？”

小嘉说道：“是不是怕我乱点，点到不安全的网页呢？”

“这也是其中一部分原因。网络有双面性，虽然能带给人们生活的便利和更好的视觉体验，但是也有不适合我们青少年浏览的内容。有一些吃播，为了视觉效果而吃过量的食物，这样做对身体是有危害的。青少年也许会模仿他们的行为。另一个原因是网络的诱惑。新闻中有未成年学生，也有成人，因为沉迷网络而荒废学业、工作。点击一些不安全的网页链接还可能会造成财产的损失。”我继续说道，“不过网络上也有一些很不错的网络主播和充满正能量的视频。很多平凡的人在网络上展示自己的才艺，让更多的人认识自己。老师认为你的歌声很好听，可以参加合唱团这样的社团锻炼自己的才艺。好好学习，长大以后，你也可能会成为一个优秀的歌唱家呢！”

“真的吗？谢谢老师，我会努力的。”小嘉听了我的鼓励，开心地笑了。

小嘉以前喜欢在微信朋友圈发自拍照片或者一些消极的文字，我建议她可以发她的才艺表演或者手工作品、厨艺展示。每当获得点赞的时候，她第二天一定会开心地跟我分享。自那以后，班级只要有文艺表演活动，我都会推荐小嘉参加。合唱团在选拔队员时，小嘉光荣地入选了。

（案例作者：深圳市光明区凤凰学校　张金伟）

第三章

榜样教育

榜样教育法是以榜样的高尚情操、模范行为、优秀事迹等来影响受教育者的方法。在社会功能方面，主要表现为价值引导、目标激励、行为示范、社会化推进。榜样教育可以使先进的得到激励、平庸的受到助推、后进的受到震撼，受教育者可以从榜样身上感受到人格魅力，获得动力，从而达到净化心灵、塑造人格、教育自我的效果。可以说，榜样教育在古往今来的教育史上都是行之有效的教育方法，它在不同的教育时期都发挥过不可替代的作用。

第一节　对榜样教育的认知理解

一、榜样的含义

关于榜样的含义，研究者主要是从人与人、人与社会这两种关系上来定义的。从人与人相互作用的角度定义榜样，强调的是一种人对另一种人的影响。这种影响不仅体现在人本身具有的品质上，还体现在一个人为人处世的原则、方式上。张文杰和宋杰认为榜样即模范和典型，是某种道德标准和精神面貌的集中体现，能够激发学习者的积极性，从而学习效仿形成优良品德。[①] 张茹粉提出，榜样是人的某一

① 张文杰，宋杰．社会主义核心价值观视域下新时代大学生榜样培育研究［J］．北京联合大学学报（人文社会科学版），2019，17（2）：32–37.

实际的行为实践活动及其活动的成果体现、彰显出来的，对于其他社会成员具有借鉴、激励、警示作用的东西。[①]从人与社会的关系上定义榜样，强调的是榜样作为一种意识形态载体，对传播社会价值观念所起到的作用。杨婷基于榜样在时代发展中的不变特性，提出“榜样是时代的楷模、道德的标杆、精神的载体”[②]。傅金兰基于时代对榜样宣传的需求，提出榜样是儿童生活中的“重要他者”，不仅能从外塑造一个好的社会环境，还能从内促进品格发展，并将个体与社会联结起来。[③]

由此可见，上述两个角度分别是从微观和宏观对榜样进行定义：微观定义侧重于榜样具体的激励和引导作用，具有可变化成分；宏观定义侧重于榜样的时代意义，榜样能够反映社会要求，对社会发展起促进作用，具有不可变性。

此外，榜样具有示范作用，但是示范具有正向示范和负向示范双重性。刘文基于榜样示范的概念、特征及作用机制的理解，区分了榜样的两种定义。[④]一种观点认为，只要是典型，无论是正面典型还是负面典型都能够起到示范或警戒作用的，都可以成为榜样。另一种观点认为，能被称作榜样的一定是对人们的思想和行为起到积极正向的示范作用的人或群体，他们自身具有优秀的人格、品质和个人魅力，并富有社会责任感，能够引导青少年一代的价值观。因此，只有正面典型能够成为榜样，而起警示作用的形象只能称为负面典型，这也是大多数研究者的观点。

二、榜样与偶像的关系

在对榜样进行定义的时候，大多研究者对榜样和偶像做了区分。原因在于：一方面，二者的作用机制相同，均是由一类人通过情感、行为、言语等载体对另一类人产生影响，使其自发地关注并模仿；另一方面，二者的表现形式相同，均是由某种无形的力量助推，引导和调节人们的意识，以达到某种目的。因此两者在日常生活的践行过程中边界不清，容易混淆。

---

① 张茹粉．榜样教育的理性诉求［J］．黑龙江高教研究，2008（5）：119-121.

② 杨婷．新媒体时代榜样传播的“变”与“不变”［J］．思想理论教育导刊，2017（8）：90.

③ 傅金兰．践行立德树人的重要路径：儿童“重要他者”的新时代塑造研究［J］．中国电化教育，2020（12）：78-83.

④ 刘文．高校思想政治教育中榜样示范的现状及对策研究［D］．临汾：山西师范大学，2019.

对于榜样与偶像的关系，目前存在两种观点。观点之一是两者有重叠部分，榜样中存在偶像，偶像也可以成为榜样。岳晓东基于榜样与偶像相同的作用方式提出“偶像—榜样”教育理念，他认为虽然偶像与榜样之间存在着对立关系，但是两者还是存在较大的缓冲区域，并划分了四个分布区域，包括“纯偶像”“偶像型榜样”“榜样型偶像”“纯榜样”，两者结合既可以正确引导偶像崇拜，又可以有效弥补传统榜样存在的单一化、扁平化等缺陷。[①] 赵畅基于偶像崇拜的正向作用，提出偶像与榜样高度一致，偶像崇拜指向榜样学习，是青少年个体发展的有效路径。[②] 观点之二是两者具有本质上的差别，甚至相背离，因此具有绝对区别。徐红波基于偶像和榜样所包含的主体、客体、载体、介体这四种构成要素，提出二者虽形式相同，但是榜样的社会效应和偶像的经济效应是二者永远无法贯通和重合的关键所在。[③] 徐歆然基于榜样与偶像的动因、行为和传播三方面的差异，提出榜样受到主流价值的推动，具有利他、真实、道德的特征，而偶像是受到经济利益群体的推动，具有利己、包装和盈利的特征。[④]

由此可见，持“整合”观点的研究者们更关注作用上的相同，以期两者能够互补，具有理想性；持“差异”观点的研究者们更关注本质的不同，具有现实性。

三、榜样教育定义的分类

对于榜样教育的定义，目前我国学术界也存在不同的分类。第一种分类是基于对榜样定义的分类，榜样教育大体也可以从个人与社会两个层面进行分类。一是认为，榜样教育是教育者为了培养受教育者良好的习惯或思想品德素养而选择的具有启发性和模仿性的教育方式。柴勇提出：“学校榜样教育通过积极引导青少年对榜样人物精神内涵的价值认知和行为方式的实践仿效，从而完成受教育者由被动学习向主动学习、他者教育向自我教育转化的榜样学习与榜样

① 岳晓东．论偶像—榜样教育［J］．中国教育学刊，2004（9）：17–20，58.

② 赵畅．当代青少年偶像崇拜研究［J］．中国青年社会科学，2019，38（6）：117–122.

③ 徐红波．榜样教育与偶像崇拜构成要素异同辨思［J］．南通大学学报（社会科学版），2014，30（3）：90–95.

④ 徐歆然．大学生榜样教育研究［D］．长春：长春理工大学，2018.

教育自觉化。”[①] 二是认为，榜样教育通过树立积极的社会形象，引导人们模仿并升华，从而形塑社会风尚。冯铁蕾提出：“榜样教育是一种将理想人格教育融入日常生活的社会学习机制。”[②]

第二种分类是基于榜样教育所属领域不同，大致可以分为三类。一是从思想政治教育与榜样教育的内在关系的角度把榜样教育定义为一种思想、道德和政治教化的方法，如杨敏在分析榜样教育特征的基础上提出“榜样教育作为思想政治教育的有效方法之一，在新时期大学生思想政治教育工作中发挥着重要作用”[③]。二是从教育学角度把榜样教育定义为教育者与受教育者之间的互动，以使受教育者道德修养和行为有所变化提升。三是从心理学角度将榜样教育定义为主体对外部刺激的内化而表现出的行动，如袁文斌和刘普基于班杜拉的观察学习理论提出，榜样教育是以榜样为中介，通过教育者引导和榜样示范，受教育者进行言行模仿，最终达到内化榜样所蕴含的精神品质，生成自我道德人格的教育活动。[④]

综上，虽然不同的分类侧重点有所不同，但是无论从哪个层面进行分类，榜样教育都包含了道德上积极的变化，这种变化既表现为个人品德的发展，又表现为对社会价值观的传承与弘扬，这是其不变的核心成分。

第二节　榜样教育与立德树人的关系

党的十八大报告明确指出，努力办好人民满意的教育。党的十九大报告则要求教育要落实立德树人根本任务。“立德”讲建树德业，“树人”指培养人才。榜样教育是以受教育者为教育对象，以具有典型意义的时代榜样及受教育者身边的榜样为教育内容，最终实现立德树人的一种教育方法。

---

① 柴勇．以“五位一体”格局实现学校榜样教育常态化［J］．教学与管理（理论版），2013，（8）：25.

② 冯铁蕾．积极推进榜样教育的路径创新：学习借鉴延安大生产运动实践的重要启示［J］．党建，2019（12）：22.

③ 杨敏．新时期大学生榜样教育刍议［J］．学校党建与思想教育，2013（1）：59.

④ 袁文斌，刘普.榜样教育的理论依据与心理机制［J］.河北大学学报（哲学社会科学版），2010，35（1）：122.

一、榜样教育在新时代立德树人背景下的内涵

榜样教育是古今中外都存在的教育现象，并非时下新词。榜样教育的可仿性、示范性、激励性、时代性、目的性、实践性等是其固有的特征。在新时代立德树人的背景下，从榜样教育的构成要素上来看，其时代之“新”借“主体”“客体”“载体”“介体”四个方面体现。①“主体”即效仿者，“客体”包括宏观上的政治领导者和微观上的教育者，“载体”即承载着道德观念的具体形象，“介体”即对榜样的宣传、展示、呈现的途径。

首先是对榜样教育中受教育者主体意识的突出强调，不再是自上而下的模式，而是开始关注受教育者的需求，如吕焰基于榜样教育存在的主体学习动力不足，提出榜样的树立应当符合学生情感需求，注意对学生理想信念和价值观的引导。②赵波和武瑾雯基于榜样个体的差异和不同，提出“由于受教育者的民主意识增强和自我意识觉醒，榜样在生成渠道的问题上必须要坚持自上而下和自下而上相结合的原则”③。其次是榜样教育客体在教育观念、方式方法上的更新，如运用榜样示范法。再次是榜样教育载体的多样化，也就是榜样类型的变化。最后是榜样教育介体的网络化。由于互联网的兴起与快速发展，榜样教育的传播途径除了传统的黑板报、宣传栏等，还应当广泛运用现代科技，以一种更贴近生活的方式呈现榜样。如易雪媛基于新时代价值多元化的特点，提出“充分运用各种宣传媒体，特别是大学生使用频率较高的主流媒体、社交网站、校园多媒体等载体，大力宣传能体现当代大学生精神风貌与价值选择的真实榜样，弘扬社会主义核心价值观”④。

二、立德树人需要榜样教育的原因

对于立德树人的内涵，学者们有以下几点共识：立德树人的目标是培养德

① 徐红波．榜样教育与偶像崇拜构成要素异同辨思［J］．南通大学学报（社会科学版），2014，30（3）：90–95.

② 吕焰．我国当代青年的榜样教育创新研究［D］．西安：西北工业大学，2018.

③ 赵波，武瑾雯．榜样教育在培育社会主义核心价值观中的作用［J］．学校党建与思想教育，2020（1）：60.

④ 易雪媛．价值多元化视阈下大学生榜样示范教育研究［J］．学校党建与思想教育，2019（3）：90.

智体美劳全面发展的学生；根本遵循是对社会主义核心价值观的认同；鲜明主题是为了实现中华民族伟大复兴的中国梦；本质要求是加强思想政治工作。因此，“立德”是在认同社会主义核心价值观的基础上，做到明大德，守公德，严私德；“树人”是培养全面发展的青年，他们也是能够担当民族复兴大任的时代新人。立德是树人的根基，树人是立德的目的。

立德树人之所以需要榜样教育，原因有两点。第一，它作为一种抽象的概念，必须要借助具体的载体使人们知道要立什么样的“德”。榜样可以调和道德教育中抽象与具体的矛盾，如叶亚林基于立德树人的内涵提出榜样教育从三个维度落实立德树人：榜样践行了社会主义核心价值观，引领了立德树人的高度；榜样对中国优秀文化和民族精神的传播，发掘了立德树人的深度；多元化的榜样推动大学生全面发展，拓宽了立德树人的广度。① 张文杰和宋杰基于榜样的选树、认知和培育与社会主义核心价值观相契合的关系，提出：“社会主义核心价值观建设，说到底，是培养什么样的人的问题。而在高校，榜样培育就是弘扬社会主义核心价值观最重要的载体之一。”② 何小春也认为榜样引领是社会主义核心价值观转化为大学生情感认同和行为习惯的示范性路径。③ 第二，立德树人在落实过程中本身存在一元性价值倾向、单一空泛的灌输、主体道德自觉缺失等弊端，需要榜样的存在来调和主体需求与客体要求、主导与多元的矛盾。李力和金昕基于立德树人的内涵、难点和实现路径，提出榜样教育可以激发主体道德自觉，有效地将立德树人与人们自身的道德需求结合起来，不仅起到价值引导作用，也利于道德内化。④ 徐蕾根据当代立德树人教育面对的道德自觉缺失和道德实践空泛的问题，提出培养道德自觉是立德树人的现实路径。⑤

综上，榜样教育是协调立德树人实践活动中抽象价值观念与具体道德行为、

---

① 叶亚林.高校榜样教育落实立德树人的三重维度［J］.人民论坛，2019（30）：104-105.

② 张文杰，宋杰.社会主义核心价值观视域下新时代大学生榜样培育研究［J］.北京联合大学学报（人文社会科学版），2019，17（2）：32.

③ 何小春.论核心价值观转化为大学生情感认同和行为习惯的实现路径［J］.内蒙古师范大学学报（教育科学版），2018，31（11）：14-15.

④ 李力，金昕.新时代高校立德树人的内涵、难点及实现路径［J］.东北师大学报（哲学社会科学版），2019（2）：152.

⑤ 徐蕾.培养道德自觉：立德树人的现实路径［J］.当代教育科学，2016（15）：56-59，64.

主体需求与客体要求、主导价值与多元价值这些矛盾冲突的有效手段，以其不可替代的独特方式实现着立德树人的教育根本任务。

第三节　以榜样教育实现立德树人的策略

立德树人不仅是对中国传统文化的继承和延续，也是当代教育工作者必须紧紧扣住的教育主旋律。榜样教育作为古往今来行之有效的教育方法，以榜样优秀的品质内化为受教育者的品质，以期使受教育者达到与榜样一样高尚的精神境界。榜样教育在学校立德树人建设中具有独特作用。学校教育要选树体现社会主义核心价值观的师生榜样，充分利用身边榜样特有的真实性、平民性、直观性与亲和力，为受教育者社会主义核心价值观的培育奠定良好的基础。

策略一：榜样典范

（一）基本概念

榜样典范，是堪称道德楷模的典型个人或团体，是对社会道德原则和规范的具体、生动、形象的体现。历史上的统治阶级及思想家都十分重视道德教育中的榜样作用。比如，中国历史上统治者与思想家推崇的“圣人”“贤人”“仁人”就是这些阶级在道德上提倡的榜样。

（二）基本操作

在新时代立德树人的背景下，以践行培养新时代德智体美劳全面发展的社会主义建设者和接班人为要求，榜样典范策略显得尤为必要。典范教育，就是用典范的行为感化人，用典范的品格启迪人，用典范的情操陶冶人，用典范的精神塑造人。典范教育是生动的、具体的、有现实意义的，在一定程度上可以引导受教育者树立正确的价值观与道德观，培养受教育者高尚的情操，从而往积极、乐观、正义的方向发展。将榜样典范作为案例，并以图片、视频、讨论等形式对受教育者进行施教，可以让受教育者更加直观、更为切实地体验生活中的美好情感，感受到先进人物传递的正义感、责任感和使命感，进而对“小我”进行分析，最终使受教育者通过榜样典范的作用真正达到自我教育的目的。运用此种策略应该注意以下两个方面：

1. 从“神圣化”向“平民化”转变，消解榜样的神化

韩燕丽根据道德典范的本质属性提出了三种分类：第一，道德典范不是具体的人，而是善的原型；第二，道德典范是人，进一步而言，是十全十美的道德圣贤；第三，实际的道德典范是生活中让人感动的、具体的、鲜活的道德行为者。[①]道德典范本质是善，道德圣贤是善的载体，并且在传颂过程中被完美化，因此前两种可以视为神圣化的榜样形象，也就是指一个时代中存在极个别人具备了绝大部分良好的道德品质，成为这个时代以及后世所学习的圣人，如孔子、孟子、老子等。第三种分类即平民化的榜样，是指榜样不再是遥远的、抽象的人物形象，而是自己生活中具体的、能够引起情感共鸣的、鲜活的道德行为者。

彭怀祖认为榜样典范的神圣化实际是一种道德苛求。所谓道德苛求，是指社会对榜样及其行为的过分要求，它包含三个方面的内容：一是在时间的跨度方面，榜样应该自始至终进行善意的表达、做出利他的行为；二是在行为的内容方面，榜样应该在正义和善良的各个方面，无一例外地体现表率作用；三是榜样在气质、性格诸方面应该是完美的，应该和他的道德举止相匹配。[②]这种道德苛求不仅拉开了道德榜样与普通群众之间的距离，使他们认为道德是遥不可及的，是与“我”无关的，也会给道德行为本身附加一个隐含意义，即要实施一种道德行为，“我”必须是完美的，必须付出巨大的代价。这种对道德典范优良品质的过分夸大和宣扬对榜样教育不仅无益反而有害。

榜样形象的“平民化”弥补了道德苛求带来的疏离感，同时包含了主体意识的觉醒，也就是说，普通群众能够意识到“我”不是一个被灌输的状态，“我”与榜样之间不是层级关系，而是平等的，对于宣扬的道德行为能够自觉主动地模仿。但是这种“平民化”并不意味着道德标准被降低，冯庆旭在分析道德榜样与学习群体的远与近的关系中提出“道德榜样是道德理想与道德现实的统一”[③]。道德理想是指榜样有超出常人的道德修为，值得人们学习，是人们认为自己理想状态下能够达到的道德水平；道德现实是指榜样并不是抽象的，脱离

---

① 韩燕丽 . 道德典范示范效应再检视：一种基于美德伦理学的分析［J］. 华中科技大学学报（社会科学版），2020，34（1）：57.

② 彭怀祖 . 论道德模范和道德苛求的消解：以提升榜样效应为视角［J］. 伦理学研究，2013（2）：23.

③ 冯庆旭 . 论道德榜样［J］. 齐鲁学刊，2016（3）：92–96.

现实的，而是源自身边的。

由此可以看出，对榜样典范“神圣化”的推崇实际上是设定了一个人们可能永远无法达到的道德标准，而“平民化”并不是对这一标准的降低，而是将它转变为人们可追求可获得的。道德典范在这种转变中变得立体起来，使人们认识到榜样并不是高不可攀的，这既增加了公众对典范的认同，也增加了自身践行道德行为的动力。

2. 从“一元化”向“多元化”转变，契合主体的需求

随着时代的发展和人们思想观念的转变，人们的精神世界不断丰富，价值追求也呈现多样化，榜样选树的类型也在与时俱进，越来越多元，越来越符合主体需求。他们不仅是社会价值观载体，也是社会重要的政治领袖、管理者和精神文明传播者，也可以是由于自己努力而在社会中享有特殊地位的公众人物。比如经济精英、知识精英以及各种公众人物，他们所处的社会地位决定了其一举一动会对公众产生影响，因此，这种影响力的存在使得他们应当承担相应的社会责任，也包括道德责任。并且，这种影响力和责任感存在与否以及多大程度上存在，不仅取决于公众人物本身，也取决于主体对他们的认可，只有某个人或群体的行为符合价值主流和主体需求，才能从群体中脱颖而出成为具有认可度的榜样典范。但是由于主体需求也存在着不正当性，因此，把握好“需求多样”与“一元主导”之间的关系才是新时代榜样能够实现持久生命力的关键。

（三）实践案例

案例 1

沉默是金的力量

青春期的孩子是充满活力的，会经常在上课的时候控制不住左顾右盼、调皮捣蛋。大多数老师会当场制止或说教，以此来让学生意识到自己言行的不妥。这种方式开始是有效的，但用多了学生就没有明显的敬畏感，效果不佳。老师与其直接表达情绪，不如以沉默来代替千言万语，让孩子们在沉默中自省。

有一次，上道德与法治课，有几个学生在交头接耳，还时不时发出笑声，但此时已经打了上课铃。我就平静地看着班里的同学，目光缓慢地扫过每一个学生的脸庞，大家看到我的神情，也都逐渐安静下来，特别是几个平日里调皮的孩子，在接触到我的目光之后也默默拿出了课本，端正了坐姿。随后我说了

一句：“我们现在开始上课。”这时的课堂就已进入状态，学生也专注了很多。

我负责两个年级的教学，共四个班。不同年级不同班级的学生个性也不同，但每个班总有几个个性鲜明的孩子。他们思维活跃，性格开朗，但上课经常迟到，课堂上注意力也不能集中，自律程度有待提高。其中有个男孩我印象特别深刻，每次打完上课铃，他才慢悠悠地进入教室，课堂上也经常是游离的状态。一开始，我耐心地跟他沟通，并在课后主动辅导他完成作业，希望他感受到老师对他的关注，从而转变自己的学习态度，但一段时间之后发现收效甚微。后来在一次课堂上，他不遵守纪律，打扰其他同学，我当时就安静地注视着他，直到他意识到自己的行为不妥，停止捣乱。下课之后，我把他叫到一边，问他：“上课笔记是否按要求完成？”他支支吾吾没有回答，显然没有完成。他低着头，像是在等待我批评他，我说：“下次上课按时到班，不要再迟到了。”说完这句话就让他回班里了，从那之后，他上课没有再迟到，作业也能按时完成。

还有一次，我在课堂上叫了一个同学起来回答问题，刚叫他的名字，周围同学就发出一片笑声，因为他平时上课不认真听讲，作业也不能很好地完成，大家觉得他肯定回答不出来，想看他的“笑话”。我静静地看向那些在笑的同学，他们逐渐意识到自己的行为不妥，安静了下来。然后我微微笑了笑，对回答问题的同学说：“没关系，是不是还没想好？先坐下思考一下。”他挠挠头，有些害羞地笑了，然后点点头坐下了。在接下来的课堂里，他听得很认真，也会经常跟我互动。

（案例作者：深圳市光明区凤凰学校　罗娜）

案例2

分享的教育意义

不管是家里的父母，还是学校的老师，当我们在跟孩子交流的时候，会发现他们的很多言行或者想法让我们不能理解，而他们也时常跟我们诉说着自己的困惑。我们可以尝试当孩子提出困惑的时候，把自己的思维放在跟孩子平行的境地，跟他们分享自身或他人类似的经历，用分享来塑造典范，帮助孩子找到一个好的解决办法，孩子会更加信服。

有天晚上，准备去班里看晚修，有几个同学过来围着我，跟我说小帆把自己关在厕所里面，手里还拿着剪刀和笔。我当时心里一紧，赶紧让小韦把他叫出来，同时向小峰了解事情的缘由。小峰说因为小帆把脚放到小七的凳子上，所以他让小帆去给小七道歉，小帆没去，他就想把小帆叫出来单独聊一下这个事情，结果小帆就把自己关厕所里了。这个时候，小帆从厕所出来了，我问了他事情经过是不是如小峰所说，他说不全是。班里有两个女生把班主任喊过来了，面对老师和同学的“围观”，小帆说想要单独说，不想一群人围着他。我问他是想跟我单独说还是跟班主任，他选了我。我当时心里挺欣喜的，因为被学生信任。只剩我和他之后，他说出了这件事的经过，我也大概了解了整个事件，明白了其中的误会。

误会一：小帆拿着剪刀和笔是为了自卫，怕小峰喊他出来是想“教训”他，而小峰以为他拿剪刀是要做出伤害自己的行为。

误会二：当同学一起从小帆手里夺过剪刀的时候，小帆觉得大家都站在小峰一边欺负他，而实际上大家也是怕小帆伤到自己才去夺剪刀。

他说着说着哭了。我问他怎么想的，他说他觉得平时自己跟小峰是很亲密的朋友，但是现在小峰因为喜欢小七，所以不惜伤害他们的感情。我笑了笑，问如果有人不尊重你喜欢的人，你会生气吗？他点点头，我说换位思考一下是不是觉得可以理解了呢？我跟他分享了我学生时代跟朋友相处的经历，面对朋友的冷落和离开，当时会觉得受伤害，但这就是成长啊，我们应该学会接受和尊重他人的选择。

他沉默了一会儿，又说觉得自己很弱小，很多方面都不如同学们。我问他觉得自己有优势吗？他说有，特长是画画。我说那这就是你自信的地方啊。然后我举例说像美术老师和音乐老师都有我不擅长的地方，那我就应该自卑吗？当然不，我也有自己的优势呀。每个人都有自己的优势，我们要多向他人学习，同时我们也要自信。他点点头，看了看表，估计觉得要赶紧回去学习了，我说去洗把脸回教室吧。过了一会，看他如释重负地回到教室，我很欣慰。

（案例作者：深圳市光明区凤凰学校　罗娜）

案例3

学习道德典范

中小学生总能在平时的作文中遇到“最美妈妈”“最美医生”“最美教师”等题目。“最美”实际表达的是道德典范，这不仅是社会精神文明的表现，也是鼓励学生养成美好品德的榜样。如今，社会上各行各业都有很多道德典范涌现，作为一名思政课教师，要让这些普通却又不平凡的先进人物事迹走入课堂，让课堂生动又大美，让学生在学习典范楷模的事迹中提升道德素养。疫情期间的很多人物事迹就给我提供了丰富的教学素材。

在上到“传递情感正能量”这一课时，我把医护工作者、快递小哥、社区工作者等各行各业在疫情防控一线工作的人作为备课素材，希望通过这些人物事迹让学生的情感受到触动。正式上课那天，原本学生比较躁动，我先放了一个关于2020年初新冠肺炎确诊病例不断增加的视频，学生受视频中气氛的影响，慢慢安静下来。接着我展示了在疫情期间钟南山、李兰娟以及其他医护人员坚守抗疫一线的图片，这对学生们的冲击力比较大。有个学生问：“老师，他们不怕感染吗？”我说：“他们也怕啊，但是如果他们不去救人，就会有更多人的生命受到威胁。”学生们都沉默了，班里气氛有点沉重。这时我发现有个女孩在抹眼泪，我询问她原因，她说：“我的妈妈是医院的工作人员，我当时还怪妈妈一直不回家陪我，原来她处在那么危险的环境，做着这么伟大的事情。”说完，班里响起了一阵掌声，我想，这掌声是对女孩妈妈的崇敬，也是对女孩的鼓励。

我抓住这个时机，问大家：“老师想问问，你们的梦想是什么呢？如果梦想能实现，在这场疫情中，你可以为社会、为国家做些什么？”学生们思考了几分钟，争先恐后地举手回答，有的是当医生救治病人，有的是当军人保家卫国，有的是当生物学家研究疫苗……令我印象比较深刻的是，有个学生举手了，又默默把手放下，我很疑惑，就请他起来回答。“我的梦想是当发明家，发明舒适又安全的口罩和防护服，因为我看医护人员的脸都被口罩磨破了，防护服也让他们行动不方便。”他小声地说道。我听了很惊讶，但更多的是欣慰，多么善良又贴心的孩子啊！他的话反映出他是一个很细心、会为他人着想的人。很多时候，我们会有崇高的、伟大的理想，但往往容易忽略身边实实在在、默默奉献的人。能够看到并关爱这些人，是一种很珍贵的品质。这个学生让我看到了这种品质，这是我在这节课上最大的收获。

（案例作者：深圳市光明区凤凰学校　罗娜）

案例4

身教胜过言传

我们常说的典范教育，就是用典范的行为感化人，用典范的品格启迪人，用典范的情操陶冶人，用典范的精神塑造人。典范教育是生动的、具体的、有现实意义的，典范的主体常常起到榜样的效果，在一定程度上可以引导学生树立正确的价值观与道德观，培养学生高尚的情操，从而引导他们往积极、乐观、正义的方向发展。

学校组织开展的“三之歌”就是很有意义的典范教育。“三之歌”即“芳华之歌”优秀女生分享交流会、“少年之歌”优秀男生分享交流会和“青春之歌”优秀毕业生分享交流会。它们之间的区别在于交流的侧重点是不同的，例如兴趣爱好、性格特征、学习能力、实践能力等。这个活动主要是给学生们提供一个平台，让各方面表现优异的女生、男生和每届毕业生可以跟其他同学分享交流自身成长的心得体会，它在无形中起到了很好的教育效果，为整个校园营造出积极向上、比学赶超的良好氛围，情感正能量也可以在这种氛围下得到传递。“见贤思齐”，好的榜样在言行上、道德上都能起到正向的教育指引作用，而这种教育指引是自觉或不自觉产生的。不管男生典范、女生典范还是毕业生典范，他们都对学习和生活充满无限的追求，对自身有着更高的要求，对社会有着高度责任感和使命感。让我们来看看一些典范人物的故事吧！

小温同学刚从小学升到初中的时候，并不起眼，但是每次我的课堂，她回答问题都很积极，虽然大多时候表达的内容比较局限，但好在她愿意去表达自己的想法。无意外地，小温成了我的课代表，每天帮我收发作业、登记作业。也许是因为她觉得课代表就要在这门学科起到带头作用，所以我的课她听得很认真，作业也完成得非常好，她的成绩逐渐凸显出来。她在这个过程中体会到学习的成就感，这让她状态很好、劲头很足。我经常会交给小温一些工作，比如帮我登记作业、分小组，她都做得很仔细。有时候我忘记布置作业，她也会帮我布置，考虑事情全面却不呆板。我鼓励她加入学生会，丰富自己的初中生活，挖掘其他潜能，她后来成功当选学生会主席。在同学眼中，小温学习成绩优异，兴趣爱好广泛，也有很强的管理能力，是一个颜值与才华并存的姑娘。在“芳华之歌”的分享交流会上，她讲了很多自己的故事，表达了自己的想法。她的身边逐渐聚集了很多姑娘，她们都被她的能力和人格所吸引，这种积极向上、比学赶超的氛围逐渐在班级散开，我想这就是典范带来的良性作用吧！

小智同学在一次班长竞选中，鼓足勇气向同学们表达了自己想当班长的想法，没有华丽的辞藻，语言朴实诚恳，他表示想要为同学服务，想要为班级出一份力。最后，他成功当选了。成为班长之后的他，努力在各个方面成为同学的表率。在学习上，踏实认真，不容许自己有不懂或者不会的地方，那种学习的热情经常能感染身边的人；在管理班级方面，在课前与课后，对于班级里面调皮的学生，他会像个老大哥一样去教育，因此班里同学都对他很服气；在人际交往方面，他看到同学有需要帮助的，甚至学习偷懒的，都忍不住去拉一把。有时候我在感慨，这样的男孩子就是班里同学的标杆啊，因为有他，班级风气充满正能量，学习氛围浓郁，一切都变得美好。

（案例作者：深圳市光明区凤凰学校　罗娜）

案例5

竞争是件有意思的事儿

随着社会的进步、教育的发展，各行各业对人才的需求越来越大，相对应的，人与人之间的竞争也越来越激烈。也许有的人原本只想平淡地过着当下的生活，但当另一个人触碰到他心里那根好胜的弦时，潜能就被无限激发，由此改变的不只是当前的一个目标，而是此后一生。不论在社会上，还是在学校里，良性竞争都是促进学生发展的重要因素。

开学初，我要在新带的班级中选两个课代表，但我没有直接指定，也没有让其他同学推荐，而是让孩子们自荐。这种方式，一来是尊重孩子自身的态度和想法，二来也想调动孩子的积极性与主动性。开学第一节课，我就在班里说：“如果同学们想当我的课代表，就来找我毛遂自荐。”有几个比较活跃的同学立刻举起了手，并嚷嚷着“选我选我”。我对他们笑了笑，示意先把手放下，然后说了我的要求：“我的课代表，至少在我这个学科，成绩不说第一，也要名列前五。”说完这句，同学们“鬼哭狼嚎”，说：“老师，您是不是在故意难为我们啊，这条件也太苛刻了吧。”接着我说：“除了成绩之外，还有一个要求，就是做事认真仔细，效率高。”这时候，我看到很多同学摇了摇头，说：“算了算了，当个课代表太难了。”我看到孩子们原本热情积极，因为我的要求却打了退堂鼓，就跟他们讲了我上一届课代表的故事，她一开始成绩平平、能力平平，却在做了我的课代表之后成绩名列前茅，各方面能力得到提升。孩子们听得很认真，连连感叹是哪个学姐这么厉害呢。临近下课的时候，我让孩子们好好想一想，如果还是想当我的课代表，就去办公室找我。

第二天的课间，有两个小姑娘悄悄地走到我跟前，其中一个有点害羞地说："老师，我想试一下可以吗？"我说当然可以。另一个女生说："听了学姐的励志故事，我很想逼自己一下，成为像她那样优秀的人。"此时我内心是欣喜的，我的目的达到了。我立刻调出上一届课代表历次的考试成绩，以及她给我整理的作业登记表，以事实来坚定这两个学生的选择。同时我鼓励道："你们不要觉得压力很大，慢慢来，我相信你们会比学姐做得更好。"之后的一个月，她们确实做到了课代表的模范带头作用，听课认真、笔记完美、工作仔细，月考成绩出来，不出所料地在我这门学科都考进了年级前十。要知道她们刚开始的成绩是中等偏下水平，看来优秀学姐给她们树立了一个很好的典范。这两个姑娘慢慢地体会到作为我的课代表所产生的成就感和自信心，同时她们之间也是默默竞争，不允许自己做事情拖对方的后腿，也不允许自己的成绩与对方相差超过5名，两个人在这种良性竞争下变得越来越优秀。我想，竞争真是一件有意思的事儿！

（案例作者：深圳市光明区凤凰学校　罗娜）

案例6

寻找最美少年

学习中华传统美德是基础教育的必修课，培养好的品德让人受益一生。然而，现在很多孩子从小娇生惯养，再加上父母不注重对孩子进行传统美德教育，使得孩子们在思想上和行动上容易忽视这些美好品格，理所当然地接受别人给予的关爱，却不懂得把爱心传递下去。为了发扬和传承勤俭节约、孝亲敬长等优秀传统美德，我们要把家庭教育、学校教育和社会教育形成合力，更好地发挥育人功效。

在跟家长的日常沟通中，总有家长反映，孩子出现了在家吃饭挑食、对长辈没礼貌等闹情绪的现象，对此家长们束手无策。基于此，我在班里开展了"寻找最美少年"的主题活动，一方面可以找出在同学眼中具有美好品德的孩子作为典范，另一方面让更多的孩子通过这次活动能够传承和践行中华传统美德。

本次主题活动分为“美德故事分享会”“谁是最美少年”“学习最美少年”三个环节。

第一个环节，在“美德故事分享会”上，孩子们轮流讲述了“彩衣娱亲”“哭竹生笋”“打虎救父”“程门立雪”“笼负母归”“孔融让梨”等古代传统美德小故事，其他孩子也都聚精会神，听得津津有味。分享会的最后，有些同学自发地站起来谈了自己对于传统美德的理解，以及传统美德对我们的重要影响。听了孩子们的表达，我觉得他们在思想认知层面达到了我的预期，接下来就是通过典范教育来强化这种思想认知。

第二个环节“谁是最美少年”评选，同学们通过平日的观察，选出心里的最美少年，并说出他（她）打动自己的理由，分享同学间的美德小故事。在这个过程中，孩子们对身边的同学有了更多的了解，也会因此发现原来拥有美好品格的不只有书本上的、电视里的人物，也可以是每天相处的同学，更能传递正能量。在听完同学们推荐的人选之后，大家开始投票，票数最多的当选“最美少年”。

第三个环节“学习最美少年”，被选上的同学跟大家讲述自己是如何在生活中践行美德的，比如诚实守信、尊老爱幼、勤俭节约等，如何通过生活中的小事来不断规范自己的言行。孩子们在听了“最美少年”的故事分享后，需要在纸上列出自己平时做得不好的地方，比如浪费粮食、爱说脏话、不尊重他人等，然后写出对应的改进措施或期望自己达到的目标，并对照执行，最后还要写上监督人（家长、老师或同学）。孩子们在写的时候就会思考自己平时的言行举止，反省的过程也是改进与完善自我的开始，通过自律与他律相结合，能更好地培养他们的美德意识，并在实践中提升素养。

（案例作者：深圳市光明区凤凰学校　罗娜）

案例 7

特别的关爱

近年来，校园欺凌现象越来越受到社会各界的关注。青春期的孩子普遍处于叛逆期，身心发育尚不成熟，容易受到不良诱惑，而由此引发的校园暴力极大地影响了被欺凌者的身心健康，使他们逐渐形成自卑胆怯的性格。当校园欺凌发生时，一方面，欺凌者狂妄无知，旁观的学生不知如何处理，有的甚至起哄，缺乏正义的力量；另一方面，被欺凌者因为害怕，往往不敢向老师和家长寻求帮助，也不会用法律来维护自身权益。因此，培养学生的责任感和正义感是当代社会发展的迫切需要。

因为学生小 A 说话前言不搭后语，举止怪异，所以经常有同学戏弄他。原本这种戏弄局限于同班同学间，后来慢慢地学校其他班调皮的孩子也会在放学路上堵住他，这给小 A 的学习与生活造成了很大的困扰。一天，小 A 被几个男生关进厕所，好在上课铃响了，老师发现他没在班里就询问其他同学，了解情况之后老师赶紧去厕所给小 A 开门。事后学校对那几个欺凌他的学生教育了一番，也叫了家长过来沟通协调。小 A 过了一段安生的日子，很少来给老师打小报告了，但是好景不长，他又被欺凌了。这天下午放学，小 A 照常走在回家路上，在一条弄堂里，被几个穿着破洞牛仔裤的小混混拦住了，其中一个上来揪着他的衣领问："前段时间你是不是跟学校老师打我弟弟的小报告了？"原来，这是上次把小 A 关到厕所的其中一个同学的哥哥，这次是来替弟弟"出气"的。小 A 很害怕，他第一次被一群陌生人恐吓。他们翻他书包，拿走了他的零钱，逼他下跪道歉。虽然小 A 不知道怎么去交流，甚至在他的意识里不知道这是被欺凌，但是他知道这些小混混的行为是不对的，所以他没有低头和屈服。小混混们看到小 A 不听话，恼羞成怒，上去推倒他，对他一阵拳打脚踢。"你们在干什么！"一个略带稚嫩的声音传来，小 A 抬头一看，是班里的小 Q。只见小 Q 径直走上来，指着自己的电话手表对小混混们说："我已经把你们的行为拍下来了，并且联系了老师和家长，他们马上就过来了。"小混混们怕把事情闹大，放了几句狠话就走了。小 A 问小 Q:"你怎么在这里？"小 Q 就说了事情的经过。原来小 Q 在回家路上恰巧碰到小 A 被欺负，刚开始也很害怕，躲在一旁不知道该怎么办，但那种情况下他觉得自己必须勇敢站出来，就想到了用电话手表拍照，把小混混们吓跑。

第二天，这件事情就在整个年级传开了，老师和同学们纷纷给小 Q 点赞，认为他做到了见义智为，学校也为小 Q 授予了"正义之星"的荣誉称号。班主任将小 Q 的先进事例作为典范，开了一节以"勇敢与正义"为主题的班会课，其中一个环节就是让小 Q 做分享发言，同学们都听得很认真。小 Q 说："当我看到小 A 同学遇到麻烦的时候，我既害怕，又难过。我害怕我也被打，难过的是他总是被欺负。小 A 是我们班级的一分子，他在遇到困难的时候需要我们的帮助，就像我们遇到困难需要寻求老师和同学的帮助一样。对他和善的人越多，那么欺负他的人就会越少，所以我们要团结起来，抵制校园欺凌，给予小A特别的关爱。”话音刚落，班里响起了雷鸣般的掌声。我想，这件事给大家留下了深刻的记忆，同时也是小A和小Q一次意义非凡的经历。

（案例作者：深圳市光明区凤凰学校　罗娜）

案例8

处事的智慧

在这个信息爆炸的时代，年轻人的生活节奏很快，因此学习和工作的压力也比较大。相关平台调查数据显示，当一个人同时扮演多个角色，并做着多份工作时，那么他的工作效率与时间管理、做事顺序、难易程度等有着较大关系。而现在青少年在学校的生活丰富多彩，同样也在不同的角色中有着不同的任务，因此，要通过各种形式培养孩子们的思维方式和处事能力，从小事做起，这将成为他们今后人生中的一笔珍贵的财富。

某学校里面专门开设有“如何管理时间”的课程。在一次课上，老师将一个装了水的罐子放在讲台上，然后神秘地从桌子下面掏出一些水晶石，每颗水晶石的大小正好可以从罐口塞进去，老师慢慢将水晶石一颗颗放进去，在这个过程中他问道：“我把水晶石全部放进去，水会溢出来吗？”学生回答：“不会，因为只有半罐水。”说着，水晶石就已经全部放到罐子里了，老师又问：“现在这个罐子是满的吗？”学生们异口同声地回答：“是。”老师笑了笑，又从桌下拿了一袋碎石子倒入了罐中，并用搅拌器在罐子中搅了一下，接着问：“你们看现在罐子满了吗？”由于上次的不假思索答错了，这次同学们不敢回答太快，有点犹豫。后来听到角落里有个同学小声地回答道：“也许没满。”“不错，很好！”话音刚落，老师从桌下拿出一包细沙倒入看似已经装满的罐子，然后问学生：“你们告诉我，现在这个罐子满没满？”“没有满！”学生们异口同声地说，这下孩子们摸清套路了，回答得非常自信。老师听了学生们的回答竖起了大拇指，并说道：“看来大家慢慢明白这个实验原理了。”说完，老师将讲台旁边的一大瓶水倒入看似已经被水晶石、碎石子、细沙装满的罐子里，直到瓶口满了。学生们一阵惊呼：“原来这个罐子可以装这么多东西啊！”这一系列操作完成之后，老师严肃地看向全班学，问道：“大家通过这个装满罐子的实验，明白哪些道理呢？”

同学们都低下头，刚才的激动和兴奋变成了一片沉默，也许是还没思考，也许是心中有了答案却怕说错。过了几分钟，有一个同学信心满满地站起来回答：“每个人的生命都是有限的，就像这个罐子一样，容量是固定的，但要想在有限的时间做更多的事情，就要学会合理安排时间，才能达到事半功倍的效果。”说完后他得意地笑了，心想这门课程是讲时间管理的，那么这个实验肯定也跟时间管理有关，只要围绕这方面回答肯定没有问题。老师听到他的回答微微点头，笑着说道：“这位同学回答得挺好的，但这不是我今天要告诉你们的道理。”老师故意顿了顿，意味深长地说：“我今天做这个实验，是想告诉大家，同样都是把水晶石、碎石子和细沙放入罐子，但如果不先把较大的水晶石放进去，之后也许再也没机会放进去了，而人生更不可能倒掉重来。”

（案例作者：深圳市光明区凤凰学校　罗娜）

策略二：榜样示范

（一）基本概念

榜样示范策略，是指以榜样人物的优秀思想行为来影响受教育者的人文素质的一种策略。它直接为受教育者提供一个活生生的榜样，使其在模仿的过程中接受一定的价值观念，或者间接地向受教育者指出古今名人的生平事迹，或为受教育者提供现实生活中可供模仿的榜样，以期受教育者接受和形成他们所具有的思想观念和行为方式。

根据对榜样的不同认识，不同研究者对榜样示范也有不同见解。易雪媛从宏观角度提出榜样示范是一种教育活动，是“发掘榜样人物的可贵精神和先进事迹，通过形象生动的人格展示或感染，激起受教育者思想和情感上的共鸣，从而引导人们学习和效仿榜样”[①]。冯小茹则从微观的角度将榜样示范定义为一种道德教育方法，“是德育过程中，以他人的高尚思想、模范行为和卓越成就影响学生，促使其形成优良品德的教育方法”[②]。刘文基于榜样示范的思政教化作用，从三方面定义了这一概念，首先它是一种思想政治教育方法，本质是为

① 易雪媛．价值多元化视阈下大学生榜样示范教育研究［J］．学校党建与思想教育，2019（3）：88.

② 冯小茹．德育中榜样示范应注意的问题［J］．教学与管理（小学版），2005（8）：42.

国家政治服务；其次“榜样示范是一种实践性的活动和双向互动的过程”，“实践性活动”意味着这种示范是具体的、有目的、有计划、有组织的，区别于抽象讲解、无目的的、情感化的崇拜，“双向互动”意味着教育者与受教育者均要自我提升，相互学习，“过程”意味着榜样示范具有循序渐进性和螺旋上升性，并不是一蹴而就的；最后，“榜样示范是一种人性教育和价值观教育”，以树立典型的形式、潜移默化的方式影响人性。①

无论是作为思想教育方法，还是作为过程性实践活动，都可能在具体实践中被量化、形式化，榜样示范最终目的是通过承载的价值观念以润物无声的方式实现对人性的教化，它既包含了政治管理者想通过营造环境氛围来达到政治目的，又包含了对人的主体性和自身需求的尊重，这种双重性是对榜样示范的价值意义的升华。

（二）基本策略

有效地运用榜样示范策略对受教育者开展教育，施教者应该重点从以下几方面入手：

首先，积极发掘和培养榜样。榜样的发掘和培养是榜样示范法得以运用的基本前提。榜样教育本身是让受教育者寻求一个高于自身的价值点，并且让受教育者努力找到自身的存在感。榜样教育里，教师也是很好的榜样，学高为师，身正为范，教师可以通过自身的努力，引导受教育者关注学习，用陪伴书写他们的灿烂明天。其次，要大力宣传榜样。对榜样的宣传要遵循基本的原则和底线，更要讲求科学的宣传方法。对榜样的宣传应该遵循实事求是的基本原则，不能任意拔高或过分夸张。对榜样的宣传也要不断地变换方式和创新方法，改变过去单一的教育手段和方式，充分利用现代多种传播媒介进行宣传，使得宣传更具感染力和说服力。最后，要鼓励受教育者向榜样学习。对榜样的发掘、培养与宣传，都是为鼓励受教育者进行学习和效仿。通过接受榜样示范的熏陶，最终对受教育者思想道德素养和境界的提升起到积极的推动作用。在有效运用榜样示范策略的同时，也必须厘清榜样示范的内在机制与功能表现两方面内容：

1. 内在机制：精神模仿

榜样示范作用形成的路径是某个个体或群体的道德行为受到管理者或群众

---

① 刘文．高校思想政治教育中榜样示范的现状及对策研究［D］．临汾：山西师范大学，2019.

认可，获得了精神性或物质性奖励，这种替代性经验驱使榜样的受众从外在行为到内在情感形成认同，并主动做出类似的道德行为。大多数研究者都从心理学的角度分析了这一路径的内在机制，认为基于班杜拉的观察学习理论，人类的大量行为是通过观察示范者而习得，并根据示范者行为后果决定是否表现。易雪媛在这一理论基础上分析了对道德行为模仿的心理机制：“把抽象的道德规范和高深的政治思想原理具体化、人格化，以生动具体的典型形象影响学生心理，使教育具有很强的吸引力、感染力和说服力。通过人的心理作用，实现由思想到情感并最终作用于行动从而真正达到教化人的目的。”① 邱伟光对这种心理机制做了进一步划分，他认为从示范到模仿包含了认知、情感和行为三个层面的心理活动，首先是“认知层面”的“外化—内化—外化”，榜样示范作为一种外在行为刺激要先激发起人们效仿的动机，并想要再现这一行为；其次是“情感层面”，“这种情感体验表现为效仿偶像和榜样的行为时，实质上是一种移情体验”，能有效传达榜样的心情、态度和价值观的原因在于他们能够引起效仿者情感共鸣，满足情绪需求；最后是“行为层面”，当效仿者从外在表征的模仿进入内在精神的模仿时才能使效仿的行为产生有价值的意义。②

正因如此，当个体没有理解为什么榜样值得模仿时，榜样示范反而会起到负面作用。首先这种模仿没有唤起效仿者的内在需求，是背离人性的；其次，会让效仿者误认为在道德教化中，发挥示范作用的是某个具体的人。张彦和胡俊基于游离精神层面的模仿给榜样教育带来的负面影响，从教育哲学的理论层面提出“简单化的模仿，本质上回避了由道德驱动的且基于自我转变需求的模仿行为”，因此，有效的榜样示范应当在个体明确自己的价值追求并付诸实践过程中起到支点作用，而不是最终的行为标杆；此外“倘若榜样示范仅体验式地学习模仿一个有魅力的道德典范，而无视‘行为榜样自身的品质’，便可能会引发盲目的个人崇拜，即对行为榜样无知的顺从”，榜样教育中，示范作用

① 易雪媛．价值多元化视阈下大学生榜样示范教育研究［J］．学校党建与思想教育，2019（3）：88.

② 邱伟光.青少年偶像和榜样的社会示范与传播路径［J］.思想理论教育（下半月行动版），2012（7）：5.

的发挥是因为榜样体现出来的价值，而不是因为这些价值是由榜样规定的。[①]

综上，榜样之所以能够起示范作用在于人是一种具有模仿性的生物，示范的内在机制在于模仿，具有道德教化的特殊功能。模仿的关键不在于外在行为，而在于对行为所承载的精神和价值观念的内化。

2. 功能表现：双层双向

榜样示范具有道德教化的特殊作用，也是个人价值观与社会价值观衔接的枢纽，“榜样示范在思想政治教育社会层面的作用表现为社会教化，在个人层面则表现为对于人心灵的濡染效果”[②]。在社会层面上，大多数研究者都提到了榜样示范的价值引领和导向作用，榜样自身作为社会价值观的载体，其存在的意义在于将抽象的真善美具体化，以自身的感染力和号召力帮助更多人形成符合主流价值的高尚人格。在个人层面上，冯小茹根据“榜样作用的分化与整合”提出“榜样示范作用的分化”即不同年龄段由于身心发展的特点和要求不同，需要的榜样类型也不同；“榜样示范作用的整合”是指多种类型的榜样示范的不同组合会产生不同影响[③]，由于道德发展具有衔接性和一致性，如果社会、学校和家庭这三种场域失去道德共识，会导致道德价值取向错位甚至矛盾，个体难以形成同一性。

此外，榜样示范作用的发挥是双向的，社会需要通过榜样示范使个体认同它倡导的价值观，个体也需要通过榜样示范使社会认同自己作为一个“社会人”所具有的社会价值。李慧卿和安立峰认为由于个体发展的动机与需求产生对榜样示范的认同，这是“青少年身心、人格统一和谐发展的需要”，“是解决青少年同一性的需要”，这种“认同”包含了两种含义，一是“人对榜样的学习是个体接受社会影响的机制或者根据”，二是人的社会属性促使个体需要通过“认同”榜样获得集体归属感和情感依附，使个体成为集体的一分子，找到自身存

① 张彦，胡俊 . 品格教育中榜样示范的问题与回应：以亚里士多德美德论为考量视角［J］. 道德与文明，2020（3）：104.

② 范人伟，白如雪 .“榜样示范法”在思想政治教学中的作用及实施策略［J］. 教学与管理（理论版），2017（11）：116.

③ 冯小茹 . 德育中榜样示范应注意的问题［J］. 教学与管理（小学版），2005（8）：43.

在的价值。[①]

综上，榜样示范的功能分别对个人发展与社会发展有重要作用，也将个人与社会联系起来，使个体接纳社会价值观的同时也在使社会接纳个体，承认个体是一个合法的公民，并通过这种方式制定法律和规章制度，排除不认同主流价值观的异己分子，以维护公共秩序和公共道德。

（三）实践案例

案例1

关注，始终是最好的方法

随着经济的发展，物质生活水平的日益提高，人们的思想似乎都在发生着微妙的变化。近年来，中国的离婚率在不断升高，父母的矛盾冲突成了家常便饭。小李便是家庭问题较为严重的孩子，她找不到自己存在的价值，上课经常睡觉，作业也是时常不写，或者偶尔才写。找过她的家长，她爸爸提倡快乐教育，她的妈妈提倡严格教育，互相说服不了对方；找过她谈话，但她却说觉得生活没有意义。找她的朋友聊天，在她朋友的眼里，她却是一个善良、热心的孩子。面对这样一个矛盾的她，我们开始寻求改变她的方法。

我们班学生小李（化名），七年级下学期身高已超过160厘米，学习成绩挺好，但也有点小个性，班上的同学都对她又爱又怕。小李的爸妈对她寄予了很大的期望，她在家里是个名副其实的“小公主”。

初一上学期进来时，小李是一个乖乖女。平时作业都写，上课也认真听讲。她的成绩在中间位置，甚至还能往上蹿一蹿。但是这种向上的态势到了初一上学期的后半段，发生了转变：她开始在课堂上睡觉，作业也时常不写，和她妈妈说，她妈妈因为忙也管不了她；和她爸爸讲，她爸爸来到学校以后对老师说，他提倡快乐教育，不要求她有多么优秀，只要她快乐幸福，健康地长大就好。在这样的情况下，我们老师也对她束手无策。面对这样一种困境，转机出现在了一本书上。我发现她在看一本小说，我没有没收这本书，而是选择上完这节课，并且在课下和她聊起了这本书的内容。对于我的态度，她有些惊讶，但是由于

① 李慧卿，安立峰．心理学视域下榜样示范作用在青少年教育中的应用［J］．教学与管理（理论版），2011（9）：56.

想谈论这本书的兴致非常高，她便和我滔滔不绝地谈起了小说。里面的主人公是谁，小说的情节怎样的惊心动魄，她最喜欢的人是谁……那一天她和我聊了将近一节课。她甚至告诉我，她会写小说，我笑着对她说，有时间拿给我看一看。我以为这是一句笑谈，没想到，当天晚上小李就把她写的小说发给了我。我想当作一个插曲糊弄过去，可是想到她这份心意，终究不忍心，于是开始认真看起来。她的小说文笔很稚嫩，通篇都是小孩子的幻想。于是我开始和她谈小说里面的人物、情节。我对她说，在这种情况下 A 人物不可能做出这个决定，因为她的人设是刻苦的、隐忍的，所以她不会轻而易举地就开始反抗。小李听完若有所思，随后便开始修改自己的小说。第二天上课我发现她开始认真听了。我对她说这一节课你只需要完成背诵任务，于是她就开始慢慢地背，这一整节课都没有睡觉。这样的情况让我找到了改变小李的方法和窍门，那就是关注她的兴趣点，并且经常和她讨论进步的方法。在这一过程中，我开始不断地提示她写作文的方法，和她说人生的道理。小李从一开始的不理解到渐渐开始接受我的善意，最后回馈我的善意——上课认真听，作业也偶尔写了。

后来我还发现小李其实是一个非常善良的人，在讲到邓稼先的事迹时，她是班上为数不多落泪的孩子。于是我发掘出来她还有善良这一美好品质，怪不得班上的同学对她又爱又怕。我开始尝试用集体的力量去帮助她，那就是同她一道分析我们班这一个学期以来的语文测试成绩，和她讨论提高我们班语文成绩的方法。我和小李说，班上语文成绩的前三名很用功、很努力，但是她们加在一起也仅仅是帮助我们提高平均分一两分，但是她不一样，只要她努力了，我们班上平均分就能进步一分，因此她是班上的主力军。而后我和她说我对她的期盼，那就是先考到 50 分。她若有所思地点点头，告诉我说："老师，我会努力的。"她这样的小孩，只要答应了，就会认真做，我很放心。

一步一个脚印，我看着她的语文成绩开始慢慢地提升，从一开始十几分到现在的五十多分。她其实是一个非常聪明的孩子，只要你关注她并且注意她的兴趣，让她知道自己存在的价值，那么她就会反转过来，许你一片光明的未来。

（案例作者：深圳市光明区凤凰学校　邵佳妮）

案例2

引导，师生一同努力

作为一个班主任，如果一开始就接手一个班，那么他可以按照自己的期望去规划这个班。可是让他接手别人已经带过的班级，却有着不小的难度。因为在某种程度上，这个班级已经具有了前一个班主任的风格，再想改变，非常困难，而我碰到的就是这种情况。本学期我接手了别人的班，开学时，我怀着忐忑的心情，面对新的学生，开始了作为班主任的第一次点名。当我报出一个女生的名字时，教室里很安静，静悄悄的，所有学生都怔怔地看着我，有的还在偷偷地笑。

我再一次点起她的名字，还是没有一个人应答。于是我环顾四周，想要找寻她的身影。最后当我的目光落在离讲台最近的那一个位置时，我发现一个女生正把头蒙在校服里，睡得正香。开学第一天，孩子们都有些兴奋，有的人在和朋友回忆暑假的安排；有的人在慢慢地翻看新书；而她却睡着了。我有些生气也有些好奇，带着“她为什么会睡觉”这个疑问，走到她身边。靠近她的同学还推了推她的身子，告诉她：“快起来，老师来了。”可是她只是把头稍稍抬起来，看了我一眼，又低下去，似乎还没睡醒，又似乎是不想理我。面对这样一种情况，我选择顾好班级的大部分同学，先上课。课后，我把她单独叫到了办公室，问她上课为什么想睡觉，她无精打采地看着我；问她今天是不是自己来的学校，她低下头。我暗暗地想，也许这个孩子的家庭有些情况，而后我想到之前翻看她的信息时，了解到，她家庭出现了矛盾，父母的长期争吵，让她在家里面非常难受，而且没有安全感。我想，怪不得她连睡觉的时候都要把头给蒙住。我知道，今天是问不出什么来了，唯有陪伴与引导，才能治好她心里的创伤。于是在之后的学习生活中我更加关注她，尽可能多地陪伴她。陪她做早操，告诉她“身体是革命的本钱”；陪她学习，告诉她“知识可以武装头脑”；课余时间，到图书室借书陪她阅读，告诉她“读书使人进步”；陪她聊天，陪她游戏，陪她吃饭，晚自习后还到学生寝室陪她聊聊一天的感受……

后来，她终于对我打开了心房，对我诉说自己的烦恼与快乐。

“老师，我想妈妈了，我的妈妈走了，再也不回来了……”她说完又趴在桌子上哇哇地哭起来。我转过身抱着她，一时也不知该说点什么来安慰她，拥抱也许是最大的安慰吧……“哭吧，大声哭出来就好了……”我只能这样轻声安慰着。

“暑假里，我和妹妹去找过她了，她说她不会回来了……后来……后来电话也打不通了……我没有妈妈了……我没有妈妈了，老师，我该怎么办呀？”

是呀，该怎么办呢？我也有妈妈，我也是妈妈，可就是找不到好的方法解决这个问题，我恨不得找个地洞钻进去，真是愧对孩子的信任！

我更紧地搂着她的肩膀，什么也没说，只是暗下决心：做她的临时妈妈，用心陪伴她慢慢成长！

过了许久，她也许是哭累了，也许是发泄完了，她擦了擦眼泪：“老师，我要回家了，妹妹一会儿该找我了。谢谢你！”说完，低着头跑了出去。我追过去嘱咐一句：“小张，坚强点！一切都会好起来的！”

作为耕耘在一线的教育者，作为班主任，心疼之余我只有尽全力守护孩子们，尽全力呵护孩子们的美丽梦想。都说“陪伴是最好的教育”，那我就陪伴他们慢慢成长。

我这样坚持着，在陪伴的过程中发现他们也有各种各样的问题，但是我再也不像几年前一样易怒，甚至体罚他们，而是以一种守望的态度对待他们，我要完成《麦田里的守望者》主人公的梦：守望着一群孩子，不让他们走到危险的地方。

经过一段时间，我发现他们都在发生着细微的变化，特别是小张。一天晚自习后，我忙完事情走向学生寝室，发现她在操场篮球架下等我，看到我，她迎上来把手搭在我的肩上：“老师，我等你大半天了，刚才看到你往那边走，我还以为你不来了呢！”“等我有事吗？”“没有，我想送颗星星给你。”说着，她拿出一颗星星递给我，“我今天刚学会的，这是我编的第二颗，第一颗太丑了……”我们肩并肩，聊着天亲密地向寝室走去。“老师，那天的比赛，我没有取得好成绩。想起我们到了比赛地点，你还在打电话为我加油，我有点对不起你……”“没关系，我知道你已经尽力了，以后再加强训练。之前在学区不是还破了两个记录吗？其实，不只是田径和学习，任何事情都是如此，只要全力以赴，做到问心无愧就好！”

……

生活上关心他们，学习上我也时刻关注这些孩子。

有一次，在课上我发现小宇一直在和旁边的同学讲话，而小宇最近的成绩又出现了很大的退步。关于他学习态度的问题我之前找过他，但看着成效不大，今天他又故态复萌了。我于是走到他的旁边，问他怎么了。他不说话。我试探着问："是不是最近老师都在说你，你却觉得这只是一件小事，你之后会好起来的？"他眼睛一下子红了，点点头。看着小宇的样子，我有些难过，他平时都是很开朗自信的，现在却红了眼圈。我便将他引至教室门口，开导他。后来我才了解到他是因为自己一直没有进班级前十而沮丧。我便安慰他说努力总是会有回报的，关键看自己有没有坚持。讲了许久，他点点头和我说他会努力的。无独有偶，今天有两个女孩哭着和我说她们的妈妈已经放弃她们了，每次写作业都会吵架。在开导这些孩子的过程中，我发现其实班上很多孩子的问题都出在缺少关心和陪伴上。他们需要老师和家长给予肯定、鼓励与爱。我想以后教书不仅是教学问，而且是发自内心去爱孩子的过程。

后来，我发现我们班上孩子的基础不是很好，于是我根据他们的情况，准备了小纸条作业活动。因为开始了小纸条作业活动，从前我的办公室总是门可罗雀，现在每节课下课都有孩子跑过来问我问题，看着一个个围在那儿探头探脑的脑袋，我发现我班上的孩子，学习语文的兴趣变浓厚了。不少学生在平时开始注意知识点的积累，也开始系统地掌握了知识。之前都是催着给他们纸条，现在是他们催着我去复印纸条，希望在这样的训练过程中他们能得到成长，也希望这一次次训练的收获能让他们在语文学习上获得成就感，为期末测试打好基础。

就这样，从生活到学习，我和班上的孩子们相互陪伴着，看他们从"危险"地带慢慢回到属于他们的天地，我也成长了。他们让我更深地理解"陪伴"和"守望"的含义，让我知道"陪伴"和"守望"，不仅是一种道义，是一种姿态，更是一种责任。我知道，每一个孩子都是一颗花的种子，只不过花期不同。有的花一开始就灿烂绽放，有的花需要漫长地等待。所以，我会一直用心陪伴、呵护每一颗种子，守护他们开花。

（案例作者：深圳市光明区凤凰学校　邵佳妮）

案例 3

趁热打铁，鼓励孩子进步

小志是班里的"问题学生"，长期以来，他在各科老师心里都是一个上课喜欢睡觉、下课就开始玩闹，有时抓住机会还会上课迟到五六分钟的人。对这样的孩子来说，罚他，他默默地承受；鼓励他，他装作听不到；请家长，在小学，他已经见识了同样的套路。家长也开始慢慢地放弃他，有些时候对他真的毫无办法。

这是一次很普通的考试。考试成绩出来以后小志在其他同学问我分数时，也凑过来看。他非常地好奇，但个子小小的，只能站在最外围看。别人看见他都嘲笑起来，问他来看什么，他说他来看看分数。当听到平时与他为伍的后进生都考出了 40 多分，他有些不以为意地撇了撇嘴，那样子有些不可置信又有些不屑一顾。讲完他的同学以后我才告诉他，他考得不错。其实他才考了 14.5 分，为了不打击他，我只能和他说不错，有进步了，他将信将疑地离开。下午在我将分数誊写在他们的答题卡上时，我突然想起他凑近看的动作，便认认真真地将他答的题目看了看，将小题分数写在试卷上时，发现他写的 7 句古诗默写里有 6 句是对的。而这两个星期我要求他尽量做到的就是背 7 首古诗。其实他在他的能力范围内做得很不错了。而为了证明当初我说他考得不错这句话，我把他这一个进步点写在了他的试卷上。他拿到试卷后，和同学说这次考了 14.5 分，说着就想把试卷往抽屉里塞。我制止了他的动作，对他说他的记忆力很好，在自己最大的能力范围内有了进步。他看着我，有点不敢相信，表情却比之前缓和了很多。于是我趁热打铁，鼓励他背《游山西村》，他说他试一试，应该可以做到。在之前，他从来没有说过类似的话，每次和他交流都是沉默地点头或摇头，这是他第一次有了改变自己的想法。一步一个脚印，虽然走得比别人慢一些，但是他真的在往前走呀。

（案例作者：深圳市光明区凤凰学校　邵佳妮）

案例 4

谈心，关注孩子的所作所为

小恒是我的一个学生，最近上课我发现她总是往一个男孩子的位置上看，并且长时间地摆弄自己的头发，想更好看一些。她开始慢慢地不听我的课，或者说是不注意听我的课，平时的作业也呈现出非常糟糕的趋势。从她平时的成绩来看，她是一个基础比较差的孩子，长期不认真听课对她学习的影响非常大。因此我非常担心，害怕她有些时候控制不了自己，自制力不够强，无心学习，让自己的成绩下降，将来后悔。

在发现她长时间上课不在状态、发呆以后，有一天中午我把她叫到了办公室准备和她谈话。我问她最近上课状态差是怎么回事？她迷迷糊糊的，自我感觉非常良好。于是我开始针对她的情况，慢慢地跟她复盘她上课时的表现：喜欢讲话，喜欢走神，喜欢摆弄自己的头发，喜欢往旁边同学的位置上看。她对此一一承认了，于是我开始问她有没有规划好自己的未来，她摇摇头说没有。我问她有没有想过自己的学习成绩可能到达什么样的程度，她也摇摇头说没有。我再问她有没有想过自己可能在语文方面还是有天分的，她更是惊讶地看着我。我开始慢慢地跟她梳理原因。我和她谈论未来，是因为她值得更好的人。我还鼓励她如果确定了很好的目标，就努力去完成，也许她见到的风景不一样，她就会开始有其他的思考空间，而不是只盯着周围一两个同学看。她若有所思地点点头，大概是发现了我察觉了她的小心思。我对她说即使她最近放弃自己我依然不放弃她，对她还抱有希望，因为她的态度非常认真，因为她的字写得很好，因为她之前上课认真听讲。她似乎有些惊讶于我对她的了解如此之多。那时我们刚开学一个月不到，她没想到有一个老师能这样地关注她。于是她跟我保证她会好好做的，我也点点头放她回去了。从此以后我发现她的状态慢慢变了，做事情沉稳了很多，比如我给她布置的作业，她往往会超出我的预期给我百分之两百的满意答案。我让她们写一段摘抄，她会给我写三段有时甚至一整页。对此我非常感动，认为这个孩子找到了自己在语文学习上的动力。后来我才听她的班主任说，其实她的家长非常担心她的身体。因为从那次谈话之后，她为了弥补自己基础知识上的漏洞，有时在凌晨一两点还在补语文。这样的努力最后获得了非常大的成效，她第一次月考破天荒地考了九十八分，那时候九十八分就是我们的A+。而之前入学考试时，她的成绩才过了八十分。这样一个孩子，我真的很感动，我也在家长会上大力表扬了她。后面她越来越好，也把我和她之间的谈话，慢慢地延伸到她和同学之间的谈话里，她会鼓励其他同学努力，因为老师也曾经这样鼓励过她。

（案例作者：深圳市光明区凤凰学校　邵佳妮）

案例5

多样评价，帮助孩子构建正确认知

我知道这个学生是在开学考试结束后，有监考老师说起一个孩子在考试时说脏话，被她告诫了以后，和她说自己要从走廊跳下楼去。过了不久这个学生又和其他同学说是骗老师的。听了这些话，我有些惊讶，这年纪的孩子心思可真难猜，情绪变化很激烈。没想到第二天新生见面时，就在我的班级里看见了这孩子，我想在今后可能需要对他采取特殊的教育方法了。

这个孩子存在多项违纪行为：扰乱课堂纪律，课上在教室内走动，睡觉，乱换座位，与同学聊天，乱扔纸团；课下破坏学校公共财物，破坏厕所卫生，午休时乱跑；携带违禁品和危险品等进入校园，如刀片、槟榔、打火机、烟、扑克牌、各种零食等；情绪极度不稳定，欺负同学，多次和学生打架，且打架后会在校园内乱跑。以上行为均有照片、检讨书等材料留底。

我了解到他曾经遭遇家暴，行为大多具有攻击性，这是缺乏安全感的表现。我想给他更多的关爱，让他知道自己在学校里能够得到重视，得到关怀。他在学习之外的各项活动中表现出极高的专注力，因此为了让他在学校生活中获得价值感，我想给他布置些简单易操作的事情，在他完成后表扬、鼓励他，给予他积极的影响。

1. 鼓励教育，与他保持良好的沟通。我通过一系列活动引导他参与班级管理，如指导他批改默写作业，他批改后我会二次批改，和他探讨作业中同学们出错的原因以及表现好的方面，过后让他进行单独默写，探讨他的问题点。在诸如此类简单易做的事情中帮助他树立信心，激发学习动力。再如利用课间等机会引导他和我讲述生活中遇到的开心事与烦恼，了解他最近的生活及情绪状态。他容易产生间接性焦虑情绪，因此要注重谈话的持续性，而谈话过程常常比较短，借助的方式也主要依靠交流讨论。隔一周左右进行较长时间（20 分钟）的谈话，梳理总结本周情况。

2. 深入家庭，进行家访或请家长来校进行交流，从家庭方面给予他正向影响。

3. 多元评价，从德智体美劳五大方面、多层指标对其进行多维度评价。每月一次，和他一起探讨这一个月的加分点与扣分点，帮助其构建更完善的自我认知。平时多与他交流，鼓励他，根据他的特点制订专门的表扬内容，如“你今天穿的衣服比昨天帅哦”“这个字写错的人很多，但是你今天一下就写对了，真棒”“你今天在课堂上很专注，比昨天有进步哦”。通过具体的、有内容的表扬引导他更真切地感受到自己的进步，帮助他改变长期积累下来认为自己很差的观念。并且引导他理解老师对他的批评、父母对他的严格要求只是为了让他更好地成长，能够及时调整自己的状态，并不是真的讨厌他。让他了解到自己处于一个被人爱的环境中。

4. 抓住时机，助其转变行为。抓住他被班主任教育的时机，引导他反思，如果下次遇见类似情况，他应该怎么做。同他一道就每一个错误进行分析和归类，如果犯了三次，就制定规则约法三章，如有再犯就罚一个星期不能出去玩等。

附表：

时间	事件	备注
2020.9.24	在办公室和他讨论这三个星期以来的表现。出示表格，给他看我给他做的成长记录。告诉他老师一直很关心他，但是他现在存在一些问题。和他讲明问题，并和他一同制订改进计划	他同意每天上课不乱跑这一要求
2020.10.14	因为国庆假期与初一综合实践活动，第二次谈话时间相隔较长。谈话内容主要集中在和他交流综合实践活动中的表现，他解释自己违反规则的原因与想法。引导他不要再犯下类似错误	他保证以后上课背一首古诗，如果任务完成当天不布置作业
2020.10.21	一周和他谈话一次，其余借助课间时间完成口头表扬。让他批改近期同学默写背诵篇目的情况，批改完成后和我一同讨论班上同学的易错点。讨论结束后他开始默写古诗	他默写的内容错了两处，课上由他向大家总结古诗默写的易错点
2021.1.15	情况反弹，在我的课上做小动作，被制止后在课堂上走来走去。课下他拒绝和我深入交流。隔天，与他进行简短交流。间隔两天后，他情绪平复，和我解释为什么在课堂上表现出这样的行为，与他制订比之前稍轻的任务	他和我签订保证书，保证上课遵守校规校纪
2021.3.11	在适应七年级下学期生活后，我与他在办公室讨论这学期的目标，与他一同制订新学期的冲刺计划	他开始遵守计划

（案例作者：深圳市光明区凤凰学校　邵佳妮）

策略三：榜样评选

（一）基本概念

“榜样”即典范，是值得效法的人或事。榜样具体体现出社会、阶级的道德原则和道德规范的要求，因而比一般的道德教育形象具体，有利于受教育者理解和掌握一定的道德原则和行为规范。最理想的榜样，是一定社会、一定阶级的理想人格。榜样评选就是根据一定标准评比并推选出具有代表性的人或事，是教育常用的策略之一。

（二）基本操作

榜样在社会思想道德建设中可以充分发挥示范、引领的作用，从而形成符合社会主义核心价值观内核的榜样文化。榜样的评选要采用多种形式相结合的方式，经过层层评选，树立起各个领域的楷模榜样，提炼榜样的精神内涵，以引领社会风尚，激发受教育者学习榜样的动力。在学校教育中，评选更应该关注那些默默无闻的受教育者，助力他们发光。评比推选并不一定是定期举办的传统模式，在日常教育教学中，在恰当的时机，运用恰当的方法，这样的评选方式说不定会有奇效。在评选过程中，加分标准体现团队合作意识，在无形中弱化了成绩，强化学生的协作体验，使合作学习真正发生。具体来说，榜样的评选应该遵循以下原则：

1. 科学性与民主性相统一

榜样的产生通常有两种方式，一种是官方树立，另一种是个人通过自己的努力而得到社会群众普遍认可。廖小平提出道德榜样产生的两种模式：“自上而下”和“自下而上”。① “自上而下”确立的榜样能够充分体现时代和政府对于人们道德发展的要求，具有权威性和科学性，但是这种“居高临下”的方式会使榜样与群众之间产生疏离感，群众失声的道德教育实际是道德的规训。“自下而上”的榜样选树机制具有“自发性”和“自组织性”，榜样与效仿者之间是平等的，对于效仿者来说，榜样应该既是值得学习的，又不是高不可攀的。然而，自发性决定了群体可能会受到情绪影响忽视榜样实质而产生盲目崇拜，因此，“自下而上”的榜样选择方式需要有主流价值观的引导和积极约束。赵波和武瑾雯也认为由于受教育者的民主意识增强和自我意识觉醒，榜样在生成

① 廖小平．论道德榜样：对现代社会道德榜样的检视［J］．道德与文明，2007（2）：74.

渠道的问题上必须要坚持自上而下和自下而上相结合的原则。①

2. 主导性与多样性相统一

榜样是社会主义核心价值观的载体，但是不同年龄阶段、不同场域以及不同领域所需要的榜样是不同的，因此，赵波和武瑾雯认为选择榜样时既要坚持榜样的主导性也要兼顾榜样的丰富性②。“主导性”是指从宏观层面来看，榜样在行为、人格和品德上应当体现社会主义核心价值观。“丰富性”是指，一方面，不同的榜样典范也具有个体差异，对价值观的体现有不同侧重，不存在十全十美的、能够全面展现中国道德文化的榜样；另一方面，在社会主流价值导向下，不同群体有不同的情感需求和道德发展要求。如赵鹏和焦信敏基于大学生榜样教育视角提出大学生作为青年群体，也呈现出不同层次和多种方面的需求，他们所关注和需要的榜样也应当是多方面、多层次的；③冯小茹分析了榜样教育存在的不同场域，并提出从青少年社会化进程来看，其道德的形成主要受到来自社会、学校和家庭这三大因素的影响，这三种场所为个人提供了道德学习所需要的整合性背景。④

3. 示范性与真实性相统一

示范性是指在实际生活中，并非所有人都能够成为榜样。廖小平指出只有一部分“掌握社会道德资源”或者自身具备影响社会的能力的人，是最应该成为社会道德榜样的。⑤傅金兰认为榜样树立的标准应当是“可亲、可近、可感、可仿、可引”。但是金无足赤，人无完人，榜样的示范性和可学习性并不意味着榜样的神圣化。杨敏从榜样的角度分析了真实性存在的必要，认为社会和学校在选取榜样时，只有按照贴近生活、贴近实际、贴近群众的原则，所选出的榜样才能够为大学生所接受和认同；只有还原榜样真实的人物形象，才能让榜

---

① 赵波，武瑾雯.榜样教育在培育社会主义核心价值观中的作用［J］.学校党建与思想教育，2020（1）：60.

② 赵波，武瑾雯.榜样教育在培育社会主义核心价值观中的作用［J］.学校党建与思想教育，2020（1）：60.

③ 赵鹏，焦信敏．提升大学生榜样教育实效性的方式方法探析［J］．西安邮电学院学报，2010，15（3）：171.

④ 冯小茹．德育中榜样示范应注意的问题［J］．教学与管理（小学版），2005（8）：43.

⑤ 廖小平．论道德榜样：对现代社会道德榜样的检视［J］．道德与文明，2007（2）：72.

样变得“可亲、可爱、可学”。[①] 因此，榜样的树立要基于真实生活，将榜样形象与生活形象区分开来，在树立榜样时适当发现“小瑕疵”可以使榜样教育更具人性之美。赵鹏和焦信敏从效仿者的角度分析了真实性存在的必要性，认为所谓真实，即榜样的事迹应当是基于生活真实的。当今的大学生具有高度的批判意识，他们不再相信完美无缺的榜样，更无法接受纯粹高尚、抽象空洞的典型。[②] 十全十美的榜样反而无法引起效仿者的认同。

4. 国际性与民族性相统一

进入新时代以后，由于国际环境和国内环境的变化，思想政治教育也受到了深刻影响，在这一背景下，国际性与民族性的统一实际上是榜样教育在道德教育中“变”与“不变”的统一。国际性之“变”是为了顺应时代发展，增强每个公民参与国际竞争的意识，民族性之“不变”是指榜样应当是具有中华民族传统美德的社会主义建设者和接班人。王小迪认为通过对新时代以来榜样教育的范式的研究，可以看出这一时期的榜样教育增添了爱国主义、工匠精神和创新精神等时代内涵，爱国主义是道德教育的本质，家国情怀是一个国家民族意识增强和思想道德与政治观念达成共识的基础，工匠精神是对物质文明与精神文明均衡发展的要求，创新精神是新时代背景下，一个国家能够不断发展并立足世界之林的动力。[③] 叶亚林提出榜样是一个时代最闪亮的坐标，凝聚着强大的文化生命力，榜样教育应立足于中华民族的精神命脉，直面多元价值和思想文化的交锋，帮助大学生在“读懂中国”的过程中增强文化自信。[④] 傅金兰也认为我国教育培养的人才应该成为具有国际竞争力的创新创造者。新时代中国人，既要有家国情怀，还要有人类关怀，发扬光大中华文化崇尚的四海一家、天下为公精神。[⑤] 榜样的选树要根据时代背景深挖背后的时代内涵和道德品质。

综上，关于榜样的评选标准有以下两个方面。一方面突出效仿者本身在

---

① 杨敏．新时期大学生榜样教育刍议［J］．学校党建与思想教育，2013（1）：60.

② 赵鹏，焦信敏．提升大学生榜样教育实效性的方式方法探析［J］．西安邮电学院学报，2010，15（3）：171.

③ 王小迪．新时代大学生榜样教育研究［D］．济南：山东财经大学，2019.

④ 叶亚林．高校榜样教育落实立德树人的三重维度［J］．人民论坛，2019（30）：105.

⑤ 傅金兰．践行立德树人的重要路径：儿童“重要他者”的新时代塑造研究［J］．中国电化教育，2020（12）：80.

榜样学习中的需求："民主性"使效仿者认识到榜样的形成是与自己息息相关的；"多样性"使得榜样教育在社会主义核心价值观的指导下，能够满足不同领域、不同年龄对不同榜样类型的需要，榜样的多样化也带给效仿者更多自主选择；"真实性"改变了榜样形象的空泛化和形式化，使公众意识到榜样也是普通人，从而将榜样的道德的一面与普通的一面区分开来，并认识到践行道德行为并不需要达到神圣的标准，从而降低道德实践的难度。实际上，榜样选树的"民主性""多样性"和"真实性"都体现了新时代榜样教育中的人文关怀。另一方面突出榜样教育的国际视野。新时代"新"在中国的国情、经济实力、综合国力以及世界格局，在这一背景下，榜样更需要表现出"大国"具备的品质。因此，榜样的选择要立足本国，面向世界，要突出引领、创新、担当等大国风范，这一选树标准也契合了立德树人对于培养担任民族复兴大任的时代新人、实现中华民族伟大复兴中国梦的要求。

（三）实践案例

案例1

"谁是MVP"

中国人在情感表达方面一向比较内敛和含蓄。在教育方面，父母对孩子的肯定往往内显而不外现，大多数孩子性格内向在一定程度上也缘于此，不论是否优秀，这些孩子在公开场合往往比较沉默，不太愿意表现自己。作为一名一线教师，在从教两年时间里，我接触的孩子，性格活泼、自信大胆的并不多。虽说"怎样调动学生的积极性，活跃课堂气氛"已是教育领域"古老"的话题，但围绕这一话题的讨论依然热烈。尤其是在"立德树人"的理念下，教育的关注点更应该从知识向能力和素养转移。评选是教育常用策略之一，尤其是在调动学生积极性方面有重要作用。但是以往评选的标准过于关注结果，反而忽略了更能体现孩子成长的教育过程，因此基于教育过程的评选应该受到重视。

"谁是MVP"是七年级一班班主任为了调动学生回答问题的积极性而设计的一个妙招。每节课后学生都会争抢着问我："老师，这节课的'MVP'是谁？"被选中的同学会异常兴奋，下一堂课依然保持良好状态，久而久之被选过的学生慢慢地养成了上课专注听讲的好习惯。这个评选方法如此好用，那么能不能调动比较害羞或者不自信的学生呢？

小夏同学学习踏实，但非常文静内向。课堂上她总能专心听讲，但是一旦到了提问环节，她就会低下头。从她作业的完成质量和学习能力来看，课堂上的大多数问题都在她的能力范围内，但她却不愿主动表现自己。

基于以上的观察，我打算推一推这个小姑娘。一次课间，学生像往常一样围过来问我“谁是MVP”的时候，我故意大声喊出了小夏的名字，听到自己名字后，她先是吃惊地抬起头，接着又害羞地低下了头。在接下来的课堂上，当我抛出难度较大的问题，班上大多数学生都沉默时，好几次都是同一个声音说出了正确答案，我每次都给这个同学极大的肯定，慢慢地这个声音变大了，这个声音就是小夏的。几次课后，学生们又跑过来问我“谁是MVP”，我第二次选了小夏同学。如果说第一次选小夏是为了鼓励她，那么这一次是肯定她。这次被选中的小夏没有害羞，她自信地朝我笑了笑。从那以后，课堂上的小夏好像变了个人，哪怕没有被评选上“MVP”，她也依然会自信大胆地表达，这也许就是“谁是MVP”评选的最大魔力吧。

（案例作者：深圳市光明区凤凰学校　梅艺思）

案例2

如此“摆拍”

班上的小峰同学平时不善言辞，朋友也不多，基本上处于独来独往的状态。因为缺乏交流的缘故，一些同学觉得小峰有些“冷漠”。但其实小峰是个外冷内热、阳光可爱的男孩。比如，每天他都会第一个早早地到学校操场跑步，与逃避运动的学生不同，他享受运动带来的快乐。课堂上，当老师抛出疑难问题，其他学生都害怕被提问时，总能看到小峰同学高高举起的手，不论对错，他总能勇敢表达，自信地和老师、同学们分享自己的想法和观点。但是他的优点都被自己“藏”起来或者因为距离感被同学们忽视。那怎么才能让同学们看到小峰同学的其他方面呢？这时候，一个机会来了。

周三早上轮到我值日，二月的深圳虽没有北方寒冷，但是天气也仍是湿冷刺骨，早上将近七点的时候冷风嗖嗖地刮着，我不自觉加快了脚步。

当我到达值日楼层时，远远看见一个学生在捡被风吹落在地上的作业。等我走近想要拍照时他已经站直，但我很想记录下这一瞬间，就顺势让学生弯腰等一会儿再起来，紧接着“咔嚓”一张。这一幕刚好被路过的学生看到，他们小声质疑：“还可以这样摆拍吗？”我解释道：“这个同学捡作业大家看到了吗？这种行为值得我们学习，也值得被记录，被更多人看到，不是吗？老师‘如此摆拍’还原真实发生的事情，是不是对他的肯定呢？”学生听后，似乎被我说服，一个学生说：“我看到他捡作业了，但忽视了，应该为他点赞。”那个捡作业的学生就是小峰，如果我们把“摆拍”的过程当作评选的过程，“热心肠”的小峰被相机选中，同学们就可以看到他的优良品质。

那次“摆拍”之后，我又特意拍了清晨锻炼的小峰给同学们看。慢慢地，在同学们心中小峰同学不再“冷漠”，反而很有“人情味”。课堂上，哪怕是小峰同学回答问题错了的时候，同学们也会真诚地为他的自信和勇敢鼓掌。一次偶然的“摆拍”竟有如奇效，那我希望如此“摆拍”的机会越来越多！

（案例作者：深圳市光明区凤凰学校　梅艺思）

案例3

人人参与，个个进步

在新课程理念下，如何有效地组织学生开展合作学习是目前学界普遍关注的问题。小组合作学习也已经广泛地应用于教育教学，在这一新型的教学方法下，学生学习的积极性得到很大的提高，学习成效更是显而易见。但是，在小组合作学习模式下也存在一些问题，比如，为了获胜，争当“王者”的小组成员往往“疯狂输出”，而一些小组成员则甘愿做“青铜”躺赢。这样一味追求结果的合作学习并非全员参与，又怎能体现“合作”二字呢？以结果为标准进行评选，这样的胜出非但不能体现合作，而且对于“躺赢”的同学来说，“学习”效果也无法体现。要解决这一问题，真正实现“合作”，达成“学习”，就需要从评选机制入手，改善合作学习的评选策略。

考前复习阶段，对于已经学过的知识，学生自以为已经掌握，没有了新鲜感，学习热情明显降低。所以要想上好复习课除了精选内容，复习的方法也尤其重要。

合作学习是调动学生积极性的有效方法之一，而合作学习的成败则取决于学生参与度的高低，如何提高的学生的参与度是开展这项学习活动的关键切入点。换句话说，如何调动参与度不高的同学，让他们享受合作学习的过程是值得我们思考的问题。

复习课上为了调动学生的积极性，我采用小组合作竞争的方式，效果立竿见影，大家都铆足了劲儿回答问题，就连上课一向沉默的小谦也举起了手，我毫不犹豫把机会给了他，他既快速又准确地说出了答案，而在我提醒他继续回答时，他却有些不知所措了。在同学们的解释中我才明白，原来小谦以为只需要回答第一个问题，后面的几个问题他并不会，但是我依然表扬了他，并给他们小组加了一定的奖励分。这时候其他小组不乐意了："老师，你偏心，他没有回答出其他问题，为什么可以加分？这不公平。"我想了想，说道："小组竞争的目的不是要比出哪个小组第一，哪个小组最后一名，而是大家在为了集体荣誉共同努力的过程中，人人参与、个个进步，才算达到了我们的目的。对于小谦来说，他参与了、进步了，为小组出了一份力，不是吗？那么大家觉得这个分应不应该给他呢？"听了我的解释后，大家好像没有那么在意分数了，但是回答问题的热情丝毫未减。

在我的引导下，这个加分在全班同学的认可下给了小谦。小谦平时一向沉默，作为小组一员，他敢于走出自己的舒适圈，加分是对他敢于突破自己、超越自己的肯定。同学们愿意把这个加分给小谦，也说明大家在合作学习中懂得了和同学们团结协作的意义，在竞争过程中实现人人参与、个个进步，不让任何一个人掉队。在此基础上，学生才能在合作学习中学到知识，获得能力，培养协作意识。

（案例作者：深圳市光明区凤凰学校　梅艺思）

案例 4

感动凤凰少年

目前的中学生大多为独生子女，他们个性张扬、自我意识强，但同时也存在利他意识弱、自控能力差、不愿吃苦的缺点，甚至在个别学生身上会有自私自利、网络成瘾等现象。为了落实立德树人的教育理念，树立良好的校风，培养学生积极向上、阳光健康、见义勇为、自律自强的品质，深圳市光明区凤凰学校八年级举办了"感动凤凰少年"评选活动。

在学生群体中并不缺乏正能量的人和事，但是往往被学生们忽视，相反追星更能成为他们热议的话题。为了让正能量的风气受到学生"追捧"，我校八年级特评选出五个"感动凤凰少年"，宣传他们的典型事迹，为八年级学生树立榜样。

感动凤凰少年：小洁同学

提起小洁同学，老师们总是赞不绝口，这个孩子成绩优异、乐观积极、勤奋刻苦。除成绩名列前茅以外，小洁还有另外一个标签——体育特长生，她创造过多项校级短跑记录。

深圳的中考压力非常之大，初中生的学业压力并不亚于高中生，很多小学成绩还不错的学生，到了初中面对沉重的学业都难以适应。小洁是如何兼顾学业和体育呢？在有的学生看来，小洁有运动天赋，但是要想在众多优秀的体育特长生中脱颖而出，仅仅靠天赋是远远不够的。运动场上的胜利者哪一个不是百炼成金，小洁亦是如此。她从不把运动当成一种负担，相反她热爱运动，她觉得学习之余的运动锻炼能够让自己得到放松。学习时间紧迫没有时间运动时，她就尽可能提高学习效率，而因为体育训练落下的功课，她总能主动找老师及时补上。她从不惧怕困难险阻，而是迎难而上，这正是她能适应高强度学习和训练的秘诀。

颁奖词：不管严寒酷暑，你日复一日，艰苦训练。赛场上，你以坚定的意志奔跑着，汗水与泪水交织，你始终不言放弃！在宁静中积蓄能量，在运动中绽放，你掠过赤红跑道的瞬间，身后的足迹早已写满了片片辉煌。

感动凤凰少年：小钧同学、小鹏同学

课间，两个学生因为一些矛盾从口头争执发展到动手打架，路过的学生要么停下来凑热闹，要么远远避开，还有的同学想要上前劝阻但因缺乏勇气而犹豫不决。这个时候两个少年冲了上去，用手臂阻拦，极力把两个纠缠在一起的学生拉开，及时阻止了事态恶化。他们就是小钧和小鹏。这一见义勇为的行为让老师和同学们都很吃惊，因为平日里这两个学生并不起眼，但是他们在关键时刻却能毫不犹豫挺身而出，这种正义感值得每个凤凰学子学习。

颁奖词：争吵打架，无人敢去阻拦；健步上前，他们没有过多思考。挺身而出，用手臂阻拦冲动，他们化解了矛盾！善良，正直，他们用勇气和爱止息干戈，他们的身上闪耀着凤凰少年的正义之光。

感动凤凰少年：小喆同学

2020 年寒假，一场突如其来的新冠肺炎疫情打乱了所有人的生活节奏。疫情肆虐下，学生无法正常返校，为了保障学生“停课不停学”，全国各地普遍开展网课。这一相对陌生的教学模式，对老师和学生来说都是一种挑战。小喆同学刚开始对网课学习也不适应，但他总能突破屏幕的限制，及时与老师沟通学习中的问题。小喆同学的学习非但没有受到影响，反而取得了巨大的进步。上网课期间，由于缺乏监督，加之受电子产品的诱惑，不少学生的学习成绩一落千丈，严重者甚至养成了网瘾恶习。但是小喆始终严格自律，勤奋踏实，时时刻刻做到心中有数，相信如此勤勉自律的小喆同学，不论在任何时刻，面对任何事情都能勇往直前。

颁奖词：网课期间，别人敷衍自欺，而你认真听讲，踏实努力；别人贪于玩乐，而你认真规划时间，不浪费学习的每分每秒。自律勤勉的凤凰少年，你当之无愧，天道酬勤，奋勇向前，再创奋斗的辉煌！

感动凤凰少年：小婷同学

她是同学们口中的“婷姐”，她的话总能令班上的同学信服。“婷姐”自从被班级同学推选为班长后，她就以服务者的姿态事无巨细地为班级、为同学们服务。班主任冯老师这样评价小婷：班级的大小事务，只要有“婷姐”在，她就很放心。运动会期间，为了在开幕式上呈现良好的班级风貌，从酝酿、排练到展示，台前幕后都有小婷忙碌的身影。在她的组织下，全班同学齐心协力，在运动会开幕式上展示了一个青春阳光的班集体，获得了全校师生的一致好评。“婷姐”是个温柔的小姑娘，关键时刻她是把班级团结在一起的“最强黏合剂”。这种强大的力量大概来自她对待班级事务的责任心。

颁奖词：不行，再来，一遍又一遍，午休时总能看到你为班级排练、忙碌的身影。动作从生涩不协调到赏心悦目，背后是你的默默付出。加油，你可以的，积极阳光的凤凰少年，正是你的努力，让班级在运动会入场式中大放异彩！

（案例作者：深圳市光明区凤凰学校　梅艺思）

第四章

修身自省教育

中国传统修身自省的方法也是教师在教育学生过程中经常运用的手段。修身教育和自省教育是教师借助中华传统美德挖掘学生内心向上向善的动力，从而实现改过迁善、道行操守日益完善的教育方法。在新时代“立德树人”的背景下，为践行“培养新时代德智体美劳全面发展的社会主义建设者和接班人”的要求，修身自省的教育策略再次受到人们的关注。

第一节　对修身自省教育的认知理解

一、修身

（一）修身的含义

1. 国内研究者对于修身的观点

“修身”是对中国从古至今哲学意义上的“人”的切入的有效方式。从孔子“修己以敬”，到孟子、荀子“心—气—形（身）”三联结构的修身路径之预设，到张载“变化气质”、二程“主敬”的“修养”，再到近代梁启超“新民说”等思想，都赋予了“修身”丰富的内涵。

顾炯基于对中国古代哲学视野中的“身体”及其本质意义的探究，指出“身”和“体”字用法的含义囊括身心合一的整体性身体、自己与行动，认为“身体”是由形躯、血气和心三部分共同构成的具有多个维度的身体场域。[①] 陈立胜通过分析儒家修身之道的历史演进和现代命运，指出修身对治的焦点经历着由“德性—德行”的培育到“心灵意念”的操练，再到主体“觉悟”的养成以及当下“人机之辨”生存状态的历程。[②] 有研究者从道德教化的角度理解修身的含义，如吴默闻认为修身就是依照“道”和“德”的要求，接受教化、进行修养，就是为了实现崇高的价值理想和道德人格进行自我磨炼、自我约束、自我反省，从而不断提升和完善自己的自觉过程。[③] 也有研究者从主体自觉性的角度出发，如姜希玉立足我国现今道德建设的真实诉求，指出修身是道德主体自主、自觉、自律地学习道德规范并内化为自己的道德行为，主要包括学习、道德自觉和道德实践的过程。[④] 黄志坚认为修身是一个人通过修养提高自我素质的努力，并指出修身的本质特征是道德自律。[⑤] 另外，从修身内容的角度出发，鲍硕来和陈俊阐释了修身教育的主要层面包括“修德”“修智”和“修行”。[⑥]

综上，我国研究者对于修身的理解一方面蕴含着丰富的德性涵养以及德性表达，另一方面强调修身是道德主体积极自为的过程。用完整的话表述为，修身是个体自觉地通过修养来提升道德境界、完善道德人格的过程。它是人生主体自我规范、自我改造的一种自觉活动，也是道德上的自我修养和人格上的自我完善的一种理想追求。

2. 国外研究者对于修身的观点

国外也有着深厚的“修身”思想，或称为“修身哲学”。在古希腊、罗马文化中，“自我关注”一直是一个古老议题。从色诺芬笔下的居鲁士到柏拉图描述的苏格拉底，“自我关注”都是作为“生活技艺”的中心原则。从柏拉图主义者到

---

① 顾炯．儒家视域中的修身之道：荀子身体思想研究［D］．上海：华东师范大学，2011：摘要 4–7.

② 陈立胜．儒家修身之道的历程及其现代命运［J］．华东师范大学学报（哲学社会科学版），2020（5）：68–79，185.

③ 吴默闻．先秦儒家的修身进德之道［J］．南通大学学报（社会科学版），2016，32（6）：16–20.

④ 姜希玉．修身养性：我国德育之根［J］．中国教育学刊，2016（11）：86–90.

⑤ 黄志坚．崇德修身：青少年核心价值观养成之道［J］．中国青年研究，2015（7）：53.

⑥ 鲍硕来，陈俊．社会主义核心价值观内化为大学生修身教育的路径思考［J］．思想理论教育导刊，2015（1）：130.

伊壁鸠鲁主义者，从斯多亚学派的塞涅卡到马克·奥勒留，无不表示要关心自己的灵魂，要采取各种方式转向自我，把人生变成一种追求永恒的修行。

米歇尔·福柯（Michel Foucault）非常重视“自我修养”“自我关注”“自我转向”等修身概念的阐发，他认为人要“如何成为自我？”是超越“认知性”问题而转向对于“精神性”的拷问，并指出这种“精神性”是主体获得真理所进行的修行和体证，他还提到“修行”与“苦行”的不同，强调最终目的不是否定自己，而是要以最有力和最坚定的方式把自身确立为自己生存的目的。[①] 当代法国研究古希腊、罗马思想史专家皮埃尔·阿道（Pierre Hadot）也致力于对“自我修身”观念进行反思，他指出“自我修身”不只是一种内居于己的快感，并指出“心灵操练”中归属整体的感觉是最重要的因素之一，即归属于人类共同体和宇宙全体的整体建构。[②]

阿道的观点是对福柯“自我关系”认识的进一步反思，在“自我修身”的实践中，自我和宇宙始终是相合为一的。阿道与福柯都试图回归西方古代的修身哲学，回归对生命体验自身所进行的沉思，其最终目的都是为当代人提供“精神操练”的伦理模式。

修身问题一直倍受国内外研究者的关注。可以说，修身本身具有极其复杂的内涵要义。综上，修身思想的内涵核心在于：首先，从背景上看，置于一定的时代背景下，与特定时代的价值观念相联系；其次，从本质上看，关注主体的自我发展和生命的完善；再次，从内容上看，不仅是道德品德的修养活动，也涵盖知识、心性、处世之道等；最后，从表现上看，立足自我品性的成长与外部关系的协调。所以，修身是置于特定时代背景和社会价值观念下，主体通过修养德性、心性、智性以得到自我实现的活动，是主体道德意识不断丰富深化，道德境界不断自我超越的完整过程。

（二）修身的依据

关于“修身”的依据，是在探讨“‘身’何以‘修’”的问题，从当前的研究中，主要存在两条思路：一条是沿着“人性论”的思想基础谈论“修身”的必要性，

---

① 陈群志．福柯“修身哲学”中的“自我关系”问题［J］．杭州师范大学学报（社会科学版），2019，41（5）：73–79.

② 阿道，陈群志．关于“自我修身”观念的反思［J］．世界哲学，2017（4）：91.

另一条则是基于对“身”本身的视野来理解。

1. 从人性论的角度

人性论主要探讨“人性是什么？它的本质是什么？人性源泉是什么？”的问题。通过对人性理论的阐发，目的是说明人能否通过修身，实现道德上的自我修养和人格上的自我完善。杜振吉和郭鲁兵揭示了儒家从人性论的角度强调人之所以要修身，以及人何以修身的问题，提出“性可教养”的观点，即一方面肯定人之为人的本质在于礼仪道德，一方面人在礼仪道德方面的品性通过后天的教育和修养可以获得。① 吕本修从孔子“性相近”的活水源头，到孟子剔除“禽兽之性”与“小体之性”的原初善性，以及荀子“性恶论”对现实恶的解释，指出人性论对于修身的必要性和可能性。② 曹德本也通过梳理中国古代丰富的人性理论，指出修身文化的思想基础就是人性理论，无论是先秦至汉代的人性善恶之争，还是汉唐时期的人性品级层次之分，都是追求“修身养性”理想的精神境界。③

研究人性学说，探讨人性本质，对深入理解修身思想具有指导意义。另外，研究者们也并不是单一地将某一人性假说作为理论基础和研究内容，而是综合梳理考量。当然，考察人性的角度并不能忽视和脱离人性与外部环境的复杂性问题以及关系。

2. 从人身观的角度

人身观诉诸对“人”之“身”的独特理解。陈立胜立足轴心期中国文明“自我—转化”与“超越的突破”的现象，指出“身”之“修”不是对一个客观的、现成的材料进行加工，而是对一个有待成长、有待成就的生命对象的加工，即“身”之“修”是一个“自反性的”活动，强调在自身关涉和自身反省过程中实现自我加工。④ 而后，陈立胜又通过研究孔子“修己以敬”的态度，进一步强调“己”是一种能够反省自身存在并提升自己存在的主体，这是对自我德性生命的高度关注根植于主体之中的表现，体现对人之为人的整体性的生存态度，即一种改

---

① 杜振吉，郭鲁兵．儒家的修身思想及其方法述论［J］．道德与文明，2008（1）：53-58.

② 吕本修．先秦儒家修身思想述要［J］．理论学刊，2016（6）：92-99.

③ 曹德本．中国传统修身文化研究［J］．清华大学学报（哲学社会科学版），2004，19（5）：19.

④ 陈立胜．中国轴心期之突破：“身”何以成为“修”的对象？［J］．贵州大学学报（社会科学版），2020，38（3）：1-14.

变自身、净化自身、变化气质的活动。[①]这种敬身、自敬的处己之道，其实质是将整体的生命置于反思的基础上而有的态度，是一种彻底的自我负责的态度。顾炯侧重从动态角度解析人身，认为“身体何以能够修？”的关键在于“人身是活动着的人身”，关注行动中的“身体”或对“身体”的行动，即人身总是在其具体的身形发用中存在着的身体，并指出其具体表现的方式无外乎“言”与“行”两个路向。[②]

综上，关于“‘身’何以‘修’”的问题解读，研究所涉及的两个层面都是基于修身主体本身的理解，都具有向内审视的意涵，无论是人性假设还是人身气质，视角都集中和植根于主体本体之内。

（三）修身的价值

1. 修身对于个体的价值意义

以人生（身）为对象的修习践行，是解决“人何以成人、立身、成事”这一由天人合一引申出的核心问题的重要途径。[③]从修身对于个体的价值意义层面来看，杨辉揭示了儒家修身论的目标在于使人成德成仁、成圣成贤，肯定了修身对提高个人道德水平即道德“自立”的价值，即如何“为人”，如何“安身立命”？[④]提升个体生命意义。向世陵通过对传统儒学到宋明理学“安身立命”思想的探微，揭示了儒家的“安身立命”着眼于现世和人伦，是融于主体积极的德性修养活动之中，并指出所立之“命”突出的是人的道德和精神生命。[⑤]李蕉认为儒家修身以道德教育为核心，不以技能为重，而以“修己”为重，最终达到“怀仁”“行义”“知礼”的标准，并指出儒家修身的层次是从“学”到“行”，再到“君子”，即从内修的层面，到知行合一的层面，然后上升到民族责任感。[⑥]

---

① 陈立胜．“修己以敬”：儒家修身传统的“孔子时刻”［J］．学术研究，2020（8）：34-35.

② 顾炯．儒家视域中的修身之道：荀子身体思想研究［D］．上海：华东师范大学，2011：11.

③ 叶澜．中国哲学传统中的教育精神与智慧［J］．教育研究，2018，39（6）：4.

④ 杨辉．儒家的“修身”论及其内生现代性转化［J］．河南师范大学学报（哲学社会科学版），2017，44（2）：66-67.

⑤ 向世陵．儒家“安身立命”思想发微［J］．社会科学战线，2010（4）：33-38.

⑥ 李蕉．儒家修身思想与现代大学教育［J］．清华大学教育研究，2006（S1）：11-13.

2. 修身对于社会的价值意义

修身对个人来说是立身之本，对社会来说也是为政之本，关乎一个国家、一个民族的和谐发展。从修身对于社会的价值意义层面来看，郭亚楠基于社会价值认同培育的角度，指出以“仁”“明德”到“达德”的修身属性，固基了社会主义价值认同，以调和稳定社会关系。[①] 袁振凯则立足构建和谐社会的时代背景，从社会风气的角度，分别把“仁、义、礼、智、信”“温、良、恭、俭、让”“恭、宽、信、惠、敏”三组自身道德修养的行为准则，与良好的社会风尚建设建立联系。[②] 这是“修身”思想对社会稳定与社会治理等方面的借鉴考量。

综上，关于修身的价值意义，研究包括从修身的主体性与社会性出发，考量对修身所诉诸达到的理想境界与外部关系的审视。修身的个体价值层面与社会价值层面本身也是相互联系，互为因果。一方面，成人成事方能促进社会稳定，另一方面，社会和谐也制造出有利修习践行的环境氛围，所以不能割裂修身思想对个人与社会的价值意义关系。另外，关注修身思想在当代的价值意义的时候，也不能忽视其历史价值意义的演进。

二、自省

自省乃为修身之本。从孔子的“内自省”到孟子的“反求诸已”与荀子的“参省乎已”，从朱熹的“自去检点”到李二曲的“悔过自新”，从刘宗周的“讼过法”到颜李学派的“立日谱”，自省思想贯穿了儒家学派的整个历史。[③]

（一）自省的含义

王海明认为自省是一个人对自己的行为动机与行为效果及其所表现的个人道德认识、个人道德感情和个人道德意志的道德价值之自我检查，涵盖了行为和品德两大方面的内容，并指出自省具有双重源头，即道德志向（道德需要、道德欲望、道德感情）和道德智慧。[④] 程志华基于对儒家自省思想的梳理，指出自省具体包括仁、义、礼、智、信、忠、怒、善和学识等内容，概括起来分为

---

① 郭亚楠．儒家“修身”思想的教育价值研究［J］．中国成人教育，2018（16）：75-78.

② 袁振凯．儒家修身思想的社会价值［J］．河南科技学院学报（社会科学版），2011（5）：53-55.

③ 董兴杰.近年儒家自省意识研究的进展与缺陷［J］.燕山大学学报（哲学社会科学版），2018，19（5）：14.

④ 王海明．论自省［J］．伦理学研究，2008（1）：37.

德性和学识两方面。[①] 王智宁、刘雪娟和叶新凤则运用扎根理论方法，对儒家自省的构念进行质性研究，提出儒家自省的概念与三维内容结构，认为儒家自省是“追求自我进步与成长的个体依据君子（甚至圣贤）标准，对其在处理事情、人情、心情等问题的方式方法、过程结果及变化发展所进行的自我反思、自我评价、自我教育和自我完善”，并由“省事”“省心”“省人”三个相互联系、相互渗透的主要内容构成。[②]

综上，学者们对于自省的理解主要是从自省的内容表现与关系实质来考察其实际发生过程中的构成要素，可以说学界对自省的含义形成了一定意义上的共识。在此基础上总结自省界定的条件在于：前提是以自身的德性、学识、行为为省察对象；目标是成就高尚的道德人格；过程侧重严谨、自觉和主动的自我认知和自我超越。

（二）自省的价值

1. 自省侧重改过

“察己之过，改过迁善”是自省思想最基本、最直接的价值体现。王海明认为一个人的道德自省和忏悔往往是他改过迁善的根本的原因和动力，并且指出人的自省程度与道德水平成正比例关系，自省也是体现道德智慧的必要因素。[③] 程志华指出“自省”是达到“圣人”和“君子”道德以及学识境界的一种手段，是“圣人”和“君子”的美德之一，是否善于“自省”也是区分“圣人”“君子”与“小人”的一道分水岭。[④]

2. 自省侧重进德

自省的最终目的在于实现道德境界的自我提升以及理想人格的自我超越。董兴杰指出道德自省是具体的，体现在对不同德目、德行的自我省察上，其中包括君子的“三达德”：仁、智、勇；忠信、忠恕之道以及省礼。并在此基础

① 程志华. 儒家自省思想管窥［J］. 河北大学学报（哲学社会科学版），2000（5）：83-86.

② 王智宁，刘雪娟，叶新凤. 基于扎根理论的儒家自省构念开发研究［J］. 管理学报，2017，14（6）：798-805.

③ 王海明. 论自省［J］. 伦理学研究，2008（1）：38.

④ 程志华. 儒家自省思想管窥［J］. 河北大学学报（哲学社会科学版），2000（5）：83-86.

上总结了儒家自省意识的主体性、自觉性、乐感性、人文性的理论特征。[①] 罗国杰用“使良心常在”表达自省与理想人格的塑造，指出自省的最终目的是具备“圣贤之德”，达到“圣贤之域”，即让“仁、义、礼、智、信”来“主宰”内心，排斥和克服“私意”。[②] 丁少华和刘国民认为自省是心之自反自省，“心”有仁义礼智，心之内省展开为正心、诚意，个体的自觉反省，使心性之善的最本己可能性变成现实性。[③]

综上，对于自省价值的把握，研究者们主要聚焦于道德主体自身发展的角度，本质上是说明主体道德涵养和道德人格的问题。另外，改过与进德各层面本身也具有一致性和连续性的承接关系，前者是自省最基本的价值，后者是自省最终的价值所在。

第二节　修身自省教育何以实现立德树人

立德树人作为当前我国教育事业发展的根本任务，是“立育人之德”与“树有德之人”的有机统一。离开人才培养谈立德，德就成了无根之木；抛开立德谈人才培养，人就成了无源之水，二者互为依存。从当前的文献研究中可知，修身自省之所以成为新时代立德树人的策略之一，关键在于修身自省所表达的德性人格境界与道德自觉性涵养，契合新时代立德树人的价值定位与实践要旨。

一、修身自省与立德树人价值定位的吻合性

立德树人的价值定位在于理解“立何德”“树何人”的问题，即体现“明大德、守公德、严私德”以及培养担当民族复兴大任的时代新人。丁然总结了修身所达的理想人格，即一种全才、通才的“成人”，他指出这一理想人格由内而外地发展、扩张，注重道德性、现实性，注重道德修养、道德品质，是一种现实

① 董兴杰．为己之学的不二法门：先秦儒家自省意识研究［J］．河北大学学报（哲学社会科学版），2020，45（1）：53-61.

② 罗国杰．中国传统道德：规范卷［M］．北京：中国人民大学出版社，1995.

③ 丁少华，刘国民.从儒家“修身”论社会主义核心价值观的践行［J］.中国青年社会科学，2017，36（6）：24-30.

的人格、入世的人格。[1] 郭军也指出儒家的修身思想所体现的个体道德主体性，其本质意义在于开启个体自我生命的内心觉悟，修身所展现出来的道德自律与道德实践，是一个由内向外不断通达“天”“道”的契合之路。[2] 这是一种高尚的品质、正确的处世态度和完善的行为规范的修养。姜希玉立足立德树人的目标在于培养健全的人格，倡导“崇德修身”，指出修身养性正是德育之根。[3]

二、修身自省与立德树人实践要旨的一致性

立德树人的实践要旨体现在全员育人、全过程育人和全方位育人的结合。赖区平基于儒家“修身工夫”的三种进路，即，实现以事（身）为焦点而统摄意念、心来修身的经学进路；以意念（意）为焦点而统摄事、本体来修身的理学进路；以本体（心）为焦点而统摄事、意念来修身的心学进路的三维结合，以此把握修身实践中“事（身）、意、心（体）”的和谐关系。[4] 丁然基于儒学“由内而外”的正向思维，提出了“修身”需要处理好几个关系：义利关系（道德规范、道德原则和物质利益之间的关系）、公私关系、荣辱关系、个人和社会的关系，强调个人和社会、个体价值和群体价值之间的联系。[5] 李祥俊和朱墨青也分析了“修身为本”意义上的内外，认为其内指的是个人的道德修养，其外指的是儒家所肯定的伦理政治秩序，内外和谐是“修身”实践的旨归。[6]

综上，回答修身自省何以能够实现立德树人根本任务的问题，研究立足立德树人的本质，把握立德树人的产生机制和行动机理，思考哪些要素能够推动任务实现，这些要素的构成方式如何发生，在此基础上分析修身与自省是如何契合上述要求的。这里，研究者们肯定了修身自省思想中所蕴含的“人”“德”要素，以及构成“人德共生”的意蕴，是立德树人根本之所在。

---

① 丁然．传统文化论修身［J］．社会科学战线，2017（10）：1–8.

② 郭军.从内省到自悟：儒家修身思想的心路历程［J］.河北师范大学学报（教育科学版），2008，10（5）：49.

③ 姜希玉．修身养性：我国德育之根［J］．中国教育学刊，2016（11）：86–90.

④ 赖区平．论儒家修身工夫的三种进路：从《中庸》戒、惧、慎独三义说起［J］．哲学研究，2019（11）：47–53.

⑤ 丁然．传统文化论修身［J］．社会科学战线，2017（10）：1–8.

⑥ 李祥俊，朱墨青．儒家思想中的内与外［J］．河南社会科学，2017，25（3）：70.

三、如何实现修身自省?

修身自省对于人的完善以及理想人格的塑造和培养有着重要意义。那么，怎样才能进行有效的自我修养与人格完善呢？这主要诉诸一整套包括道德意识修养和道德行为修养在内的培养办法，即“立志”“读书”“座右铭”“自我批评”“慎独”等层面的方法。

（一）立志

立志是关于道德修养的重要观念，是儒学修养的前提和功夫。中国传统的道德观把理想和信念放在人的德性的核心位置上，实质上也说明对道德人格的追求是使人真正成为人的体现。

1. 立志的本质

立志是一种“德性论”的表达，是主体理想远大、思想纯洁、道德高尚，以及具有创新能力等多种关系的结合点。佘时珍指出立志是指一个人追求道德境界的自信心以及成为君子乃至圣人的志向①，蕴含着志于道、志于仁义、志于成君子圣贤的道德人格。郭友兵和田海平认为立志是一种自我教化，其主体为“心”，对象为“道”，方法为“之”，其结果为“德”，并指出“以‘心’‘之’‘道’而成‘德’”的儒家德性论表达，是从“此心”出发来阐释立志德性活动，强调了个体“成己”的重要性。② 杨道宇基于阳明心学的“学由志成”论，认为志向的生成包括“立志”“持志”“信志”“责志”四大环节的过程。③ 立志即是立德，即是立定以天地生生之大德为德的善良意志。

综上，研究者们对于立志的理解，主要将立志本身纳入德性体系中进行理解，都视立志为一种理想价值信念的追求存在。另外，对于立志的功能转化目前的研究还没有更详细的揭示，主要还是强调立志与“身”“心”“气”的平衡关系，但是立志何以定“身”、定“心”、定“气”？都是值得追问的本源问题。

2. 立志的方法

“志”是“做人”之途径，“如何‘立志’以‘养气’”也是本研究关注的焦点。

---

① 佘时珍．教化与修身并重：中国传统文化中“成人”方式对当代的启示［J］．湖北大学学报（哲学社会科学版），2018，45（5）：32.

② 郭友兵，田海平．立志的“自己本位”及其提升［J］．学海，2019（3）：69-70.

③ 杨道宇．学由志成：阳明心学的学习意志论［J］．山西大学学报（哲学社会科学版），2020，43（2）：99.

从现有的文献中，研究主要侧重和强调立志之法在于能“辨”、须“远”、有“恒”、必“行”四大层面的内容。

（1）立志能“辨”

“辨”即“明辨”的意思，与立志相联系表示“志”的“善”意，这是定向、植根的基础。刘霞认为立志的过程需要有正确价值观的指导，并指出“志”的辨识标准是“义利公私”，凡是义者公者之志，则坚决立之，凡是利者私者，则坚决弃之。① 盛珂指出立志应代表一种视角的转换，对于意念的精察、分析、考量以及正其不正以归于至善的层面才是有意义的。②

（2）立志须“远”

“远”亦有“大”的意蕴，强调立志在于“立大志”。佘时珍认为“立志”在于“志于学”与“志于道”，并指出就“志学”而言，志要大，志小容易自满；“志道”表示“仁义”道德，价值高于物质欲望的满足。③

（3）立志有“恒”

“恒”指示自我掌控的稳定性，不随便偏移。贺成立和高丽波用“守志”表示立志有“恒”，认为立志要淡泊明志、博学笃志以及迎难而上的坚强意志。④ 黄亮提出了立志需要真实而坚决，并指出立志的真实性在于批判志大而惰，立志的坚决性强调志不立而心难安，心不安则事无成。⑤

（4）立志必“行”

立志不仅是一种心理活动，更是身体力行的实践活动。贺成立和高丽波用“酬志”表示立志必“行”，认为立志要“讷于言而敏于行”的实干精神、反对“饱食终日，无所用心”消极无为的生活。⑥ 刘霞则用“日笃其志”表达立志必“行”，

---

① 刘霞．陆九渊心学理论与立志教育［J］．当代教育与文化，2015，7（2）：28.

② 盛珂．“致良知”工夫论的新视角：王阳明的“立志说”［J］．哲学动态，2012（10）：58-62.

③ 佘时珍．教化与修身并重：中国传统文化中“成人”方式对当代的启示［J］．湖北大学学报（哲学社会科学版），2018，45（5）：32.

④ 贺成立，高丽波．孔子立志思想及当代价值［J］．东北师大学报（哲学社会科学版），2008（5）：108.

⑤ 黄亮．曾国藩思想研究［D］．哈尔滨：黑龙江大学，2017：89.

⑥ 贺成立，高丽波．孔子立志思想及当代价值［J］．东北师大学报（哲学社会科学版），2008（5）：108.

即“志向之专，践行之笃”，并指出“日笃其志”需要道德主体的身体力行，需要“为学在己”的内在功夫，实现自己的所立之志只能自我践行、自我要求、自我完善。①

综上，立志的发生和实现是一个完整的、有机的过程，“辨”体现的是方向性的根基，“远”体现的主体性的格局，“恒”体现的是坚定性的力量，“行”体现的是现实性的转换。四大维度相互交织，共同构成了立志的方法。

（二）读书

“为学之道，莫先于穷理；穷理之要，必在于读书。”学习是人类的生存方式，“为学”的含义是觉悟，即要觉悟宇宙和人生的真理，“为学”之要离不开“读书”，读书既是一种学习方式，也是一种生活方式。

1. 读书的本质

读书和为人、做人和做事往往难以相分。“成人”（“成仁”），亦即君子人格之养成，主要指内心自我道德的建立。刘运好将人生与读书境界融合，认为读书经历“砥砺人生—自觉积累”到“空灵澄澈—自由审美”的境界转换，并指出了读书的三种基本心境，即“以入为本”（“入乎其内”）、“以出为用”（“出乎其外”）、“以悟为得”（“向心而觉”），体现读书对于生命真谛的追求。②田正平基于曾国藩有关读书、修身和治家的言论与实践，认为读书贵在“立志”，读书重在“深造自得”，不把读书仅仅看作与个人荣辱得失有关之事，而是志存高远，脚踏实地、修身务本。③刘铁铭则是通过研究曾国藩为学德育思想体系，指出读书在于“为明理之君子”，即读书明理，志在圣贤；读书二事，进德修业。④也就是说读书是以人格上的自我完成、自我充实、自我提升为指向。

综上，对于读书的本质认识，研究表述为读书的价值观审视，学界基于“读书观”的视野理解多诉诸“明理成人”之所在。这表示读书既涉及认识活动，也关乎德性涵养，不仅关乎价值取向意义上的德性，而且涉及价值创造层面的内在能力，即知识追求与完美德性相统一。

---

① 刘霞．陆九渊心学理论与立志教育［J］．当代教育与文化，2015，7（2）：28.

② 刘运好．论读书的境界［J］．皖西学院学报，2012，28（3）：1-5.

③ 田正平．读书·修身·治家：《曾国藩日记》阅读札记［J］．教育研究，2014，35（12）：117.

④ 刘铁铭．曾国藩德育思想及其当代价值研究［D］．长沙：中南大学，2012：45-47.

2. 读书的方法

如何树立“读书为要”的自觉性，关键在于对读书方法论的研究。莫提默·艾德勒在其著作《如何阅读一本书》中将阅读分为四大层次，即基础阅读、检视阅读、分析阅读、主题阅读。[①] 刘运好以儒家之境为本，以道家之境为用，以佛家之境为德，强调“入”“出”与“悟”的读书三昧，指出了由面归点，以吸纳式读书为起点；由点及面，以研究式读书为致用；惟在兴趣，以审美式读书为终极的读书之道。[②] 张五常基于为知识而读书的前提，提出了他的四个读书方法，即以理解代替记忆；思想集中才有兴趣；问比答重要；以及书分三读——大意、细节、重点。[③] 王同书指出了读书的三大善于，即善于积累知识，包括多读好书，基础、博涉、专攻，不可轻信以及勤笔；善于综合思考，融会贯通知识；善于发现；精密论证。[④] 对于“如何读懂书”，桑兵认为读书先逆行而上，再顺流而下，这是回到无的境界，探寻有的发生及其演化；然后循着前后左右无限延伸的具体联系，了解文献的本意与史事的本相；读通篇，知本意；由书见人，知人解书。[⑤]

综上，研究者致力于提出可操作性的读书方法论。虽各方法迥异，但是从研究者对于读书方法的研究上，主要是侧重读书须处理好这几对关系：“积”与“思”、“博”与“专”、“精”与“略”等，这些关系的考量才是方法论所体现出的固有的、内在的、本质的意思。

（三）座右铭

座右铭是一种特殊的铭类文体。座右铭作为一种文化形式，可以体现人自身道德修养的美德。它既是人生态度的一种宣言，也是个体为人处世的坚定信仰。

1. 座右铭的本质

座右铭是古人置于座右用以自我警戒之铭文，这是因为“右”边往往被视为高、上、珍、贵。李乃龙和崔瑗认为座右铭以齐言的形式为文体表征，以表

---

① 艾德勒，范多伦 . 如何阅读一本书［M］. 郝明义，朱衣，译 . 北京：商务印书馆，2004：序言 4.

② 刘运好 . 论读书的境界［J］. 皖西学院学报，2012，28（3）：5.

③ 张五常 . 我的四个读书方法［J］. 中国经济周刊，2019（21）：110–111.

④ 王同书 . 为读书、治学指门径：读《菜根谭·容斋随笔》［J］. 明清小说研究，2006（1）：225–235.

⑤ 桑兵 . 大众时代的小众读书法［J］. 学术研究，2013（11）：101–102.

达人生观为核心，在情感和理念上具有不可比拟的真挚性和真实性。[①]傅维康基于对古代座右铭的研究，指出座右铭标志着个体对己、待人、对事、处世的信念与准则，意义深刻隽永。[②]

2. 座右铭的价值

对于座右铭价值的理解，从研究中可以归结成两种不同的解释：第一种理解是座右铭蕴含“自戒、自制”的意蕴；第二种理解是座右铭也表示“自勉、自励”的作用。

（1）用于“自戒、自制”

李乃龙和崔瑗指出座右铭之“铭”，意在铭志于心，以自戒为旨归，“铭”原本就有禁令的意味。[③]张宝明通过对座右铭的文化溯源，指出座右铭是训诫文字的一种，常置于自己最近的地方，用于自我警戒[④]，体现出慎言、谦恭、谨慎的特点。

（2）用于“自勉、自励”

林奕萌基于座右铭的德育功能，指出座右铭体现出强烈的荣辱观、是非观与高度责任感，是作为完善人格的基本支撑点，表现个体修身养性的气质，以培养高尚情操，磨砺坚强意志，鼓舞勇气，唤起信心，以防沉沦。[⑤]

综上，关于座右铭的研究，当前主要是从溯源的角度对座右铭的文化属性、功能作用、内容类型进行分析。这些研究一方面数量较少，另一方面还未形成完整的体系，而且座右铭质的含义还有待深挖，比如座右铭背后所隐藏的“人我关系”都是值得深究的问题。

（四）自我批评

自我批评是一种自我认识活动，强调对于自我真实性的感知。“我”作为能“思”的主体，目标在于唤醒理性的自我批判的反思能力，这是主体迈向自

---

① 李乃龙．崔瑗《座右铭》人生观的理论底色：兼析座右铭的文体意义[J]．河南大学学报（社会科学版），2006，46（2）：81.

② 傅维康．古代座右铭述略［J］．上海中医药杂志，2008，42（12）：59-60.

③ 李乃龙．崔瑗《座右铭》人生观的理论底色：兼析座右铭的文体意义[J]．河南大学学报（社会科学版），2006，46（2）：79.

④ 张宝明．座右铭文化溯源［J］．江苏社会科学，2004（5）：197.

⑤ 林奕萌．座右铭、箴言、格言的德育功能［J］．中学政治教学参考，2007（5）：20.

主和负责的成熟个体的要素，也是个人品德的重要构成因子。自我批评具有明显的回溯性、超越性、追寻性、思辨性、本质性、总体性特征。[①]

1. 自我批评的本质

（1）自我批评是一种德性修养

自我批评是一种对生命活动的自觉反思。王向清和谢红基于自我批评的哲学意蕴，认为自我批评是一种德性的修养理论，提出诉诸四大层面的内容：一是意见两重性的制约，二是认识非至上性的呼唤，三是主观能动性合理发挥的要求，四是理想人格培养的驱使。[②]王震和郑杰文描述了自我批评立足人性缺陷的框架和改造，认为通过反躬内省、修己自律，提高自身境界，达到与世界万物的和谐，实现一种理想的生存状态。[③]康丽颖认为反思，又或者自我批评，是对自我识错的一种纠偏，它是把良知、责任感、理性与实际结合起来的一种品格。[④]

（2）自我批评是一种能力表征

自我批评体现着按照以主体意识到的“意义”来要求和规范主体的所思所想和所作所为的过程。姚林群将“自我批评”视作一种能力展现，认为自我批评是强烈的自我意识、理性的批判精神、主动的探究能力、坚韧的意志力、有效的行动力。[⑤]陈佑清也认为反思的过程实际上是行动（经验）与探究性的思考之间的关联与互动的过程，是指主题本身以自身经验、活动或身心结构为对象，以反身性的自我观察、分析、评价、改造、修炼等方式进行的活动，并指出其主要功能在于提高主体自我认识、自我评价、自我对待以及自我发展的能力。[⑥]

综上，自我批评作为展现个人道德修养，以及不断完善自我的重要方式，它并不是简单的思索与回应，而是一种高层次的思维活动，是基于自我的一种思考和深刻内省，是以自身为思考对象的思维活动。

---

① 陈祖华. 论反思［J］. 江汉论坛，1999（9）：37.

② 王向清，谢红. 批评与自我批评的形上之维［J］. 吉首大学学报（社会科学版），2017，38（2）：32.

③ 王震，郑杰文. 从先秦主流学派看乐感文化状态下的内省精神［J］. 理论学刊，2017（1）：144.

④ 康丽颖. 论反思的教育实践者［J］. 中国教育学刊，2006（11）：1.

⑤ 姚林群. 论反思能力及其培养［J］. 教育研究与实验，2014（1）：39-42.

⑥ 陈佑清. 反思学习：涵义、功能与过程［J］. 教育学术月刊，2010（5）：5.

2. 自我批评的方法

（1）关于问题意识的培养

所谓问题意识，即对问题的感受性、敏感性。强烈的问题意识，是主体进行反思和自我批评的直接动力。姚林群依托杜威“反省思维”，提出有意识地发现所做的事和所造成的结果之间的特定联系，即引起思维的怀疑、踌躇、困惑和心智上的困难等状态，寻找、搜索和探究的活动，求得解决疑难、处理困惑的实际办法，并指出问题意识产生来源于好奇心与质疑精神。[①] 卢瑞玲和郭俊风认为问题的引领，在于设计“发现、探索、分析、评价、综合”的“驱动性问题”，为主体进行反思和自我批评提供了“条件刺激”。[②]

（2）关于讨论的设置

讨论是一种借助与他人交流，主体将自己的认识过程和结论呈现出来，从他人的反应和评价中得到修正和补充，以得到全面反思的过程。陈佑清指出讨论可以帮助学生更加全面和客观地了解自己已经学会了什么、还需要学习什么，以此激发学习动机，并促进学生的元认知能力的发展。[③]

（3）关于反思媒介的搭建

反思媒介的搭建，是帮助主体认识自己、超越自己的工具体现。包旭东具体表示了反思媒介的主要形式有融“评价”与“反思”于一体的反思量表、进行二次认知的典型试题档案以及反思日志和学习报告等。[④]

综上，对于研究总结所呈现的自我批评方法论述，是在把握自我批评这一高层思维和自我内省本质下所展开的具体拓展，多诉诸利用外界力量有意识地进行干预训练，以提高个体的自我批评素养和能力。

（五）慎独

慎独也是儒家所倡导的一种修身方法，作为“入德之方”，在个人修身中占据显著地位。它是一个融“身心”和“人伦”关系于一体的道德范畴，指向主体的个体修养与伦理道德。

---

① 姚林群．论反思能力及其培养［J］．教育研究与实验，2014（1）：39–42.

② 卢瑞玲，郭俊风．加强反思学习 促进知识迁移［J］．教育理论与实践，2013，33（31）：58.

③ 陈佑清．反思学习：涵义、功能与过程［J］．教育学术月刊，2010（5）：5–9.

④ 包旭东．走进实践层面的反思学习［J］．当代教育科学，2017（9）：15–16.

1. 慎独的本质

（1）慎心的取向

慎独体现道德主体对内心道德本性的持守，是以人心内在的修养作为道德品行的前提，指示在任何一种环境中，道德主体能基于人的内在善性以及理性自觉，自律、反省的进行道德的自我规范和自我约束。陈立胜基于朱子"'独'为'人所不知而已所独知之地'"的解释，认为此"己所独知之地"不是"物理空间"概念，乃是表示"心理空间"概念，专指人心中一念萌发状态。① 乐爱国和钟小明也认为慎独指向人的内心活动状态，慎独也可以"慎心"，表示心思意志的专一和谨慎。② 苏树华用"诚于中形于外"理解慎独，也表示慎独是心上的修养，体现出"毋自欺"、内外如一、光明磊落、唯一、致中和的道德修养。③

（2）诚意的取向

对于慎独的理解，还有一种意涵一直紧扣在"意"之实与不实，即诚与伪这一"善恶"之觉察上面。田正平认为慎独表示一个人在独处的时候也能够严格要求自己，不妄取、不苟为、不放纵④，这实际侧重主体一以贯之、表里如一的态度。谢清果也以"诚意"明慎独，注重自我意识审查的思想，认为"诚"在于精诚纯粹，是"独"的必要条件，以保持主体的"澄明"状态，并将"意"之"诚"的持续进程解释为慎独的内向传播过程。⑤

综上，研究者对于慎独的理解体现出本体的自我把握、自我觉悟与自我回归。虽然慎独观念有"慎心""诚意"的差异，但是本质上都是强调慎独是道德主体对内心道德本性的持守，是一种道德上的高度自觉。另外，对于慎独的认识，也不能忽视其具有守护道德本性，防止非道德意识和行为萌生的功能这一方面。

---

① 陈立胜．作为修身学范畴内的"独知"概念之形成：朱子慎独工夫新论［J］．复旦学报（社会科学版），2016，58（4）：71.

② 乐爱国，钟小明．朱熹《中庸章句》对"慎独"的诠释：兼与《礼记正义・中庸》的比较［J］．中国哲学史，2012（4）：86–93.

③ 苏树华．论儒家的慎独观［J］．郑州经济管理干部学院学报，2001，16（3）：45–46.

④ 田正平．读书・修身・治家：《曾国藩日记》阅读札记［J］．教育研究，2014，35（12）：119.

⑤ 谢清果．内向传播视域下的先秦儒家"慎独"观［J］．杭州师范大学学报（社会科学版），2017，39（5）：105.

2. 慎独的方法

慎独立足于道德修养中道德主体对理想境界和完美人格的执着追求。那么，如何促使道德主体坚定慎独信念、提高慎独自觉、培养慎独情感？研究者们主要诉诸主体自身以实现自我的进路。

（1）省察自我

省察自我体现的是主体向内型思维。薛晓萍和赤沙沙指出慎独需要通过反观主体自身，以自身为对象进行自我觉解、自我觉悟，时刻敦促自己坚守道德信念，做到“常戒惧”“不逾矩”，形成至德至仁、至诚至真、真善一体的理想人格，最终达到“从心所欲，不逾矩”的崇高境界。① 吴宁宁认为慎独也应从“反求诸己”的角度去寻求个人价值的最大实现，在心中进行自我反省。②

（2）涵养良知

慎独是道德主体对内心良知的唤醒，非常注重个体“为善”的主动性，以及道德自觉性和能动性的发挥，最终达到一种彻悟的良知状态。张再林指出“慎独”的真旨乃是生命的“合内外之道”，是以“内生外成”为旨的大写的身体、大写的人的生成，与如何安身立命这一大本大道相契相通。③ 薛晓萍和赤沙沙认为慎独离不开“诚其意”，指出无内心之诚，必无外显之真，强调从内在情感需要出发，确立主体的存在原则，培养忠于自己真实的道德情感和社会良知。④

综上，关于何以达成慎独的境界，研究者们更加侧重将慎独理解成一种情感体验的超越，强调慎独既注重主体的“反观自身”，又强调心体的“绝对自明”，也就是慎独在“省察”和“涵养”中获得了自我的意义。可以说，这是不断探索人之存在的价值和目的，以期在自我超越中提升自己的内在心灵、追求人性的完善。

---

① 薛晓萍，赤沙沙．“慎独”的思想内涵及其对当代高校德育的启示［J］．河北科技大学学报（社会科学版），2012，12（3）：91.

② 吴宁宁．儒家“慎独”思想的现代反思［J］．武汉科技大学学报（社会科学版），2008，10（4）：15.

③ 张再林．慎独：真正的“中国工夫”［J］．中州学刊，2018（7）：91.

④ 薛晓萍，赤沙沙．“慎独”的思想内涵及其对当代高校德育的启示［J］．河北科技大学学报（社会科学版），2012，12（3）：90.

第三节　以修身自省教育实现立德树人的策略

以修身自省为主体教育的方法，在具体实施上可分为“读书”“座右铭”“立志”“自我批评”“慎独”五种，其内容和操作方式如下。

策略一：读书

（一）基本概念

读书既是一种学习方式，也是一种生活方式。通过阅读书籍，实现知识的获得与积累，获得德性的涵养与人格的养成，达到“明理成人”的目标，是一种知识追求与完美德性相统一的活动。

（二）基本操作

首先，利用好书激发读者的阅读兴趣，激发读者的读书热情，同时根据其知识储备和现阶段的心理、生理发展特点推荐有益其身心发展的书目。

其次，营造浓厚的读书氛围，逐步培养读者养成良好的读书习惯，帮助读者处理好书籍阅读过程中“积”与“思”、“博”与“专”、“精”与“略”等矛盾，提高其审美素养和增进其人文底蕴，使其不断拓展阅读的边界，学会用书本上学到的知识运用到生活中去。

最后，打造学习型群体，提高阅读者综合素质，努力构建“书香校园”“书香之家”“书香社区”。

（三）实践案例

案例 1

学会阅读，培养孩子读书思考的习惯

朱永新先生曾经说过：“一个人的精神发育史就是他的阅读史。一个民族的精神境界取决于这个民族的阅读水平。”中小学生在阅读方面是需要引导的，这就给我们老师和家长提出了要求。作为一名教师，都知道阅读对学生的重要性，对提高学生理解能力、表达能力、写作能力大有裨益。阅读的重要性是不容置疑的。语文新课标中也明确规定：“中小学生课外阅读量达到 400 万字以上。”七到九年级学生要养成默读习惯，有一定速度，能较熟练地运用略读和浏览的方法，扩大阅读范围。

13岁的女孩盈盈进入初中之后，特别喜欢读课外书，有时上课也偷偷看课外书。有一次在课堂上，她偷看一本课外言情小说，被张老师发现了，张老师就严厉批评了她，并收了她的这本小说。课下找她谈心，认为这种书不适合这个年纪的学生看，而且初中的学习时间非常紧张，学业任务很重，有很多要考的名著，七年级要读《昆虫记》《西游记》《骆驼祥子》《海底两万里》，初中三年要读12本名著，这些都是中考必考的书目，要多抽时间看这些书才是。

盈盈读书只求速度，不求质量，一本厚厚的小说一天就看完了。盈盈的爸爸给她买了许多书，还告诉她自己的书可以慢慢看、细细品。可是盈盈还是看得飞快，有时只挑选书中自己关心的情节看，每次问她为什么不慢点看，盈盈的理由都是作业多，没办法仔细读，只能快速浏览一下。有一次，爸爸问盈盈："你能给我讲讲你看过的书吗？"盈盈抓耳挠腮想了半天说："想不起来。"语文老师让班里每个同学写一篇《骆驼祥子》的读后感，盈盈回到家趴在桌子上，愁眉不展，竟然一个字也写不出来。盈盈妈妈看到孩子这个样子，心急如焚，就给班主任张老师打电话沟通，希望可以去学校和语文老师好好聊一下，看如何帮到孩子，培养她读书、思考的习惯。

天下风光在读书，但是因为时间的关系，我们要有选择性地读，读经典名著、人物传记、历史古籍。不同的孩子对阅读会产生不同的反应，如果我们能细心地关注这些反应，并帮助孩子积极、及时地拓展阅读的范围，选取有益于提高自己能力的书籍来读，阅读的收获将会更多。拓展的途径有很多，比如拓展到现实生活中，通过先选书、再读书这样良好的循环，鼓励孩子参与交流体验。或者是充分利用现代化工具，从一本书拓展到另一本相关书的阅读，实现群文阅读，这样会让孩子产生知识迁移、阅读迁移，使阅读变得更有效率。读了书还要引导孩子学会思考，这很重要。读书有一个阅读、内化、吸收的过程，进行德育教育、情感陶冶的内化过程。

（案例作者：深圳市光明区凤凰学校　汪娟）

案例2

读书，其实需要一个漫长的过程

《礼记·大学》有"大学之道，在明明德，在亲民，在止于至善"的醒世教育格言，跨越几千年，当下仍旧适用。立德树人为教育之本，是中华民族永恒的教育价值追求，绵延不断，源远流长！立德树人可以分为立德和树人两个部分。立德是基础，树人是目的，立德和树人是矛盾的统一体，相互影响，相互促进。立德树人的对象是人，教育的过程是人与人之间的交往和精神的交流。因此，开展教育工作首要而且最迫切的问题就是要深刻认识人，马克思说："人的本质不是单个人所固有的抽象物，在其现实性上，它是一切社会关系的总和。"也就是说人不但具有自然属性，更为本质的是社会属性。因此，学校为了进一步激发教职工读书的兴趣，做好立德树人工作，营造浓厚的读书氛围，养成良好的读书习惯，提高审美素养和增加人文底蕴，打造学习型教师群体，努力构建"书香校园"，特制订教师读书活动方案。

学校举行了教师读书竞赛，写读后感，开展读书交流分享会，做读书卡片等活动。学校还给每个老师发了一本周彬的《课堂密码》，一本夏丏尊的《文章作法》，以年级为单位进行读书分享，如：魏老师谈到自己读了《课堂密码》深受鼓舞，作为一个刚刚入职的新老师，正在为如何把控课堂、上好每一节课、成为学生们喜欢的老师而在努力前行；李老师谈到自己读《文章作法》这本书，如同跟大师学语文，学习写作，可以提升自己的写作素养，从而教给学生更好的写作方法，提高学生的写作水平。在读书活动中，实现教师有效积累，补充教育理论知识，改善自身知识结构；提升教师理论和实践水平，将读书所得运用于实践，推动课程改革进程，有效改进自己的教学行为，在教学实践过程中渗透德育教育，深化立德树人的内涵，促进教师自身专业发展。

创设良好的学习研究氛围，引导教师养成爱读书、会读书、好读书的好习惯，通过读书吸取经验，在日后的教学工作中培养学生的道德情操、进行德育教育，提高自己的教育科研能力。在读书活动中，加强教师队伍的建设，立德树人、守正创新，不忘初心、培根铸魂，形成积极进取、努力学习的氛围，积极建构终身学习理念。提高教师综合素质，做好德育工作典范。通过活动，实现立德树人，启智增慧，构建有特色的书香校园文化，形成校园文化特色。

一、活动主题

立德树人、启智铸魂

二、活动口号

以书本为伴，以德育为友

三、参加人员

全校所有教职工

四、读书内容

读书是教师提高自身素质的重要途径之一，教师读书不仅要专，更要博。教师提升教学水平、文化涵养需要多阅读以下五类书刊：

1. 名人传记。名人成长历程里的动人故事对教师的学习生活可以提供有益的借鉴。

2. 教育家的书。如叶圣陶的《语文随笔》《怎样写作》，余映潮、王君、黄厚江的书等。教育家的著作包含着对自身教育理论的针对性思考、自身教育实践的时效性经验，可以对教师具体工作有多方面的启发和指导。

3. 专业书。任何一门学科都是不断向前发展的，作为这一学科的教师应该不断学习本学科最新的专业书籍，让自己的专业知识更新换代，这样才能保证自己的课堂教学鲜活。

4. 现代科技类的书。科学技术不断改变我们的生活，读科技类的书有助于教师了解现代人的心理，感悟现代生活，增强自己教学工作的针对性。

5. 学习方法书。教师帮助学生学会学习是教育成功的关键，教师了解现代学习理论及方法，对指导学生学习、提高自身学习质量和教学效果很重要。

五、活动措施

1. 制订读书计划目标书：每个教师结合个人实际，每学期制订出读书成长规划和读书目标。

2. 学校给全体教师发一支钢笔、一本笔记本，让老师们写读书笔记。

（案例作者：深圳市光明区凤凰学校　汪娟）

策略二：座右铭

（一）基本概念

座右铭是人们用以激励、警诫、提醒自己，并作为行动指南的格言，亦指古人置于座右用以自我警戒之铭文。座右铭蕴含“自戒、自制”的意蕴，也有着“自勉、自励”的作用。

（二）基本操作

首先，认真观察学生目前表现出的问题，将问题进行初步分类归纳。

其次，参考其所处的人生阶段，分析挖掘出背后存在的根源，有必要时，可与学生多次面对面沟通，通过诉说和倾听了解其真实想法，让其认识到问题所在。

再次，针对学生问题从中外古今名人中精准选择座右铭，以座右铭主人的故事激发其对座右铭本身的兴趣，认同座右铭所传达的要求，或根据实际需要，与学生讨论制订其个性化的座右铭。

最后，进行不定期的观察，观察学生是否依照座右铭改进行为、改变态度。

（三）实践案例

案例1

再见拖延症

在初中这个阶段，学生的自我意识开始觉醒，不再像小学那般对老师的话“言听计从”，而是有了自己的小心思。其实初中的知识学习难度不大，初中阶段的学习问题主要就是习惯问题和态度问题。刚步入初中的学生，面对的环境和氛围发生了很大的变化。这时，生活和学习习惯较差的初中生会遇到层出不穷的问题，及时帮助其培养坚忍的意志，消灭已有的坏习惯，成为老师培养学生的重要方面。

自初一入校以来，周小柔同学问题百出。经观察，他有严重的拖延症，管不住自己。军训时午休入睡难，总有这样那样的事情一直做不完，大家都睡着10分钟了，他才刚刚躺下；后来正式开学后仍常常有早读迟到、跑操迟到的现象；每天放学收拾东西回家，他总是收拾得最慢的那一个，做任何事情总是拖泥带水、慢慢吞吞，每天看似都在按部就班地学习，但实际上却是磨时间、耗精力。在一次次和他一对一的沟通中，他也认识到自己的问题所在，但他的行为却没有发生实质性改变。

这些孩子，他们已经在思想上意识到自己的问题所在，但只是在行为上还难以改变，因此利用座右铭激励学生形成自我控制、自我监督的习惯是一种非常好的手段。良好的品行需要自我修行，需要学生的理想信念支撑，需要教育者的循循善诱，才能成为学生受用终生的精神财富。我在运用座右铭这种教育手段时充分考虑青年学生模仿性强、可塑性大的年龄特征及以崇拜英雄、追求上进的心理需求。首先向学生介绍座右铭对伟人、英雄模范成长的积极影响，以激励学生效仿。例如，鲁迅在书桌上刻了“早”字等。然后我要求学生有针对性地选取座右铭，取材可以自己创造，也可摘抄警句格言。后来周小柔同学制定了自己的专属座右铭“无悔青春，先做最重要的事情”，并且在书桌的左上角贴了一张长方形纸条把座右铭写在上面。制定这个座右铭时，我只是起了一些指导作用，比如内容力求做到易学、易记、易懂、易用、目的明确、自觉朝夕面对，使学生习惯成自然，逐步养成利用座右铭匡正自己行为的习惯，并做到在单独活动、无人监督的情况下，也能自我约束、自我监督，保持良好的品行。周小柔同学一直有意识地改变自己拖延的毛病，在后续的关注中，我发现他行为习惯变好之后，从初二上学期开始成绩突飞猛进，这样的进步也增强了他坚持好习惯的动力。

（案例作者：深圳市光明区凤凰学校　宋志宏）

案例2

采用座右铭激发班集体的学习热情

“座右铭”是大家很熟悉的词汇，但座右铭在教学中的应用方式、成效却少有文献介绍。近年来，部分语文老师在教学中采用座右铭形式，用以激发学生的学习热情。

2014年，我曾去张家界的大山深处支教。那里的环境非常恶劣，教室破破烂烂，座椅板凳都老旧不堪，地面都是凹凸不平的。很多学生悲观失望，认为自己在这样的环境里再无升学的希望。同时，大多任课教师也情绪低落，认为学生没法教好。我是一个有激情有热血的物理教师，应该想想办法，改变师生们的这种情绪。我想到了历史上许多的典例，想到了座右铭。我结合班级实际，带那里的孩子做水火箭，拍下活动现场的照片，并在照片上写上“未来可期”。我用电脑给他们上课，给他们看他们从未见过的、美丽的大好山河，给他们讲大城市里面他们觉得不可思议的生活，并且在教室的前后让美术老师写上“向前一步走出大山”字幅挂在教室四壁，以当座右铭，每天鞭策学生。没想到，不几日这座右铭还真产生了作用：往日悲观厌学的情形不见了，取而代之的是“比”“学”“赶”“帮”的学习热情。孩子们充满期望地对我说：“波波老师，你在长沙等我们，我们也要考好大学去大城市。”看到这种情形，老师们也喜上眉梢。等到期末考时，我任教的班级考取A+的人数为7人，考取A以上的学生25人，优秀率达全年级8个班之首，学生素质全面提高，被评为校级“文明标兵班”。8个毕业班的物理成绩超过56分的78人，我班占36人，几乎是全部人数的一半。再就我现在任课的八年级一班来说，它虽不是最差的班，但比起同年级的四班，无论从入学成绩，还是整体素质来比较，都明显相差一大截，学校领导都承认是这样的。对此，我仍用座右铭激励学生，同样产生了效果。根据这个班的特点，我写了“祖国腾飞我励志”“争做21世纪的爱因斯坦”的座右铭，使班级产生了发奋进取的学习氛围。该学期统考，全班考分480分以上78人，500分以上34人，学生争做好人好事130余（人）次。无论从考分还是从德、智、体整体素质考查，这个班都跟上了原本就优秀的八年级四班。由此可见，即使对于理科的教学，用“座右铭”激发学生学习热情仍是行之有效的，它可谓当前素质教育的方法之一。

（案例作者：深圳市光明区凤凰学校　宋志宏）

案例3

座右铭在班级管理中的作用

座右铭是体现个人性格、信念、爱好的标签，也是了解身边人很重要的一种方式。作为班主任，在新班级开学初，开发利用好座右铭绝对有诸多意想不到的收获。

我做了两年的班主任，发现在整个班主任工作期间，开学初期的工作是最难做的，也是最辛苦的。但是，开学初若是能将班级建设好的话，会让班级很快走向正轨，使学生又好又快地成长，在之后的教学中可能省下很多不必要的时间和精力。首先最重要的事情就是要记住学生们的名字，如果一个老师能又快又好地记住每一个人的名字，一方面学生会觉得老师非常重视他，另一方面学生也会对老师的记忆力产生由衷的敬意，有助于学校工作更快更好地开展。其次便是尽快地了解学生的性格，让每一个学生尽快地融入班集体。

因此，在开学第一课，我对孩子们说：“平时我们进入一个新的班级都会做一个口头自我介绍。今天呢，我们换一种方式做自我介绍。现在请每个人设计一个自己的座右铭牌，座右铭牌的内容、格式、样式，都由大家自己发挥。只是座右铭牌的后面必须要写上你的大名。”在开学第一课，大家都非常认真地在纸上画自己的草案，彼此交流，询问对方的座右铭。最让我欣喜的是，大家开始发现彼此的优点，有的人会画画，就会有很多人请她帮忙画一朵花、一只小怪兽，有的人写字漂亮，也有很多人请他来写字……

在这样一堂有任务的课堂中，避免了学生之间的尴尬，一堂课就在非常轻松愉悦的氛围中度过了。学生们不仅设计好了自己的座右铭牌，还和身边的同学们熟悉起来。而我也在对他们的引导过程中，进一步了解他们，认识他们。最后完成的作业便是制作出自己的座右铭牌，长方形、圆形、椭圆、扇形、葫芦状、稻草人……再配以淡淡的背景色，用自己喜欢的字体书写。在这个座右铭牌上，我还引导大家画出漫画大头贴，有的同学为了防水和长时间保持甚至去打印店做好塑封。我感觉这堂开学第一课非常完美。第二天，在课堂上，我们各自介绍了自己座右铭牌的设计理念，从美学的角度、创新的角度进行评比，好不热闹！

（案例作者：深圳市光明区凤凰学校　宋志宏）

案例4

针对初中生，开展座右铭教育的系列活动

初中更应该重视和促进学生良好习惯的形成，思想政治教育更需要常抓，一点一滴、积少成多。学生的卧室是他们日常生活、健康成长的重要环境，在加强家校合作中，加强卧室文化建设非常有必要。

为了使小卧室文化建设百尺竿头更进一步，我们精心为每个学生统一设计以座右铭为主要内容的铭牌，制定了相应的使用及管理办法，开展了系列活动。

座右铭活动

一、实施方法及过程

两年来，我们在学生中开展了校园座右铭活动，具体活动流程为：

1. 制作铭牌

结合学校特色以及初中生个性需求，学校统一定制座右铭牌。

2. 引导指导

举办讲座，让有关教授专家讲述座右铭的重要意义。

3. 活动要求

全体学生将铭牌悬挂在小卧室固定位置，时时铭记自己的座右铭，规定他们在参加重要活动或比赛时必须佩戴。围绕着座右铭的确定，进一步开展相关

的教育活动，如进行了“评选校园十大最具激励作用的座右铭”活动，190 名新生全部认真思考了自己的座右铭，学校之后给他们配发了铭牌。

二、活动成效

设立和使用以座右铭为主要内容的铭牌，为学校“思想政治教育工作进小卧室”的典型创建工作注入了新内容，帮助并引导初中生树立远大的理想和目标，督促每个初中生时时刻刻严格自律，充分调动了初中生的自我监督、自我约束、自我管理、自我教育的积极性。以座右铭为主题的铭牌活动，在初中生群体中得到了广泛响应和欢迎。不少同学反映，铭牌活动使自己深受启发；不少同学认为，自己确立的座右铭，使自己的学习目的更明确，人生目标更清晰，实实在在发挥了激励和鞭策作用，对自己的成长大有裨益。在自律的基础上，增进了每个小卧室成员之间的相互了解，强化了督促与激励的作用，促使初中生们互为榜样、相互学习，获得了正人正己、互相监督、共同提高的效果。

在一些大型比赛及重要活动中，学生佩戴铭牌，展示了个人风采，树立了良好的形象。更有在参加省“挑战杯”比赛时，参赛选手以自己的座右铭进行介绍自我，既展现了个性风采，又增强了他们的自信心，同时他们的座右铭触动了更多初中生的内心，起到了更加广泛的教育作用。活动促进和加强了学生工作队伍建设。指导和帮助广大初中生确立健康、积极、向上的座右铭，也是每个班主任学习与提高的机会，方便了兼职班主任、结对专业教师、学导进一步了解学生，便于开展更为深入的思想政治教育工作。

（案例作者：深圳市光明区凤凰学校　宋志宏）

案例 5

座右铭在小学中的个性化教育

苏霍姆林斯基认为：“没有也不可能有抽象的学生，每个孩子都是一个世界——完全特殊的、独一无二的世界。”

小萌是一个在小学阶段就让老师头疼、家长担心的女孩，还记得第一次家访上她家，她热情地接待我，给我留下非常好的印象。但她身为大学老师的父母，却一再跟我打招呼说：“我女儿很调皮的，小学老师都拿她没办法，老师您多费心啊！”当时有些奇怪，是不是她父母太过夸张，开学后，我才真的意识到她父母绝不是小题大做。

有一次，她下课时蹦蹦跳跳，我跟她说注意安全，小心碰着，可才一会儿的工夫，她的手已经肿起来了。原来她把自己的手重重地磕在桌子上，结果，连续两天她都没来上课，把我和她妈都急坏了。在班级里，小萌也很容易和其他同学产生矛盾，同桌用了她的橡皮没有和她说，她便把同桌打哭了。老师不允许学生乱窜楼层，她带着自己的小伙伴去顶层花园里摘花……这样一个孩子在同学和老师眼里，可称得上是顽劣。尽管她父母主张对她采取宽松式教育，可光有宽松，没有引导，对她今后的成长很不利，更谈不上个性发展。我观察和思索良久，觉得顽皮的孩子更接近自然，本性更纯真，如果一味压制，适得其反。

顽皮的孩子动手欲旺盛，平日里也不服人管教，干脆来个“以毒攻毒”。我决定让她担任劳动委员。一开始，她一点儿也不适应，有好几次都忘了自己劳动委员的身份，但我从来不批评她，而是给她适当的鼓励，并且为她制作了一个非常精美的座右铭牌，并在铭牌上盖了我们班级的印章，以此认可她劳动委员的身份，非常有仪式感。她在讲台上郑重其事地接过铭牌，非常认真。然后我告诉她根据自己劳动委员的身份，写上自己的座右铭，直到现在我都记得，她写得很直白、很简单，却非常有力：“我可是劳动委员呢！”

渐渐地，她开始投入角色，我进一步因势利导，加以肯定，指出错误。她不再把这看作是一种负担，相反她很享受这个角色，她觉得这是一种自我价值的体现，是同学老师对她的莫大信任。人在社会上最大的满足就是自我价值的体现。在对小萌之后的观察中，我发现她不仅把劳动委员的工作做得风生水起，并且开始有意识地关注自己的言行规范，逐渐培养起对自己以及对他人的责任心。

（案例作者：深圳市光明区凤凰学校　宋志宏）

案例6

魏书生的座右铭教育之法

一位诗人说过，每个人都是自己命运的设计师。因而每个同学都要从小树立远大的理想，为自己的未来设计出美好的蓝图。

在人生这段漫长的旅途中，榜样与目标的力量是无穷的。因此，魏书生总是在最开始的语文课上，建议每个同学都要设计自己的座右铭。

座右铭策略：

提倡座右铭源于1985年，魏书生要求全班同学必须根据自己的实际情况确立座右铭。座右铭上要写清三部分的内容：

第一，自己最崇拜的人的名字。

第二，自己要追赶的本班同学的名字。

第三，针对自己的弱点，写一句改变弱点的座右铭。

第一个内容是长远目标，起到终身精神充电的作用。每个同学都可以根据自己的兴趣需要来长远规划自己的人生，寻找自己崇拜的偶像，以此作为终生奋斗的目标。偶像即榜样，孔子云见贤思齐焉，榜样的力量是无穷的，有了榜样的指引，才能将高远的抽象的人生目标具体化、鲜活化，产生见贤思齐的心理暗示与激励，以及心理学上说的“皮革马利翁效应”。事实上，千言万语，不如帮助学生找到一个合适的偶像，阻止学生崇拜低俗的偶像，不如引导他们崇尚品格高尚的偶像。确定偶像之后，老师需要引导学生不断地为心中的偶像“充值”，增加他的吸引力，使他真正成为“我之最爱，我竭尽全力想要成为他”的人。一句好的座右铭，会时刻鞭策着自己去披荆斩棘，向着自己的理想奋斗。

第二个内容是近期的目标，它可以时刻激发学生你追我赶的积极性。引导学生去追赶略强于自己的同学，这样容易激发他们战胜对方的勇气和信心，避免挫败感，因为只有不服气的心理才最容易激发个人强烈的竞争意识。正如钱梦龙老师所提的，跳一跳摘桃子，教师就是要引导学生去摘那些跳一跳可以摘到的桃子。反之，如果只注意到全班前几名的同学，总是把他们作为全班同学的榜样，那么其他学生会认为目标过高，自己怎么努力都无法超越，就会泄气，产生挫败感，久而久之，就会自暴自弃，一蹶不振。这样的精英教育模式只会让更多的学生因目标可望而不可即产生自卑感，表扬了极少数的同学，而打击了绝大多数的学生，也严重背离了当前素质教育要求，以及面向全体学生的教育方向。魏书生采用的这种竞赛机制，符合苏联教育家维果斯基的最近发展区理论。自己在追赶别人，而同时又是别人追赶的对象。其实人生就是不断努力去实现一个个可能实现的目标，而非无法达到的目标，再把这一个个成功的点连成线就勾勒出人一生的奋斗历程和成功轨迹。

（案例作者：深圳市光明区凤凰学校　宋志宏）

案例7

身怀信念，肩负担当

现在的孩子有更富足的物质生活，也有了较强的综合素质，却出现了更多抑郁的、叛逆的、没有学习内驱力的学生，为何如此？他们生活在最好的城市，有最好的资源，有最广阔的眼界，但这并不代表他们知道什么样的人生有价值，什么样的生活是幸福的。

我们年级的孩子们每天都在按部就班地学习，可是他们对自身的发展没有太高的要求。考试成绩刚刚及格就自满自得，明明动手能力和创新能力都很弱，但很多人都觉得自己已经非常了不起，没有继续奋斗的动力，并且这样的思想在整个年级都有蔓延的趋势。缺乏理想信念的人生就是一盘散沙！我们只有让他们知道：为什么抗疫期间许多医生护士签下生死状从全国各地驰援武汉？为什么袁隆平这位国之大士终其一生只为培育好一粒种子？为什么今年高考，广州市几千名司机免费为隔离区的孩子一对一送考，广东省无数人努力让全省无一例考生因为感染新冠而缺席高考……人生的价值是什么？只有明白了上述问题，学生们才能在强大的内驱力下茁壮成长。

基于这样的情况，年级长带领各班班主任，共同探讨和商量，请黄怒波老先生来学校给学生们讲信念、讲教育、讲创新。

看着黄老先生在讲台上展示教具，用很多他自制的物理教具演奏出多种多样的音乐，台下的老师和学生们都听得、看得很开心，献出了雷鸣般的掌声。八十多岁还在致力物理教学研究，给同学们老师们的讲座还这么卖力，他为的是什么呢？是名，是利？都不是，为的只是一份信念，一份担当。有一些同学鼓着掌却潸然泪下……听完讲座之后，我们年级部发布了统一的作业，写下对这次讲座的感悟，并且为自己想一条座右铭。在这里截取部分学生的座右铭共赏：

"我也要像黄怒波一样，一生奔走在自己的热爱里！""身怀信念，肩负担当""不是前路坦荡，只是有人在为你负重前行""我也愿为中华的崛起而读书""我愿把一生的热血奉献给我爱的雕塑""非如此不可，为你为我"……

这场讲座之后，同学们甚至自发地在书上、本子上写下了自己的座右铭，以此勉励自己。学校里你追我赶的氛围也越来越浓厚，每个人都在尝试着超越自己，每个人也的确有在超越自己。我不确定这个劲头会持续多久，但我可以确定的是，座右铭被黄怒波先生具体化了，学生们受益颇深。

（案例作者：深圳市光明区凤凰学校　宋志宏）

案例 8

座右铭给别致的你

每一个班级里都有那么几个不一样的同学，他们很调皮、不听话、叛逆、制造麻烦……这些孩子虽然让我们头疼，但他们是需要我们的，我们这个时候如果能给他们带来光明，陪他们一起走向正确的道路，就会成就一个甚至若干个孩子的人生，这是一项伟大的事业，也是一项需要耐心和技巧的事业。

班级里有一个叫朱小来的同学，在我带这个班级之初，就早早地认识了他。他个子高高的，一眼望去就是班级里的“大哥大”。班级的任课老师总是反映他在课堂上说闲话，而且声音很大，已经影响了教学。当老师批评他时，他甚至会摔文具、扔书包来表示不满。他也总是和班级里的其他同学闹矛盾，影响非常恶劣。

我曾多次与朱小来的家长联系。在与家长沟通中，我发现家长在处理与孩子的关系时，有一些不恰当的做法，导致孩子很容易被“点燃”。我也多次和孩子深入交流，感觉每一次孩子的反省都很深刻，事后却坚持不了很久。然后我就想到了座右铭，这个时时刻刻能督促他、警醒他的工具。之后我在他每一次的作业后面，都会给他写一句非常好听的座右铭，“一起走向铺满鲜花的路”“这个世界值得温柔以待”“生活是一面镜子，你笑他也笑”……在这样的熏陶下，我明显感觉到他对待别人的态度有了很好的转变，他似乎也逐渐变得温柔起来了。有一天在课堂上，我正好讲起我的初中，讲起当年的师生情，同学情……他突然大喊一声：“对啊对啊，一起走向铺满鲜花的路。”这就是座右铭的力量吧！后来这句话也成了他的座右铭。

现在说一说朱小来同学目前的情况吧。他很聪明，理科很快就赶了起来，成绩名列前茅，文科也在稳定进步中。他还会花时间帮其他的同学解答问题，甚至有的同学根本没有问他，他都主动跑到面前，帮别人答疑解惑。成了班级里的“小老师”，同学们也在他的带动下，变得更加好学，更加愿意讨论问题、解决问题了。

（案例作者：深圳市光明区凤凰学校　宋志宏）

案例9

让信仰的旗帜高高飘扬

无论是在中国共产党革命时期、建设时期，还是如今，理想信念一经点燃，就会产生巨大的精神力量，这样的力量，激励着战士“只要还有一口气，就要将革命进行到底”，激励着如今的最美逆行者“抗疫到底”，同时也激励着我们的每一个学子！

理想信念之火，一经点燃就会产生巨大的精神力量。而座右铭便是我们点燃这一精神火炬、引领我们走向梦想非常重要的一步。

学生们对座右铭已经非常熟悉了，一节以“共产党人座右铭”为主题的班会的开展，既是对学生的红色教育，也有利于学生树立正确的理想信念以及养成良好的学习习惯。

班会课以电视剧《觉醒年代》《理想照耀中国》的部分视频引入，带领学生了解那个时代人们的理想与信念。其中一个片段是：雷金玉作为好不容易从农村考到城市的大学生，大学毕业后却毅然返回农村，自掏腰包带村里人种甘蔗，脱贫致富。学生们看这样的视频很容易动情。在看完视频之后，我引导他们说：“为什么金玉可以扛着这么多的压力，回到农村，甚至有的百姓不理解、不支持的情况下依然为农村的发展尽心尽力？”学生们回答：“因为希望！”然后我引导他们说：“是的，希望是金玉的理想与信念，也是他的座右铭。正是在这样坚定的理想信念下，他才克服了一个又一个的困难。同学们，你的理想信念是什么呢？你可能觉得自己有一个模糊的概念，现在你需要用一句话把它表达出来，只有在清晰的、坚定的理想信念下，我们才能做得更好。”

课堂的后十分钟，学生自行制定了理想信念的座右铭。对未来的期望，是自己前进的航标，当学生有了更清晰的灯塔，他前进的方向就不会出错，他也能在这条路上走得更好。果真，一堂班会课对学生们影响深远，在那个学期期末时，有很多学生私下与我聊天，说那一节班会课给他们产生了影响，使他们更积极、更向上……其中有一个学生对我说：“老师，那节课我给自己定的座右铭是‘为了更好的生活’，我也一直朝这个方向在努力，只是最近学习成绩还没有很大的提高，但我觉得这也是我的瓶颈期，也是我要面对的困难和挫折吧，我一定会扛过去的，非常感谢您！”同样是座右铭，用一个更细致、更微妙的方法，可以获得更好的效果，这也是我的座右铭。

（案例作者：深圳市光明区凤凰学校　宋志宏）

案例10

关注有度，座右铭帮助

现在的孩子，生活环境和精神世界都相当富足，来自父母和学校的关爱，也是源源不断，但事实上父母对学生过度的关注和过度的干预，会造成学生心理和生理的负担。而学校教师对一些“问题学生”的过度关注，不仅仅是点名与批评，哪怕是过度的关心，实际上也不利于学生的成长。只有适宜的点，精心策划的方式，才能打动一个孩子的心。

月月是一个理科很不错男孩子，但是有很多小问题，他有多次违反校规校纪的记录，甚至还有抽烟等严重违纪的问题。于是我在座位安排等方面都对他有过多的考量，有一次甚至给他点好外卖，中午和他畅聊一次，让他自己告知我他现在或者曾经的坏习惯，并鼓励他是可以变得很优秀的。在一次次谈话后，月月的行为习惯确实有了很大的好转，但是分班后我在与月月爸爸的沟通中了解到月月曾经对他爸爸说过：“周老师是因为我有潜力，理科好所以才一直关注我，这让我在学校过得好累，那我还不如不学习了，我学不好了估计周老师就不会关注我了。”自此之后我更加谨慎地与学生沟通，把握说话分寸，因为我知道可能一句话就会影响孩子。我也告诉自己关注有度，要平等对待每一个孩子，包括“问题”孩子。不能先入为主地认为“问题”孩子就一定每天都会犯错，从而有意无意地给予更多的关注，虽然他们是需要多关注，但是要掌握技巧，表现更自然，让学生察觉不到，做一个有专业素质与能力的班主任。

究竟什么样的方法才能既给学生关注，又不至于让他反感？我就想到了座右铭。在陪同学生制订座右铭的过程当中，教师不仅可以了解学生的性格特点，还可以以这个点打开话匣子，更全面地了解学生，也让学生了解老师。制订座右铭看似是完成一项工作、一项任务，实际上是对学生润物细无声的关怀，不会让学生产生压力，又能增进彼此的感情，因为教育本身就不是与个别学生的博弈，而是与全体学生的结盟。教育的过程需要娓娓道来，关怀也需要润物细无声。

（案例作者：深圳市光明区凤凰学校　宋志宏）

策略三：立志

（一）基本概念

立志即立下志愿，树立志向，是道德修养的重要观念。通过树立一定的个人目标，追求自我道德境界的逐步完美。

（二）基本操作

第一，观察学生的状态及表现，初步推测可能存在的原因。

第二，与学生面对面谈话或与其身边朋友父母亲属沟通，了解、分析受试者问题产生的根源，确定下一步谈话提纲。

第三，尽可能创造轻松愉悦氛围，保持理解的心态和共情的能力，让当事人打开心结。

第四，鼓励学生树立志向，确定努力的目标；也可以先通过名人故事进行必要的引导。

最后，与学生多联系沟通，及时了解其后续变化。

（三）实践案例

案例1

立志引领成长

由于人生观、价值观发展的不完善和不成熟，很多青少年面对挫折极易以偏概全，全面否定自己或他人而出现心理失调。在违纪处分之后，有的会丧失自信，自暴自弃；有的则重新确立志向，努力奔跑，成功实现自己的梦想。面对违纪学生，老师有责任帮助他们重新站起来，树立志向，走向成功。

小A同学是一名初三学生，成绩优秀，平时比较开朗和高傲。但是我发现在一次中考模拟考之后，他整个人就像蔫了的花一样，对学习提不起劲来，上课无精打采。我找了他来聊天，原来他的心结还是前阵子的中考模拟考。

在考试过程中，他将考试相关材料带进考场，被监考老师发现，结果被取消了该科成绩。事后，我也及时找他了解情况。原来，是在候考过程中，小A过于紧张，导致了正式考试时把资料落在了抽屉里，而没有拿出去，开考后不久被监考老师发现并没收，同时认定小A考场违纪。他的情绪很低落，对其他科的考试也一直提不起兴趣。模拟考成绩也可想而知，一落千丈。整个人都自暴自弃，觉得没有未来了。

这问题比较严重，知道情况后，我对他进行了心理疏导：“一次的考试失利不代表你真正的能力水平呀！爱迪生的励志故事我们都知道。他屡战屡败，越挫越勇，经过几千次实验终于成功发明灯泡。你现在只因为一次小小的模拟考失败就放弃你理想的四大高中了吗？你不应该是像爱迪生那样，即使考试失败几千次也不轻易放弃吗？”

小 A 一下子被逗笑了，认可地点了点头，犹豫地问：“老师，你觉得我还有救吗？还有机会考上好的高中吗？”我说：“当然有了，你现在努力还为时不晚，但你是否还坚定自己的目标学校呢？是否一直坚定你以后的理想志向呢？”小 A 一下子憧憬起来，思考了一会儿说：“老师，我还是很想上四大高中，以后才能有更大的概率上好的大学，学习我喜欢的动漫设计。”我继续开导他说：“老师很高兴你一直都有很清晰的目标和理想，但是你不能轻易放弃啊！我以前一直梦想着成为一名教师，但是当学习很苦很累的时候，我也想过放弃。可是我舍不得我的梦想。吃一堑长一智，你继续努力，老师相信你会实现你的目标的！”

过后，他又开始变得积极活跃起来，开始了自己新的学习规划。虽然他的档案上有无法消除的处分记录，但是大家在了解他违纪的缘由和学习表现后，还是对他给予了肯定。经过一年的刻苦学习，他以优异的成绩如愿以偿被自己理想的学校录取。

小 A 的经历告诉我们：首先，鼓励学生要树立自己的志向，有志者事竟成。志向，是一个人的人生目标和理想，给予人前进的方向。但是志向并不是假大空，遥不可及，远远超出自己的能力范围。教师要鼓励学生树立崇高的理想，因为拥有高远志向的人，才会有一股拼劲，战胜所有的恐惧和怯懦。

其次，及时联系学生，平等地与学生沟通。青少年正处于情绪波动大、容易叛逆的特殊时期，犯错误在所难免。当学生出现违纪行为时，老师要及时把握学生思想动态并给予关怀。和他们一起分析错误行为产生的原因及不良后果。需要注意的一点是，一定要采用合适的沟通方式。给他们创造机会和提供舞台，会使他们产生自信，引导他们迷途知返，保持继续逐梦的姿态。

最后，时刻关注学生的心理健康。的确，一些学生的自我调节能力强，在遭遇挫折和失败后，能克服不良情绪，变挫折为动力。吃一堑长一智，为下一次前进蓄能，最终走向成功。而有些学生会丧失自信。对于这些学生，需要老师有一双敏锐的眼睛，及时关注到学生的情绪变化和心理动态，做好心理危机干预和心理疏导，引导学生及时排解消极情绪，帮助他们重拾信心。

（案例作者：深圳市光明区凤凰学校　郑侨）

案例 2

立志教育

一个拥有职业理想的人才可能有远大的志向，才可能获得成功。我们倡导德智体美劳全面发展的同时，也要引导学生从长远发展的角度规划他们的人生，同时学校以及老师也要竭力为学生提供立志成才的舞台，开展对学生的立志教育。

小M是一名初一学生，上课注意力不集中，作业马虎，主动学习的意识不强，对英语的学习有一定的抗拒，上初中后英语成绩一落千丈。一次期中考，他更是出现了乱写一通的现象，甚至在试卷上“吐槽”。我很是生气，找他来谈话。我压制住内心的怒火，心平气和地询问他为什么要这么做。他一声不吭，表情和站姿也很是不屑。

我随后走到门外，直接打电话给他家长反映这件事情。家长也表示无奈，平时该打的打了，孩子还是没有改变，一如既往和老师、家长对着干。和家长的对话中，我也了解到小M父母平时忙于生计，以前对于小M的学习较少操心和过问。但是上初中后，随着老师们的投诉越来越多，家长对孩子愈发失望，所以对孩子的指责越来越多，甚至会打孩子。一番了解后，我也找到了和小M聊天的突破口。

面对小M的逆反心理，继续说教无疑只会换来他的更多不屑与冷漠，我尝试让他卸下对我的敌意。我说：“咱们坐下吧，你喝口水。”他似乎有些疑惑，但是也不抗拒，老实坐下了。过了一会儿，我主动打开了话匣子：“老师反思了自己，可能是老师平时上课过于沉闷导致了你不听课，对吧？”他没有回应。我继续追问：“那你对老师有什么建议吗？”他闷闷地说了一句：“我觉得没必要学，每天都是学学学，我觉得没什么用。”我笑着说：“老师以前读书的时候也是这么认为的，尤其是英语，学了在日常生活中也用不上。后来我爸妈让我去田里跟着爷爷耕地种菜，我才意识到读书的重要性。你有想过你以后要做什么，想从事什么职业吗？”小M摇了摇头。我说：“你可能还没找到自己感兴趣的点，没有一个长远的目标。当你有了目标后，再苦再累你都会坚持。”他说：“我没有什么感兴趣的，也没有什么特长。”从他的语气中，可以感受到他对自己的极度不自信。我思考了片刻，说：“你错了，其实你也有很多优点的。你打篮球很厉害，你的英语发音其实也很标准，你画画的能力也不错，从你平时在书里的乱涂乱画就看得出来了。你有很多优点，是你自己没发现而已。”小M开始有些不好意思。我说：“你可以尝试从这些方面去找找自己以后的人生目标，但是学习是绝对不能落下的，不要相信所谓的学习无用论，现在的努力学习都是为你将来目标的实现做铺垫。”他问：“我画画真的好吗，我很喜欢画画，我以后可以成为一名绘画老师之类的吗？”我笑了笑，说：“可以啊！只要你努力朝着这个目标前进，没有什么不可能。”那一次，我们聊了许久，他也慢慢放下对我的敌意，对于学习英语的态度也有了些许转变，对于绘画课也更加积极。也许是那颗理想的种子已经在他心里种下，并生根发芽。

之后我也时刻关注小M的思想动态，并推荐他去参加美术社团，鼓励他积极参与一些美术比赛，他陆续获得了一些名次。一个学期下来，可以看到他的蜕变。我想，这就是梦想的力量，它激发了一个人的内生动力。

（案例作者：深圳市光明区凤凰学校　郑侨）

案例3

立志主题班会设计

青年兴则国家兴，青年强则国家强。很多学生上了初中之后，慢慢有了自己独立的思想，或多或少都会开始思考一些比较深层次的问题，比如人为什么要读书，人为什么活着？会对自己的人生感到迷茫。面对挫折极易自暴自弃，学习和生活上消极懈怠。那要怎样做才能够让孩子重新振奋精神、主动学习呢？最重要的就是让孩子们拥有梦想。如何利用班会课的主战场开展好立志教育值得我们思考。

一、立志的意义

幻灯片呈现：A同学上初中之后突然变了一个人似的，变得精神颓废、不求上进，成绩一退再退，没有了以前的拼劲，慢慢地各科学习都跟不上。

教师：同学们，你认为主要的原因是什么？

学生：没有动力，选择安逸，没有追求……

幻灯片呈现：几百年来，很多科学家耗费很多心力试图证明哥德巴赫猜想，但都没有能够成功。“哥德巴赫猜想第一人”陈景润在中学时就暗暗立志摘取这一“明珠”。为了证明这个猜想，他坚持每天凌晨3点起床学习，拼命地积累知识，遨游于数学的世界里。他像走火入魔一般，在图书馆管理员询问是否还有人时，他完全听不见，以至于被反锁在馆里，不觉饥饿，不知疲倦。他潜心钻研，草稿纸摞了足足几麻袋。经过十多年的推演，他终于用自己的智慧和意志摘取了此项桂冠。

教师：陈景润为什么能成功摘取数学王冠上的明珠呢？

学生：因为他立志要征服哥德巴赫猜想，并把它当作自己的事业，最后终于用自己的智慧和意志，实现了目标。

教师：从这个故事中你学到了什么？

学生：有志者事竟成。

教师：你还想知道更多典型的立志成才案例吗？我们一起来看看。

幻灯片呈现：周恩来为中华之崛起而读书；袁隆平攻关杂交水稻难题，让农民多产水稻，让人们摆脱饥饿；屠呦呦让千千万万人免受疟疾的折磨……

教师：你们发现了没有，这些名人志士之所以能取得巨大成就，关键在于他们拥有远大的志向。奥斯特洛夫斯基说过：“人的一生应该这样度过：当他回首往事时，不因虚度年华而悔恨，也不因碌碌无为而羞愧。”那么我们要怎么样度过这一生，我们的人生目标是什么？你想要的未来是怎么样的？

设计意图：对比身边案例和立志成才的典型案例，让学生意识到志向高远的重要性，同时引导学生思考志向。

二、引导立志

教师：现在请每个同学在纸上写下自己的志向。如：“我立志……成为一名……”

设计意图：让学生思考志向、写下志向，明确他们的人生方向和奋斗目标。

三、志向的实现

幻灯片展示：现实中拥有明确目标的人并不多。即便拥有明确目标，也少有人为之付诸行动。一些人会有自己的长远目标，但实现长远目标很重要的一步就是把长远目标进行分解，将其细化，使之看得见、够得着。山田是一个优秀的推销员。他曾经希望自己的业绩能够排在公司前列，但是他一直有心无力，没有付诸实践，直到他读到了一句话：“如果让愿望更加明确，就会有实现的一天。”他深感触动，当晚就明确了目标，以及为了实现目标而设定具体的数字和期限，并为之努力。一个个小目标的实现激发了他的斗志。终于在第一年的年末，山田创造了不朽的业绩。日本有一个长跑世界冠军，他获胜的秘籍就在于善于把长远目标划分成一个个容易实现的小目标。在比赛前，他会先观察整个赛道，把路程中的一些东西在心中进行标记，作为长跑中的小目标。这样，他把长的赛道划分成若干段，每一个小目标的实现都给予了他成就感和自信心，促使他一步步继续向前，最终抵达终点。

教师：从这两个故事中你得到什么启发？

学生：要善于把大目标划分成一个个容易实现的小目标。不积跬步，无以至千里；不积小流，无以成江海……

教师：为了实现人生志向，我们需要把大目标划分成每个阶段的小目标，制订明确的执行计划表。请同学们现在设计自己的计划表，包括近期一个月内、一学期以及长期的目标和计划，并在小组内分享讨论。最后邀请个别学生上台展示优秀计划表。

教师：在追求志向的途中，我们不可避免会遇到很多困难。那是否意味着此路走不通，我们要屈服要放弃呢？其实不是的。我们要相信成功是循序渐进的过程，并非一蹴而就的坦途。用意志克服，坚定信念，相信我们的志向一定会实现，而不是一场白日梦。

设计意图：通过案例启发学生制定计划表，分阶段实现自己的小目标，最终实现自己的志向。

四、主题升华

播放视频《听君一席话》：“青年兴则国家兴，青年强则国家强……”

教师：树立远大梦想，通过努力学习，掌握一技之长，才能报效伟大祖国。让我们一起努力吧！

师生合唱《我的未来不是梦》，结束本节班会。

设计意图：总结并激励学生。

（案例作者：深圳市光明区凤凰学校　郑侨）

案例4

周恩来"为中华之崛起而读书"

有志者立长志，无志者常立志。千百年来，多少取得丰功伟绩的仁人志士，都是胸怀大志而后成大事。然而又有多少人，忙忙碌碌，浑浑噩噩，虚度一生。历史的长河证明了："人无志则不立。"习近平总书记在五四青年节前的与北大师生的座谈会上，重点强调了广大青年要"立鸿鹄志，做奋斗者"。新一代学子生逢其时，也重担在身，要有强烈的使命感和紧迫感，把个人发展与时代同步起来，努力成长为国家建设的主力军。

1911年，周恩来就读于奉天东关模范学校。有一天，校长问同学们："你们为什么要读书？"有的回答说是为了赚钱发财，有的说是为了当官升职，也有的说是为了光耀门楣；年仅13岁的周恩来却铿锵有力地回答道："为中华之崛起而读书！"一语惊人，获得校长极高的赞许，小小年纪有如此非凡志向。而周恩来为何从小就有如此远大志向呢？这与他的生活经历密切相关。艰苦的家庭环境让周恩来从小就体会到父母的艰辛与生活的不易，他渴望能过上好日子。之后参观日俄战争遗址等让他认识到一个国家落后势必招致其他国家的欺凌。中国人民受列强欺侮的奇耻大辱，让他在心里默默埋下了"为中华之崛起而读书"的种子。"为中华之崛起而读书"绝对不是一句口号，他竭尽一生用实际行动踏踏实实地践行着。他热爱学习，远赴东北求学，接受西学教育。从学校毕业时，他与同学们互勉，希望有朝一日能相会于中华腾飞世界时。之后他去日本留学。1919年，周恩来同志毅然回国参加五四爱国运动。他把精力都投入学生运动中，领导大家积极开展斗争。为进一步探求救国真理，他又前往欧洲留学考察，回国后继续投身革命。在不断地学习和探索中，他最终选择了信仰共产主义，并把毕生心血都投入到共产主义事业中。他一生都在为中华之崛起而奋斗并做出了卓越贡献。具有这种宏大的格局、高远的志向和坚定的理想信念的伟人是我们学习的模范。

（案例作者：深圳市光明区凤凰学校　郑侨）

案例5

如何开展理想教育

理想是指引人们追求未来的明灯，是成就事业的巨大推动力，而青春期是树立理想的关键时期。但是，大多数中小学生并没有树立明确的理想。那么，如何才能让学生树立理想，展翅飞翔呢？

一、善于捕捉学生身上的闪光点

天生我材必有用。教师要善于发现学生的优点，帮助学生建立自信，使他们能走向成功。著名教育家陶行知先生对学生打架没有采取说教的方式，而是在了解事情发生的过程后，抓住了学生行为中的积极因素，采取了“欣赏”策略，奖励学生四颗糖果，让他们自己意识到自己的错误。“四颗糖”的故事告诉我们，老师们要有一双善于“发现”的眼睛，捕捉学生身上的“闪光点”，通过适当的激励，使其个性特长得到充分发展。对学生认可，是培养学生自信心的重要一步，而自信心也给予了学生展开理想翅膀的极大动力。

二、严禁对学生进行心理惩罚

与体罚相比，心理惩罚给学生身心造成的伤害更大。在课堂上肆意地羞辱学生，容易使学生处于一种被轻视、被侮辱的无助状态，从而造成自我评价偏低、自卑，甚至自暴自弃。但是，不少老师对此并没有正确认识，虽然避免了对学生进行体罚，但是“你怎么会这么笨”“你没得救了”等用语还是会频频出现。对此，为进一步增强教师的责任感、使命感和荣誉感，规范教师的职业行为，明确教师职业道德底线，教育部颁布了新时代师德规范。《新时代中小学教师职业行为十项准则》明确规定，不得歧视、侮辱学生，严禁虐待、伤害学生。老师要提高认知，严禁使用损伤学生自尊的课堂用语，使学生在温馨和谐的课堂教学语言环境中实现身心健康发展。

三、给学生发展的自主权

学校在教育过程中长期存在一个问题：忽视学生的个性。教师在教育教学过程中没有挖掘每个学生潜在的能力。那么作为教师怎样才能挖掘学生的特长，培养他们的个性，从而引导学生找到自己理想的方向，播撒理想的种子呢？那就是我们的教育需要创新。在符合学生身心发展的基础上，给学生提供发展个性、施展个性的平台。著名教育家冯恩洪推出“合格＋特长”的教育模式。他说：“成功的教育不是让每一个孩子适应我们的标准，而是根据每一个孩子制订适应他们自己的教育标准。”充分发挥他的强势并使之达到特长水平。他强调说：“但不是让所有的学生都具备相同的基础，应提供多元的课程组合，使他们的弱势达到合格，强势成为特长。”因势利导，发展个性，让学生成长为既符合时代共性要求，又具有鲜明个性、创造能力和开拓精神的人。

四、引导学生进行理想规划

理想与规划是相辅相成的。引导学生自己制订个人规划是实现理想的重要途径。中学阶段学生的自我意识慢慢成熟，对于自我的优缺点也有了一定认知。在实现理想的过程中引导学生分析自身优缺点，制订计划，发挥自己的长处，克服自己的弱点，让理想不再遥不可及。

（案例作者：深圳市光明区凤凰学校　郑侨）

案例 6

理想教育主题班会

党的十八大以来，习近平总书记围绕坚持立德树人根本任务，提出了“青年一代有理想、有本领、有担当，国家就有前途，民族就有希望，实现我们的发展目标就有源源不断的强大力量”等一系列新理念，可见理想的重要性。可以说没有理想，我们的人生就没有方向。福尔摩斯也说：“世界上最重要的事，不在于我们在何处，而在于我们朝什么方向走。”理想是人生前进的方向、奋斗的目标。然而在紧张备战中考的过程中，很多学生浑浑噩噩，没有动力，这很大程度是因为他们没有明确的人生理想，或者是目光短浅，未能站在国家发展的层面来思考个人价值的实现。于是我决定利用班会课来引导学生树立理想信念，使坚定的理想信念作为学生成长发展的精神支柱，从而成就精彩人生。

一、班会目标

1. 让学生认识到理想的重要性，激发学生树立理想的积极性。

2. 联系实际，让学生反思自己的不足，明白理想的实现需要不懈努力。

二、班会前的准备

1. 组织学生填写调查问卷，完成后收集问卷，进行数据分析，为班会课呈现调查结果做准备。

2. 联系两名优秀的初中毕业生，请他们分享自己的追梦之路。

三、班会过程

1. 观看微视频《中国一分钟》，并邀请学生分享观后感。

设计意图：观看视频让学生体会祖国的强大，激发学生的爱国情怀和荣誉感。

2. 引导学生思考：如何将个人价值的实现和国家发展相结合，如何为祖国贡献自己的力量。

3. 案例展示："杂交水稻之父"袁隆平爷爷参加工作几十年以来，不惧困难，勇于创新，在杂交水稻研究方面取得了杰出的成果，处于世界领先水平。不仅解决了中国的粮食问题，也为世界人民带来了福音，解决了很多人的温饱问题。

4. 思考：从这些案例中你收获了什么？他们成功的原因是什么？学生们踊跃发言，分享案例故事给自己的启示。

设计意图：通过分享为实现中国梦而努力奋斗的榜样案例，让学生明白每个人只要有梦想并坚定向前，都有可能获得成功。

5. 问卷结果展示，指出学生们目前存在的问题：没有人生目标；目标不明确，对于日后人生发展认知不足；没有具体实施计划等。

6. 思考：如何找准正确的理想方向，如何实现我们的理想。

7. 优秀初中毕业生代表视频分享：他们备战中考的心路历程和付出的汗水。

设计意图：通过优秀毕业生代表发言，让学生体会到有理想才会有方向、有动力。

8. 树立理想：四人一组，结合自身实际，交流自己的理想和规划。邀请几个小组代表上台来分享。

设计意图：小组合作，初步设想理想实现计划，相互借鉴学习。

9. 总结提升。

合唱歌曲《水手》。

教师：每个人都会有自己的梦想。我们不仅要为自己的梦想而努力，更要志存高远，为我们中国梦的实现而努力，用实际行动去践行中国梦。加油吧，少年！

设计意图：总结升华。

（案例作者：深圳市光明区凤凰学校　郑侨）

案例7

铸就学生梦想

在今天这个多元的社会，功利主义潜移默化地影响着孩子们。再加上“应试教育”的影响，学校只抓智育而忽视了学生立志向、学做人方面的教育，使得学生在分数的衡量下，逐渐失去自我、丧失追求。要改变这种现状，必须对学生从小进行立志教育，引导他们树立理想和目标。因此，在学校里开展立志教育刻不容缓。

为了激发和铸就学生的梦想，学校结合本校实际从多方面创造必要发展条件来开展立志教育。

一、寻找身边榜样，发挥榜样作用

学校在进行立志教育时结合学生的心理特点，充分运用榜样的积极作用，积极寻找与学生密切相关并能够对其起到激励作用的优秀典范，进行宣传，鼓励学生向其学习。身边榜样所起到的示范引领作用显著。如学校每学期都会开展校园星级学生评比活动，由各班推选出优秀学生在宣传栏进行榜样示范，营造向上的立志氛围，以此来带动其他人立志成才。同时，学校也会充分利用校园公众号等媒体，宣传更多的学生立志事迹，树立立志榜样。

二、举行立志班会，宣扬立志理念

激发与引导每一个孩子的梦想是每一位老师的重要责任，而班会课就是对学生开展日常立志教育的主战场。通过召开“有志者事竟成”“我的梦想”“学习英雄事迹，传承英雄精神”等主题班会，让学生了解立志的重要性，激发学生立志的热情。同时讲述立志故事，朗读立志的格言警句，虽然学生不一定会有深刻的理解，但是这些立志理念也会慢慢走进他们内心，让他们在潜移默化中接受立志教育。

三、开展实践教育，搭建铸梦平台

学校以丰富的校园活动和社会实践活动为载体，为学生搭建各种锻炼平台，鼓励学生积极参与，提高自己的综合素养。如在校内，学校举办学科节活动、各类学科竞赛以及文体活动。在校外，学校组织学生参观深圳湾科学实验室等科技创新活动，开展红色研学活动等探究性活动，鼓励学生参加各类比赛等。在活动过程中，学生挑战自我，不断挖掘潜能，重新认识自己，同时也锻炼了自己的意志。在体验到成功后，他们不断建立自信，找到自己发展的方向。这是一个摸索的过程，也是一个确定志向的过程。

（案例作者：深圳市光明区凤凰学校　郑侨）

案例 8

小军的网球梦

小军是我校一名六年级的学生，他活泼开朗，热爱体育活动，网球就是他的最爱。从一年级他就开始接触网球，现在有将近六年的球龄了。他现在也是国家少年网球预备队运动员、深圳市体工队队员、光明区网球协会会员。在深圳市第一届“最美鹏城少年”的评比中，他经过层层选拔和激烈角逐，脱颖而出获得了“活力好少年”称号。

网球于小军，是一道光，照亮了他梦想的方向。为了梦想，他永不停歇。从开始接触网球，到慢慢喜欢上网球，到结合自己的兴趣特点来确定自己未来的发展方向，他付出了很多汗水。

小军在课余时间，积极参加网球训练。无论严寒酷暑，还是白天黑夜，总能够在训练场上看到他刻苦练习发球接球的身影。虽然辛苦，但他乐在其中。立志是成功的开始，认准正确的目标并能为之付出不懈努力，他终究会超越自己。在老师和教练的用心指导下，小军慢慢崭露头角。2016 年，他在中国网球协会少儿网球发展联盟精英赛广州站、深圳福田站的比赛中均为前三名，成功进入全国总决赛，最终获得双打第一名、单打第五名的好成绩。第一次站在全国网球赛的领奖台上，他激动不已。2017 年，他参加了体彩杯、禁毒杯、郑洁杯等大型网球赛事并多次获得第一名。其中参加郑洁杯青少年网球巡回赛深圳站，荣获男子单打冠军，美丽的郑洁姐姐亲手为他颁奖。2019 年，小军成功入选国家少年网球预备队，并参加了国少训练营。在这个过程中，他感受到极大的成就感，增强了自己的自信心。一分耕耘，一分收获，小军不断斩获各类省市级比赛乃至国家级比赛的奖项，而这些收获也鞭策他更加刻苦训练，在这条路上继续努力下去。

网球练就了小军一股不服输的精神，让他懂得了“有志者事竟成”的道理。今后，他会继续保持对网球的热爱和执着的精神，不断努力，继续追求自己的梦想，走向更加灿烂、更加美好的明天！

（案例作者：深圳市光明区凤凰学校　郑侨）

案例 9

“毛毛虫”的蜕变

小毛是一名初二插班生，刚来到新班级时有些拘谨，不久就暴露了他调皮爱玩的本质。此前，他的学习成绩算是中上，但由于转过来后课程难度的提高和学习方式的转变，他明显不适应，第一次月考成绩也出现了明显偏科的情况。小毛在课上比较活跃，但是时有插嘴或起哄。他对老师有明显的喜恶情绪，对于不喜欢的老师，课堂上态度轻浮，甚至打瞌睡。同学们也戏称他为又懒又慢的“毛毛虫”。

针对该生的学习情况和在校表现，我也第一时间和他的家长进行了沟通。沟通过程中发现他的父母都是普通劳动工人，文化水平不高，对于小毛属于放养教育，很少过问孩子的学习情况。爸爸甚至觉得读书没什么用。面对老师的投诉，家长采取的方式更多是打骂为主，因此孩子也越来越叛逆，出现屡教不改的现象。对小毛有了较为全面的了解后，我也开始思考怎么去改善他的学习状况。他最大的问题在于没有学习动力，不知道为什么而读书，没有学习目标，每天都是一种得过且过的状态。于是我开始采取一些措施来激发他的内驱力。

针对他玩世不恭的学习态度，我采取小组合作学习的方式来提高他的自主学习意识。小毛比较爱表现，平时与人交往总是占据主导权，所以我安排他当了小组长，并明确告诉他作为组长的职责。起初，他还是会不重视一些小组活动，但是迫于组员的压力，他也慢慢变得认真起来。首先在课堂上他认真了不少，甚至通过努力表现来为小组加分。他慢慢地与组员建立感情，也改变了以往对于不喜欢科目的态度，这是一个良好的开端。他开始在班级里找到存在感和成就感，通过建立他个人的行为习惯记录本，以及小组监督，他慢慢改掉了一些不良行为习惯。临近期中考试时，我约他谈话，帮他树立了一个小目标，英语至少提高5分。他有些自大，说：“这不是很容易吗？”我打趣道：“是啊，但是对于你这只‘毛毛虫’来说，老师觉得5分就很了不起了。如果你能达到目标，就给你升级做一个月的英语课代表。”他很是兴奋，兴冲冲地回去了。期中考试后，他的英语取得了明显的进步，远远超过5分的目标。我也兑现了我的承诺，从那时候起，他成了我的英语小助手，和其他老师的关系也变得更加亲近了，建立起彼此信任的关系。

我也开始慢慢和他深入沟通，聊到初中毕业后想去哪个学校，以后大学毕业想找什么工作等。对于这些话题他起初都表现得有些青涩，不怎么聊，因为他从来没思考过这些问题。我说："长期的目标你可能还没找到，但是短期的目标你可以想一想，比如期末的目标、初中三年的目标等。"他回去后也思考了这个问题，隔天给了我答复："老师，我期末想考进班级前十名，我初三毕业想考一所美术学校，具体什么学校我还没想好，不知道哪里比较好。"我很欣慰小毛态度的转变。有困难时，他主动和我分析并寻求意见，我也积极帮助他分析目标的可行性以及如何分步实现等。他慢慢找准自己的目标，知道自身的不足后也在努力改变。

一个学期快过去了，可以看到他越来越充满正能量，整个人变得很自信，在努力朝着自己理想的方向前进。班里的同学们也调侃道："现在再也不是懒'毛毛虫'了，是要破茧成蝶了。"

（案例作者：深圳市光明区凤凰学校　郑侨）

案例10

从小立志

童年、少年时期是"志"形成的阶段，这个阶段的孩子也会憧憬着自己的未来。当然，此时他们对于理想和人生价值的认识是肤浅的、不明确的，因此对孩子进行适当的引导十分必要。这一阶段，父母和学校如果能抓好立"志"这一环节，就能使孩子对于以后的人生有一个大局观念。可惜的是，许多父母缺乏从小立志的观念，在引导孩子树立理想上做法欠妥。

在上My Dream这一课时，课前我问了班里的孩子"What's your dream？"（你的梦想是什么？）答案天马行空。有的说想成为航天员，每天都可以遨游太空；有的说想成为服装设计师，设计很多漂亮的裙子；有的说想成为哆啦A梦，拥有百宝袋，变出一种神奇的药物消灭新冠病毒。班里的孩子听完都哈哈大笑。对于小学阶段的孩子来说，他们对未来的设想总是大胆、美好、充满想象力的。

突然一个孩子大声地说："我想成为一名清洁工，把地球打扫得干干净净。"班里个别孩子听完发出嘲笑的声音。我扫视了一下，原来是调皮鬼小A同学。我严肃地看了他一眼，他似乎也意识到自己行为并不妥当，怯怯地举起了手。他起立后说："老师，我爸爸说过当清洁工和服务员这些都是没出息的，别人会看不起的。"

我问了全班同学："你们都支持小 A 同学说的吗？"不少同学都陆陆续续地举起了手。一番询问后，发现好几个孩子都曾表达过想成为护工、园丁、司机等，但是都被父母轻易否决了，甚至是批评。取而代之的，父母给他们灌输的是这样一种理念：成为科学家、医生才是伟大的。可是，对于这些强制灌输的想法，很多孩子并不感兴趣，也不会主动了解。

我说："立志做大事成大业没有错，但是大事究竟是指什么呢？是指科学家这些伟大的职业吗？那每个人都成为科学家了，还有谁来打扫我们周围的环境，还有谁来种植粮食呢？"孩子们鸦雀无声。我补充道："做大事，不一定是要轰轰烈烈，万人瞩目，能把简单的事情做好就是一件大事。职业不分贵贱，每一个勤勤恳恳努力为自己的工作和目标而努力的人都了不起！你们认同吗？"孩子们都点了点头。我继续说道："无论你的梦想是什么都需要付出努力。就算是当一名司机也不容易呀，要学习和了解汽车机械等各方面知识才行，有的司机还要掌握多种语言才能和各个地方的人沟通。无论你们现在的梦想是什么，现在学习知识都是在为你们梦想的实现做铺垫。老师相信你们以后都可以成大事，实现理想，可能你的理想很普通但是都了不起。"小 A 同学听完后，不好意思地站起来为刚刚自己的无礼举动道歉。通过这场讨论，大家对于理想有了进一步的理解。

（案例作者：深圳市光明区凤凰学校　郑侨）

策略四：自我批评

（一）基本概念

自觉地对自己的错误和缺点进行批评。这是一种自我认识活动，强调对于自我真实性的感知。以"我"作为能"思"的主体，唤醒理性的自我反思能力。

（二）基本操作

首先，与当事人交谈，鼓励当事人将自己的认识过程和结论完整地表达出来。在此过程中，谈话者应及时给予回应和评价，帮助当事人全面反思和认识自己。

其次，灵活采用保证书、反思、主题班会等多种形式，让当事人写下或口头表达自身存在的问题，并制订改进措施和近远期目标。

最后，建议当事人可以经常进行自我反思或自我评判，使自己不断进步。

（三）实践案例

案例 1

列宁的自我批评

任何事物都是在不断向前发展的，而每个人的成长经历和所处的环境又不尽相同，因此人们对事物的认知水平就会出现差异。这就决定了不论是党组织，还是党员个人，犯错误是在所难免的。问题在于要敢于开展批评与自我批评。

在长期的实践中，列宁在开展批评与自我批评问题上，为布尔什维克党和世界各国工人阶级政党树立了光辉的典范。早在建党初期，社会民主党的敌人一见到党开展自我批评时就幸灾乐祸、洋洋得意，列宁针对这一现象指出真正的社会民主党人是不怕揭露自己的错误的，他还明确提出了“自我批评”这一概念。他指出：“俄国社会民主党人久经战斗，决不会为这种刺激所惊扰，他们将不理会这些，而继续进行自我批评，无情地揭露自己的缺点，这些缺点是一定会、必然会随着工人运动的发展而被克服的。”①

十月革命胜利以后，列宁仍然重视开展批评与自我批评。他指出：“一个政党对自己的错误所抱的态度，是衡量这个党是否郑重，是否真正履行它对本阶级和劳动群众所负义务的一个最重要最可靠的尺度。公开承认错误，揭露犯错误的原因，分析错误产生的环境，仔细讨论改正错误的方法——这才是一个郑重的党的标志，这才是党履行自己的义务，这才是教育和训练阶级，进而又教育和训练群众。”② 这时，列宁总是积极地引导党员自由地发表意见，听取他们的批评。他还极力主张在党的报刊上开辟专栏，让党员发表自己的意见，甚至经常出版《争论专页》和专门文集，力求就问题的实质来进行批评。

（案例作者：深圳市光明区凤凰学校　邹丽芳）

---

① 列宁 . 列宁全集：第 8 卷［M］.2 版 . 中共中央马克思恩格斯斯大林著作编译局编译 . 北京：人民出版社，1986：200.

② 列宁 . 列宁全集：第 4 卷［M］.2 版 . 中共中央马克思恩格斯斯大林著作编译局编译 . 北京：人民出版社，1986：167.

案例2

小学生自我批评案例

根据科尔伯格的道德发展阶段理论，小学四年级学生大多是10—11岁的孩子，道德发展还处于前习俗水平与习俗水平的过渡阶段，部分孩子发育缓慢，很多道德观念是外在的，即前习俗水平，为了免受惩罚或获得奖励，而顺从权威人物规定的行为准则。根据行为的直接后果和自身的利害关系判断好坏是非。而部分孩子心智已经发展到习俗水平，能够着眼于社会的希望与要求，以社会成员的角度思考道德问题，已经开始意识到个体的行为必须符合社会准则，能够了解社会规范，并遵守和执行社会规范。规则已被内化，按规则行动被认为是正确的。这就可以解释部分学生在进行自我批评的时候，能够意识到自我存在的问题，及其对周围人、周边事情造成的影响；而部分学生仍然以免受惩罚或获得表扬而进行活动。

小学生自我批评的形式：学生口述；保证书；反思；自我检讨等形式。

具体案例：

1. 罗同学最近对完成英语作业态度敷衍，还喜欢找理由找借口。这是教师进行口头批评后，罗同学写下的保证书内容：老师，我以后不会这样了，我会好好上课，好好打卡，好好做作业。因为昨天爸爸带姐姐出去玩了，九点半才回来，爸爸说九点半必须上床睡觉，然后我就忘记打卡，导致这次英语作业不合格。老师对不起，我以后不会再犯这样的错误，我会努力做一个好学生。

2. 曾同学在完成默写作业的时候，偷看草稿纸上的原文内容，被教师发现后还不承认自己有不诚实的行为。教师对她进行引导，并告诉她这是不诚实行为，之后曾同学写下了保证书：昨天，在第八节英语课上，我在背诵没背好、没有背熟练的情况下就开始默写，所以默写花了一二十分钟。我悄悄地把那张纸放在课桌上，开始默写。我偷看了两个英语单词。这件事我不应该找理由，应该诚实，知错就改，如果下次再发生就让爸爸来学校陪读一天。

3. 刘同学对同桌做恶作剧、把筷子插在饭里面“祭拜”、骂同桌等行为受到了同桌付同学的投诉。了解情况后，老师让刘同学写下了反思：我不应该跟同桌产生矛盾，同学之间应该好好相处。同桌是和我们一起学习的好伙伴，我们之间只相处六年以后可能遇不上，所以应该珍惜在一起的美好时光。同学之间应该相互提醒，一起好好学习，同桌之间也应该好好相处，不应该产生矛盾。

4. 赖同学课间在楼梯口跳楼梯，存在很大的安全隐患，自我反思后写下的保证书：老师，今天我在下课时跳楼梯了，还在楼梯口玩耍。我这样已经犯了一个大错，我不能再继续犯错！我以后不会在楼梯口和楼梯上跑、跳，也不会在楼下玩了。如果还有的话，我愿意接受打手十下、下课到办公室站一周的惩罚。我不能跳楼梯是因为会发生安全事故，撞到别人，摔到自己，所以我不会再有下次了！

5. 班级追跑打闹现象严重，有次抓到三个典型的同学，这是他们写下的自我批评的内容：一个同学写他星期一追跑打闹，星期二追跑打闹、上课起哄，星期三乱跳大叫，星期四追跑打闹，星期五追跑打闹、丢同学枕头。他保证如果再犯，就请家长带回去或者陪读；一个同学写他在课间休息时追逐打闹，上课折纸、与同学玩纸，丢同学枕头。如有再犯他就主动停课一天，请家长陪读；另一个同学写他在星期五的课间和同学在教室里玩闹，要是下次课间再打闹他就抄英文课文。

（案例作者：深圳市光明区凤凰学校　邹丽芳）

案例 3

自我批评班会案例

班级最近存在抱怨成风，不从自身找原因，喜欢去抱怨其他同学或其他事物的现象，需要给学生开展“批评与自我批评”班会进行思想建设和班风建设。

活动程序：

1. 四人一组开展批评与自我批评，时长 5 分钟。

2. 全班范围内开展批评与自我批评，举手发言。要求：先自我批评，再批评其他同学，注意分寸，平等对待，立足于为了他人进步、为了班级更团结而批评，切忌存在报复心理及行为，时长 15 分钟。

3. 请大家对照以下内容，反思自身有没有类似的情况，你当时有怎样的想法？经过这节课的学习，你今后将如何对待？

（1）这节课真没劲，先睡会儿再说吧。可是老师批评我不认真听讲。为什么老师总喜欢批评我，而且每次都是这样严厉？我心里很不服气，我讨厌他！

（2）吃饭了，爸爸批评我坐姿不对。为什么爸爸总喜欢批评我，即使是小事都会喋喋不休，真烦……

（3）哼！居然批评我抄作业，你以为你了不起啊！同桌不给我抄就算了，看到我抄别人作业，居然敢说我，真讨厌……

（4）这破车，太挤啦！好不容易有了座位，路人甲批评我不给老人让座。真是多管闲事……

其实，无论是老师、家长或是我们的朋友，如果有人批评你的话，那么，你要知道，他们是在用另一种方式默默地关心你。

面对批评，我们应该：

1. 认真倾听。

2. 冷静处理。

3. 对批评者一视同仁。

4. 学会对比。

感谢批评我的人，因为他们使我不断成长；

感谢批评我的人，因为他们使我渡过难关；

感谢批评我的人，因为他们给我温暖；

感谢批评我的人，因为他们给我力量；

感谢批评我的人，因为他们开化我的蒙昧；

感谢批评我的人，因为他们磨炼了我的意志；

感谢批评我的人，因为他们提高了我的承受力；

感谢批评我的人，因为他们增进了我的智慧。

（案例作者：深圳市光明区凤凰学校　邹丽芳）

案例 4

小学生自我批评范文

小学生缺乏自我意识，更加缺乏自我批评的意识，所以需要老师、家长帮助他们养成自我批评的习惯，吾日三省吾身，从小学生抓起。

批评对于每个人来说都是不愿意遇到的事情，批评是指责，人人都把它视为敌人，但是一次受批评的经历，让我改变了对于批评的看法，我视批评为好友。

一个周日，我和同学去集市上玩，忘了写作业，一时心急我就用两支笔写，虽然难了点，可是一次就能写两行生字，我为自己的聪明偷偷乐了一把。

检查作业开始了，组长被蒙蔽了，我乐啊，觉得自己太有才了，就在我沾沾自喜的时候，老师站起来了，顺手拿起我的本子说：“看看飞洋的作业多好。”老师说着突然愣住了，好一会儿没有说话，原来工整的作业太有规律了，老师发现我是同时用两支笔写的。批评开始了，我无地自容，老师不顾情面地说了我一通，最后以聪明反被聪明误结束了对我的批评。是啊，我的聪明没有用在对的地方。我反省，我把老师每一句话都仔细想想，原来老师的话语里面不只是批评，还有鼓励、鞭策和关爱。

没有批评哪里会有反省，怎么会有改正呢？后来我认识到批评里有鼓励也有关爱。洋洋，你怎么不吃菜啊？能长个子，多吃点。洋洋你热不？冷不？暖不？洋洋啊，你看你把衣服洗成什么样？你应该怎么怎么……唠叨夹杂着批评，我早已听够了。然而经过今天的反省，怎么听妈妈的批评唠叨都是那么顺耳，这些批评告诉了我做事的方法，这些批评里充满了关爱与教育。

批评在我眼里不再是指责，而是鼓励、是关爱、是教导。我视批评为好友。

（案例作者：深圳市光明区凤凰学校　邹丽芳）

案例5

学生自我检讨文章

今天，我怀着愧疚和懊悔的心情写下这份检讨书，以向您表示我对上课讲话这种不良行为的深刻认识以及再也不在上课的时候讲闲话的决心。

这是一次十分深刻的检讨，我对于这次自己犯的错误感到很惭愧，我真的不应该在早自习的时候说话。我不应该违背老师的规定，我作为学生就应该完全听从老师的话，而我这次没有重视老师讲的话，我感到很抱歉。我希望老师可以原谅我的错误。

不过，人总是会犯错误的，当然我也不能以此为借口，我们还是要尽量避免这样的错误发生，希望老师可以相信我的悔过之心。“人有失手，马有失蹄。”我的不良行为不是向老师规定的纪律进行挑战，绝对只是一次失误。老师说的话很正确，我真的感到很惭愧。

相信老师看到我的这个态度也知道了我对这次的事件有很深刻地反思，希望老师可以原谅我的错误，我可以向老师保证，我今后一定不会在早自习及其他任何课上说闲话。

（案例作者：深圳市光明区凤凰学校　邹丽芳）

案例6

学生自我检讨

当学生违反校规校纪，发生严重错误时，更需要写下严肃的、郑重的检讨，以此帮助学生更深刻地认识到自己的错误，并加以改正。这是自我批评的重要功能和作用，帮助个体认识到错误并为后期改正提供思想认识。

每一所学校都希望自己的学生做到品学兼优，全面发展，树立良好形象，也使学校有一个良好形象。每一个同学也都希望学校给自己一个良好的学习环境来学习、生活。包括我自己也希望可以有一个良好的学习环境，但是一个良好的学习环境靠的是大家共同维护建立起来的，而我这次却犯了错误，破坏了学校的良好环境，这是很不应该的。若每一个同学都这样犯错，那么就不会有良好的学习环境，对违反校规的学生给予惩罚也是应该的。

我在家也待了半个月了，自己想了很多，也意识到自己犯了很严重的错误。我知道，造成如此大的损失，我应该为自己犯的错误付出代价，我也愿意承担责任，我知道自己在此错误中负有不可推卸的主要责任。

我真诚地接受批评，并愿意接受学校给予的处理。

对不起，老师！我犯的是一个严重的、原则性的问题。我知道，老师对我违反校规的行为非常生气。我也知道，对于学生，不触犯校规，不违反纪律，做好自己的事是一项最基本的责任，也是最基本的义务。但是我却连最基本的事都没有做到。如今，犯了大错，我懊悔不已。我会以这次违纪事件作为一面镜子时时反思自己，批评和教育自己，自觉接受监督。我要知羞而警醒，知羞而奋进，亡羊补牢、化羞耻为动力，努力学习。

我也要通过这次事件，提高我的思想认识，强化责任担当。我还是很想好好学习的，学习对我来说是最重要的，对我今后的生存、就业都是很重要的。我现在还很小，还有去拼搏的时间。我还想再拼一次，再去努力一次，希望老师给予我一个做好学生的机会。我会好好改过，认认真真学习，那样的生活才充实。待在家也很耽误课程，学校的课程本来就很紧，学起来就会很费劲，在今后的学习生活中，我一定会好好学习，各科都努力往上赶。

记得刚进入学校时，班主任和副班主任对我抱有很大的期望，学习强度也还能接受，可我却在纪律方面出现了问题，在学校三令五申的铁律下，在严明校纪校规的大环境下，我犯下这么严重的错误，学校对我是应该严惩的，我不知多少次大声地说，校长、老师我错了！妈妈、爸爸我错了！

在这半个月中，我每天还是按时起床，想想我在学校也生活近两年了，对学校已有很深的感情。今后在学校，我会以新的面貌出现，不再给学校和年级还有我的班主任抹黑。无论在学习还是在别的方面我都会以校规来严格要求自己。我会把握这次机会，将它当成我人生的转折点。老师希望我们成为社会的栋梁，所以我在今后的学习生活中会更加努力，不仅把老师教我们的知识学好，更要学会如何做人。犯了这样的错误，对于家长而言也是一种巨大的打击。家长辛辛苦苦挣钱，让我们可以生活得比别人优越一些、好一些，让我们可以全身心地投入学习中。但是，我犯的错误却违背了家长的心愿，也是对家长心血的一种否定。

我对此感到很惭愧。相信老师看到我这个态度也知道我对这次事件有很深刻的反思，请相信我的悔过之心，我的行为不是向老师规定的纪律进行挑战，只是一时失足，希望老师可以原谅我的错误，我也会向您保证此事不会再发生。对于这一切我还将进一步总结，深刻反省，恳请老师相信我能够吸取教训、改正错误，把今后的事情加倍努力干好。同时也真诚地希望老师能继续关心和支持我，并对我的问题酌情处理。

（案例作者：深圳市光明区凤凰学校　邹丽芳）

案例7

教师自我批评之课后反思

教师在教育教学活动中同样需要不断反思、不断自我批评才有更大的进步，在课堂教学、班级管理和其他事务中，时刻需要自我批评与反思，促进教师思想认识的提升。以下，是一个深圳小学英语老师的课后反思合集。

1. 六年级上册 Module 1 Unit 2 Period 1 教学反思：一般过去时是贯穿小学六年级英语课程学习的时态，所以上课设计了复习动词过去式的环节，让学生对动词过去式更加熟练。但学生在自己描述 My Summer Holiday 时，还是不会主动运用动词过去式，而是说出了一般现在时的动词，说明在动词过去式和一般过去时的讲授上还是不够，需要设置更多环节，巩固一般过去时；学生读课文时不够流畅，在课堂上读课文时间太少，学生听课文、模仿课文语音语调的时间少，所以齐读和自己读课文的时候不够流畅。

2.六年级上册 Module 1 Unit 5 Period 1教学反思：There be 句型意思是“存在，某地有某物”； have/has意思是“某物/某人拥有……”这两个句型不能并存，互相排斥，不可出现There has， There have的情况。这个要跟学生讲透，并在后面的落实过程中，多增加一些练习，以及做题方法和技巧的分享，这样学生才能学扎实、学透彻；课堂指令很清晰，目的性很明确，这点继续保持并精益求精；worksheet小组活动再优化一些，把时间留给后面的文本精读和情感教育。

3. 六年级上册 Module 2 Unit 2 Period 2 教学反思： 教具制作精美，但临上课前才发现有两张卡纸做得不够，临时加的，所以之后要提前过一遍所有的课文；由于对课文不熟练，所以关键词的提取不准确；Warm—up 环节气氛不够活跃，可以设置与本篇课文相关的歌曲或者 chant 之类的，或者 paper，scissors，stone 的形式活跃气氛，而不是直接点名回答；Listen and order 环节，PPT 只有 5 幅图，黑板上 6 幅图，需要提前更改 PPT，要不然效果不好；学生在课本上找线索回答问题的环节有点冷场，时间给得太多，学生早已经完成，并且没有讨论，以后可以加入讨论环节，采用与同桌、前后桌讨论答案、一问一答的形式，如此一来气氛活跃，且答案准确度更高；dig—dug 的 u 发音，可以使用 duck 等词来引导，类似的方式还能复习到其他单词的发音；每一幅图片的讲解不够深入，教师 demo 不够形象生动，且每一幅图片可以提一个问题确认学生是否理解，或者邀请学生模仿；学生找出动词过去式的环节教师应该提前给出 do 对 did，dig 对 dug，sleep 对 slept， have 对 had 的提示，再让学生找出动词过去式会思路更清晰；表演环节不够规范，没有分好角色、分好组，没有给出动作和语言指导，要求没有说清楚，所以导致排练过程中有小组不认真的现象，没有达到高效率的学习效果；Retell 环节不够清晰，学生不能及时并流利完整地输出，教学目标未能达成；学生的单词积累量还不够，所以导致最后拓展环节说不出英文，只能用中文表达想法。

（案例作者：深圳市光明区凤凰学校　邹丽芳）

策略五：慎独

（一）基本概念

慎独语出《礼记·大学》：“此谓诚于中，形于外，故君子必慎其独也。”

意为在闲居独处无人监督之时，须谨慎从事，自觉遵守各种道德准则。体现了道德主体对内心道德本性的持守，是以人心内在的修养作为道德品行的前提。

（二）基本操作

首先，向学生初步解释“慎独”一词的来源、基本含义。

其次，通过讲述古今中外的名人故事引发学生对“慎独”一词的兴趣，亦可筛选社会上典型的案例，借助故事辅助学生更深层次理解作为道德品质的“慎独”。

最后，让学生对故事进行评价，并以慎独为标准反思自己的日常行为，也可让学生在卡片上写下努力目标，由老师或同学之间进行监督和定期检查。

（三）实践案例

案例1

主题班会“慎独”

保护动物，尤其是珍稀动物，这是我们众所周知的事情。但是刘海洋——一名清华大学的高才生，众人眼中的优等生，为了研究“熊的嗅觉是否灵敏”，竟用泼硫酸的方式伤害了动物园里的棕熊，造成两只棕熊大面积烧伤。这两只棕熊是1971年罗马尼亚政府赠送给我国的一对棕熊的后代。诸如此类损害社会形象和公德的事情为什么会发生？我们该如何更好地维护社会公德？

第一环节开展活动“道德规范知多少”。

在汪老师所带的七年级七班开展了关于慎独的主题班会。首先第一个活动是道德规范知多少，老师将学生分为四组，筛选社会上影响社会公德的事件作为题目储备，并在班会上让学生抢答。通过抢答环节，教会学生应该如何面对社会中的不文明现象，并且展示不同的、发人深思的社会事件及其图片，使学生认识到这些社会事件产生的危害。

第二环节班级讨论。

“面对这样的危害，我们应该怎样去做？”汪老师如实问道。我们需要通过呈现案例让学生参与讨论、发表自己的观点。在同学们讨论得差不多时，由汪老师进行总结，并且提出新的问题。

“我们的物质生活条件越来越优越，那么是否一个民族的进步，仅仅只是在物质上富足就可以了呢？很明显不是，那么请同学们围绕这一话题来探讨我们是否需要具备精神素养，同时我们怎样丰富自己的精神文化内涵，让自己的素质与物质发展更加匹配。”

同学们提出了自己的看法。同学甲说应该多读书、读好书，提高自己的内在修养；同学乙说应该少玩游戏，多出去走走；同学丙说平时应该遵守班级规范，努力学习的同时也要重视思想道德的修养，平时尊敬师长，团结同学。

听完这些，汪老师总结道：“文明素质水平其实是通过我们的一言一行甚至是一个细小的举动慢慢提高的。一滴水可以折射太阳的光，我们的文明素质也能够通过日常行为在所有人面前表现出来，因此，我们要规范自身的行为。让我们共同吸取刘海洋事件的教训，努力提升自己的文化素养，不仅要重视能力，也要重视精神方面的追求，做一个在社会上加分的高素质人才，我们要从现在做起，严于律己。”

最后，汪老师语重心长地说：“这些小事看似简单，但却体现了道德建设的真谛，那就是从小事做起、从具体的行为入手。而且不仅仅是在班级，通过班级能够反映学校、反映社会，甚至是一个城市的公民的总体素质，展现出一个城市公民的道德水平。因此，要做一个合格的公民，就必须遵守社会公德，从身边的小事做起，养成文明礼貌、助人为乐、爱护公物的好习惯。成为文明城市的好公民，让我们的社会更加美丽和谐。”说完同学们长时间地鼓掌，相信他们在其中收获到了慎独教育的核心思想，那就是不断提升对自身的要求，严于律己。

（案例作者：深圳市光明区凤凰学校　陈家麟）

案例 2

慎独教育的必要性

2021 年夏季的一个下午，最后一节课是班会课，易老师带着学校印发的通知材料，向办公室走去，却发现班里面两个同学正在与隔壁班级的同学激烈地争吵。由于快上课了，易老师让一个同学去叫他们，但他们不但没有回来，反而吵得更加激烈了。

易老师上前了解他们争吵的原因，原来是 6 班的姜同学在公共洗手间丢了一个有着卡通卡套的乘车卡，后来姜同学发现 7 班有学生拿着他的乘车卡走进了教室，于是 6 班的同学向 7 班的同学把这个乘车卡要回去，并认为 7 班的同学未及时地把东西交给老师，就是偷。而7班的同学对此据理力争，认为不是他们偷的，是刚刚在厕所捡到的，因为铃声响了所以只能拿着赶紧往教室走，然后就出了这样的事情。在了解清楚情况之后，易老师让7班的同学先跟6班的同学道歉，然后再从生活委员处要了一些粉笔送给他们。

由于马上要开班会课，结合这件事情，易老师觉得可以利用本次班会课来开展慎独教育，让他们意识到虽然这件事情很小，但是背后却包含着深刻的道理。

回到7班的教室，有一部分同学已经了解刚刚发生的事情，于是易老师让他们思考和讨论这件事情，并且要求他们在描述事情经过时，不增加任何的主观意见，让他们对此事进行讨论。五分钟之后，有一个学生举手表达了自己的看法，他认为班里面出现了小偷，给班级带来了负面影响，应该把这件事情查清楚，给别班的同学一个明确的交代。而其他同学却认为这件事情并没有他说的这么严重，应该从轻处理，不然可能会对该同学的心理健康造成不好的影响。老师在等到大家情绪缓和之后，在黑板上写下两个大字，慎独。

许多同学表示不知道什么是慎独，于是易老师给他们讲了一个故事。有一个心理学家曾经做过一个实验，他在一个大厅内准备好了若干个隐藏的录音机，请老师带领学生在礼堂里坐下。礼堂里十分安静，随后心理学家让老师离开。在老师离开后，礼堂瞬间沸腾起来了，同学们七嘴八舌，好不热闹。等老师回来之后，心理学家拿出录音机播放录音，发现在老师走了以后，礼堂内充斥着同学们各种不堪入目的话语，各种各样的脏话，各种各样的丑陋的语言，而这些话语都被录了下来。讲完这个故事以后，易老师进一步解释道，慎独是指一个人即使是在独处的环境当中，依然严于律己，严格把规范自己的言语和行为举止，不断地对自己提高要求，以防止自身出现不符合思想道德的行为。这就是道德修养的一种较高境界。慎独的含义在于，不要以为别人不知道就可以为所欲为，不要以为事情很小就可以随心所欲，在一个人独处的时候，更要审慎独之，坚持原则。

有些同学听后表现出了极大的兴趣，但也有一些同学认为这跟他们的生活没有直接关系，面对这样的一种情况，易老师想让学生们知道慎独与日常生活、与每一个人的关系，于是提出问题——在日常生活当中慎独有什么意义呢?

有些同学认为小便宜不能占，因为这体现出一个人的道德修养；有些同学认为，不管是独处还是与大家在一起的时候，都要坚持自己的原则，并且做到与人为善、以诚待人，不能够表面一套背后一套；有些同学说，不仅是老师在的时候，要严格要求自己，老师不在的时候也要认真学习，积极地要求自己；有些同学说，在考试前应该认真复习，考试时则应诚信对待，诚信对待自己的成绩。

听到这些，易老师感到非常欣慰，学生们能够通过案例列举快速地了解新的知识，并且领悟到慎独与生活之间的关系，反思自己的日常行为是否妥当，以此加强对自身的认识。易老师让学生拿出本子，把这个学期的学习计划写出来，并且分析自身以及学习方面的优缺点，希望他们通过学习计划能够得到一些启发与认识。

易老师说，有些同学习惯对自己日常的学习生活进行规划，规划得非常具体和细致，并且执行得非常到位。一步一个脚印，这样能够取得良好的效果。而有些同学只是应付老师，没有认真地对自己目前的情况进行分析，计划最后成了一纸空文。计划如果是列给别人看那就毫无意义，计划应该是给自己制订的，这样当我们真正去做的时候，才有方向，知道自己往什么方向努力。听完易老师的话，学生们写得更加认真，并且主动地去思考自己在各个学科的学习情况。易老师最后也对班会进行了总结，并对同学们提出了希望，希望他们在生活学习当中时时刻刻都要注意慎独。

班会结束以后，一部分同学在课后利用师生交流本与易老师展开了更深层次的探讨。第二个星期，易老师收到了同学们写下的个人学习计划和班级工作计划，与以往不同的是，这一次的计划更贴合他们的实际，他们也对自己的情况进行了更多的分析，看得出班会课对他们的思想产生了非常重要的影响。计划交上来之后，很多同学开始按照计划努力，看到他们一步一步地成长，易老师感觉到本次的班会是非常值得的，看来慎独的教育对于他们来说是至关重要的。

（案例作者：深圳市光明区凤凰学校　陈家麟）

案例 3

慎独故事分享

目前，我们的经济发展迅速，物质生活水平日益提高，但是精神修养却跟不上经济发展的脚步。例如在自我规训上，面对社会上膨胀的信息以及各种光怪陆离的流行文化，很多同学失去了自己的方向，开始追求所谓的新潮、个性，认为学校的校规校纪是他们身上的枷锁。为了帮助他们真正认识到“没有规矩不成方圆”，学校举办了慎独系列主题班会，让同学们在班会活动中分享慎独故事，参与讨论，使他们真正地理解慎独内涵，养成良好的行为习惯，规范自身行为，为促进良好的校园学习氛围提供重要的文化保障。

老师：同学们，有些同学出现不重视校园校规的行为，认为那是一种枷锁，有些同学甚至也出现了抄作业、顶撞老师等等的现象。今天我们针对几则故事开展讨论，同学可以以学习小组为单位，对这些故事进行讨论。

分享故事一：

从前有一只猴子，它在森林里生活，但它听别的动物说，在离森林不远有一处仿佛天堂一样的地方，那里环境优美，食物充足，景色宜人。猴子听了很心动，它决定立刻启程去看看。历经千辛万苦，跋山涉水，猴子终于来到了一处胜似天堂的美妙圣地，这里花草缤纷，清泉叮咚叮咚地从山谷间流淌出来，倒映出五颜六色的彩虹。动物们的生活充满了欢声笑语，好不热闹。猴子感到自己终于来对了地方，于是在这里开心地生活。但后来，它发现天堂也有规则，比如不许乱扔垃圾，不许乱采花朵等等。猴子不信邪，它认为天堂应该是无拘无束、想做什么就做什么的地方，结果却被森林里的其他管理者教育了一番。比如因为乱扔垃圾被小白兔罚搞卫生好几天，因为随意采花被灰狗惩罚做俯卧撑好几个。猴子认为这十分不合理，便继续踏上了寻找天堂的路，它要寻找一个没有规矩、只有快乐的地方。你们觉得，猴子能找到这样的地方吗？

看完这则故事，学生们陷入了沉思。有个学生举手回答：“不能，因为如果什么都能干，不加约束，那么森林的环境就会越来越糟糕，天堂也就不复存在了。”老师赞同地点了点头，其他同学听后也纷纷鼓掌。于是老师点开了第二个故事分享，希望学生们能够从古人的生活中学到智慧。

分享故事二：

东汉时期有一位被誉为“关西夫子”的官员杨震，他为官清廉、刚正不阿，在他任职期间百姓安居乐业，关西地区一片欣欣向荣的景象。同时，杨震也具有一双会识人的慧眼，在他任职荆州刺史时，发现一个才华出众的人叫王密，他积极地向朝廷举荐王密。朝廷接受了杨震的举荐，委任王密为昌邑（今山东巨野县）县令。后来王密心怀感激，并认为自己需要做些什么才能回报杨震的举荐之恩，于是他在一天晚上偷偷地给杨震送去十斤黄金，希望杨震收下，并声称夜里无人，这件事情无人知晓。杨震看到后脸色阴沉，对他斥责道：“你送黄金给我，天知、地知、你知、我知，怎么能说无人知道呢？自古以来，君子慎独，哪能以为无人知道，就做出违背道德的事情呢？”一席话，说得王密羞愧难当，他急忙起身谢罪，收起金子走了。

分享故事三：

在南北朝时期，有一个农夫叫甄彬。此人品行高洁，从不取不义之财。有一年闹春荒，家里能吃的东西都吃完了，全家人饥肠辘辘。甄彬找到一捆苎麻，拿到当铺，典当后换了一些钱，买了些粮食，勉强度过了春荒。而后所幸风调雨顺，是个丰收年。在秋天大丰收后，甄彬卖了些粮食，凑齐了钱，到当铺里将那捆苎麻赎了回来。过了几天，甄彬的妻子拆开麻捆准备纺线时，猛然从里面掉出一个布包，发现里面竟然包着五两黄金，一家人很是惊喜。甄彬对妻子和儿子们说：“可能是当铺的伙计在收拾库房时，不小心把这包黄金裹进了麻捆里。按道理，我们留下它也未尝不可，我们家需要用钱，这钱能够被我们获得也是冥冥之中自有缘分，当铺的人肯定也不知道。不过，话得说回来，古人云君子爱财，取之有道，咱们人穷志不穷，不是我们该得的东西，不要说是五两黄金，就是一文钱也要不得。你们以为如何？”甄彬的妻子、孩子平日里深受他的影响，也都为人正派，他们都很赞成甄彬的意见。于是，甄彬立即将黄金还给了当铺。

学生听后，更是炸开了锅地讨论。有些同学认为甄彬未免也太傻了，五两黄金放到现在也是一笔价值不菲的财富。而他的言论很快被其他同学反驳，这样的钱拿在手里并不开心，因为这不是自己通过劳动赚取的，可能这些钱也是当铺的救命钱。听到学生们的讨论，老师欣慰极了。他们在设身处地地将自身代入这些情境当中，并且认真的思考。最后等他们讨论得差不多了，老师让同学们再看两则故事材料。

分享故事四：

古时候，有个进京赶考的秀才，在路过一片成熟的桃林时，他又累又渴，路人都劝他在桃林里摘几个桃子充饥。但是当时桃林的主人并不在，秀才说：“桃李无心，我心有主。主人不在，桃李是不会管自己的，但是我去偷吃，我的善心则不存在了。”

分享故事五：

清朝雍正年间，叶存仁同样也是一位为官清廉，刚正不阿的官员，先后在多个地方任职，为官三十余载，在各地深受百姓的爱戴与好评。有一年在他即将离任之际，下属为了表达对他的感激之情，同样在夜里，将自己的赠礼放在了小舟里，并派人通知叶存仁收取。其实叶存仁是可以收下的，但是他却非常坚定地拒绝了，并即兴赋诗一首：月白风清夜半时，扁舟相送故迟迟。感君情重还君赠，不畏人知畏己知。随后将礼物完璧归赵了。

看完这两则故事后，同学们兴奋地说，老师我终于知道什么是慎独了。老师问慎独是什么，同学们回答：慎独就是严于律己。老师笑着说是的。在课后，老师给他们布置了作业，完成对今天五则故事的感想，可结合自身的经历写出对未来的展望和对自身问题的反思。

（案例作者：深圳市光明区凤凰学校　陈家麟）

案例 4

慎独班会——严于律己

经过刚开学的适应期，有一些初一的同学认为离中考还很远，在精神上有所懈怠。同时学生随着年龄的增长，身心有了很大的变化，有些同学认为自己已经长大了，可以反抗家长和老师的管教。由于对自身的约束力差，课堂表现差，抄作业、攀比等不良风气开始抬头，学生也出现了两极分化。为此，本班决定召开“他律、自律、慎独”的主题班会，对同学们进行提醒和帮助。

一、班会组织要求及准备

1. 本次班会要求同学们都要加入，这样才能实现最好的效果。本次班会将筛选社会上典型的慎独案例，由同学们分组进行小品表演，在此之前各小组需要整理好台词和文案，并由老师审核。

2. 通过小品表演、感言宣讲、小组互评的方式，增加学生对慎独精神的认识，提高学生的表达能力、组织能力、创造能力，帮助学生实现全方位的进步与成长。

3. 注重评价，培养学生的思维能力。让学生评价故事，并由此进行自评、互评，加深学生对问题的认识深度。让学生明确自律的重要性和层次性，理解自律的最高境界为慎独，促使学生将其作为自己终生的目标。

4. 要求学生根据自己的问题，结合身边及年级里优秀的学习对象，进行反思，为自己在生活和学习方面制订改正计划和提升目标，并写下目标卡，在学期末核对目标是否已经实现。

5. 班委带领同学们在最后一起齐声念班规，在今后努力学习，积极上进。

二、班会准备

1. 召开班委会议，调查班级同学存在的不良行为，加强班委团队建设，增强班委凝聚力。针对存在的问题共同制订方案，召开慎独主题班会，此次班会需要涵盖每一个同学，绝不允许有同学掉队。

2. 班委需要联系自己的实际，每个人分析自己的问题，并由他人进行点评及指正。

3. 将全班分成六个组，针对事前收集的六个故事进行阅读，并且开放性地对后面的故事进行续写。在续写完成后，首先进行小组互评，选出优秀结尾，并将其改编成小品，在班会课上表演。同时给故事起名字，并将故事设计成简单图画，制作成幻灯片。

4. 请本班的优秀学生代表准备好讲述自我规训的经历。

三、班会过程

（一）导入

（主持人致辞）

女：同学们，我们正处在社会大变革的时代，快速膨胀的信息、繁杂的社会文化，注定是浮躁虚无的。而学习走向卓越，要求我们心无旁骛，沉下心来面对自己。对于刚刚进入初中的我们而言，面对这样的过程可能会有些手足无措，不知道从何做起。

男：曾几何时，网络流行文化成了我们常谈的话题，新奇的文化和服饰成了我们的追求。我们的心思不在学习上，而是放在标榜自己的个性与独特上，失去了沉淀自己和提升自己的机会。

女：于是，迷恋小说、电视，上课说话、课下抄袭作业等现象多了起来。有的同学的学习成绩全面告急，更严重的同学开始自暴自弃，埋怨同学、埋怨老师、埋怨父母、埋怨身边的环境，殊不知问题其实是出现在自己的身上。

男：只有注意慎独，规训好自己，我们的学习与生活才能柳暗花明又一村。

合：慎独主题班会现在开始。

女：自我约束、自我教育便是自律，自律的最高层次是慎独。什么是慎独呢？

请听李莹同学讲一个关于天知、地知、你知、我知的小故事。

东汉时期有一位被誉为“关西夫子”的官员杨震，他为官清廉，刚正不阿，在他任职期间百姓安居乐业，关西地区一片欣欣向荣的景象。同时，杨震也具有一双会识人的慧眼，在他任职荆州刺史时，发现一个才华出众的人叫王密，他积极地向朝廷举荐王密。朝廷接受了杨震的举荐，委任王密为昌邑（今山东巨野县）县令。后来王密心怀感激，并认为自己需要做些什么才能回报杨震的举荐之恩，于是他在一天晚上偷偷地给杨震送去黄金十斤，希望杨震收下，并声称夜里无人，这件事情无人知晓。杨震看到后脸色阴沉，对他斥责道：“你送黄金给我，天知、地知、你知、我知，怎么能说无人知道呢？自古以来，君子慎独，哪能以为无人知道，就做出违背道德的事情呢？”一席话，说得王密羞愧难当，他急忙起身谢罪，收起金子走了。

女：亲爱的同学们，从杨震拒金的故事中，你是否已经明白了慎独的含义？所谓慎独，意思是说，不管是一个人还是身处在集体中的多个人，我们都需要时刻谨记严于律己，审慎独之，严格要求自己、规训自己，只有这样才能把事情做好。

男：在我们班集体中，也有非常多严格要求自己的同学，他们在本次班会前精心排练，已经准备好了以下节目，下面请六个小组的同学根据抽签顺序，依次进行表演。

（二）表演

第一组：独自在家

第二组：拾金不昧

第三组：丢与偷

第四组：雨中即景

第五组：讲与抄

第六组：笤帚情节

（三）评论

女：感谢以上六组同学的精彩表演，六个故事各有侧重，但都真实地反映了我们的思想状态，参加表演的同学虽是初次表演，但都能准确的表现故事中人物的心理活动，让我们再次为他们的高水平表演鼓掌！

男：故事是精彩的，主人公的自我约束力、道德水平是不是一样呢？显然不同，下面先听一听各组的自评吧！

投影：（根据故事内容绘制的漫画）

自评：

第一组：没有家人在场，小欧经过思想斗争，能够抵抗电视的诱惑，专心写作业。

第二组：没有人在场，陈翔在拾到巨额财物时，自觉为失主着想，拾金不昧，做得很好、很机智。

第三组：小聂虽丢车却不丢道德，主动为别人看车，实在是品德高尚，做到了自律；张明在别人的劝阻下，避免了干坏事，最终办了一件好事。

第四组：小黄和小叶因为下雨，便不顾社会公德，将伞拿走，既不符合《中学生日常行为规范》的要求，又缺少公德意识，但这种现象在同学中是存在的。

第五组：小明能做到不让同学抄作业，而是耐心地为同学讲解，这种助人为乐的精神值得我们学习；王小刚在别人的帮助下能及时纠正错误。

第六组：三个同学的表演很真实，三种不同的做法又体现了不同的自制力，我们应该向暴晓同学学习，增强自制力从身边的小事做起。

女：各小组讨论评议，六个故事的主人公自律水平如何？（小组代表发言，可有争议。）

（1）第四组两个主人公和第六组前两个同学是不讲道德的人；

（2）第三组、第五组的同学，能在他人帮助下不做坏事，是他律；

（3）第一组和第三组的同学在没有他人在场的情况下，经过思想斗争，做到了自律；

（4）第二组主人公，第五组、第六组的同学，独处时能不做坏事，而且不让恶念头萌生，他们做到了慎独。

女：慎独是一种精神，也是一种境界，慎独精神让我们成长得更好，让我们能够明辨是非，审慎独之。

（四）倡议

（请班长陈同学带领全班同学朗读班规）

（集体签名，配乐）

女：下面请我们这个大家庭的“家长”李老师做总结。

（五）班主任总结

（六）主持人：

初一五班慎独主题班会到此结束。

（案例作者：深圳市光明区凤凰学校　陈家麟）

案例5

慎独教育总结

作为教师，应该为学生的方法论、世界观提供正向引导，丰富学生的思想，推动他们在今后的人生道路上不断提升和完善自我。不管是作为班主任抑或科任教师，教会学生慎独精神至关重要。慎独精神能够帮助学生规范自身、做好自己，也为他们在学习上取得进步奠定良好的基础。

2020年9月，对我而言意义非凡，在这时我迎来了七年级三班的学生。作为一名新教师，我深知中学阶段是学生三观逐渐形成的重要阶段。除了知识的教授，更重要的是引导他们养成良好的行为习惯，塑造自己的人格，不断提升自身的道德修养。正是抱着这样的想法，在平日的教育教学过程中，在日常的点点滴滴中，要对这些学生加强观察，增强他们的学习意识和心态。

经过一个学期的努力，七年级三班在学校、老师和家长的共同努力下，建设成为一个凝聚力强、学习氛围好、班级风气积极向上的优秀班级。那么如何引导班级建设成一个能够拥有慎独精神的班级，如何加强班级建设？以下是我的看法：

一、相信学生，改变学生

入学时，七年级三班有50人，其中男生30人，女生20人。从军训开始我便观察班上同学的表现，为班委的选择做好准备。男生普遍热情较高，对于教官的指令比较配合。其中以小郑同学最为典型，他对于身边的同学能够给予充分的理解和关注，并且能够伸出手帮助他人，但由于纪律问题被其他老师批评过一次。女生普遍训练踏实，较为细心。我没有对过分表现的学生予以压制，而是在心中默默地计划。开学后根据每个同学的性格特征，以及在军训中的表现并适当参考了他们以前的经历，我组建了第一届班委会。我大胆地任命小郑同学作为我的课代表。小郑同学听到我的任命时非常惊讶，但我从他的眼神中看到了跃跃欲试和热情的光芒。而后一年，小郑积极协助老师进行班级管理，关心同学和班集体的特质让他广受好评。我想，对于一些有较强表现欲的同学，要给予正向的引导和关注，这样才能帮助他们真正规范自身的行为，最终对班级产生积极正面的影响。

二、平等对待学生

记得美国总统华盛顿在他的演讲中曾经这样说过：人，生而平等。老师和学生在人格上也是平等的。但是，教师作为有自主行为的成年人，应该谨记自身要规训好自身的言行举止。因为在学生眼中，教师就是标杆、就是榜样，所以我们需要格外注意自己的言行举止，这样才能对学生产生好的影响。

三、及时肯定学生

不管对于成绩优秀的学生抑或后进生，都要学会用赞许的眼光肯定他们身上的闪光点，并根据他们的特点思考对应提升他们的建议和措施。

四、关爱学生，体贴学生

多萝茜·洛·诺尔特说过，一个孩子如果生活在鼓励之中，他就学会了自信；如果生活在表扬之中，他就学会了感激；如果生活在接受之中，他就学会了爱；如果生活在认可之中，他就学会了自爱；如果生活在承认之中，他就学会了要有一个目标……体贴关爱学生，让他们能够更好地成长，获得突破。

在科任教学中，科任老师们通过分享学科故事，不仅提高了学生学习兴趣，更帮助他们养成了慎独的习惯。

物理老师在物理特色课程上，讲授牛顿运动定律时，分享了牛顿的名言给学生，例如“我就像一个在海边玩耍的小孩，偶尔拾到一个美丽的贝壳，如果说我比别人看得远一些，那是因为我站在巨人的肩膀上。”通过这段名言，教育学生在学习上谦虚谨慎、不骄不躁，同时也培养学生实事求是的科学态度。

通过讲授我国两弹元勋邓稼先、钱学森冲破国外重重阻力，毅然决然放弃国外的优越生活和丰富条件，怀着满腔的爱国热情和报国志向回国的故事，让学生明白运用自己所学报效祖国才能实现真正的人生价值。

德育是教育的灵魂，它的本质是培养道德，即让学生养成良好的思想道德品质。青少年正处于思想品德逐步形成和发展的关键时期，这一时期的教育，对他们的人生来说，有着定向和奠基的意义。

然而我们在班主任工作中发现，在班级当中普遍存在着这样一种现象，即许多学生在人前人后的作风并不相同。举一个例子，有些学生在老师的面前可能表现得比较乖巧勤劳，同时在班集体的劳动活动当中，不怕苦、不怕累、不怕脏，但是当他们回到家的时候，帮家人做家务活都不愿意干。也有一些学生可能碍于班主任的威严，在班主任面前表现得非常的安静听话，但是当班主任走之后，在自习课上就肆无忌惮，并且出现了扔东西、说脏话的情况。再有一次，班级进行选举的时候，我没有发选票，让他们自主在纸张上写上职位及对应的班委名字，结果50人的班级，却有53张选票。以上这些事例就证明了学生们并没有在日常行为当中养成慎独的习惯，用严格的行为来自我规训、自我要求，而是在缺乏相应监督的情况下，任意妄为。完善规则是一方面，但更重要的是坚定自己对自己的严格要求。

可见,“慎独”的实现需要十分坚定的原则和信念。这样才能让学生摆脱偷懒、对自己纵容的想法。若是放任不管，让他们觉得这样的事情可有可无，势必会助长班级不良风气的形成，从而影响到学生成长。

基于此，我针对在班里观察到的一些现象，经常给学生讲述“关西夫子”杨震“慎独”的故事。并且我还补充道，有一个心理学家曾经做过一个试验，他让班级老师把学生带进学校大厅，并在大厅中放了一个监控。起初学生非常安静，但是后来心理学家示意老师们都离开大厅，让学生原地等待。结果核查监控发现，学生在老师走后露出了正面目，他们言行粗鄙，乱扔东西，跟往常的乖巧形象大相径庭。听完我的描述，部分同学羞愧地低下了头。

经过这一场教育后，许多学生发生了转变。即使是自习课，班级依旧非常安静，偶尔老师不在的时候，也能保持安静。班级的卫生不需要老师时刻去提醒了，讲台周围及讲台都被值日学生打扫得干干净净，即使是平时班级上的卫生状况也非常好。只要看到垃圾，就会有学生积极地捡起，然后丢进垃圾桶。班级的氛围悄然转变，学习氛围越来越浓厚，科任老师的反馈也越来越好，形成了良好的学习生活环境。这不仅对学生的学习产生了促进作用，更增强了他们的集体荣誉感，促进了班级凝聚力的形成。

（案例作者：深圳市光明区凤凰学校　陈家麟）

第五章

赏罚教育

赏罚教育是一种“德育手段”，是指教师传递德育内容所依赖的工具、载体或中介。要达到一定的目的，必须有赖于一定的手段。从学校道德教育来说，无论学校构想的道德目的多么全面、合理，无论教师为实现该目的的态度多么虔诚、决心有多大，如果缺乏实现这种目的的手段，又不严肃地思考和切实地创造某种适合的手段，目的就将会变得毫无意义。在新时代立德树人的背景下，研究奖赏、表扬、惩罚的运用原则和实施策略具有十分重要的意义。

第一节　对赏罚教育的认知理解

一、赏罚

据史料记载，赏罚作为一种重要的管理手段，是随着私有制的产生而产生的。赏，大约可以追溯到殷周之际。据《周易》记载，周朝的政治机构只做三件事：第一件是享祀，祷求神权；第二件是战争，争地夺人；第三件是赏罚，赏功罚罪。[①] 赏罚是由赏和罚组成。赏罚的赏，是奖赏的意思；赏罚的罚，是惩罚的意思。由赏和罚组成的赏罚，意指奖赏有功的人和处罚有过错的人。赏罚的标准是功过，赏罚

① 段奇明，李长河．中国古代赏罚论初探［J］．吉林大学社会科学学报，1991，31（2）：13–18.

的内容既包括物质的赏罚，如荣誉、财物及某种行为等，又包括非物质的赏罚，如赞扬、责备、训斥等。道德赏罚简单地说就是赏善罚恶的活动。[①]

战国末期的法家代表人物韩非提出“杀戮之谓刑，庆赏之谓德”。可见，赏与罚是用来控制下级的两种手段。具体来说，就是通过奖赏有功之人以激励民众，通过刑罚以惩治臣下，统一百姓的行为规范。韩非认为赏与罚都应该通过“法”予以实现。他认为，要治理混乱、统一百姓的行为规范，没有什么比得上利用法度。激励官员、威震百姓，没有什么比得上利用刑罚。他理想中的法度是这样的：其奖赏足以劝勉善行，其威势足以战胜暴虐，其措施足以坚定完善法度。[②]从道德角度来讲，杨利民认为赏罚也就是赏善罚恶、扬善抑恶，它是社会运用利益机制对个体行为的一种特殊的道德评价和调控方式。道德赏罚是通过行为主体产生的利益得失来评价其行为的是非善恶，因此，对行为者奖赏什么、惩罚什么，或者说使行为者得到什么、失去什么，就成为道德赏罚首先应当解决的问题。[③]从社会角度来讲，韩东屏指出赏罚是社会力量就一些特定行为对行为者做出的奖赏或惩罚。在这个定义中，所谓“社会力量”，既是指执掌社会公共权力的政府和社会机构，也可以是指拥有一定社会资源的各类社会组织、群体乃至个人。所谓“特定行为”，是指那些事先已被纳入赏罚范围的行为。至于“行为者”，就是做了“特定行为”的行为主体。[④]从心理学角度讲，联结派学习理论把奖赏（强化）尊为无所不能的法宝，认为任何行为的习得都必须通过强化达成。这以斯金纳毕生对强化作用的推崇和实践最为典型。联结派早期代表人物桑代克的赏罚观在其学习的三大定律之一——效果律中表现出来。他的效果律包括了奖赏律和惩罚律。对桑代克效果律的联结理论可分为早、晚两个阶段来认识。在早期，他认为，凡是一种刺激——反应的联结产生的是满意的反应，则学习者乐于重复这种反应（奖赏律）；反之，凡是这种联结产生的是烦恼的反应，则学习者力求避免这一反应（惩罚律）。桑代克所说的满

---

① 冯国锋．论道德赏罚的内涵［J］．理论月刊，2014（1）：38–41.

② 赵恒平，闵剑．韩非的赏罚思想及其现实启示性［J］．理工高教研究，2004，23（5）：27–29.

③ 杨利民．论社会道德调控与赏罚机制［J］．理论导刊，2003（2）：47–48.

④ 韩东屏．社会赏罚及其道德功用［J］．华中师范大学学报（人文社会科学版），2011，50（6）：81–88.

意的反应就是奖赏，烦恼的反应即是惩罚。① 认知派强调学习的内在动机，在具体到赏罚效果问题时，实质上成了赏罚对内在动机是否有影响，是如何影响的。勒温认为用奖惩作为促进学习动机的手段，这是只看到某种活动的物理特性，忽略了活动的心理环境方面巨大影响的表现②。

综上，上述不同角度都论述了赏罚具有治理混乱、统一人的行为规范、对人的行为进行调节和控制的作用。无论是从古至今，还是从不同角度分析赏罚，赏罚的最终目的都是为了除恶扬善，帮助人们明辨是非。通过对好的行为进行奖赏，对不良行为进行惩罚来促进人的身心发生某些变化。

二、赏识教育

对于赏识教育的定义，不同学者有不同观点。金晓华从实施素质教育的重要性角度，提出赏识教育是通过欣赏和赞扬受教育者的优点来进行教育的一种教育方式。赏识教育在面向全体学生、注重学生在教育教学中的主体地位等方面与素质教育相吻合，是实施素质教育的一种重要而有效的教育方式。赏识教育的实施途径是：发现优点、欣赏优点。素质教育最重要的一个特点是面向全体学生，强调人人有受良好教育的权利，人人有教养、个个成人、人人成才。③ 韩登亮从教育学角度出发，认为赏识教育是以尊重受教育者的个性为前提，以信任、真爱激励为基础，通过对受教育者的赏识和赞扬，激发其主观能动性，发展其潜能，培养其创造性思维，实现自我欣赏、自我发展的一种教育方式。④ 白媛媛则从心理学层面分析赏识教育与不同理论之间的关系，如强化理论、需要理论、多元智力理论、期望理论等。她指出：第一，赏识既是一种方法，也是一种理念。作为方法，是指教育者把自己对儿童的爱化作让儿童切切实实感受到的具体的赏识的方法；作为理念，是指教育者对儿童持有的赏识的观念和心态。第二，教育者和儿童同时是赏识和发展的主体。⑤ 张志顺等人提出，要进一步分析赏识教育的奥秘，应从教育的含义入手。教育有广义和狭义之分。广

---

① 周薇. 赏罚与教育：现代学习心理学赏罚观的启示［J］. 大理学院学报，2007，6（5）：58-60.

② 周薇. 赏罚与教育：现代学习心理学赏罚观的启示［J］. 大理学院学报，2007，6（5）：58-60.

③ 金晓华. 浅谈“赏识教育”［J］. 邵阳师范高等专科学院学报，2000，22（3）：90-91.

④ 韩登亮. 赏识教育的实践反思［J］. 当代教育科学，2005（14）：36-39.

⑤ 白媛媛. 赏识教育及其时代价值解读［J］. 鞍山师范学院学报，2010，12（5）：65-69.

义的教育是人类社会所特有的一种社会现象，是一种培养人的社会的规律。狭义的教育即学校教育，是教育者根据一定社会的要求和年轻一代身心发展的规律，对受教育者所进行的一种有目的、有计划、有组织地传授知识技能，培养思想品德，发展智力和体力的活动，通过这种活动把受教育者培养成为社会服务的人。①

从上述赏识教育的定义看，目前对赏识教育概念的界定基本上是从某一方面或仅从赏识的字面意义上进行分析，只是部分地说出了赏识教育的内涵，或以比喻的方式和形象的语言说出了赏识教育具体是一种什么样的教育形式，大大缩小了赏识教育概念应有的外延。这些定义在一定程度上都具有合理性，但又不全面。对赏识教育文献的研读和对其概念的界定首先是因为赏识教育的重要性，比如赏识教育对于弱势群体的帮助，赏识教育对高校的启发，赏识教育在中小学的应用等，那么赏识教育势必会对立德树人产生至关重要的作用；其次在赏识教育的实施过程中，部分教育者误解和滥用赏识教育，致使赏识教育走入了误区，因此有必要对赏识教育的概念进行清晰的界定，对其进行深刻的反思，以帮助教育工作者进一步全面客观地认识赏识教育，从而正确地实施赏识教育，达到赏识教育的培养目标。

三、教育惩罚

关于教育惩罚的定义，国内学者认为惩罚是对违纪者在心理或生理上施以不愉快的刺激，从而减退或遏止不良行为出现的一种强制性的纠正行为，它与奖励相对，也是一种有效的教育方法。教育惩罚是指对受教育者某种思想行为给予否定性的评价，使其受到警示，以控制不良的思想行为。《中国大百科全书·教育卷》中“奖励和惩罚”词条是这样表述的：“德育方法之一。奖励是对学生或学生集体优良的思想言行给予肯定和表扬；惩罚是对犯有错误的学生给予适当的处分。奖励和惩罚都是思想品德教育的手段，有助于激发学生的荣誉感或羞耻心；有助于他们分清是非，明确努力方向，发扬优点，改正错误，也有助于维护学校的纪律和规章制度。”②顾明远主编的《教育大辞典》将惩罚界定为“对

① 张志顺，王鹤岩，张新平．谈赏识教育对高等教育的启发［J］．黑龙江教育学院学报，2001，21（3）：17–19．

② 中国大百科全书出版社编辑部．中国大百科全书：教育卷［M］．北京：中国大百科全书出版社，1985：143．

个体或集体的不良行为给予否定或批评处分，旨在制止某种行为的发生。与‘奖励’相对。为学校德育采取的一种教育方法。利于学生分清是非善恶，削弱受罚行为动机，达到改正的目的，也有助于维护校纪校规”。①

在外国教育史上，教育惩罚思想由来已久。从夸美纽斯、洛克、卢梭到斯宾塞、马卡连柯等都对教育惩罚进行过相关的论述，可见教育家在某种程度上对教育惩罚的关注。其中较为著名的有洛克关于教育惩罚的观点，洛克的教育惩罚观点告诉我们：首先，要有一个正确的认识态度，使用惩罚想达到什么样的目的；其次，注意讲究惩罚的方法，如何使用惩罚才是合理的。②这些都蕴含着丰富的现代心理学思想，体现了洛克个人的预见性与前瞻性。他的教育惩罚对儿童品德发展以及个性形成有着积极的意义。此外，不同国家对教育惩罚的观点也不尽相同，英国的法律明确规定了允许家长体罚孩子，至今许多学校仍保留着体罚学生的规矩。英国教育学者们认为，如果从广义上理解教育，让学生对自己所犯的错误在特定的情境中进行反思，让他承担自己行为的后果，这本身就是一种教育。美国的教育惩戒体系十分完备。为了使学校的教育功能得到正常发挥，美国的各级各类学校都有一套明确详细的学校规章制度，有一套供本学校学生遵守的行为准则。美国学校惩戒包括两个部分：一般的教育惩处和特殊教育惩处。美国的教育惩戒条律规定得很细，这样便于学生遵守，也方便教师操作，同时也可以防止教育惩戒被超范围、超限度地滥用。另外，新加坡和韩国是两个保留有“鞭笞”教育惩戒行为的国家。③

综上，之所以对比国内国外对于教育惩罚的不同理解，是因为我国教育惩戒曾走入滥罚误区，而现在走入的是不敢罚的误区。如何使用惩戒达到教育的目的，是我们未来一段时间内将要重点研究的问题。要坚持惩戒的原则是罚之有度，惩戒的目的是罚之育人。学生犯了错误，教育者应根据学生所犯错误的性质、原因、影响进行惩罚并做到心中有数，有的放矢。《中小学教育惩戒规则（试行）》的颁布，更是为教师提供准则，如何更好地行使教育惩戒权以及如何更好地落实并完成好立德树人的任务，仍需要教育工作者不断努力探索。

---

① 顾明远．教育大辞典：上［M］．上海：上海教育出版社，1997：176.

② 梁涛．重提惩罚教育［J］．教育理论与实践，2007（11）：57-60.

③ 徐玉斌，李迤航．教育惩戒在国外［J］．河南教育学院学报（哲学社会科学版），2009，28（2）：10-12.

第二节　以赏罚教育实现立德树人的路径

一、表扬与奖励的运用原则

（一）适度性原则

表扬与批评不只是学校中的管理手段，更是舆论及社会管理中普遍使用的评价方式。表扬是一门艺术，事实上，真正厉害的教师，既不是唠唠叨叨的教师，也不是廉价奉承学生的教师，更不是时下冒尖的媚学生俗的名师，而是举止庄重的教师。这样的教师，不表扬、不批评则已，一旦开口，容不得学生不予重视。其实，廉价的表扬也是一种伤害，在众多文献中，部分学者都提倡表扬多于批评，部分学者则表示避免廉价的表扬和奖励。比如高德胜表示，作为教师教育行动的话语多种多样，表扬与批评处在这多样话语之两极。本来在这两级之间还有诸多话语形态，比如认可、承认、直言、异议、否定等。如果说认可、承认更接近于表扬这一极，异议、否定更接近于批评这一极，那么直言则是处在这两极之间，是一种中道性的教育话语活动。[①]一个值得思考的现象是，直言在古代教育中占主导性地位，但在现代教育中却失落了，而两极化的表扬与批评则大行其道，成了主导性的教育话语。直言不讳就是讲真话，以说话人的性格为保证，不计风险，以提醒倾听者关心自己的生命和灵魂。从直言不讳的角度，我们可以发现，表扬和批评的资格不是取决于一个人的思想，而是取决于一个人的社会身份，表扬和批评是建立在师生关系的基础上的。另一方面，夸大其词变成了奉承，而失控的批评变成了愤怒和惩罚。说真话需要勇气，直言的目的不是为了说话者的利益，而是为了让对方变得更好，那么，这种直言在某种意义上做到了同理共情，做到了理解真诚。在立德树人的背景下，我们需要做到“立育人之德”与“树有德之人”有机统一，谈及为何将“德才兼备”“以德为先”作为用人标准和培养目标，习近平总书记明确指出，“德”在个体发展中不仅居于“首位”，也是成长发展的根本方向，只有明大德、守公德、严私德，“才”方能“尽其所能”“用得其所”。[②]那么，讲真话符合立德树人的要求，处在表扬和批评之间的直言可以作为一面镜子，或者说作为一

---

① 高德胜．直言：在表扬与批评之间［J］．教育发展研究，2017，37（22）：6-15.

② 王嘉毅，张晋．立德树人的科学内涵与现实要求［J］．中国电化教育，2020（8）：1-6，40.

个审视的视角，通过与直言的对照来对批评和表扬进行审视。

（二）真诚性原则

汪明指出，表扬时，表扬者和鼓励者是否真诚和诚实是最重要的。汪明表示表扬和鼓励的真诚性主要体现在三个方面：首先在内容上，不宜人云亦云，宜发掘式表扬。所以我们在表扬学生时，与其表扬他明显的、突出的优点，不如发掘他最不起眼的，甚至连他自己也没有发现的优点，这种发掘式的表扬犹如一份意外的惊喜，学生一定会慷慨笑纳，其效果自然好。但有一点要记住，这种发掘式表扬是发现、凸显学生实然存在的闪光点，而不是编造学生根本就不存在的优点；其次，在表达方式上，不宜评价式，宜描述式表扬。研究发现，如果表扬过于泛化会被认为是不真实的，当然这样的表扬也是无效的；第三，在路径上，恰当利用第三者实施间接式表扬，心理学研究表明，人们往往对通过第三者的间接式称赞持更大的认可度。[①]

（三）归因性原则

任国防和张庆林认为在表扬时，考虑表扬对学生的归因方式可能产生的影响是非常重要的，例如他们是将自己的成功归于稳定因素还是不稳定因素，可控因素还是不可控因素等。[②]

（四）主体性原则

当表扬能增强胜任感和自我效能感时，它能促进内部动机的生成。众多研究表明当表扬能传递受表扬者的能力得到提高的信息时，它有积极的作用，而且还能消除物质奖励对受表扬者的不良影响。但是如果表扬使受表扬者学会主要通过与他人比较而不是根据技能是否掌握来判定成功，获得自我效能感，那么当他们的伙伴显示出更高的水平时，即使他们自己也取得明显的成绩，他们也会感到沮丧甚至会有一定程度的无助感，因此对能力进行表扬时避免相互比较是非常重要的。

（五）能动性原则

汪明认为表扬能够表明在特定任务上良好成绩的标准，也能表明表扬者的期望。不同的表扬言语和背景之下，表扬所包含的标准和期望可能有积极作用，

---

① 汪明．表扬的真诚品质的彰显［J］．教学与管理（小学版），2017（11）：15-16.

② 任国防，张庆林．表扬与内在动机的新观点［J］．西南师范大学学报（人文社会科学版），2003，29（6）：31-35.

也可能有消极作用。当表扬的标准和期望切合实际、明确具体时，它能促进内在动机，而当它们过高或过低时，就可能会给受表扬者造成压力或暗示他们低能，因此就会损害内在动机，这在学校或家庭的（被表扬者与表扬者要长期相处的）情境中尤为明显。①

二、批评与处分的运用原则

（一）事实性原则

李洪君认为批评和处分要以事实为依据，切忌主观臆断。俗话说，没有调查就没有发言权。教育管理者在实施批评前，应进行充分的调查，掌握事实的真相，只有这样，才能确定该错误的性质和相关人的责任，以便采取相应的批评措施，切忌主观臆断、随意批评。②

（二）谨慎性原则

批评与处分需要正确选择场合、时机、方式和方法，切忌千篇一律。首先批评的场合要慎重挑选，不要随意。教育者要充分考虑受教育者的性格特点、自尊心以及心理承受能力，根据错误的性质和错误的大小精心选择批评场合。研究证明，不同的人对压力的承受能力是不相同的，对同一场合的批评感受到的压力也不同。如果采取个别批评的方式，这种批评既可以有教育和谈心的成分，又可以有批评的成分，对受教育者一般不会形成太大的心理压力，所以选择什么场合要视批评的方式而定。如果不注意分析、预测，可能导致不良后果。其次批评要巧抓时机，切忌贻误“战机”。教育者要善于捕捉批评的时机。一是发现问题，立即批评，以此纠正错误，防止事态扩大；二是出现问题后，由于责任人情绪、群众反映等原因不能立即处理的，先冷处理，等批评的时机成熟之后再批评。

（三）公正性原则

批评既对受教育者起教育作用，同时对教育者也是警醒和促进，这就要求教育者把自己也摆在受教育者的位置上，从而增强批评的实效性和针对性。如果教育者也能时时关注自己的言行，吸取受教育者的教训，尽量不犯错误或少犯错误，并欢迎受教育者对自己提出批评。即使有了缺点错误，也应多作自我

---

① 汪明．表扬的真诚品质的彰显［J］．教学与管理（小学版），2017（11）：15–16.

② 李洪君．教育：尽显表扬和批评的艺术［J］．科教文汇（中间刊），2007（12）：39.

批评，检讨自己应负的责任，并在实践中努力改正错误。

（四）适度性原则

贾全英认为批评和处分要适度，过度的批评会扼杀一颗希望的种子。比如班内学生之间的小纠纷，如果小题大做地批评一顿，不会收到好的效果，相反还会加深学生之间的矛盾，甚至对有的学生造成永久的伤害。①侧重正向引导，比如给学生讲讲同学之间的友谊，讲讲为人要心胸宽广等，学生会很快地和好如初，并且从中受益。

习近平总书记的系列重要论述中，提出全员育人、全程育人和全方位育人的要求。全员育人指明了学校、家庭、社会、个人都是育人主体。因此在立德树人的过程中，赏罚的实施不仅要遵循以上原则，还要发挥不同主体的重要作用。首先，学校是培养年轻一代的重要场所，不同于家庭教育和社会教育，学校对学生的赏罚态度，会间接影响到教师进行道德教育的方式方法。每个学校对待赏罚的态度，会直接映射在这个学校培养出来的学生身上，所以说在学生时代，学校对待赏罚的态度对学生德行的影响是直接的，效果是明显的。学校对何种行为进行奖赏，又对何种行为进行惩罚，这对从事教育工作的每一个教育工作者来说有着关键的指导意义。其次，瞿博提出培育和弘扬社会主义核心价值观是时代赋予教育的重大使命。家庭教育是人生教育的第一课，是学校教育、社会教育的基础，也是一个人的世界观、人生观、价值观形成的重要基础，在人一生的成长过程中、在社会风气和社会文明的形成发展中都具有强本铸魂的奠基作用。②可是在目前立德树人的大背景下还有许多家长对家庭教育的认识存在很大的片面性，把家庭教育狭隘地理解为仅仅是智育，这使得家庭教育的内容大大减少，尤其表现为家庭教育中道德教育和儿童社会化培养的逐渐弱化，逐渐被智育和其他一些功利性较强的教育内容所代替，甚至出现家庭道德教育空白的现象，导致孩子人格的缺失，它所产生的不良后果是显而易见的。③在立德的角度上，家庭对于每个学生的影响是深入骨髓的。每个父母都希望自己的孩子能够成为有才之人，但不立德才无所用，注重德行的培养已渐渐成为家庭教育的重中之重。不同于学校赏罚的大刀阔斧，家庭赏罚关乎的是每个学生更为

---

① 贾全英．正确应用表扬和批评的艺术［J］．成都教育学院学报，2005，19（12）：207.

② 翟博．树立新时代的家庭教育价值观［J］．教育研究，2016，37（3）：92-98.

③ 黄河清．论家庭教育与学校教育的合作［J］．教育评论，2001（4）：24-27.

细腻的日常行为，如果说学校对学生的赏罚是大赏大罚，家庭对学生的便是小赏小罚。这里的大小并不单单是传统意义上的赏罚程度，更是对学生每个阶段身心变化的描述，其衡量可以是以日为单位甚至可以细化为小时。对于勖勉有加的教育风格，不断鼓励使其树立明大德、守公德、严私德的正确价值观。最后，关于社会教育，人们对于社会教育的认识有一个渐进的过程，从模糊逐渐走向清晰。虽然不同的研究者对社会教育有不同的理解，但是不同的理解实际上强调和阐述了社会教育的不同方面。社会教育是指有意识地培养人，并使人身心和谐发展的各种社会活动，主要依靠社会各方通过各种途径，包括社会舆论、社会实践和社会环境等作为落实立德树人工作的重要力量。在正确的社会价值观为导向的前提下，所有的自然人、法人，包括政府、政府官员等社会公共权力执掌者才会朝着正面的方向逐步推进，虽然每个个体不能像机器一般绝对可控，但也能够做到相对可控。统筹社会中的各种力量，使正确的社会价值观逐渐深入人心，提高全社会的道德标准，并不是一蹴而就的，需要纷繁复杂的社会大环境逐渐澄澈，在内在驱动力不足的时候，也需要外界的力量作为积极的引导。

第三节　以赏罚教育实现立德树人的策略

立德树人思想的基础是“德”，品性是衡量和检验一个人德行的基础，秉性谦和、知识渊博的人才称得上是高尚的、优秀的人。所以，学生的立身之本是“德”，“德”是衡量人的根本遵循、检验人的价值指向。在立德的角度上，赏罚是对学生的一种鼓舞和一种鞭策。赏罚在新时代立德树人的背景下，对学生的发展起到重要作用，它主要包括表扬和批评、奖励和惩罚等方式，通过研究并分析近年来有关赏罚的期刊文献，可以总结当前赏罚的研究成果及不足之处，据此提出对未来研究的展望，以期对今后赏罚的理论研究与实践发展提供有效参考。

策略一：表扬

（一）基本概念

首先，在行为主义心理学的视角中，表扬是一种正强化物。行为主义心理学的核心概念是“强化”，良好行为与不良行为的形成都与强化和强化物有关。在行为主义理论体系中，表扬是一种对人类个体行为进行强化的刺激，是奖励的替代物。[①] 表扬是对正确的思想和行为的一种肯定、支持和宣扬，其目的是通过表扬一个人或一件事，立下一个标杆、树起一个榜样，弘扬正气，鼓舞士气，调动积极因素，形成一种健康向上的导向。[②]

（二）基本操作

老师要关注每个学生。在用爱激励学生的过程中，不能只关注学习成绩好的学生，也要特别关注后进生的发展，这对于学生的发展尤其重要。

赞扬学生，方法要运用得当，主要体现在以下几个方面：

1. 从学生特点出发，用表扬去发掘学生的潜力，在师生之间搭建沟通桥梁。

2. 教育不急于求成。有时候我们的一次小小的表扬就牵动着学生的心弦，他们渴望着老师的一点点赞许，不要吝啬我们的赞许。

教师经常性地表扬学生，让学生认识到自己努力的结果，会让学生关心并理解努力对于结果的影响。这样一来，学生在学习的过程中，就会主动地去努力，因为表扬让他们明白了，只有努力才能获得成功，而失败是因为自己没有付出足够多的努力。

表扬和赞赏是教育的法宝、是爱的力量，它让学生有获得感。每个学生都希望得到老师、家长和同学的表扬、认可及尊重。我们要细心发现学生的优点和亮点，给予毫无保留的赞赏。表扬和赞赏是教育教学的一个基本策略。

（三）实践案例

案例1

抓住孩子的每一个闪光点

随着时代的发展，人们开始关注学生的全面发展，尤其是通过正面教育来促使学生往好的方向发展，赏识教育在校园开始流行，这也要求教师在教学中学会赏识每个学生的表现，对学生的行为表现多给予肯定和表扬，有助于学生乐观、积极、向上地成长，充分发挥表扬的积极功能。

---

① 边玉芳，许爱红 . 在“棒棒你真棒”现象的背后：对教育实践中表扬运用的多视角透析［J］. 江西教育科研，2006（8）：32.

② 夏学民 . 浅谈表扬与批评的方法［J］. 求实，2012（Z1）：205-206.

学生的年龄虽小，但是他们有自己的想法。你表扬他，他也会随之而喜欢你。当孩子喜欢你的时候，孩子的成绩也就渐渐提高。很多教师在教学过程中存在这样一个误区，那就是认为教师是教学过程当中的主导者，学生应该听从教师的安排，学生对老师要有惧怕心理，这样才能更好地促进教学。这样的观念是错误的，对于学生的成长发展来说是不利的。教师只有成为学生的良师益友，才能更好地与学生打成一片，才能更加了解学生真实的想法。

我的班级有个学生叫晨晨，性格非常内向，平时不乐意与同学、家长、老师沟通交流。对于这个学生，我和其他老师没有刻意给予太多的关注，导致晨晨更加内向，学习成绩也不断下滑。有一次，班级里有一个同学吐了，晨晨不怕脏，帮这个同学擦了桌子，并把教室地板扫干净。午饭过后，我在班里就跟学生们讲了这件事情，大力表扬了晨晨的行为。自从那次表扬过后，晨晨变得更加积极了，在学习上也变得更加用功。

每一个孩子都是独立的个体，都有自己的思想，孩子在学习中也难免存在差距。我们平时要善于发现孩子身上的优点，抓住优点去好好地表扬他，让他找到自信去弥补自己的不足。没有哪一个人不喜欢听赞美的言语。小学生那么小，老师的夸一夸会给他们莫大的帮助。在用爱激励学生的过程中，不能只关注学习成绩好的学生，也要特别关注后进生的发展。只有用爱平等地对待每个学生，才能使每个学生都能有更好的发展。

（案例作者：深圳市光明区凤凰学校　陈沐文）

案例 2

不要吝啬我们的赞扬

表扬是教师在教学中常用的一种教育手段，可以用来激励学生成长。作为一种强化学生良好行为的方法，可以提高表扬行为出现的概率，使学生获得积极的情感体验，同时，也可以为其他学生树立学习的榜样，改正不好的行为，使学生朝着教师期望的方向发展。

踏上教师岗位也已经有三年了，这期间有心酸，也有欢乐。有些道理也是等实践了，才慢慢明白。

在接班之前，我就听说小 A 是个极其捣蛋爱闯祸的孩子，每天都会在班级中闯出一些小祸，让老师十分头疼。正式认识他之后，发现他不仅爱闯祸，书写也很糟糕，作业经常不完成，因此每天批改他的作业就是一种煎熬。我对他的批评也越来越多，越来越不喜欢这个孩子。

按照他的这个情况，可想而知他每天听到最多的是老师的责备，其实心里也不好受，也许他也期待着老师的一点点赞许。然后有一次，我无意中表扬他十分热心，帮助同学擦黑板。这个小小的表扬对我而言，只是一个无意之举，但他却感到满满的高兴。第二天，小A把作业按时交上来了，书写也有所进步，我立刻再次表扬了他。

从那以后，我发现他的字变得工整了，不再歪歪扭扭，像毛毛虫一样了。在一次抄写中，我把他的本子放在投影仪上，当众表扬，我这样说道："小A的字，虽称不上好看，但是很工整，比起以前有了很大的进步。我希望你们向他学习。"这一番话，获得了全班同学的肯定，他也很不好意思地低下了头。后来，他的每一次作业都尽力把字写工整，或许我的一点点赞许就是他进步的动力。再后来，每一次的语文作业他都能够完成，不说他质量多高，但至少是完成了，这就是态度的转变。

因此，有时候我们一个小小的举动就牵动着孩子们的心弦，他们渴望着老师的一点点赞许，不要吝啬，我们的赞许就是他们进步的源泉。热爱一个学生就等于塑造一个学生，而厌恶一个学生就无异于毁掉一个学生。热爱学生，不仅是喜欢好学生，更要关注有缺点、有问题的后进生。正因为他们存在问题，才需要我们付出更多的时间与精力，需要我们给予他们更多的赞许。

（案例作者：深圳市光明区凤凰学校　陈沐文）

案例3

"小偷"最需要表扬

表扬是教育过程中一种必不可少的激励手段，它在学生的成长中扮演着重要的角色。一次合乎情理的表扬不仅可以促使受表扬学生良好行为的重复和继续，而且还会促使未获得表扬的学生向他们学习，甚至改正不良行为。表扬的实施包括表扬者、受表扬者、表扬物、授奖情景四方面，其中表扬者是实施表扬的主体，是表扬策略的采取者和运用者，是研究表扬策略的核心。

今天刚在别班上完课回到办公室，几个孩子就急匆匆地来到我的办公室，问我："陈老师，班级有装监控吗？"我有点诧异，忙问怎么回事。

孩子们告诉我说，班上有同学的四叶草币不见了。

经了解，原来班上三个孩子的四叶草币不翼而飞了，而在此期间他们并没有上体育课，只有班里的学生可能趁课间悄悄拿走了。

我刚想安慰他们不要着急的时候，肖同学说："老师，我有一个办法，我们可以'引蛇出洞'，我把我的四叶草币放在显眼的地方，然后我在一边悄悄观察，等他再次行动时，就知道是谁了。"

虽然知道这个办法可能不太有效，但是这个同学能在问题发生的第一时间想到处理办法，我表扬他想法很好，思维很活跃，刚好还有最后一节课就放学了，我让孩子们先按这个办法尝试一下。

第二天，肖同学来找我说："陈老师，目标人物没有被发现，他没有再次'作案'。"

在此期间我查了监控，发现是任同学拿走了四叶草币。

上课时，我没有直接告诉同学们谁拿了四叶草币，而是当着全班的面表扬任同学，说他数学特别好，脑袋瓜特别聪明，他一定有办法帮班上同学找到四叶草币，所以委派任同学为班级侦探，去侦察这次"四叶草币事件"。

上午说完，下午最后一节课的时候，同学们纷纷告诉我，四叶草币被找到了。还有一个同学跟我说，他在地上捡到了四叶草币，一询问，发现所有孩子都找回了四叶草币。我立刻当着全班的面表扬任同学，说一定是任同学采用了好办法，所以同学们的四叶草币纷纷找回来了。

后来任同学主动来找我承认错误，说是自己拿了同学的四叶草币，知道错了，希望我原谅他。从此班上再也没有发生过类似事件。

那一刻，我在想：要是我第一时间就批评任同学，任同学还能这样诚恳地承认错误吗？

但是我和班上同学的表扬让他深刻认识到自己的错误，进而勇于承认，这一件事一定能在他心里留下很深的痕迹。

表扬和惩罚一样，是教育上最细腻、最敏感的领域之一，它是一门艺术，作为一种教育手段，需要每一个教师恰当地去使用。

（案例作者：深圳市光明区凤凰学校　陈沐文）

案例4

来自同学的表扬更鼓舞人心

班上有几个性格、人际关系不太好的孩子，他们不知道怎么和同学友好相处，对于老师的批评也无动于衷。然而恰恰是这些孩子最需要来自老师和同学的肯定。

从接手这个班开始，我就发现小钟这孩子不喜欢语文，可能是基础太差，也可能是学语文太费力。他平时表现得特别吊儿郎当、散漫，所以人际关系也不太好。我一直关注着这孩子。

尽管我关注他、十分重视他，但总感觉心有余而力不足。每次在课堂上，我都会重点关注这孩子，在课堂上讲讲他的问题，说说道理，该批评时批评，该惩罚时惩罚，然而一切都是徒劳的，这孩子还是一如既往，别的孩子都有不同程度的进步，而他依然是我的语文差生。

无奈之下，我在班级给他选了一个小老师小冬，短短几个星期，小钟的课堂表现和行为都有了明显的进步，脸上的笑容也多了，更加乐于助人了。我问小冬用了什么方法，小冬说他每次看到小钟有进步就夸小钟，慢慢地小钟进步更大了。

那一刻，我意识到表扬能激发一个孩子的自尊心，来自同学的表扬对他而言十分重要。

当我一贯的批评、惩罚在这孩子面前失败后，幸好，我无意中寻找到对他最有效的办法——同学的帮助和表扬。或许，表扬对一个成绩优异的学生来说习以为常，但对一个后进生来说却极其珍贵，因为这就如他一直黑暗的天空突然照进一丝曙光，他完全可能循光而去，奔向明亮的一方。

（案例作者：深圳市光明区凤凰学校　陈沐文）

案例5

表扬，也是一剂良药

2021年正是教育腾飞的一年，“内卷”等表示人才竞争激烈的词汇，成为时代的网络流行词，这一现象反映出了社会对学生核心素养的更高要求。在这样一个背景下，对学生的素质教育开展方式方法的研究已是迫在眉睫。初中正是学生发展学习思维能力、为高中各学科夯实基础的关键阶段，如何在我们日常课堂教学中最大限度地挖掘出学生内在的学习潜力，实现切实的高质量教育，是我们目前急需完成的一个最大挑战。

在接下来的案例中，我会从中学生自身的思维习惯开始入手，一步步展示表扬这一教育手段在日常教学中的重要地位，并对如何利用表扬这一行为启蒙学生进行探究。

那只是一次普普通通的周考，在考试铃响后，学生们都开始奋笔疾书，努力在考试中展现自己过去一周的优秀学习成果。但却有一个例外，一个男生在东张西望，不是为了抄袭，只是不想答题，并且悠闲地用嘴叼着笔，桌子时不时地因为他乱动或是抖腿发出吱吱呀呀的声响，这在安静的考场中显得极为突兀扎眼。而这个学生正是后进生杨广（化名）。

其他同学在被打扰后，先是下意识地扭过头看杨广，而后又抬头看我会有什么动作。所以在我几次用眼神示意他均无果后，我便走过去轻声提醒了他，可他只是坐正却仍不答题，连笔都不曾从嘴里拿出来，并且在我走开后故态复萌。为了不影响其他学生的正常考试进度，我只好努力忍下心中的闷气，一次次地耐心提醒他注意保持安静，态度一次比一次严厉。但重复多次依然无果，我不禁在心中暗暗地问自己，是什么样的原因让一个学生会有如此表现？我现在该怎么做才能保证考场的秩序，甚至可以改变他对考试的态度？回想着他平日的表现以及其他老师对他的评价：学习态度极为不端正并且经常破坏班级纪律，正处于叛逆期，有着初步的自我意识和人格自主性的表现。然后我努力地思索着他会如此逆反的深层原因，换句话说他这么做的目的是什么。在思索的过程中，另一个在学业上有待进步的学生——王蒙（化名）吸引了我的注意力，他正在位置上极为认真地作答，尽管他目前只写完了一道大题，但要知道，之前他在周考和作业中的表现都是非常不尽如人意的，有几次甚至交空白卷。而我只是有次临下课时在班中隐晦地批评了这种不好的学习态度，让大家不要效仿并互相提醒，令人没想到的是，他真的在考试中有所改变。

当这场考试结束后，我快步走上了讲台，大力地表扬了在态度上有所变化的王蒙同学，并让教室里的同学给予他热烈的掌声。在掌声中，我仔细地观察起那两个同学的表情，得到表扬的王蒙同学虽然有点害羞，但显然是极其高兴的，而杨广同学则露出了复杂的表情，其中夹杂着的是羞愧和羡慕。

下课后，杨广同学主动跟随我来到办公室，抱歉地对我说：“张老师，我在考试中不应该影响其他同学考试，对不起，我下次也想得到老师您的表扬，以后我会改正的。”

在接下来的日子里，杨广同学端正了自己的学习态度，不再违反班级纪律，学习成绩也一点点追赶上来。最后，他终于用自己的努力获得了所有老师的肯定和表扬，并且开始更加努力地学习。

（案例作者：深圳市光明区凤凰学校　张子岱）

案例6

表扬的力量

有教育家曾说过：“人类的本质是渴望获得集体的肯定。”老师在教学过程中对学生的赏识、表扬正是让其在集体中有归属感的原因，也是帮助孩子建立起自信心的必要过程。在日常的教学中，具体合理地应用表扬的教学管理方法，不但可以激发学生的学习兴趣，而且可以进一步提高学生的逻辑思维能力。老师的表扬同时也是对学生的一种内在支持，因为表扬能增强学生对自己的认同感以及对集体的荣誉感，并且还可以建立良好的师生关系。

我刚入职的时候，碰到需要帮其他学科老师代课的特殊情况，面临无法具体讲解试卷内容的状况，所以只能由班级内该学科成绩较好的同学代劳。

当我在课堂上邀请杨鱼（化名）同学到讲台上讲题时，杨鱼同学表现得有一些不好意思，扭扭捏捏，于是我对学生们大声说道：“请同学们给予杨鱼同学一些掌声，欢迎他给我们讲题！”

随后杨鱼同学终于鼓起勇气，在掌声中来到了讲台上。

刚开始他进行得并不顺利，第一道题由于声音过小，导致很多同学在下面听不清纷纷抗议，我见状在旁边多次小声地对他说：“你可以的！生物老师说你肯定行。她对你非常有信心。”

但是渐渐地，台下的同学开始有嘘声，甚至起哄推荐其他成绩好的同学来讲题，于是我又立马大声说：“杨鱼同学在刚结束的模拟考试中，得到了生物成绩的第一名，他在这次考试中只做错了一道填空题，而且这道题只是因为他不了解献血的年龄限制才做错的，这说明什么？这说明他的生物基础知识非常扎实牢固，生物学得非常好，大家要好好地向杨鱼同学学习，所以这次的题目由他来讲解肯定没问题。”

当我说完这些话，我观察到杨鱼同学好像很开心，并且再次鼓起勇气开始大声讲解起来。这一次他的声音大了很多，也逐渐开始放松，讲题时也开始与同学们互动，颇具小老师的风采，同学们也接受了他，开始认真地听讲和提问。讲题期间，一个同学根据输液时药物进入人体后的大致走向和他进行了讨论，最后杨鱼同学像模像样地学着老师的口吻，表扬了那名同学。

这堂生物课结束以后，杨鱼同学虽然不是生物课代表，但也积极地和我沟通需要布置给同学们的生物作业，显然他已经对生物产生了更加浓厚的兴趣。果然生物老师后来和我说，杨鱼同学学习生物更加努力用功了，以前只是偶尔能拿到生物的第一名，现在经常名列前茅，并且可以自觉地带着其他同学学习生物，有了长足的进步。

（案例作者：深圳市光明区凤凰学校　张子岱）

案例 7

利用表扬策略，让孩子阳光和自信

目前，中小学生由于社会和家庭诸多复杂的原因，心理很脆弱，存在着这样或那样的心理问题，时间长了，就会影响到学习、生活和人际关系，出现不能控制自己的情绪、不能排解自己的心理压力的情况，导致自闭自卑、心理失衡、学习成绩下降、自我意识和自我认知的偏差，最终导致了“问题学生”的产生。

对于有心理问题的学生的教育，可以采用表扬策略，发现孩子身上的亮点，正面指引，使其心里充满阳光；利用表扬策略，帮助有心理问题的学生建立自信，克服自卑，融入集体，进而获得健康的心理和健全的人格。

新学期，黄老师担任了七年级一班班主任，他刚从师范大学毕业，就担任班主任工作。每天当他走进教室看着端坐在教室里听讲的学生时，心里甚是高兴。开学伊始，他每天都认真地观察、记录着班上 40 个学生课堂内外的点点滴滴。

时间过得很快，开学已经第三周了。通过观察，班上赵明同学的一些奇怪举动引起了黄老师的注意，他的视线聚焦到了这个学生身上。

这天早上，赵明同学一进教室就径直走到座位坐下，头深深地扎下，默默地抽泣。同学问他，他大声吼“不要管我”。连着几天，他不跟同学们一起玩，也不与同学交流，脸上表情忧郁，面对窗外发呆。这周的语数英和历史科的小考，他的成绩很不理想。这天下午第一节是班会课，黄老师让同学们自我介绍，就他没有上讲台。老师提的问题，同学们都积极举手，而他显得胆怯，举起又放下。晚自习，他把当天的作业随便涂写，衣服和作业本上全是污秽，组长收作业时，他拒不交作业，还谩骂组长。第二天，他迟到了10分钟，早读下班老师问他原因，他还用气话顶撞老师。

这些情况引起了黄老师的注意。于是黄老师找他谈话，并与家长及时沟通。黄老师了解到，原来赵明同学的父母最近离异了，妈妈远走，组建了新的家庭。爸爸这段时间情绪低落，天天数落他，大声呵斥他。家里的脏衣服没有人洗，饭也是他自己做。家庭的突然变故，给他造成了巨大的打击。

黄老师还了解到，赵明同学在小学阶段成绩还比较好，但进入初中，来到新学校后，由于家庭变故，与同学的关系一般，上课也不认真听讲，他在学习上感到很吃力，几次小考都落在别人后面，跟优秀的同学比差了一大截，心理落差很大。另外，以前小学的小伙伴都在别的学校就读，就他一人在这个学校，周围都是不熟悉的同学，因此他变得沉默寡言，一点也不自信。

黄老师深入了解到这些后，并没有急着命令要赵明同学怎么做，他想多了解赵明同学，用润物细无声的慢艺术来让赵明同学走出心理阴影，走近同学们的身边，赢得老师和同学们的信赖。

于是，黄老师晚上备课，针对赵明同学设计了好几个问题，同时在设计学生活动时，给赵明同学所在的小组一个特别交代，暗示小组其他成员与赵明同学积极互动，给予协助、合作和帮扶，共同参与到讨论问题中。精心设计的问题，巧妙的小组暗示，在第二天的教学活动中，按预设的情景开展得很好，赵明同学感受到了集体的温暖，他回答问题非常好，这时黄老师及时给予了赵明同学表扬和鼓励，还专门设计了黑板边上的奖励机制，看着赵明同学为小组争夺的荣誉，同学们都为他高兴。黄老师明白，教育就是要去唤醒，给学生尊重，让学生有成就感，让表扬和赏识贯彻整个课堂和教育教学的始终。同学们和老师的表扬增强了赵明同学的自信心。老师接下来开展了好几个班级活动，都尽可能地让赵明同学参与、融入班集体，帮他找到自信，找到自我。

这天，周五到了，黄老师虽然很累，但为了赵明同学下一周的持续转变，他做了计划，并且拨通了赵明同学父亲的电话。

"你好，请问是赵明同学的爸爸吗？我是他的班主任黄老师，也是他的英语老师。"

“你好，黄老师，我是。”赵明同学的爸爸犹豫地接听了老师的电话，以为赵明犯了什么错误呢。这时听到黄老师说：“赵爸爸您好，今天周五了，我给您说一说赵明同学本周的表现。”黄老师把赵明同学的表现讲给他爸爸听，全程给予了诚恳地表扬和赞赏，也讲到了对赵明同学的期待。激励的话语、表扬的细节，让赵明同学的爸爸眼眶湿润了，他以前听到的都是告状和不好的消息。

最后，黄老师还不忘告诉赵明同学的爸爸：“我们一起设计一些内容，在家你要多给予他一些表扬，不管是小小的物质奖励，还是精神奖励，我们都要用心去表达我们的爱，及时给予孩子表扬和鼓励，少些抱怨。”黄老师认为，光靠学校还不能完全塑造和培养好一个学生，家校共建显得特别重要。当赵明同学回到家后，获得了他爸爸和其他家人的表扬鼓励，心里别提多高兴了。周末的家庭气氛其乐融融。

黄老师认为，发现孩子的亮点非常重要。人是感情动物，被认可和尊重是莫大的幸福。黄老师暗下决心，给孩子们尽可能多的掌声，并且始终要用欣赏的眼光看学生，把表扬和赞赏毫不吝啬地送给学生。他已经深深认识到表扬策略的价值。

（案例作者：深圳市光明区凤凰学校　吕行）

案例8

肯定和激励的语言，会让学生享受到学习的乐趣

当前，对于青少年，尤其是处在青春叛逆期的初中生，学校的教育管理面临着新情况、新样态。这给任课老师极大的压力，一方面要完成教学任务，同时还要面对社会的监督和检验；另一方面，育人是摆在面前的头等大事，老师要思考如何让学生健康成长，为未来幸福生活奠基。面对班上 40 多个学生，我们要用差异化教学和个性化教育结合的方式来开展全面育人教育。我们面临以下类型的问题学生的教育：行为问题学生的教育、道德问题学生的教育、心理问题学生的教育和留守问题学生的教育等。教师的工作，方方面面都是和个性鲜明的学生打交道，各种错综复杂的问题自然少不了，其中问题学生是大多数教师每天都要面对的。解决这个问题是顺利完成教育教学任务、实现全面育人的重要环节。

以下这个案例就是在具体班级管理中出现的典型事例，我们的教育策略显得很重要。笔者坚持用表扬和赏识教育，让问题圆满解决，让教育充满温度和人性化。爱、尊重和激励是我们坚守的永恒的教育策略。

吕老师的班上有个学生叫小钟，小钟是这个学期从其他区插班进来的学生。这学期过去快一个月了，吕老师发现小钟身上的毛病越来越多，如受不得别人的批评，一听到批评，脾气大得很；下课追逐打闹，经常跟同学动手动脚；上课无精打采，要么搞小动作，要么影响别人学习，对学习没有一点兴趣；最令人头疼的是，他的作业问题很严重，要么不做，要么乱涂乱画、字迹潦草，每天总有科任老师和课代表反映作业问题。

吕老师接到这些“投诉”，先是冷静下来，决心弄清楚事情的来龙去脉。他认为教育就是慢的艺术，快不得，要摸清学生的底细，方能对症下药。吕老师根据自己以前摸索的经验，制订先了解、再实施的精准教育策略，即激励和表扬策略，及时让学生改变不良的学习习惯和生活习惯。

吕老师暗下决心后，他首先与小钟同学的爸爸沟通。在和家长沟通后，吕老师才知道，小钟同学在小学时各科成绩都很好，在老师和同学们心中是特别聪明的学生。小钟爸爸说，小钟也认为学习是很容易的事，只要他想学就可以学好。刚上初中，小钟认为一开学抓那么紧干吗？他现在可以放松一下，作业可以不交，现在不学，到时候学还来得及。暗地里，吕老师向几个班干部了解到，小钟趁班上老师不在时经常说：“我特别不喜欢老师经常在班上批评我，也不喜欢同学和老师在我背后说我坏话，我最讨厌你们这几个课代表天天告我状，催我交作业。”小钟还对课代表说：“我的作业不用你们管，再管我就骂人了。”

吕老师知道是小钟的自我认识、规则意识以及对学习的认识出了偏差，思想上不够重视，有了错误的理解。难怪近一个月来小钟的行为表现很不好，不交作业是常事，自我约束力差。根源摸清了，吕老师开始了他的教育策略，那就是表扬和鼓励为先，建立信心，再从心入手，最后帮助他获得老师和班干部的认可。

吕老师找到小钟谈话，他说：“钟明（化名）同学，听说你的小学毕业成绩很好啊，在那么多毕业生中能脱颖而出，很了不起、很聪明，请问你有哪些好的学习方法？”

听到吕老师的话，小钟立刻有了精神，打开了话匣子。

“小学六年级，我每次都认真听讲，课堂上老师经常提问我，经常表扬我，我的数学作业几乎是全对，作文被语文老师当典型范文，在讲台上宣读和表扬。”

“那你的作业肯定都是大家学习的榜样哟，有没有没交作业的现象？”

“当然没有，老师天天表扬我的作业，我哪敢马虎啊。还有的同学想抄我作业呢！”

“那为什么进入初中后就变了呢？”

“我瞧不起那些班干部，他们老是说我的坏话，没有老师表扬我的作业，我很失落、很不爽，我就不做作业，看他们课代表能拿我怎样。”

听完这些话，吕老师尝试把这个老大难的问题先解决。吕老师拨通小钟爸爸的电话，建议他在家创造良好的写作业的环境，多陪伴孩子，在作业上多督促、多鼓励。吕老师又找到了小钟以前的班主任，让班主任给予小钟情感上的沟通，多提及以前好的表现，让小钟明白作业问题是很重要的，初中的行为习惯和学习习惯会深刻影响他之后的升学成绩和老师同学对他的印象， 思想上要高度重视，行动上要积极改变不良的习惯。

吕老师决定开个班级任课老师会议。在所有任课老师小组会上，他说道：“小钟同学的作业问题已经是班上很重要的、需要立刻解决的事项，我们几位任课老师来个合作看怎么样。下周我们一起在提问、小组合作、课堂展示、优秀作业范本等环节专门预留一些空间给小钟同学，让他享受到我们几位老师的表扬和鼓励。下周，我们不用批评，就用激励和表扬，用迂回的策略改变他不交作业的习惯，改变他在同学们心目中不好的印象。” “好，我们一起试一试这个策略，表扬在先，少说打击的话，看看效果怎样。”听到这些，吕老师有信心了。

于是，接下来的一周，老师们的一举一动、一个眼神、一个肢体语言，无不关照小钟同学。真的没有批评，全是激励的话语，对他学习细节的赞赏、表扬也很及时，小钟同学越学越起劲。

同学们和老师们发现小钟变了，他的作业书写变得工整了、正确率提高了，跟课代表的关系融洽了；乐意帮助别人，主动承担了班级里的几个公益活动；性格开朗了，课堂上听讲也认真了。爸爸听到老师们说的变化，也会心地笑了，爸爸每一次的表扬，也给了小钟很大的信心。家里和学校的变化，使小钟觉得同学和老师都是值得尊敬的，为了他的转变，所有人都付出了很多。他尤其要感谢班主任吕老师。小钟也逐渐明白了培养学习习惯的重要性，明确了学习的目的，端正了学习态度，开始认真、按时完成作业了。

（案例作者：深圳市光明区凤凰学校　吕行）

案例 9

理想，迈向成功的动力

理想信念是为人生引航的灯塔和远航的风帆，没有理想信念的人生，就会失去方向和动力，理想信念对人生历程起着导向作用。青春期是中学生心智发展的关键时期，学校为学生灌输理想教育至关重要。要遵循学生成长的规律教育他们，按照他们的理解能力循序渐进、因材施教。可以通过创造情景或者开展活动激发学生的兴趣。用恰当的方法引导学生树立理想信念，鼓励学生脚踏实地，为实现理想而努力。引导学生树立理想追求是教育工作者的责任！

记得有一天，我带的八年级一班的李亮同学（化名）突然来到办公室找我谈话。他对我说他不想继续待在学校里读书了，他想离开学校去外面闯荡。我听着很是惊愕，并向他问起原因。

李亮说："我觉得学习很困难，我本来学习成绩就很差，上课也总是落后于其他同学，没听懂，继续学也没什么进步，不如就不读了，而且我现在也不知道学习的意义到底是什么。"

我回答他："学习有很多意义，比如学习也是为了你以后的成长和发展，能帮助你找到好工作。"

李亮不以为然，向我举了他们村有个年轻人前几年初中辍学之后创业成功的例子。李亮说认识的人都夸他有本事，自己去外面打拼挣了不少钱，年纪轻轻就当上了小老板，现在日子过得挺滋润。李亮觉得学习要是为了工作的话他也可以靠创业挣很多钱。他继续跟我举例说家喻户晓的乔布斯、扎克伯格、比尔·盖茨也是辍学创业成功的典型。

我听着李亮同学的话，觉得他没有形成正确的理想和价值观，决定跟他深入交谈一番。

我先让李亮坐到我的旁边，让他用我的电脑搜一下他说的这几位名人，并让他详细了解一下他们。电脑页面翻到"比尔·盖茨凭借他强大的天赋，大学辍学之后创办了微软"，"作为大学辍学的学生，乔布斯不会计较流言蜚语，只会专注沉迷于自己的产品"。我告诉李亮，他举例的这几位名人都至少读到大学才辍学，他们已经接受过初高中的基础教育，积累了见识才去创业最终取得成功，所以他也应该再多读几年书再去创业，成功的概率才会更高。他听了若有所思。

接着我对李亮说："那个小老板我也略有耳闻，但我听说他爸妈十几年前下海经商过，家里有比较多的积蓄和创业经验指导他才做得那么成功。"我问李亮："你家里的人有创业经验吗？你有创业的启动资金了吗？"李亮回答我："老师，我爸妈都是农民，他们哪里有创业经验，他们也没有钱给我。"这时，他明白了就算自己辍学，现在也没有能力去创业。

我对李亮说："你的父母是农民，没有读过多少书，如果你现在放弃学习，你的学历也会很低，你希望你未来的孩子再去走你的路吗？"这时李亮沉默了，他没有再提想要辍学的事情。

在之后的课堂上，我增加了和李亮的互动，经常会问他一些简单的问题，每次他答得出来时，我都会当着全班同学的面表扬他，他收获了许多掌声。他也渐渐变得积极主动，比如我看到他为了能答对我将要提的问题而课前预习。他上课认真听课，积极举手发言，课下也开始问问题了。

在段考时，李亮取得了巨大的进步，成绩能排在班里中游的位置，摆脱了一直以来成绩垫底的困境。我给他颁发了进步奖并奖励了奖品。听说他那时激动了很久，还拿回家里炫耀了一番。后来李亮在学习上变得更加积极主动了，看得出来这时的他是为自己而学，是为了成为一个更优秀的人而学。

李亮上九年级后，我经常在图书馆里和他偶遇，他跟我说："老师，我现在学习不再感到困难了，虽然考得也不是特别拔尖，但是现在也能排在班里前十名左右，我现在觉得自己还有很多东西要学，我的理想是考上示范性重点高中！"最后他感谢了我，说我以前经常鼓励他，每次问他问题他都感觉自己备受重视，他不想让我失望。他也感谢同学们给予他的掌声。

李亮找到了学习的意义和动力，他有了理想，他想要读示范性高中，他想要成为更好的自己，他的心底还潜藏着更大的梦想和希望，指引他走向未来。

（案例作者：深圳市光明区凤凰学校　龙影）

案例10

生命里的掌声

学校的一切教学活动都致力于良好品德的养成，而品德与社会的学科教学是教师对学生进行良好品德教育的主要课堂。与此同时，我们明确地认识到，孩子的心灵就像是一块神奇的土地，我们在这块土地上播撒思想的种子，会收获行为的果实；播撒行为的种子，收获的是习惯；播撒习惯的种子，收获的是品德；如果播撒的是品德的种子，收获的是命运。有效地应用鼓励的方法，就能使行为这颗种子生长出茁壮的秧苗。教师应如何培养孩子的品德，为孩子的前程创造良好的条件呢？从生命关怀的视角出发，通过对学生心理弱势群体的关注，引导他们理解生命、尊重生命。同时，教师应该积极创设条件，为学生的终身发展奠基。

在一次给学生上习题讲解课结束后，我坐在教室里给学生做课后答疑。大约半个小时后，学生散去我收拾讲台上的书本，出了教室的门却看到宋清同学（化名）蜷缩在走廊角落，穿着破旧的外套擦着泪水痛哭着。宋清的腿因为先天原因而落下了残疾，平常拖着腿走路。同时他还是我们四年级的后进生，每次成绩都处在班里倒数的位置，平常的班级活动也没什么存在感。

我走上前去半蹲下来，问他为什么哭了，他抬起头一边哭着一边情绪激动地向我说："我腿脚不便，早上做跳跃运动时，大家觉得我动作太搞笑，取笑了我。我的邻桌刚才又绊着我的脚让我摔了一跤，跟我说'宋大傻，你这是要去干吗'，我说我想要去向老师问问题，刚才没听懂老师在讲什么。他嘲笑着说我'就你还问问题？就你能听得懂吗'，他们平常都是这样说我、取笑我，每次跑步我跑最后一名都会有'倒数第一'的嘲笑声……我觉得他们有时候说得很对，但自己又很难受……"

我静静地倾听着宋清同学的话，心情很复杂。同学们没有形成正确的道德观，宋清同学对自己仿佛也失去了自信心，我的教育任务任重道远！我好好安抚了宋清同学，并让他休息一下午明早再来上课，他渐渐地也不哭了……

下午给同学们上班会课时，我讲了"面对弱势群体，我们应该怎么做"这个主题。首先我问了第一个问题：什么是弱势群体并举例。同学们举例有老人、儿童、残疾人……其次，我问了第二个问题：你们生活中都接触过哪些弱势群体，你们都是怎么做的。我让大家举手发言。第一个同学发言说："我帮过一个 90 岁的老奶奶过马路，当时她走在路中间提着一大袋水果，走得很慢，眼看绿灯进入倒计时，我一手帮她提水果一手扶着她。”一个个声音传来：“那我还给孕妇让过座位呢。”“我捡过流浪狗回来养。”……第二个同学站起来发言：“这次新冠肺炎疫情刚刚爆发时，我们村做了个募捐，我把我今年攒的压岁钱都捐了出去，希望大家买到更多的口罩。”同学们渐渐严肃认真起来并踊跃发言。第三个同学发言：“我邻居有个单亲家庭的弟弟，每次我有好吃的我都分享给他，有一次他对我说，谢谢哥哥让他有了家的感觉，原来一个小举动也能给人温暖……”每个人都基本说出了他们的小故事，大家沉浸在彼此的温暖与感动中。

在临近结束时，我微笑着说了这样一个故事：“有一个男孩，在他还没出生时，他的消防员父亲在一次抢险救灾中献身火海救了一个家庭，这个男孩从小就失去了父亲。后来男孩出生了，不幸的是他一出生就患有先天小儿麻痹，因为这病还落下了残疾。母亲一人把他拉扯大，现在也卧病在床。这个男孩回家后不仅能照顾母亲，还能在空余时间画画，画画是他的特长，也是他的陪伴……”随即我向同学们展示了这个男孩的画作。同学们议论纷纷：“他的父亲是个英雄，他好坚强，他应该受到关照！”“他太厉害了，他还会画画！”有些同学眼角还冒出了感动的泪花。我向同学们问道：“同学们你们知道他是谁吗？”接着我回答：“这个男孩就是我们班的宋清。”同学们顿时鸦雀无声。是啊，他们忘了，原来宋清也属于弱势群体，原来宋清的父亲是个英雄，原来宋清如此的坚强……

第二天，同学们早早地都坐到了教室，当宋清刚进到门口时，班里传来热烈的掌声……后来在我们班全体师生的举荐下，宋清参加了学校绘画比赛并荣获一等奖。之后我经常在教室里、跑道上看到同学们和宋清在一起欢笑嬉闹，他的笑容也变多了。

（案例作者：深圳市光明区凤凰学校　龙影）

策略二：奖励

（一）基本概念

从社会的角度，奖励是人类社会生活中最基本的反馈机制，奖惩往往相伴而生并会产生同样的社会效果，即导向和约束社会行为。与惩罚这一作为人的驯服和统治手段不同的是，奖励是一种使人产生期待的方式。在社会范畴中，一方面，奖励指向符合社会规范、体现社会价值期待的行为；另一方面，它通过满足人们物质或精神需要等方式，促成或增加这些行为的发生频率和力度，其价值和功能在于运用奖励来激励人们提高劳动效率并实现组织目标，它更关注社会成员行为的结果，强调社会成员行为的“杰出”性。[①]从伦理学的视角看，奖励作为一种道德教育方式，就是使受教育者的美德得到奖励，使受教育者养成社会所欲求的美德的教育疏导方法。奖惩的作用在于使受教育者看到：遵守道德、受道德限制虽然暂时痛苦，却可以得到更大的快乐，即长远的、恒久的、真正的快乐。[②]

尽管学者们从不同角度对表扬和奖励进行了概念的界定，但在运用表扬和奖励的过程中存在很多问题，导致出现奖励误用、错用、滥用等现象，不仅遮蔽了奖励所能发挥的积极作用，而且凸显了奖励的负面效应。因此在已有文献中，不少学者聚焦于表扬和奖励的合理运用问题。

（二）基本操作

教师应善于掌握学生的心理动向，青春期的孩子内心都渴望得到认可与鼓励。学生都是独立的人、发展的人，根据每个孩子不同的特点因材施教，从而更好地起到教育作用。

教师奖励的主体是学生，所以在选择奖品时，要多从学生角度出发，筛选对学生而言最需要、最具吸引力的物品作为奖励。比如，低年级的学生喜欢手工制作的花朵和星星，但是对于初中生来说，还奖励他们花朵和星星，可能效果就不太明显了。从学生年龄层次与爱好出发设置奖励物品，这样投其所好的奖励，才能吸引学生，达到良好的激励目的。

教学奖励法之所以对学生们有效，关键还在于学生认同奖励背后的评选机制。没有原则的奖励不叫奖励，叫施舍。制定了原则，却又不遵守原则，那就破坏了大家认可的公平，反而滋生了不正确的认知方式，将无法实现积极的教育作用。

① 李鹰．奖励的教育意蕴及实践［J］．教育研究，2013（1）：20–25.

② 李鹰．奖励的教育意蕴及实践［J］．教育研究，2013（1）：20–25.

（三）实践案例

案例 1

“权威奖励”——你是与众不同的

Z 老师非常敬业负责，经常利用课余时间对学生进行一对一辅导。一个个地当面批改学生的作业，指出学生的薄弱知识点，并给予耐心的讲解，直到学生听懂为止。按理说做 Z 老师的学生应该幸福感很高，学习成绩很好。可惜事实却恰好相反……

Z 老师尽心尽责，想帮助每一个孩子获得提高与进步，结果学生不仅抱怨 Z 老师唠叨，耽误他们的休息时间，还对学科产生了厌倦心理。学生每每被单独辅导时总想着快快结束，应付地说自己听懂了，其实心里焦急地想快些溜出去。长期下去，不仅 Z 老师的身体受不住劳累，学生也没有养成积极主动学习的行为习惯，两头都不落好。

后来，Z 老师认真反思了自己的教学方式，觉得想提高学生的成绩，还是要调动起学生的兴趣与主动性。如果学生能在学习的过程中有获得感、成就感，那是不是就形成了一个积极反馈，激励学生继续深入学习呢？沿着这个思路，Z 老师改进了自己的教学方式，在纠正学生错误题目的过程中，不再高高在上，不再只单方面地自己讲解，而是把学生发展为“小老师”，每有一个学生听懂一个类型的题目后，就奖励给他“小老师”的称号，鼓励他把知识讲解给不懂的同学听。讲解多的学生还有机会获得“最佳小老师”奖状。那天我路过，看到 Z 老师把几个学生叫出来，每人给他们讲了一个类型的题目，接着鼓励他们去给班里还不会的学生讲。那些孩子进班的时候，脸上的神情既羞涩又带着与众不同的骄傲，他们的身上仿佛肩负着老师给予的责任与使命，每个人讲起题目来都自信满满。

这种设置“最佳小老师”的奖励方式充分调动起了学生学习的积极性，它以“权威奖励”的方式让学生参与到学习过程中，收获认证感与满足感。每一个孩子都想成为独特的“小老师”，因此，他们在听老师讲解的时候就有了主动性，同时，在给别人讲解的过程中，易错的知识在自己脑海中又过了一遍，不仅加深了印象，还强化了知识内化的过程。Z 老师还发现，一些题目学生自己讲起来可能要比老师做得更好，因为孩子更加了解孩子，他们知道自己的同学为什么不会，而且用简单的语言，将高深的知识讲出来，也锻炼了自己的表达能力。

（案例作者：深圳市光明区凤凰学校　韩玉静）

案例 2

“投其所好”的物质奖励

七年级刚开学的时候，三班的学生们一直适应不了初中生的角色，面对七门科目的学习压力，还保留着小学生时代的玩闹心理，适应不了初中较为繁杂的课业生活，平时上课总少了一些激情与活力。老师们上课提问没有人举手，作业完成度也不尽如人意，学生和老师之间好像隔了一层屏障，课堂参与感很低。

为了调动三班学生的学习积极性，各学科老师使足了力气，不仅在备课上下功夫，让自己的课堂更加吸引人，还加紧了对学生行为习惯的监督，比如制订学习计划、合理分配学习时间，期待孩子们通过好的行为习惯带动学习的主动性。可惜对于这样一批刚升上来的、孩子气十足的初中生来说，效果并不明显。正当大家一筹莫展之时，W 老师却调动了许多学生背课文的积极性。要知道三班这些学生平时张嘴大声读书都很难得，究竟是什么原因让他们这么热情高涨地背诵课文呢？原来，W 老师想了一个“投其所好”的奖励机制，首先她准备一些学生们爱吃又健康的小零食，接着在班里立下规矩，所有学生，不论是谁，只要能成功背诵一首古诗或一篇课文，就能够获得一颗糖果或者一包饼干。这个奖励规则一出，瞬时受到许多学生的追捧。大家下课会把 W 老师围得水泄不通，争先恐后地背课文古诗，要奖励。我有一次路过刚好看到这样的画面：W 老师拿着书在听一个学生背诵朱自清的《春》，旁边等待的几个学生一会儿着急地看看背书学生有没有背完，一会儿又抓着自己的课本，认真地小声默读记忆。还有一些已经背完的学生，边吃零食，边指导候场的选手怎样记忆得更快、更准确。

起初我有些质疑这种做法是否会让学生们的学习变得更加“功利性”，但之后，我看到越来越多的学生通过这段时间的背诵，慢慢适应了初中语文的学习。他们从每一段记忆过的优美文字里，感受到了语文学科的魅力。就像 W 老师说的那样，奖励是手段，不是目的，我们的目的是通过能够吸引学生的奖励方式，激发他们对学科的探索兴趣，引导他们学习的积极性。背书换取零食奖励这个方法非常适合刚从小学升上初中的学生。他们童心未泯，思想特别单纯可爱，听不懂高屋建瓴的人生哲理，也还不懂为三年后的中考努力拼搏，他们只知道饼干这些零食很好吃，特别是大脑辛苦一上午，又上完体育课以后，肚子饿得很快，零食对于他们充满着巨大的诱惑力。精准把握对学生最有吸引力的奖品，以此为动力引导他们走进学科知识的海洋。下一步，学生自然就会有从心中萌发出来的动力，引导他们更好地深入钻研与学习。

（案例作者：深圳市光明区凤凰学校　韩玉静）

案例 3

把特殊的奖励留给“后进生”

后进生们往往对自己没有太大的自信，小到觉得自己连一道题目都写不出来，于是对学习丧失信心；大到觉得自己什么事情都处理不好，于是对人生丧失信心。这种不自信的心理反过来又会加剧学生“破罐子破摔”的心态，对于学习与成长都是不利的。比起优秀的孩子，班级里的后进生们更需要教师的关注与奖励，老师应帮助他们重塑信心，积极向上。

小 X 在班级里的成绩排名靠后，她还有一些不好的学习习惯，比如上课不听讲，老是和前后左右的同学讲话，课下又不写作业，还经常弄丢学习资料，刚开学就把课本折叠地皱皱巴巴。我花了很多心思想纠正她的行为习惯，但收效甚微。后来她继续扰乱课堂纪律，我不得不当众批评制止，结果换来的却是她更差的表现。

有一天我在教室门口听到小 X 在和班里其他同学聊明星八卦，我想了想，决定换一种方式教育她。我把她叫到办公室，和她说起自己初中时代的一个好朋友——小燕。小燕很小的时候父母离婚，她跟着姥姥、姥爷生活，家里很贫困，收入来源就是父亲的打工钱，还有地里种的粮食。她在学校里吃饭经常就买一个馒头，然后蘸辣椒酱吃。但是生活对她还是没有留情，她爸爸在外面打工涉嫌一些违法行为，被行政拘留了。说到这里，我就停住不说了。

小 X 好奇地问道：“她爸爸怎么了？后来她还有上学吗？”我说：“后面发生了很多事，但是我现在先不告诉你。你想知道后续，就从今天开始认真听课写作业，表现好的话，作为奖励，我就把后续的故事再讲给你听。”

小 X 起初很不屑，表示自己根本不在乎故事的后续发展。我听到她这样说也有些灰心，以为这个办法对她不奏效。结果没想到，第二天小X带着写好的作业来找我："老师，故事里的小燕爸爸后来到底怎么样了？"看来，这个方法还是有用的。

我没有着急讲后面的故事，先问她："你觉得自己的生活和小燕比起来怎么样？"她不假思索地回答："当然好多了啊，我爸爸妈妈没有离婚，而且我每周都还有零花钱。""可是，老师不这么想，"我接着说，"虽然你拥有富裕的物质生活，但是她的精神世界更丰富。你是不是每天不知道要做什么，只是浑浑噩噩地上课，每天不想上学，可是又没想好不上学能去做什么？"她这次思考了很久，点了点头。"我不能去评判你这种生活方式好或不好，但是我可以给你讲一些你不知道的生活供你参考，这些故事里的主人公都是老师自己人生路上遇到过的人，希望他们的人生故事可以给你启发，你觉得可以吗？"见我没有批评她，也没有否定她，这次她用力地点了点头。

后面的日子里，小X上课开始认真听了，作业完成的质量也越来越高。作为奖励，我也和她分享自己知道的一个个故事，她仿佛从这些故事里看见了不一样的人生，而就在这个过程中，她自己的人生轨迹也在发生着积极的变化。

这种特殊的奖励方式在我和小X之间搭起一座桥梁，我分享我的故事，她也慢慢打开心扉，分享她的故事，师生之间的关系由对抗渐渐变为互相理解与信任，她也开始认真对待自己的人生，找寻自己的梦想。

（案例作者：深圳市光明区凤凰学校　韩玉静）

案例4

创意奖励：来抽个"盲盒"吧

教师使用奖励法的时候要注意时常更换有趣的奖励方式激发学生的积极性。创新奖励方式，不是指今天发五角星，明天发小红花，而是指奖励方式在本质上的变化。科学而艺术的奖励，会起到"四两拨千斤"的作用，更好地引导学生生成自己的成长内驱力。

刚开学的时候，为了帮助学生尽快适应学校生活，办公室的老师们铆足了劲儿调动学生的学习积极性，结果却收效甚微，布置作业，全班有一半以上的人都不交。既然学习提不起兴趣，那就在学习里面掺入游戏来激发兴趣吧，于是B老师就想到了"抽盲盒"。B老师寒假期间陪儿子逛商场的时候，看到很多小朋友抢着买盲盒。起初她很不理解这一行为，仔细观察发现，盲盒店里的消费者首先会从店门口的海报上选中一款自己喜欢的玩偶，有了目标后，就拿起几个盒子，在不能拆开的前提下，通过晃动盒子的方式仔细辨别里面的声音，试图通过类似的“技巧”选到自己期待的那款目标玩偶。很多人买了一次，拆开发现不是自己心仪的那款，就会继续买盲盒来拆。B老师也被儿子拉进店里抽盲盒，她原本以为自己不会上瘾，但是买完一个不符合预期后，她也不受控制地又买了一个，按照她的话说就是当时陷进去了，特别想抽中自己看中的那款玩偶。

B老师把这段经历用在教学上，设置了“抽盲盒奖励”。每天，她根据学生的作业完成情况以及上课表现，设置积分量化表，一周统计两次，每次作业成绩排在前十五名的学生将有抽盲盒的机会，其中前三名可以抽两次，第四到第十五名抽一次。B老师的盲盒就是一个大箱子，里面用纸条写上不同的奖励，比如“糖果一颗”“可乐一瓶”“单独辅导”“减免作业”“笔记本一本”等，这些奖励里面最具吸引力的就是“减免作业”。自从“抽盲盒奖励”实施以后，学生的作业A线达标率直线上涨，大家都期待抽到“减免作业”，可就算抽到其他的奖励也不吃亏，于是学生的学习积极性一下子就被点燃了。大家既想知道B老师的盲盒里面装了哪些奖励，也想知道自己下一次会抽到哪个奖励，就连后进生们也开始努力学习，认真完成作业，期待着能有一次“抽盲盒”的机会。总之，B老师的“抽盲盒”像有魔法一般吸引着学生主动学习。

（案例作者：深圳市光明区凤凰学校　韩玉静）

案例5

奖励“自由选择权”

学生在班集体生活的过程中，往往要遵守各种各样的规则与纪律，班规的制订一方面是为了维护良好的集体学习与生活氛围，另一方面也是为了确保每个学生健康成长。然而对于青春期的中学生来说，生理和心理发展日益趋向成熟，这些孩子往往喜欢特立独行，不喜欢被过多的规矩束缚，这个时候如果在班规纪律问题上与学生发生正面冲突，反而不利于学生的发展与成长。

初二的小明同学正处于青春叛逆期，“无处不在”的班规班纪让他感到烦心，比如上学不能迟到，放学要按时离校，上课不能说话，下课不能与人发生冲突，作业写不完要罚抄，打扫卫生还要被人严格检查……小明对一系列的规则感到心烦，于是就专门和班规对着干：上学偏偏迟到，放学就是不走，上课和前后左右的同学一起聊天，下课看人不爽就动手，作业一个字不写，纸片垃圾随手乱丢……

班主任L老师面对这样的小明，一开始也是采取高压管控措施，比如罚站、通报年级、叫家长等，结果反而遭到了小明更大的反抗。既然惩罚不行，那就试试奖励吧。

这天，L老师把小明叫到办公室，语重心长地说："小明，老师知道你很聪明，很多纪律你不是不懂，只不过在坚持用自己的方式反抗。所以老师有时候也很佩服你，会坚持做自己。"听到老师对自己的肯定，小明有些疑惑。

"可你知道真正的强者怎样为自己争取自由选择权吗？"L老师问。小明思考了一下，摇了摇头。L老师继续说："真正的强者不会对世界充满敌意，反而会努力做到最好，为自己争取自由。比如说咱们班的小轩，写得一手非常漂亮的楷书，所以小轩有时候申请不交临摹作业，老师也会同意。因为在书法这件事上，他已经做得非常优秀了，这是他通过自己的努力为自己争取到的自由。"小明似乎听懂了这些话。L老师说："这样，我们也做个游戏好不好？你每次想要自由的时候，就通过自己的努力在某一方面变得优秀，这样我就奖励你一些自由选择权，要参与这个游戏吗？"小明有些犹豫。"你想一下，是做一个强者，为自己争取自由选择权，还是像一个长不大的孩子一样，遇到不喜欢的事就耍赖撒泼逃避呢？"听到这里，小明终于点头同意。

之后的日子里，小明很认真地记着比赛规则，L老师也结合小明的实际情况对他提出要求并进行奖励。比如，今天上课认真听讲，可以在明天拥有三分钟的迟到权；今天作业认真完成，可以拥有上课走神三分钟的机会；累计三次通过合理的方式解决与同学之间的人际冲突，可自主选择自己的座位……

通过这种赢得挑战换取自由选择权的奖励方式，小明青春期的叛逆心理得到了排解，也理解了只有通过努力才能获得自己想要的自由生活。

（案例作者：深圳市光明区凤凰学校　韩玉静）

案例6

奖励一个更高的目标

小同在班级里的成绩偏中等，我问她将来想考哪个高中，她笑了笑说：“当然是重点高中好啊。”我听她这么说很欣慰，没想到这个孩子目标这么高，但是下一秒她又说：“不过也只是想想，反正又考不上……”

班级里面有很多成绩中等的孩子，他们学习刻苦、态度认真，但成绩就是上不去，并且长期保持中等层次习惯了以后，就会产生自卑心理，觉得再怎样努力也不过如此。

这天我把小同叫到办公室，问她：“上次你说想考重点高中，可以告诉我是哪一所吗？”小同听了一时没反应过来，问道：“老师，为啥突然这么正式地问我这个？”我说：“现在你才上七年级，备考时间充足，并且我觉得你态度端正、学习踏实，所以想和你一起制订一个计划表。”小同听了，还是懵懵懂懂的，见她这样，我继续问道：“是不是觉得中考离自己还很遥远，又觉得考上重点高中只是一个梦，想想就够了？”小同欲言又止。我拿起小同的笔记本，在最上面那行写下“小同的三年计划”，然后让她写下自己初中三年里最重要的目标。她想了很久，写下她最想去的那所高中的校名，并在后面加了一句：就去那里！

我把本子拿过来，又写下：“1.认真完成本周各个科目的作业，不抄袭、不搜索答案，保证自己认真思考作答。”小同不解地问道：“老师，这个是？我平时作业都是自己认真写的啊。”我回答道：“老师知道，你虽然在这个本子上写下了自己的目标，但是心里还是有些胆怯，不相信自己可以实现这个目标，所以老师和你做一个每周量化的游戏。每周一，我会给你制订一个小目标，如果你能够完成，我每天就在后面给你盖一个专属的升级印章，一周凑够五个，就可以完成升级，来我这里领取新的任务和奖励，直至你完成自己的终极目标。你觉得可以吗？”小同听了，郑重地点了点头。

于是我们就开启了这项“集印章拿奖励”的升级任务。每周的目标从“认真写作业开始”，到“认真听课”“积极与各科老师沟通课堂知识点漏洞”“与同学一起讨论问题”“帮助同学解答疑惑”等。由简入难，步步升级。起初的任务小同完成得很容易，到了后面，任务难度逐渐提高，我问她有没有想过放弃，小同回答：“当然有，但是每次想放弃的时候，一看本子上面一串串的印章，就想起来之前的种种努力，觉得再努力一把，没什么难题能困住我。”我看着她说话时脸上逐渐自信的模样，再回想几个月前这个小姑娘面对梦想却不敢追寻的模样，觉得她真的成长了。

（案例作者：深圳市光明区凤凰学校　韩玉静）

案例7

时间奖励

H老师每周三下午第七节是五班的课。不凑巧的是，周三下午第六节，五班刚好是体育课。很多时候学生上完体育课都累得不行，赶上天气热的时候，一张张小脸晒得通红，淌下来的汗水能把衣服都湿透。H老师一方面心疼这些孩子，可另一方面又有课程任务要赶。每次上课，都是铃声响了好久，学生才稀稀拉拉地迈着疲惫的步子进班。

起初H老师实行严格的班规制度，进班迟到的同学一律要站半节课。这下，学生们进班是不会迟到了，但是上课的状态却非常不好，要么拿着扇子懒懒散散地扇风乘凉，要么无精打采，像打了败仗后精疲力竭的士兵一样。这样下去不是办法，H老师只能转换思路。

这天，上课铃“叮叮叮”地响起来，学生们踩着铃声，迈着疲惫的步子进班，一只手打报告，一只手擦汗。H老师慢慢舒展眉头，环视一圈，苦口婆心道：“天气越来越热，刚上完体育课，我也心疼大家身体累。以前我总是罚你们，因为大家心里也知道，每次上课稍微不注意听讲，课后就要花好多时间去弥补，所以我罚你们进班迟到要站立，也是为你们心急。”学生们边用手摇晃书本扇风边听，大家的眼睛都望着H老师，没有反驳，算是默默认同。“但是我以后不想罚大家了。”H老师接着说，学生们一下坐正了，很好奇接下来H老师要宣布的事情。“这样，以后咱们周三上课，我都奖励你们5分钟的自由活动时间，这5分钟时间你可以打水、上厕所，还可以趴在桌子上休息，只要不影响其他班都可以，大家觉得怎么样？”有学生没听懂，焦急地想确认：“是打了上课铃以后，还给我们5分钟自由活动的时间吗？”“当然是啊。”H老师笑着回答。这下学生开心地拍起手来，一个个突然精力充沛。“但是，”H老师慢条斯理地说，“我只有一个要求，就是大家上课的时候要注意力集中，保证自己的听课效率。如果你们能够做到，从下一节课开始，大家就会获得5分钟的自由活动奖励时间，同时我也答应下课不拖堂，大家觉得怎么样？”“当然好啊！”“谢谢老师，你最漂亮！”……听到老师主动给时间休息，又不拖堂，大家都举双手赞同。

于是从这天起，每周三下午第七节，五班的听课效率大幅度提升，再也没有出现手拿扇子扇风、歪歪扭扭趴桌子、眼神发呆不听课的现象了。

（案例作者：深圳市光明区凤凰学校　韩玉静）

案例 8

写给家长的奖励信：你家孩子真棒！

小 H 同学在上初中前一直调皮捣蛋，三天两头和同学打架，在班里制造一些小混乱。小 H 的爸爸妈妈都对自己的孩子形成了刻板印象，一接到老师的电话，就觉得孩子又在学校捣乱，瞬间就会火冒三丈。小 H 的班主任还分享过这样一件事，在开学初的一次学生测评中，学生家长都要在系统上为自己的孩子打分，其他学生家长都是尽可能给自己孩子打高分，再不济也会给个合格分。全校只有小 H 的妈妈给自己的孩子评了个不及格，可见家长与孩子之间存在着一定的矛盾。

作为小 H 的科任老师，起初我对小 H 也感到特别头疼。他从开学第一天起就不交作业，我曾经多次找他沟通，帮他补习功课，但是都没有用。后来我与小 H 之间的矛盾激化点与转折点，是在一次上课时，他一直搞小动作，又明目张胆地和别人聊天，在数次提醒都无效后，我不得不让他站到教室的最后一排。他站起来往后排走的时候非常生气，我也非常生气，两个人都在气头上，但是当我看到周边的同学偷笑他被罚站的时候，我突然气就消了，反思自己是不是亲手在全班同学面前给他贴上了“坏孩子”的标签。

下课后我找到他，第一件事就是和他道歉。他听到愣了一下，但是依然没有放下戒备心。我向他解释，自己作为一名老师，是真心真意地想要帮助他走得更高、更远，并讲明我惩罚他站在最后一排的原因，不是故意让他难堪，而是对于他恣意浪费自己的天赋、挥霍自己的人生感到难过，为他痛心。他开始慢慢低下头，我知道他听进去了，接着说：“你以前是什么样的学生，老师不管，我只看你的现在，你也不要被曾经的人生束缚住手脚，在这样全新的环境里，开启一段新的人生好吗？”他思索了很久，不点头，也不摇头。

因为提前了解到小 H 家里的事，我猜想他的爸爸妈妈肯定是爱孩子的，只不过小 H 小学的时候太调皮，以至于父母都对他形成了刻板印象。于是我就写了一封奖励信给小 H 的家长：

尊敬的 H 爸爸和 H 妈妈：

您的孩子小 H 自从上初中以来，各方面都有了很大的进步与提升。他不再是小学时候的调皮大王，课堂上听讲越来越认真，作业情况也有所进步。相信这些成长一定离不开您对他的关爱还有耐心教导，这里特别授予您“最佳家长奖状”，我们一起期待小 H 更上一层楼！

凤凰学校 Z 老师

奖励信送出去的第二天，小 H 找到我，不好意思道：“我妈昨天可高兴了。”我故意问：“哦？高兴什么？”小 H 继续说：“我妈第一次说我还有救，以前她都是骂我没用的……她还说自己要高兴坏了，幸好不是气坏了，不然我又要遭殃了……”听到这里，我心里既为小 H 高兴，又五味杂陈。学生的进步离不开家庭和学校共同的努力。有时候需要奖励的不只是学生，第一次做父母的家长也需要奖励与引导啊。

（案例作者：深圳市光明区凤凰学校　韩玉静）

案例 9

写给性格内向孩子的奖励信：你真棒！

班上有几位性格内向的孩子，平时学习也算努力，但是不怎么爱说话。我想他们内心一定有一个丰富多彩的精神世界，只是不经常在他人面前表露出来。面对这样的孩子该怎样沟通，办公室里的几位班主任老师给出了答案。

李老师是五班的班主任，开学初就在班级里实行师生交流本制度。孩子们在师生交流本上写下自己想要分享却不好意思当面说出口的话，李老师则在每个故事下面一一作出回应。李老师有时候会回复一段文字，但更多时候是根据故事内容回复一张自己精心准备的简笔画。这张简笔画是对孩子愿意分享自己故事的奖励，孩子们得到奖励后，会更愿意打开自己的心扉，和老师的关系也会更亲密。就像开头说的，孩子们心中有自己的小世界，不要用说教的方式告诉他们该怎样做，好好陪伴他们、关爱他们，孩子们可以感受到这些爱与尊重，从而尊敬自己的老师，融入班级大家庭。

吴老师是一班的班主任。一班有个小姑娘叫小慧，她平时很低调，跟同学和老师都不怎么说话。沉默的小慧把时间都用来学习，但是成绩却依旧没有提升。吴老师有一天看到小慧写的一篇作文，文章里埋怨自己太笨，成绩不起眼，相貌也不起眼，这些自我评价的话语引起了吴老师的注意，但贸然找小慧聊天说不定会吓坏这个胆小的女孩，于是吴老师想了一个好办法。吴老师找来自己在盐田高级中学开会时收到的明信片，明信片正面是美丽的校园风光，他在背面写道：

“苔花如米小，也学牡丹开。这张美丽的盐田高级中学明信片奖励给一班亮丽的风景线——小慧同学。你认真的样子大家都看在眼里、敬佩在心里，老师相信你一定能实现自己的理想！只不过在追逐梦想的道路上，要学会与人结伴同行，比如老师我，再比如咱们全体一班大家庭！大家一起走得更远！”

还有三班的班主任周雅文老师，也是悄悄给班里内向又不自信的男孩子小鹏送上一封奖励信，夹在他的书本里：

最佳潜力奖

小鹏：

青春就是会陷入一场怀疑自己的迷茫中，但是世界很美，人生还有很多有意思的事，努力和拼搏是一盏明灯，一定会帮助你找到人生的方向。

希望早日看到课堂上你高举的手，还有课下欢乐的笑容。

周老师

（案例作者：深圳市光明区凤凰学校　韩玉静）

案例10

有效奖励的前提：公开透明的评比机制

学生参与班级或者校园比赛等活动，最在乎的是规则的公平性。在学生眼里，学校教师往往是公平正义的代表，公平可以说是理想教师最重要的品质之一。在使用奖励策略督促、引导学生进步向上的同时，要注意奖励的前提是制定好完善、公平的评比规则，这样的奖励才能被广大学生信服接受，才能在学生之间产生良性竞争。不公平的比赛或者评比带来的奖励荣誉不仅无法起到激励学生探索知识、锻炼品行的作用，还会导致学生产生不正确的认知，对学生培养良好的品行产生不利的影响。

A老师刚入职的时候，有一次组织学生进行生物模型大赛，就是从课本上找出一些示例图片，比如动物细胞、植物细胞，还有人体呼吸系统、血液循环等模型，引导学生们以课本为参考，自行动手设计，可以使用橡皮泥、废报纸做出自己感兴趣的作品，并向大家介绍作品中包含的生命科学原理。当时学生们积极性很高，提交的作品也很多。比赛第一轮先进行了家长投票，接下来又进行全年级教师投票，两次投票均按照每票一分合算，最后再由生物科任教师把关，三次评比结合，筛选出一、二、三等奖。然而，就是在最后一步的科任教师把关环节，A老师出现了失误。她当时想着学生们参赛热情很高，每一个学生的作品都很用心，就私下更改了奖励人数，并且添加了一项进步分。奖励人数原定的是一等奖占提交作品总人数的10%，二等奖占20%，三等奖占30%。更改后，一等奖占提交作品总人数的20%，二等奖占30%，三等奖占40%，基本上只要学生提交作品，就会有奖励。进步分则是为了鼓励那些动手能力差，但是参与积极性很高的学生。A老师的本意是想让学生看到自己努力付出得到的回报，同时让他们对生命科学产生更加浓厚的兴趣，在今后的课堂上好好学习，但是真实结果却和A老师的计划背道而驰。

增加了奖励人数后，学生们就不再珍惜这个奖项，因为每个孩子都想成为与众不同的那一个，当“与众不同”的获奖人数太多时，这个奖项就不能引起学生们的重视了。另外，那些因进步分获奖的学生也会受到其他学生的质疑。在模型作品展示环节，这部分作品本身没有达到某一个奖项的高度，却以努力勤奋为理由，被放在获奖行列，难免会引起其他学生的质疑，甚至会让学生们觉得，既然“进步”能得到更多的奖励，那就故意一次考试得零分，下一次考试稍微写一写，就可以轻松进步几百名，获得奖励与夸赞。这种不正确的心态需要及时纠正。A老师后续认真剖析了自己的做法，向学生们解释道歉，收回了已发放的奖励，并按照赛前公开透明的比赛规则重新进行分配，这一做法获得了学生的认可。虽然有不少学生没有获得奖励，但是A老师特意找了自习课的时间与学生们一起分享观看未获奖作品的创意，并表扬了那些制作过程中认真严谨、细心对待比赛的学生。在维持公平公正的同时，也照顾到了每一个学生的情绪。

（案例作者：深圳市光明区凤凰学校　韩玉静）

策略三：批评

（一）基本概念

边玉芳和许爱红基于行为主义心理学的视角，指出批评是一种负强化物，行为主义心理学的核心概念是强化，是一种可用来对人类个体行为进行强化的刺激，是惩罚的替代物。[①]刘志华从思想政治教育角度出发，认为批评是一种负激励行为，是管理者为保证组织目标的实现或对被教育者负责，进行口头或书面的训斥、告诫或教育，以此限制、制止或纠正对下属或被教育者的某些不正确的行为或偏离组织目标轨道的管理行为。批评作为一种负激励，同时又是一种教育手段，会对被教育者产生心理和行为上的压力和影响。适度且有效的批评会使他们认识到所犯错误的性质和后果并改正错误，使思想和行为都统一到组织的目标和方向上来。如果批评不当，就会使下属或被教育者产生抵触情绪，甚至破罐破摔，走向教育目的的反面。可见，在运用批评这一教育手段时要慎之又慎。[②]

（二）基本操作

批评需要注意沟通方式，在学生犯错误时，老师要控制好自己的情绪，将批评的话语换成轻松又不失庄重的语言，学生会更容易接受，也让批评的氛围不那么沉重。

同时，作为一名老师，批评学生需要找到一个合适的时间、合适的地点，尽可能避免在班级其他同学面前批评学生，给犯错误的学生一个独立思考、悔悟的空间，让他不被熟悉的人的看法桎梏，真正对自己的错误行为进行检讨。

学生犯的错误有很多种，有些我们轻而易举就能解决，有些却让我们束手无策。可以尝试让学生自己去解决、改正，从而避免“硬碰硬”，进而导致问题越来越严重。

随着年龄的增长，高年级学生不再一味听从老师的命令、指挥。他们明知道老师的指令是正确的，但他们仍然会选择用自己的方式解决问题。因此，教师要根据这个年龄段学生的特点改变教学和管理方式，以眼神、身体动作等方式，给学生心理暗示，使学生自己认识到错误，并且改正错误。

---

① 边玉芳，许爱红 . 在“棒棒你真棒”现象的背后：对教育实践中表扬运用的多视角透析［J］. 上海教育科研，2006（7）：30–32.

② 刘志华 . 思想政治工作中批评艺术的运用［J］. 新西部（下半月），2009（9）：185–186.

（三）实践案例

案例 1

用幽默的语言代替严厉的批评

法国演讲家雷曼麦说过："用风趣、幽默的方式说出严肃的真理，比直截了当地提出更容易让人接受。"用幽默的方式去说批评的话，有助于缩短师生之间的心理距离，这种委婉、含蓄的批评方式，让学生觉得老师不会只用严厉的方式批评学生，老师也有风趣幽默的一面。在老师幽默的话语中，学生能以好的心态接受批评并心甘情愿地去改正错误。

李老师是刚毕业不久的新老师，和学生的年龄差得不算多。为了能快速和学生们建立起良好的师生关系，他花费了很多精力去了解学生们的喜好。对待学生，他认为老师首先要注意自己说话的方式。每天老师都要花大量的时间与学生对话，因此，老师说话的方式、内容，对学生会造成很大的影响。青春期的学生像是满电的发动机，每天都精力充沛。李老师倒不担心学生们的学习，但是他们日常的行为却让他操碎了心。学生们下课总是喜欢在教室和走廊你追我赶，肆意打闹。上课铃响了，李老师准时出现在教室门口，刚站定，一眼就看到班上的小刚从教室的最后方三蹦两跳，两手撑在桌子上，人凌空跳起，双腿一下子跨到了座位上，整个过程行云流水，把李老师看得目瞪口呆。小刚坐到位置上后，还得意地看向四周，仿佛在说："大家看看，我多厉害！"看到此情此景，李老师的心里燃起熊熊怒火，恨不得直接把小刚叫出课室批评一顿。小刚是班上有名的"熊孩子"，平时一次又一次的批评、一次又一次的说教，都对他不起作用。李老师想了想，让自己先冷静下来，再走进教室。站在讲台上，他故意不看小刚，沉默地站了一会，才故意拖长声调说："今天的课前准备，老师在门口看了一场精彩的跨栏表演。刘翔在奥运会上代表中国获得了奥运金牌，成了真正的跨栏王。按今天的表演，老师觉得下一届奥运会跨栏比赛的金牌得主可能会在我们班诞生。你们看小刚同学，充分利用课间 10 分钟，苦练跨栏技术和奔跑速度。小刚同学如果能这样坚持练下去，老师相信他拿下奥运会跨栏金牌指日可待！不过，李老师还是要郑重提醒你，在教室练跨栏很危险，很容易跌倒摔伤，也有误伤到你的队友的可能，到那时，你可就只能参加残奥会了。"话音刚落，班上的同学都笑了。李老师看了看小刚，小刚虽然也笑开了花，脸上却带了一丝羞愧。从那以后，教室再也没有出现过类似的危险行为。

李老师班上还有一个学生叫小力，他瘦瘦小小的，每天在学校里跑来跑去，做事情也是火急火燎的。在写作业的时候，他总是写得很快，但是质量很不好，字总是写得很大，超出了田字格不少，而且总是写错，于是写了擦，擦了写，本子也总是脏脏的。这天，李老师刚批改完小力的生字本，就找到小力说："小力，你的字可真是要减肥了，连田字格这个大别墅它都住不下了，以后可没有这么大空格给它住了！"小力一听，自己也不好意思地笑了起来。

老舍先生说："幽默者的心是热的。"学生犯了错误，我们可以选择热处理，也可以选择冷处理，但幽默的语言往往能让人的心热起来，让课堂热起来，让师生之间的关系变得热起来。以一颗热心去对待孩子的错误，帮助他更快地认识到自己的错误，从而更好地改正。在课堂上，教师随机生成的幽默，创设了和谐融洽的教育情境，让本来难堪的批评变得友好起来。

（案例作者：深圳市光明区凤凰学校　麦婉婷）

案例 2

批评最好是在单独相处时提出

在教育学生时，老师们常言，表扬学生要公开进行，而批评学生则要单独进行。如果一味强调学生犯错误就要立刻批评，并且在公开场合责骂学生，只会使学生的自尊心受到伤害，加深学生的逆反心理。

小轩在陈老师的班上是"出了名"的孩子。每天从早上到教室，一直到下午放学，总是要被叫到陈老师办公室好几遍。但班主任陈老师从来不会在办公室里当着其他老师的面批评小轩。今天，小轩在音乐课上又把班上一个叫小琪的同学弄哭了，原因是在音乐课上小轩觉得小琪的歌声不好听，于是在课堂上大声叫喊："你唱得好难听啊！你的歌声就像鸭子的声音。"其他同学听了哄堂大笑，小琪委屈地哭了。陈老师课后听到这件事情，她把小轩带到了办公室，办公室里只有她和小轩两个人。她和小轩坐在办公室的沙发上，因为她决不坐在办公桌后与学生谈话。一直以来，她都认为办公桌总是带有权威的色彩，坐在办公桌后与人谈话总是有一种居高临下的感觉，特别是在学生犯错误，需要进行批评的时候，老师和学生会显得十分疏远，非常不利于师生的交流和沟通。同时，陈老师一直认为批评学生不应该在第三个人面前进行，在众目睽睽之下批评学生，不仅打击了学生的士气，同时也显得老师极端冷酷。她认为：“一个教师在第三个人面前责备某个学生的行为，是不妥当的。”

在办公室里，陈老师并没有带着怒气向小轩“发难”，而是带着和平常一样的语气说道：“小轩，今天为什么把小琪弄哭了？你自己说一说吧。”小轩低着头回答：“因为她唱得太难听了，就像鸭子在大叫。”陈老师耐心地说：“小轩，你知道为什么老师要把你带来这间没有第三个人的办公室吗？”小轩也不是第一次来了，他说：“是因为老师不想当着其他同学和老师的面批评我。”陈老师点了点头，说：“老师为什么这么做呢？”小轩又说：“因为我在别人面前被老师批评会觉得很丢脸。”“是啊，这个道理你明白了。那么你今天在课上对小琪做的事情，是不是跟老师当着其他人的面批评你是一样的？”小轩想了想，点了点头。“既然你知道在大庭广众之下被别人嘲笑、批评是一件很丢脸、很伤心的事情，那么以后就不能再做这样的事情了。”结束谈话后，小轩主动去找小琪道了歉。

老师和学生都明白，老师批评的话语是伤人的，没有学生想要受到老师的批评和责骂。这其实是一个很简单的道理，老师当着全班同学或者办公室里的这么多老师的面，对学生进行责骂，哪个学生的心里会好受呢？一些好面子的学生颜面尽失，久而久之对老师也产生了不好的看法。换位思考，老师在求学时期，或许也产生过不喜欢回答或者害怕被点名回答的想法。因为我们担心如果回答错了，会被同学们笑话，怕不好意思，怕被老师骂。我们都知道这并不是一种积极的心态，但事实上它却几乎出现在每个学生的身上。我们要懂得批评的艺术。

（案例作者：深圳市光明区凤凰学校　麦婉婷）

案例 3

顺水推舟的迁就

作为一名老师，我们将陪伴着学生一起成长。有时，我们执行的班级管理办法只能管理孩子们一段时期；当方法不管用了，我们就应该根据学生的情况进行及时调整，从而更好地对班级进行管理，而非一成不变。

王老师是学校里的一名班主任，她带的班级纪律严明，学生都能进行自主管理。新学期，学校安排她带新班级。学期伊始，王老师按照往常的做法，在班级中宣布了相关的班级规章制度，同时也特别强调了希望学生能进行自主管理，纪律委员用违纪记录本登记好每天违纪的同学，并希望学生借此能管理好自己的行为。

刚开始，班上的纪律都很好，违纪记录本上只有零零散散的几个名字，就是班上最调皮的那几个学生。王老师认为自己的记录本的确起到了不小的作用。但慢慢地，班上的学生看到王老师并不会对被记录到本子上的同学做出惩罚，班上的纪律就开始变差了。纪律委员每天在记录本上记录的名字越来越多。一天，纪律委员急匆匆地跑到办公室向王老师报告："王老师，班上的违纪记录本不知被谁全部撕掉了！"听到这个消息，王老师心中不由得燃起了怒火：这是学生在挑战老师的权威呀，连违纪记录本都敢撕！正好下一节课就是班会课，王老师果断选择在班会课上处理这起"案件"。她说："同学们，今天我们班发生了一起'案件'！我们班的违纪记录本被人撕掉了，这节班会课我们就一起来破案！今天你们的任务就是把这件事情调查清楚，来证明一下你们的办案能力。谁愿意来做一名侦探解决这件案子？"

班长举手抢答："我来！""好。那么从现在开始的二十分钟都交给你。"说完，王老师离开了教室，把教室留给了"小侦探"。二十分钟后，王老师再次进到教室，却只见"小侦探"满脸失落，默默对王老师摇了摇头。王老师却一副了然于心的样子，她看了看几个坐在椅子上悠然自得的调皮的孩子，心中已经明白了几分。王老师带着凝重的表情，围绕教室走了一圈，最后走回讲台说："同学们，其实这个案子我已经清楚了，在我刚刚围绕教室走一圈的时候，有一位同学的眼神出卖了他，从他的眼神中我已经知道了答案。"这时，很多同学大声喊："是谁？敢做敢当，自己承认吧！"此时王老师的神情却有了变化，她微微地笑了，说："同学们，老师突然觉得这位同学并没有做错，反而觉得他做了一件大好事！"学生一听，教室里顿时炸开了锅。王老师接着说："同学们，你们都知道，违纪记录本上登记的都是犯了错误的同学，谁又想把自己的名字记录在这个上面呢？这可真的不是一件光彩的事情。我相信，如果能让大家选择，大家都不愿意把名字留在本子上。我想这位同学的本意可能是想让大家忘掉那些不光彩的事，并争取以后不再犯错。我宣布，从今天开始，我们班的违纪记录本正式消失！"话音刚落，教室里立即响起热烈的掌声。

"但是，大家能从此以后做到不违纪吗？"

"当然可以！"

"好，那我们从现在起就把违纪记录本改成闪光记录本，专门用来记录我们班同学在校期间闪光的地方！"

"太棒了！老师万岁……"那几个违纪多的学生叫得特别带劲。

从那以后，王老师班上的纪律的确好多了。闪光记录本上记录的名字也越来越多。

（案例作者：深圳市光明区凤凰学校　麦婉婷）

案例 4

让学生自己感悟

泰戈尔说过："教育的目的应当是向人传送生命的气息。"因此，教育应该从尊重生命开始，使人性向善，使人胸襟开阔，使人唤醒自身美好的善念。当一个人对低级的生物或动物毫无怜爱之心时，你能指望他尊重高级的生命吗？反之，如果一个人对路边的花草、河里的小鱼都表现出关怀，对于更高级的生命，他又怎么会不尊重呢？

王老师是一位小有名气的老师，在她的教育生涯里，生命教育是很重要的部分。学生在成长的过程中，逐渐会接触到生命的诞生、成长等问题。怎么样让学生正确地认识生命、尊重生命，也是老师的一项任务。而年幼的学生在探索生命时，常常会做一些令老师生气的事情。王老师还记得，一天上午，一个学生在操场上活动时突然发现了一只一动不动的小鸟。学生们一下子就围了上去，七嘴八舌地说到底该怎么处理这只小鸟。王老师也被学生们带到操场上，她想着把小鸟先带回办公室，看看能不能救活它，但没想到它已经死了。于是，王老师带着学生们，在操场边的树下找了一小块空地，让学生挖了一个小坑，把小鸟埋了进去。几个女孩子还用纸折了星星放在上面。但到了下午，就有学生急匆匆地跑到办公室来向王老师反映，那只死去的小鸟被人挖出来了！话音刚落，一大群学生也涌进了办公室，大家都气愤地跟王老师报告这件事情。听到这种情况，王老师并没有说什么，只是让学生安静一点，他们一起又到了操场，把小鸟再次埋好。回到教室后，王老师让学生都安静地坐在座位上，他们的眼睛里都散发着好奇的光芒，似乎在说："老师要生气了吧！她会怎么找到那个把鸟儿挖出来的人呢？又会怎么批评他呢？"没想到，王老师翻开了笔记本，给他们读了作家李娟在《我的游荡》中的一段话："当汽车经过穆斯林墓地时，不管是什么样的哈萨克族司机，不管老的少的，不管是严肃踏实、爱听阿肯弹唱的中年人，还是染了红毛、整天沉浸在震天吼的摇滚乐中的小青年——都会郑重地关闭音乐。等完全经过墓地后才重新打开。关掉又打开，也就几十秒时间，我从没见过哪一次被含糊过去的。敬重先人、敬畏灵魂，我猜这是不是一种民族性。"

笔记本上的话念完了，教室里异常安静。王老师轻声问学生："你们听懂老师的意思了吗？"她看到有好几个学生都点了头，其他学生都在静静地思考。有个女生轻轻地说："我明白了，王老师是想告诉我们，小鸟也有灵魂，死去的小鸟的灵魂应该得到安息，而不应该被打扰。"王老师什么也没说，只是把时间留给了他们。她始终相信，那个学生只是好奇地想知道鸟儿变成了什么样子。

学生常常因为好奇而做出一些傻事，甚至犯下错误，在道德行为规范上，他们会模仿、学习，想自己动手去发现、去探索，但大多数人都并不明白实际的含义，也不明白这样做的原因。往往这时期的他们对事物总有自己的想法和看法，但这些想法和看法常常是不成熟的，因此更需要老师的引导，引导他们向善，他们会朝着善的方向去成长，而不是一味地批评。这个时期的学生，不能轻易从道德角度批判他们，无论是对学科还是对生命的认识，都需要受到老师的重视。有时候，学生的自我感悟能力比我们想象中的要厉害得多。

（案例作者：深圳市光明区凤凰学校　麦婉婷）

案例5

茶话会

三年级的小学生正处于形成自信心的关键期，他们能从别人的评价中发现自身的价值，产生满足感、自豪感，从而对自己充满信心。他们有时会表现出强烈的自我肯定，对自己自视过高，甚至目空一切，容易导致自负的心理。同时，这个时期的学生会产生一种强烈要求独立和迫切想摆脱成人控制的欲望，此时他们的自控能力还不足以调节和控制自己，因此常常出现一些违规违纪的"自我"行为。

从二年级升入三年级，学生就突然开始有了很多自己的想法。那些一、二年级乖乖听话、认真积极的孩子，仅仅过了一个暑假，就变得爱插嘴、爱唱反调。

班上甚至还出现了“插话小队”，老是跟老师说反话，真是令人头痛不已。

每周一下午的第七节都是班会课，今天的主题是个老生常谈的主题——“讲文明，有礼貌”。上课铃刚响完，我准时出现在教室门口。就在我刚打开课件，屏幕上显示出今天的主题时，班上的“插话队长”小聪立刻发话：“哎呀，这个不是上过了吗？还要讲吗？”说完，还一脸笑嘻嘻地看着别的同学，他的“小队友”小安也立刻应和。我心中顿时有些不悦，但还是不打算和他们计较。“同学们，今天我们的班会课主题是——讲文明，有礼貌……”等我好不容易讲完了内容，在播放相关的动画片时，另一个“队员”小志说：“只有小朋友才看动画片吧！哈哈哈哈！”班上的其他同学听了也哈哈大笑起来，课堂纪律一下子就被他们破坏了。“破坏课堂纪律的同学请注意一下，上了三年级就忘了老师的要求吗？”我实在是忍不住了，开口提醒了一句。这几个孩子不说话了，但还是一副不认真的样子。快下课了，我向学生提问：“同学们，大家可以做一个讲文明、有礼貌的好孩子吗？”大部分的同学都回答“可以”，只见那几个“队员”嬉皮笑脸地说：“不——可——以！”于是，班上又哄堂大笑。此情此景，如果我再不治治这个“队伍”，恐怕班上其他同学迟早也会受影响，到时候就更难管了。但这几个孩子都是“身经百战”的“老战士”了，老师的批评、同学们的笑话通通不当一回事。于是，我只好更换一种方式。

我买了三张卡片，郑重地在卡片上写上“邀请函”三个字，邀请这三个孩子在放学后到空教室参加一次“茶话会”，并亲自把卡片送到了孩子们的手上。孩子们接过卡片时，脸上明显的惊讶让我很是兴奋。

最后一节课，我提前到空教室打开了空调，摆好了桌椅，并且泡了四杯奶茶，摆在了桌子上。放学铃结束，这三个孩子就出现在了教室门口，带着疑惑且紧张的神情走了进来，我让他们自己选择了座位。他们看着眼前的奶茶，眼睛里都放着光，但谁也不敢拿起来喝。“喝吧，今天是我们的茶话会，当然得喝茶了！小朋友就喝奶茶吧！”听我说完，他们都迫不及待地端起了杯子。

借这个机会，我轻轻地说：“孩子们，知道老师今天为什么邀请你们来参加这个茶话会吗？”

“老师是想说我们今天在班会课上破坏课堂纪律了！”“插话队长”小聪果然反应最快。

“今天你们在课堂上的行为的确不对，但老师觉得，你们已经不再是刚进小学的小朋友了，而是一直在成长的小学生。老师知道，你们都不希望老师在全班同学面前批评你们，这样实在是太没有面子了，对吗？所以老师今天把你们都邀请过来参加这个茶话会，希望通过这个方式来和你们聊聊天，你们愿意听听老师是怎么想的吗？”三个人你看看我，我看看你，都点了点头。

“我知道你们每个人都是独特的，每个人都有自己的想法，当我们想在大家面前表达自己的想法时，我们都希望别人能看到自己、听到自己，从而得到别人的认可和肯定，甚至是表扬。现在的你们已经会去思考难度更大的问题，老师非常高兴！但在我们的日常生活中，老师希望你们在表达自己的想法前，先冷静地思考一下，你的表达方式是否正确？你表达的时间是否合适？会不会破坏课堂纪律呢？如果你们能进行这样的思考，老师相信你们一定会成长得更快更好！”我看着他们三个人的眼睛从一开始的担心逐渐变得明亮。

“以后如果你们有什么话想对老师说，老师会非常高兴地倾听你们的想法，但绝对不是用你们今天的这种表达方式。接下来的时间，我们就好好品尝奶茶吧！”最后，我们都愉快地把奶茶喝完了。而随后的日子，“插话小队”也解散了，这几个孩子的表现也越来越好。

（案例作者：深圳市光明区凤凰学校　麦婉婷）

案例 6

留给学生改正的空间

把一个班级管理好，除了要有优秀的班主任和科任老师，还需要得力的班干部。选择合适的班干部能让老师管理班级更加得心应手，不少老师在选择班干部时，往往会选择品学兼优的学优生，但学优生也会有犯错误的时候，这时老师则需要选择合适的方法来进行教育。

自从进入期末复习阶段，班上学生的学习积极性一天比一天低。重复的内容、一张又一张的试卷，再加上炎热的天气，学生们都打不起精神，科任老师和班主任都十分犯愁。我上网查找了很多资料，看了很多别的班级的方法，试图使用一些提升学生学习积极性的方法。经过和其他科任老师的讨论，我制定出了期末百米冲刺金牌竞赛制度。制度如下：学生每天上课回答问题，答对者获得 10 米里程；课堂小测成绩 100 分者获得 10 米里程；周测考试成绩全班前 5 名可获得 20 米里程；周测考试成绩进步最大的前 5 名也可获得 20 米里程；家庭作业获得A等级可得5米里程。学生获得100米里程后可兑换一枚金牌，一枚金牌可参加一次本学期结束后的抽奖。有了方案，当然还要选择小助手来协助完成。我将班上学生分成了几个小组，并选择了班上几位办事得力、品学兼优的同学来担任组长，由他们来负责登记组里成员的里程以及发放金牌，而我则随时抽查登记的名册。

自从方案开始实施，班上的纪律、作业完成情况、课堂活跃度都进步了不少，学生每天都像打了鸡血一样。一开始连续几天，我每天都让小组长把登记册给我看，并且对这些小组长提出要求：必须严格要求自己，公平公正地做好记录，不以权谋私，不私自增减里程，不随意兑换金牌。小组长们都信誓旦旦表示绝对完成任务。

时间一天天过去，看着班上活跃的学生、得力的小助手，我的心情愈发地好。然而，事情却在一天下午发生了变化。有人来告诉我，小组长珊珊作弊，给自己和她的两个好朋友私自增加了里程数，并且已经兑换了金牌。

“怎么会呢？”珊珊可是班上最乖巧灵活的女孩子，也是各科老师的宠儿。听到这件事情，我的第一反应是不可思议，但我还是选择了旁敲侧击。我选择了在一个课间的休息时间到班上转转。正好小组长们都在登记上一节课组员们获得的里程数，我就看了看每组登记的情况。到珊珊这组的时候，珊珊正在填写，等她填好，我说道：“珊珊，你们组的里程数都挺高呀，好像比隔壁组晴晴还要高呀！”晴晴是班上的班长，考试经常第一名，作业就更不用说了。珊珊看向我，十分坦然地说：“晴晴的考试成绩好，我举手回答的问题多。”我看着她的样子，悄悄把她带出教室，说：“珊珊，老师非常欣赏你的办事能力，看着你仔细登记的样子，老师十分高兴，也很欣慰。但希望你能诚实地告诉老师，你有没有给自己和你的朋友私自增加里程？”珊珊听到我的话，迟疑了，但随即坚定地摇头，告诉我：“没有！”小女孩的表现让我对这件事情也有了初步的判断。我决定留给她自己思考的空间，让她自己判断自己的行为是否正确。

第二天早上开晨会，就在我准备讲这件事情时，珊珊举手了。我看着她，她主动要求到讲台上讲。她走上讲台，先看了我一眼，再看向台下的同学：“老师，我想跟各位同学道歉！我的确作弊了，我给自己和我的组员私自增加了里程数。但我现在想明白了，我的行为是错误的，通过这样获得的里程数和金牌是不光彩的，是没有意义的！”说完，给台下的同学鞠了一躬，台下的同学却以热烈的掌声来回应她的道歉。

发生了这个小插曲，班上的小组长竟然每个人都自觉写了一份保证书交给我，说是受到了珊珊的影响，大家都纷纷表示应该以身作则，共同维护好这个制度。

（案例作者：深圳市光明区凤凰学校　麦婉婷）

案例7

曲线救失

新学期开始，我接手了二年级的一个班。班上大部分学生都乖巧可人，既带着孩童的天真烂漫，又带着探索世界的好奇心，最重要的是，他们对老师的话深信不疑。这个班上有一个女孩子小青，她有一双灵动的大眼睛，个子在班上是数一数二的。她从小学习跳民族舞，学习成绩一直名列前茅，也是学校各项活动的积极分子，各科老师都对她赞赏有加，她的爸爸妈妈也一直引以为傲。因此，我经常让她到办公室来帮忙。但我万万没有想到，这个乖巧听话的孩子也会做出令我始料不及的事情。

一天中午，老师们吃过午饭，回到办公室准备休息，隔壁班的陈老师却突然说："哎呀，我早上明明拿了五个果冻来学校，怎么现在只剩三个了？你们谁拿了吗？"大家纷纷表示没有拿。陈老师说："那可真奇怪了，这五个果冻是准备下午发给考试前五名的学生的。"就在这时，另一个班的王老师也发话了："说起这个，我突然想起来，我前几周也是放了一些零食在办公桌上，没来得及收进抽屉，结果就少了几样，我还以为是你们想吃拿走了呢。"大家都表示没有吃。就在这时，级长说："我之前放在办公桌上要奖励给学生的小本子也不见了。"办公室里的老师几乎都丢了东西！级长提出去查看办公室门口的监控，应该就是趁我们去吃午饭的时候，有人进来偷东西了。没过一会，级长就回来了，她把办公室的门关起来，说："已经查到了，是个女生，是麦老师班上的小青。"话音刚落，我们都十分吃惊。竟然是她？这不禁让我联想到最近班里经常有一些女生来向我汇报自己丢失了精美的笔或者其他文具。我立刻和级长开始商量该怎么处理这件事情。小青是班上的尖子生，在学生、家长、老师心里都是品学兼优的好学生，如果直接把她叫到办公室来问她，接受严厉的批评教育，这种落差不知道她能否承受得住？此外，我们是否要通知家长？经过商量以及其他老师的出谋划策，我们准备来一场“曲线救失”的戏码，希望她能自己认识到错误，主动来找老师认错。

小青在班上有一个好朋友兰兰，两个人形影不离，总是一起来办公室帮忙。下午，我又让她们两个来办公室帮忙撕卷子。看她们开始了，我们的戏也开始了。王老师首先发言：“麦老师，你知道吗？最近学校把监控设备升级了，我那天路过监控室看了一眼，特别清晰。整个人看得清清楚楚，连手上拿的书都看得很清楚。”级长说：“是啊，听说学校最近丢东西的人太多了，所以就把监控设备都升级了，警察要是来抓小偷就容易多了！”办公室老师纷纷说：“监控真是个好东西啊！”就在这时，我问兰兰：“兰兰，你前两天是不是丢了笔？需要老师帮你查一下吗？现在要查可容易了。”兰兰说：“老师，如果真能找到那就太好了，除了我还有好多人都丢东西了！小偷可真坏呀！”这时，我看到小青的动作明显变慢了，她抬头看了我一下，又立刻低下了头，始终一言不发。我给了陈老师一个眼神，陈老师又说：“真不知道是谁连老师的东西也敢拿，不对，没有经过别人同意拿的那就叫偷！要是给我抓到，我要送去公安局的！”这时，我又问小青：“小青，你说说看，这种行为是不是不对呀？老师倒希望她能主动来找老师，我就不用找警察叔叔了。”小青的脸一下就红了，说：“小偷不是好孩子。”试卷撕完了，我让她们两个都先回教室。老师们的“演出”结束了，接下来就是等待。

放学后，我特意留在了办公室，一直等到其他老师都离开。校园里静悄悄的，只听见树叶被风吹响的声音。突然，我听到了轻轻的一声“报告”，是小青，我终于等到了她。“进来！”我让她站得离我近一些。小青一见到我，话还没说出口，眼泪就先流了出来。“小青，先别哭，你有话对老师说，对吗？”她擦了擦眼泪，点点头。“老师愿意等你，你慢慢说。”小青这才开始说：“麦老师，是我拿了兰兰的笔，我还拿了老师的零食。对不起，我知道错了。你不要让警察叔叔来抓我。”听见小青的话，我心头的大石总算落地了，她还是那个懂事的孩子。我拉着她的手，轻声说：“老师一直在等你，等你自己来和我说。这次你的确是犯错误了，而且是很严重的错误。一直以来你都是老师心中的好孩子，是同学的好榜样，也是爸爸妈妈的骄傲。老师一直觉得你是个懂事的孩子，哪怕你犯了错，老师也相信你会自己认识到错误，并向老师承认错误。老师看到你来，感到很欣慰。”小青说：“我真的知道错了，那支笔我喜欢了很久但是妈妈不肯给我买，那个果冻也是。”爱而不得，的确是一件憾事。“小青，我们到学校来，除了学习知识，更重要的是要学会做人，诚实是小孩子很重要的品质，老师希望你通过这件事情真正明白诚实这两个字的含义，好吗？”小青点了点头，说：“我知道了，麦老师，我以后再也不会犯这样的错误了。”

第二天，王老师发现她的果冻又回来了，兰兰也来跟我说她的笔找回来了。我看着小青，她还是那个活泼可爱的孩子。

（案例作者：深圳市光明区凤凰学校　麦婉婷）

案例 8

变明示为暗示

研究表明，在教育过程中，受教育者如果越难体会到教育者的意图，那么这种教育方式成功的概率就越高。因此，教师在教育过程中，可以尝试把带有指令性的话语，如“应该”“必须”等，换成我们的眼神、手势等，变明示为暗示，或许能收获不一样的教育硕果。

升入高年级，班上的学生明显有了变化，他们的自尊心变强了。无论是从师生间的沟通交流，还是从同学间的相处，都能看出学生们的心思变得更加细腻，自主性也更强，他们不仅希望自己的行为表现受到老师、同学的尊重，还希望自己的所作所为得到别人的肯定。而当他们犯错误时，他们强烈的自尊心使他们不希望受到直接的批评。

最近，我们班上的卫生情况常常被值日生扣分，有好几次我去问值日生，看到登记的都是“午餐后地板脏”。一天中午我在食堂吃过午饭后，立刻回到了班上，想看看到底是谁吃午饭把教室弄得很脏。当我走进教室，沿着课桌间的过道巡查时，发现地上都是零零散散的米饭粒和一些菜碎。我走到讲台上，生气地对着下面吃饭的学生们说：“同学们，请你们暂时放下手中的餐具，看一看你们周围的地面。你们已经是五年级的学生了，看看你们吃个饭把地上弄成了什么样子？地上黏糊糊的米饭，等会儿你们一踩，就会变成黑色的饭粒粘在地上，我们班的卫生分就会被扣光的！”学生们你看看我，我看看你，再看看地上，非常勉强地拿纸巾把地上的垃圾捡了起来。但就在我批评了他们之后，我们班的卫生还是被扣了分。看来，我的批评并没有起作用。和办公室的老师讨论过后，我换了一种方式。

我选择了在学生午餐快结束的时间进入教室，这次，我悄悄地从后门进入教室。从第一组开始，路过每一个学生的座位，一边走，一边皱着眉头，并偶尔发出几声叹息。这时，有几个学生开始注意到我，在他们抬头看我的时候，我摇摇头，看看地面，再看着他们，又看看地面，继续叹气。就这么走完了整个教室，我什么都没有对学生说，只是留下我的叹气声和止不住摇头的身影，随后就从前门离开了教室。

到了第二天，我再次重复第一天的流程，看地面、看学生，摇头、叹气、离开。第二天、第三天，一直到第五天，我注意到每天抬头看我的学生越来越多，陆续也有学生在我走到他身边前就会主动低头检查地上有没有米饭菜粒，有的学生还会把纸巾拿在手上或者垫在餐盘下。而我走的路也一天比一天干净，于是，教室里我的叹气声也越来越少，我们班的卫生也没有再被扣分。

同样，我经常在走廊上见到废纸团、废纸巾等，很多学生看见了也不会主动去捡，有的甚至还会将废纸踢来踢去。走廊属于公共场合，很难找出是哪个班的学生丢弃的。我经常会在学生面前把地上的废纸捡起来，而那些站在旁边玩的学生往往也会和我一起捡。

实践证明，这种暗示性批评对高年级的学生来说更易于接受。这种批评方式让学生在面对错误的时候有自我思考、自我反思的时间，既能让他们意识到自己的错误，同时还能保护他们的自尊心。面对这些想要保护自己的面子，同时在道德行为规范上还需要老师不断提醒的学生，老师在处理学生偶尔犯下的错误时，可以将开口批评换成暗示批评，起到无声胜有声的效果。

（案例作者：深圳市光明区凤凰学校　麦婉婷）

案例 9

给孩子解释的机会

除了日常教学活动，老师们还需要处理很多事情，因此，老师们总是觉得时间不够用，希望把宝贵的时间用在知识传授上，让学生掌握更多的知识。但这样就容易出现一种现象，当学生犯错误了，老师们习惯于先批评该学生的行为，再根据时间判断需不需要听学生的解释，并没有先给学生一个解释的机会。

小辉是班上一个很特别的孩子，他的学习习惯不太好，上课总是不能认认真真地坐好，听课也总是听着听着就走神了，有时候还喜欢和同桌说话，因此作业也完成得不算太好。但这个孩子思考能力特别强，而且也很聪明。遇到感兴趣的问题，他会很认真地研究，会想很多办法去解决这个问题，似乎把所有的精力都放在了一个问题上。而当这个问题解决了，他又会回到那种对学习不感兴趣、自由散漫的状态。

今天这节课上的是《我的战友邱少云》一课，同学们被邱少云身上的严守纪律、不怕牺牲的精神深深感动了。特别是班上的男生，在看到视频里军人英勇的身姿时，眼睛里都闪烁着光芒，我也讲得十分投入。视频刚刚播放完，我就看到小辉正和他的同桌窃窃私语，小辉正说着什么，讲得眉头都皱了起来。我将视线牢牢锁在小辉身上，试图用眼神告诉他别说话了，赶紧听课，但小辉丝毫没有注意到我的眼神，于是我大声说："小辉！不许说话！上课老爱捣乱！""我没捣乱！"小辉红着脸大声说。我一听小辉还敢这么大声说话，心中充满了怒气："你看看你，还顶嘴！别人都在认真听课，只有你们两个在说话，难怪你们考试老是考不好！"我不客气地抛出一连串批评的话，让小辉不敢继续顶嘴。我以为这下他该老实上课了，没想到，他气鼓鼓地把手圈在胸前，眼睛睁得大大的，嘴里还嘀嘀咕咕地不知道在说着什么。我一下子更生气了，直接扔下手中的粉笔，走到他身边，说："我看你就是不想学了！你到讲台前面来坐着！我倒要看看今天你到底想怎么样！"结果，小辉一动不动，涨红着脸坐在座位上。就在这时，下课铃响起，我怒气冲冲地离开了教室。

回到办公室，我慢慢冷静下来，突然想到，今天发生的事情是否会对这个特别的孩子造成不良影响？果然，接下来的几天，小辉上课都无精打采，作业也不做，下课也不找同学玩了。

周末快要到了，我看着小辉的状态，不禁焦急又后悔。我开始反思自己的教育方式是否太不合理。于是，我决定给小辉写一封信。信是这么写的："亲爱的小辉，老师首先要跟你说声对不起，老师对你的批评方式的确不合适。你是一个聪明的孩子，也是一个爱思考的孩子，老师非常喜欢你。但是你在课堂上的行为的确影响了其他同学的学习，也影响了老师上课。老师真心希望你能和老师说说你心里的想法，和老师交朋友，有什么困难都可以和老师说一说，老师非常愿意听听你的想法。如果你不想和老师当面说，也可以给老师写信。"我让一个学生把这封信交给了小辉。

当我周一来到办公室的时候，看到桌面上有一封信。我想，那一定是小辉的回信。打开一看，果然是他的回信。信上写着：“老师，上课和同桌说悄悄话是我不对，我也跟您说声对不起，影响了班上其他同学听课。但我想告诉您，那天我只是想和我的同桌说说我对课文的疑问，因为我发现了一个问题，邱少云全身都着火了，那么他身上的炸弹为什么不会爆炸呢？我并没有说其他和课堂无关的内容。”啊，事情原来是这样，他只是想提出对课文内容的疑问，他果然是个爱思考的孩子。我的心里满是愧疚。

上课时，我专门留了一点时间讲这件事情：“同学们，小辉在学完这篇课文后，心中产生了一个疑问，并且他还自己去查找了资料，老师认为那的确是个好问题。接下来，老师想请小辉上来分享一下他的思考过程。大家掌声邀请他上来！”小辉来到讲台上，大方地分享了他的看法，大家都听得津津有味。在总结时，我说道：“同学们，热爱思考的孩子是值得表扬的，老师非常高兴看见大家发现问题，并且尝试去解决问题。但是在课堂上，老师希望大家在遵守课堂纪律的前提下，再大方地提出自己的问题，而不是和你的同桌悄悄地分享。大家也要做一个大方的孩子！你们能做到吗？”孩子们大声回答：“能！”小辉的声音尤其响亮。

对一些表现欲很强的孩子来说，过分的批评会使他们产生比一般学生更大的挫折感，大大损伤他们的自尊心，使他们对学习的积极性大大降低，更有甚者，可能会使他们失去对学习的兴趣。孩子在犯错误时，教师要允许学生为自己辩解，在没有完全了解事情时避免进行过度的批评，适度地留些时间给学生解释，也是给老师冷静和息怒的时间，从而能更好地处理学生的问题。

（案例作者：深圳市光明区凤凰学校　麦婉婷）

案例10

长善救失

孩子们都有自己感兴趣的东西，有人喜欢阅读、有人喜欢音乐、有人喜欢运动。四年级二班的小浩则对植物非常感兴趣。最近，小浩不寻常的行为引起了老师的注意。

张老师从二年级开始带这个班级，至今已经是第三年了，班上的孩子大都以普通的方式表达自己的爱好，小浩的方式却带有“破坏力”。二年级的时候，小浩对别的课都提不起兴趣，上课都只是静静地坐在座位上，唯独在科学课上十分活跃。老师讲的内容，他都提前做好了预习，上课的时候老师一提问，他总是第一个举起手，还经常在课堂上打断老师的话来表达自己的想法。下课了，他每次都有好几个问题要问老师，稀奇古怪的问题令科学老师又爱又恨。到了三年级，他对植物的热爱更深了。他开始去观察身边的植物，从教室门口的盆栽，到校园操场旁的花花草草，甚至是回家路上的野花，还被张老师看到过好几次他钻进草丛堆里翻找的身影。这个时候的小浩还只是处于眼看手不动的状态。到了四年级，学期刚开始，张老师就发现，小浩的爱好又“升级”了。开学初，班上好几个同学带了新的盆栽来学校，放在教室当装饰。各色各样的植物盆栽放在班级里，绿意盎然，但班上的同学发现植物上出现了不少划痕。张老师一看，这可是刀刻的痕迹啊！这说明班上有人带小刀来学校了，而且还破坏了植物。张老师一下子就想到了小浩这个对植物有着极大热情的孩子。但他还是选择先观察一下，看看到底是谁。

就在某天放学后，张老师突然看见小浩蹲在教室门口的花架子上，手里还拿着一把小刻刀！这下可水落石出了！张老师便在教室后门等着。小浩刻了好一会儿，才准备回家。“小浩！”张老师喊，“你刚刚在干什么？”小浩被吓了一跳，急急忙忙把小刻刀收起来。“没……没什么。”小浩支支吾吾。“班上的植物是你破坏的？”张老师严肃地问。“我……不是破坏，我是在研究。”小浩低声说。“你这样不行，班上的植物都被你破坏了，我要到你家去和你爸妈说！”说完，张老师就和小浩一起回了家。

一进小浩的家，张老师的第一反应是：家里植物可真多啊！角落里都放着植物，各种各样的植物都有。张老师跟小浩妈妈说了小浩最近的表现，小浩妈妈一脸愁容地向张老师解释。原来，小浩不仅在学校“研究”植物，在家里也是。家里的所有植物都是他要求买的，买回来之后，每一种他都在本子上做了记录。最近一段时间，他不知道从哪里看到了嫁接技术，一有空就学着搞嫁接、植物栽培。家里的植物都被他留下了“刀疤”。张老师此时明白了，小浩这个兴趣爱好又“升级”了。这时，小浩把张老师带到一盆植物前，张老师一看，是一棵仙人球，再定睛一看，仙人球上竟然还种有几种花！张老师问：“小浩，这是你的成果吗？”这时的小浩骄傲地点点头，还和张老师讲解了他的嫁接过程。

从小浩家里出来，张老师明白了小浩在学校的行为，对这个孩子得换一种教育方式了。于是他给小浩布置了一个任务。

新的一周，在班会课上张老师宣布了这节课的主题是“植物嫁接”，并且宣布主讲人是小浩。大家都好奇地注视着小浩。小浩走上讲台，他竟然还做了幻灯片！只见他兴奋地讲着他收集到的关于植物嫁接的资料，还播放了他动手操作的视频。台下的同学们都看得津津有味！听完了小浩的发言，张老师带头鼓起了掌，教室里响起了热烈的掌声。小浩的脸一下子就红了！等小浩回到座位后，张老师才开始了对这节班会课的总结：“同学们，这节课大家有收获吗？”大家都大声回答：“有！”“但老师希望大家能做到一件事情，那就是我们在栽培植物的同时，要保护好我们的植物，不能随心所欲地进行‘研究’，一定要做好计划，并且选择好实验的对象——你的植物。老师相信，大家都是有爱心的‘植物学家’。大家能做到吗？”“能！”同学们都大声回答。

自此以后，班上的植物再也没有出现伤痕，而且经常会有同学把自己种的植物带到学校来和小浩一起研究。

孩子的一些独特行为也许正是他有创造力的表现，作为老师，我们不应该全盘否定，而是应该去发现孩子身上的闪光点，发现他的长处，长其善，救其失。

（案例作者：深圳市光明区凤凰学校　麦婉婷）

策略四：处分

（一）基本概念

弗兰克·戈布尔在其著作《第三思潮：马斯洛心理学》中提及处分不仅是处分者和受处分者双方的沟通，更是受处分者与社会正确价值观之间的沟通。认为受处分者通过悔过、改造，真正理解惩戒对他的道德教育作用与意义，从而达成其自身与社会某种正确价值观的和解。①

（二）基本操作

人之初，性本善。成长中的孩子出现一些过激的行为，甚至是暴力倾向都有本质上的原因。通常来讲，有的孩子是为了吸引别人的注意，有的是在模仿成年人的行为，有的是因为家庭不太和睦，有的是语言表达能力欠缺，有的是自己的某些需求未能得到满足等。学校教育面对低年级儿童时，应该主要还是以疏导为主、惩戒为辅，正确看待学生间的差异，积极挖掘他们的闪光点和优势，

① 戈布尔．第三思潮：马斯洛心理学［M］．吕明，陈红雯，译．上海：上海译文出版社，1987.

而不是用一个恒定的标准去衡量每一个人。教师应该通过设立不同的目标要求，让不同类型的学生都能找到一条合适的学习路径。

客观上来看，每一个学生都存在着差异，他们有着自己的个性、兴趣和爱好，当然，也包括缺点。想要从根本上解决孩子的逆反行为，单纯的批评教育远远不够，而是要先从家庭根源入手，寻找家庭中父母管教方式上的缺陷，再商量出一个孩子容易接受、家校共育的解决方案才是以学生为本的教育示范。

有些老师对于多次犯错的孩子会选择长期冷处理，但是这种方式可能会带来后续更多的问题。孩子的每一次捣乱，都像是一次试探，他们在看老师的底线究竟在哪里。这时候我们要及时给出反馈，不论是费尽心思找出最佳解决办法，还是最直接地进行相应惩罚，都给了孩子一个信号：这样是不被允许的。当犯错的成本变高之后，孩子们也会相应地减少犯错的次数。

一个普通的小学生在特定的社会环境和年龄阶段，由于是非观念不健全，需要家庭和学校为其成长多指引正确路线。具体来讲，教育者要去寻找根本原因，做好心理疏通是非常必要的。教育工作是背负着光荣的使命的，每一个教育工作者都有责任为社会和家庭培育出心理健康的下一代，让他们能举止得体、表里如一。

（三）实践案例

案例1

调皮孩子背后的关爱缺失

我们经常能听到老师们把成长中的学生比作祖国未来的花朵。既然学生是花朵，那必然是五彩缤纷、绚丽夺目的，当然，也有少数会因为周遭的环境变得暗淡，甚至长出畸形的枝丫。而这时，花园的“园丁”就需要改善土壤的成分，搭建支架，补充光照，帮助这些亚健康的花苗恢复健康。在学校教育中，“园丁”碰到最为棘手的问题就是如何处置校园暴力事件。不同于其他问题，突发性的打架、斗殴，能在瞬间造成严重甚至不可逆转的恶性后果。面对此类问题时，通常需要结合孩子的成长家庭，从根源出发去疏导儿童的心理障碍，让他们的情绪以一种正确的形式得到舒展。

班上的小兵（化名）同学表现欲较强，特别喜欢在老师面前炫耀自己的学识，让自己充满存在感。有一次在上英语课时，小兵非常想回答问题，但是恰巧老师没有叫到他。后来，前面的同学抢答了一个问题，导致小兵同学没有回答到。小兵同学怒火爆发，又误解其他同学嘲笑他，让他觉得没有面子，一拳向回答问题的同学打了过去，接着同桌女生对他进行了劝阻，只是轻声说道："别打啦，打人是不对的。"他听后更加气愤，差点采用了过激的方法处理问题。他在即将对女生动手的时候被老师拦下了。

知道这个事情后，我非常气愤，为什么这个孩子会有暴力倾向，为了一点点小事在文明社会尝试用自己的拳头去解决问题。感性上，由于想为被打学生打抱不平，我非常想立刻严厉训斥小兵同学，然而理性却拦住了我。第一，孩子毕竟是孩子，很多道理还不懂，也不知道如何将心比心，做出这种行为大概率是被身边的环境影响的，不好的环境会投射到孩子的行为上。在这一点上，孩子也很可怜。第二，班主任经验告诉我，对于这些喜欢使用暴力的孩子，他往往已经听够了训斥，甚至挨过了很多打。这时候老师再训斥，于事无补，反而可能起反作用。于是，我决定从他的家庭入手。

小兵同学家庭条件优越，父母都全职工作，家里住在高档小区，出入车接车送。进入家里后，却发现家里布置简单，很多东西摆放凌乱，看得出来家人都很忙，很多家务都被搁置了。我立刻嗅到两个重要信号：1. 家里东西摆放凌乱，说明父母从时间上和精神上都对家中事务无暇顾及，对于孩子的教育可能也是一样。2. 家里不整洁的现象不容忽视。很多家长会从小培养孩子的秩序感，旨在让孩子养成做任何事情，要一步一步完整地、负责任地做好。反之，身处在杂乱环境中的孩子，就会被这种杂乱影响，做什么事情都做一半，容易懒惰，容易放弃。

在与家长沟通后，我更全面地了解到小兵同学存在的问题：1. 情感上，容易被父母忽视。父母偏心年纪较小的妹妹，小兵同学在与妹妹争执时，没有得到父母足够的尊重和平等相待。如果一个人长期处在无法被平等相待的环境中，那么他理所当然地认为文明的沟通是无法解决问题的，也不会懂得去包容别人，只会想尽办法去运用各种手段为自己争取利益。2. 争强好胜，情绪容易冲动，严重时会动手。于是，我就小兵同学的问题和家长达成一致的意见：在学校，小兵同学将在一周内单独坐在教室最后一排进行反省，并写 200 字的道歉书，亲手交给被他打伤的同学，请求对方的原谅；在家里，爸爸妈妈和小兵同学一起进行问题分析，告诉他用暴力解决问题是错误的，可能会造成很严重的后果；

在家里有意识地做到公平解决兄妹之间的问题，遇到冲突时多听取当事人的意见和感受，花更多的时间精力耐心给小兵同学多一些关注和爱。家校共育，双管齐下纠正小兵同学喜欢动手的问题。

一段时间以后，小兵同学慢慢学会控制自己的情绪，在与同学发生冲突时，也能够更加正面地解决问题了。

（案例作者：深圳市光明区凤凰学校　陈晞）

案例 2

爱写作的“小皮猴子”

在中国教育的传统观念中，一直提倡因材施教，它反映了对被教育者客观现状的充分利用和发挥。在因材施教体系中，会根据特定年龄段学生生理和心理上的特点以及具体情况去开展教育活动，充分地调动学生的学习积极性。在这一点上，家庭教育和学校教育需要密切地配合，取长补短。单从课堂教育上来看，学生比较常见的问题是上课注意力不集中，过于活跃多动，小声说话影响课堂秩序，等等。解决这类问题，单纯的严厉批评收效甚微，需要教师转换思维方式，例如充分发挥问题学生在特定领域的专长，让孩子获得成就感，建立自信，最后在鼓励中实现自律。

欧阳晶（化名）是个上课时爱说爱笑的孩子，有时候调皮起来，便将课堂纪律抛之脑后，什么也顾不上了。一天，正在上英语课，欧阳晶和同桌滔滔不绝地说起话来。严厉的王老师正巧在走廊巡视，发现这一情况后，立刻以严肃的口吻对欧阳晶说：“下课后来见我。”

欧阳晶是个活泼聪明的孩子，对于知识理解快、掌握牢，但就是控制不住自己的嘴巴，经常严重影响老师的课堂秩序。该进行的道理教育，已经基本上一周一次。王老师与她的父母也沟通过很多回，但他们也拿欧阳晶没有办法。及时的惩罚也做了很多，包括罚抄单词，写检讨等。

王老师意识到，所有传统的方法都已经没办法让欧阳晶这只小“皮猴子”控制自己的行为，一定要想一些创新的办法才好。刚巧王老师听了一场讲座，里面说到，教育孩子有时候要用他的长处去治他的短处。当直接制止行为行不通时，反而要找到一个能够发挥孩子长处的地方，让他找回一个优秀孩子的自信，从而使他反思自己的各方面行为有没有对标优秀。

王老师想到，这孩子的语文成绩很好，不但理解能力强，而且平时喜欢阅读书籍，对很多事情颇有见解，小小年纪已经可以完整地表达自己的很多看法并与老师讨论。于是王老师想，我们可以从写作入手，主要考虑以下三点设置了惩罚任务：

1. 既然是补短，那么要与她此次的犯错内容有所联系，给她机会去自行思考究竟错在了哪里。于是安排一些与教育有关的主题，让欧阳晶充分地查阅资料。

2. 此项任务是惩罚，因此不能轻松地按平时作文的 500 字标准，而是要提高难度，以双倍的字数来要求欧阳晶，总体达到 1000 字的要求。

3. 这项惩罚措施的背后，有一个底层逻辑，那就是让欧阳晶从惩罚任务中找到自信。她对该项任务绝不可敷衍了事，而是要认真撰写、仔细修改，完整地产出一个优秀作品。最后老师找一个机会，给这个作品一个正向积极的反馈。

当欧阳晶忐忑不安地去王老师办公室，双眉紧锁，汗如雨下，准备接受最严厉的惩罚时，出人意料的是，王老师的态度却很温和，没有打骂，只是语气非常坚定地说："我要罚你写 1000 字的文章，讨论教育及其对经济的影响。"欧阳晶觉得非常疑惑，通常自己上课讲话都会被罚抄课文或写检讨，怎么这一次是写作文，而且是自己从来没有写过的开放式作文。

接到任务后，欧阳晶放学后马不停蹄地赶往图书馆，把相关的书籍都拿出来仔细钻研，有看不懂的就问问爸爸妈妈，简单的故事用电话手表拍下来，回去再反复琢磨。开始为之努力后，欧阳晶从一开始的疑惑竟然变得充满动力，信心满满。因为在完成任务的过程中，欧阳晶感受到自己学习到了非常多平时上课接触不到的知识，而且自己的理解水平由于大量集中的阅读训练而直线上升。资料越丰富，文章主线越具体，写到后面，欧阳晶竟然有一种越写越兴奋的感觉。

3 天后，欧阳晶按时把写好的文章交了上去，王老师仔细看后，给每一处不尽如人意的地方贴上了便利贴，上面满满的都是修改意见，然后把文章退回来，要求欧阳晶重写。欧阳晶也配合老师的意见，一遍一遍查询更丰富的资料，改变书写顺序，使用更加达意的措辞，补充更支持论点的论据，附上更详尽的调查数据和表格。如此 6 次，直到王老师对文章露出满意的笑容。

后来，令欧阳晶没有想到的是，这篇经过反复修改的文章被王老师推荐参加了全市征文比赛。3 个月后，王老师高兴地在全班宣布欧阳晶征文获奖的消息。这是欧阳晶平生第一次获奖，也是她受益最深的一次"惩罚"。

（案例作者：深圳市光明区凤凰学校　陈晞）

案例3

课堂上的纸飞机

随着80后、90后逐渐走上工作岗位，00后和10后逐步成为学校的主体，他们青春洋溢，有独立自主的看法，给老师的德育教育方法提出了更难的挑战。传统的罚站、罚抄，千篇一律的批评教育，已经无法从内心触动他们，需要更深层次地观察他们的内心。他们的内心需要什么、渴求什么，犯了什么错误，背后的根源又是什么，都是老师在给出处分之前需要深思熟虑的。唯有走入孩子的内心，才能够从根本上打动他们，纠正错误行为。

今天课间的时候，作为班主任，我照例走到班级去巡查。这时候，有个孩子悄悄地跟我说，老师，有几个男生最近上课在折纸飞机，并且老是丢到别人头上，又掉到地上，影响课堂纪律和卫生。

我听到这个消息之后，立刻反应过来是哪几个调皮淘气的小家伙，我对他们上一次的“事迹”还记忆犹新，现在又“发明”了影响纪律的新方法。

我先找受到影响的孩子们聊了一下，确认这件事情的真实性和细节。原来是男生小A带头，开始折纸飞机，丢到别人头上。另外几个男生随后被带动，沉迷于在课堂上玩纸飞机带来的紧张刺激的感觉。

随后，我联系了那几节课的科任老师。老师们说，孩子们在课堂上太活跃了，有几个孩子就控制不住自己。

最后，我找来了纸飞机行动的“领导者”——小A。他低着头一言不发，做好了被老师批评的准备。

在请他到办公室之前，我简单地回想了一下小A的家庭情况和学习情况。他是一个活泼开朗的孩子，头脑也非常聪慧，但是平时爷爷奶奶较为宠爱，爸爸妈妈对他自律习惯的培养也不是很重视，导致小A平时在课堂上经常无法集中精神，不是在玩笔，就是在抠手。

小A之前也犯过很多错误，比如不写作业，上课不认真，下课冲跑、打架。老师屡次说教、惩罚，叫家长谈心，家访，都收效甚微。如果这次还是简单地让他抄写课文或罚站，他只会机械应对；如果让他写检讨，那也可能只是父母教他写的，对行为规范养成没有任何帮助。

为了让他深刻地记住此次受罚的原因，下次不再犯，我采取了以下方法：

第一步，冷处理。

其实有时候孩子故意犯错，可能是在家里没有得到父母足够的关注，为了吸引老师家长的注意或者通过这种方式来达到自己的目的。这个时候，老师如果采取冷处理的方式，故意不上当，孩子自然就没有办法了。于是，在小 A 来到办公室之后，我跟他说："老师不会和家长说这个错误，你是个小男子汉了，自己反思一下错误。"

第二步，对症下药。

对症下药，也就是放任孩子这么做，但实际上就是惩罚。今天一小时内，先折 100 个纸飞机，要求必须每一个都折得认真、笔挺，如果有一个折不好，就重新折。每一个纸飞机都要编号，带回家去做实验，做好记录：能飞到 0.5 米的有多少，能飞到 1 米的有多少，能飞到 1.5 米的有多少，并计算好百分比。这样做的好处是在他完成这个惩罚任务的过程中，时刻明白自己是为什么而受罚，又有什么事情是之后再也不能做的。如果只是机械惩罚，他大概率会忘记最初犯的是什么错误。

第三步，帮他想办法弥补。

上课折纸飞机，不仅影响自己，更会影响他人，影响课堂纪律。跟小 A 深入谈心之后，我引导他：

1. 父母辛苦工作，是为了你能够在学校学习科学文化知识，长大后做一个优秀的人。但是你上课分心，只顾自己玩耍，辜负了父母的一片苦心。

2. 老师认真备课、专心上课，管理全班近 50 名孩子听讲，很不容易。但是你上课不认真学习知识，不认真回答老师问题，辜负了老师的一片苦心。

3. 同伴们认真听课，但你折纸飞机丢到别人的头上，既影响了他们上课，又让他们心情不愉快。

综上，对这三类人群都有影响。于是我让小 A 给父母、老师、同学们分别道歉，说出自己哪里做得不好，哪里影响了他人，如何改进。这一步让孩子能够了解做错事的后果，并逐渐学会承担责任。

第四步，为下一次的行为做预防。

这一步是至关重要的一步。要跟孩子约定好不准再犯类似错误，因为在课堂上玩其他东西，会影响自己和他人；如果再犯，惩罚会更加严重，可能是折 200 个纸飞机。

这一步通过契约精神进一步约束孩子的行为，事前预防比事后惩罚来得更加有效重要。

经过这四步惩罚，小A充分意识到了自己的错误，也明白了这样的行为给他人带来的不良影响。他向老师保证，以后绝对不会犯类似的错误，并在之后的上课学习中更加认真、专注，有冲动想要做小动作、玩小东西的时候能及时控制住自己。

（案例作者：深圳市光明区凤凰学校　陈晞）

案例4

21天的乖孩子

随着青春期的到来，孩子们的身体开始发育，心理也开始悄然进入一个关键的时期——叛逆期。有的孩子叛逆期来得早，有的孩子叛逆期来得晚，时间的差异和孩子自己的意愿有很大的关系。部分孩子很早就知道自己的观念与家长有很大不同，有很强的意愿去践行，为自己的意见去争取，为自己的独立去追求。班级中会有部分孩子先开始叛逆，而且这些孩子往往对于父母的教育、家庭的环境有许多不满，这部分孩子往往更加难以管教。

小明是班里一个比较聪明的孩子，贪玩、好动，朋友多。学习上，他如果乐意付出努力，成绩会噌噌往上涨，但是需要长期坚持的自律，却难以做到。如果心情愉悦，学习和遵守纪律都不在话下；如果有时因为某些事情不顺心，那么不但难以参加课堂活动，连下课都可能要和同学打一架。

开学前几周小明的状态还比较平稳，临近期中考试的时候却突然躁动起来，不写作业、不读书、不做操，上课会突然因为别的同学受到表扬而嫉妒得摔笔。

最开始他犯错误的时候，我会非常严厉地批评他，然后他就会像一只被惹怒的小兽一样，故意犯更多的错误，影响班级其他同学。于是我们几个科任老师对他暂时采用了“怀柔”策略，只要不是大的原则性错误，我们对他“睁一只眼闭一只眼”，用关爱的态度正向地引导他，希望他能够慢慢地被打动。

但是事情并没有往好的方向发展，一段时间以后，小明的行为甚至严重影响了课堂秩序和班级氛围。孩子们虽没有明显地学着他在老师眼皮底下干坏事，但却在态度上慢慢受他的影响，对于要参与的课堂活动和应该遵守的纪律规则不如之前那样重视了。

终于在第九周的英语课下课后，我和小明进行了一次师生间的“较量”。

我发现他的英语作业听力题完全是错误的，是在没有听听力题目的情况下乱写的。我把作业还给他，并对他提出了批评，让他回去将题目认真地重新听一遍。他没有立刻承认错误，反而将作业往地上一扔，就趴在桌子上不理我了。

当时我非常生气，因为他当着全班同学的面对抗老师，如果不进行严肃地批评教育，其他孩子将会对老师的管教不再信服，班级管理工作将无法再开展。

我让他去办公室，没想到他一溜烟就跑出了教室，像以前一样，试图逼迫老师去找他，让老师知道，他被老师批评了就会逃跑，以此逃脱老师的管教。这次我们没有再姑息，而是让安全办的老师立刻帮忙找到他，并立刻约了他的父母到学校商谈。

之前我已经将孩子近期的表现告知家长，看得出来小明的爸爸妈妈对孩子今天犯的错误并不意外。我们的谈话主题落在了究竟是什么原因造成了孩子这样的性格和行为。家长说道，孩子从小在外公外婆身边长大，老人对孩子非常宠溺，要什么给什么，造成了孩子唯我独尊的个性。接到父母身边之后，又因为父母常年工作繁忙，没有太多时间陪伴和教育孩子，让他比较缺乏安全感，造成了孩子叛逆和容易冲动的性格。

这个孩子的问题，很大程度上是家庭的问题。我和小明的父母进行了深入的沟通，孩子的教育需要父母的投入——严格地要求他，并给予充足的关爱。这样一棵小树苗才能够茁壮成长为一棵参天大树。

经过安全办老师的沟通和教育，小明的情绪逐渐稳定了下来。我让他的父母带回去再教育，并让孩子认真反思，第二天交一份检讨给我，并交给了他一张表格，上面有未来21天的日期。只要小明遵守纪律、认真学习一天，就可以打上一个钩，让爸爸妈妈写一句鼓励的话；等到全部打钩完成后，爸爸妈妈会买一份他喜欢的礼物送给他。这既是惩罚，又是激励。等到21天之后，相信孩子良好的行为和父母持续的正向反馈，都会成为习惯。

次日，小明主动来到了办公室，承认了自己的错误，并交了一份检讨给我。虽然刚开始，他还是低着头，不是非常情愿。但是慢慢地，他的小钩越来越多。后来，小明主动跟我说："爸爸妈妈每天都会陪我、夸奖我，我很快乐。"

看到小明的进步，我感到非常宽慰。对于孩子的错误，处罚不是目的，只是手段之一。找到问题根源并解决，让孩子有进步，才是我们教育的根本目的。

（案例作者：深圳市光明区凤凰学校　陈晞）

案例 5

像小山一样的书包

初中的孩子刚刚离开小学，在人们的印象中还是天真无邪的少年，但是有些孩子却偶有偷窃的行为出现，这种不良行为的成因是非常复杂的。在寻找偷窃原因的过程中，社会、家庭、学校、班级、心理等因素都不容忽视。

初中生往往和成年人不同，他们进行偷窃往往不只是为了金钱物质，有时候更添加了一丝报复的意味，这可以反映出孩子成长过程中缺乏对自身行为的规范。这要求老师更加细心地分析整件事情的来龙去脉。

七年级一班是远近闻名的调皮班级，学生上课时插嘴，下课时跑动打闹，都是常有的事情。也因为这浮躁的班风，学生的成绩一直上不去。刚刚接手的时候，我感到非常头疼。一段时间过后，孩子们逐渐熟悉我，变得稍微听话一些，虽然与其他班级的优秀表现还有距离，但是他们已经慢慢懂得克制自己，偶尔在公开课上也会非常安静地听课。

然而这些好迹象被突如其来的偷窃案件打破了。隔三岔五就有孩子反映，自己的笔丢了。有一天放学时，一个女生哭着跟我说："老师，我上社团回来之后，整个课桌里的书都被人清空了。"这让我意识到，这回不再只是丢失几支笔这么简单，而是实实在在地给孩子带来了很严重的后果。书丢了，就没有以前的笔记和详细的错题记录。看着女孩哭红的双眼，我决定帮助她找出真相。我问她："你最近有没有和哪位同学有矛盾？"女生支支吾吾地说："是方磊（化名），我昨天告了他的状，他就对我怀恨在心了。"此时方磊已经离校，只好静待他第二天的表现。

第二天，我把刚开学时自己留下的一本崭新的英语书给了那个女生，让她先用着。结果放学时，女生就跟我说，刚给她的书又不见了。这次时间尚早，方磊还在打扫卫生，书包就放在桌子上，鼓鼓的和一座小山一样。我便跟他说："老师向你借一本参考书可以吗？"于是方磊打开书包，迅速翻出参考书，急急忙忙地合上书包。我见形势不对，于是又说需要另外一本书。这次我和他一起在书包里找，果然看到了那个女生不见的书。

方磊第一反应就是他不知道为什么女生的书在自己的书包里，但是结合他刚才的表现，我初步判定这是一句谎话。虽然这是偷窃行为，但我相信他毕竟是孩子，可能只是分辨不清对错，冲动地用自己觉得可以伤害到别人的方式去发泄心中的愤怒。

我克制住自己的怒气，冷静地和他说道：

“首先，学校里处处都有监控，你的一举一动都被记录下来了，这是没有办法撒谎的。

“其次，女孩的书丢了，她没有办法学习，没有办法写作业，甚至可能因此受到父母责罚，这对她来说造成了非常严重的影响。

“最后，作为一个男子汉，应该勇敢地承认自己的错误，并且接受相应的批评和惩罚，以后改正不再犯，这样才配得上男子汉的称号。”

孩子听了之后，慢慢交代了事实，虽有些不情愿，但是一问一答之下，也交代得七七八八。他说把同学的书都放在了房顶上，等第二天拿回来的时候，已经被雨淋湿，模糊了字迹。

这件事，起于被同学告状的气愤，止于书被偷走并基本毁损。面对孩子的错误，除了让孩子和家长进行赔偿，更重要的是让孩子懂得这件事错在何处、该如何正确处理。

我把方磊叫到了办公室，跟他分析了以下问题：一开始女生为什么要告状（不是跟他过不去，而是认为这个行为是错误的，对事不对人），他冲动偷书有没有达到解决问题的目的，应该如何正确面对负面情绪。

其实方磊是个很聪明的孩子，但是容易被负面情绪冲昏头脑，跟他梳理清楚事情的黑白对错，让他明白应该合理地面对和控制自己的情绪。之后，方磊的情况慢慢好转了起来。

（案例作者：深圳市光明区凤凰学校　陈晞）

案例 6

吹口哨的小英雄

每个班级总有几个上课捣乱的孩子，要么上课发出奇怪的声音，老师批评也不听，嬉皮笑脸应对；要么上课用笔戳前后左右的同学，传小纸条；要么上课做不文明的行为，如脱鞋、打嗝，不仅自己不学习，还影响一大片同学。

许多老师感到非常苦恼，很多时候除直接批评之外，还会找家长，但是好像用处不大。这些孩子究竟怎么了？要用什么方法才能纠正他们的这些行为？

夏季非常炎热，下午的天空灰蒙蒙一片，一场期待已久的暴雨终于下了下来，空气中伴着凉爽和雨后的清新。刚刚上完了一天的课，心情也随之放松下来。

耳边突然传来孩子们急促的声音，他们朝我奔跑而来，声音愈发洪亮起来：“老师，刘强（化名）在语文课上吹口哨，语文老师特别生气，让您赶快过去！”

刚刚放松下来的心情又紧绷了起来。最近几个月，刘强不断地在课堂、课间闹出大事、小事，好像很想吸引老师的关注，却又对老师家长的批评置之不理，好像这样才是一个帅气独特的少年，甚至被班上的一帮同学奉为偶像，大家纷纷模仿他的行为。班里的课越来越难上，学习氛围越来越淡。

孩子到了六年级，不仅身体在逐步发育，长高了，壮实了，开始变声了，心理也在悄然发生改变。顺利一些的，心理初步有了独立意识，学习着用平和的语言和父母老师沟通自己内心的想法。叛逆一些的，心里想着的是无论如何家长老师都是错的，自己一定要做离经叛道的事情，而且不解释。显然刘强就是后者。

直接批评他，刘强很可能会像之前几次一样，站在原地不动也不说话，仿佛老师是敌军，而他是必须要守住秘密的英雄，问什么都不回答。

虽然当时火冒三丈，我却强迫自己立刻冷静下来。从孩子的内心出发，找到角度，慢慢击破他内心的防线。

到了班里，我给孩子们讲了一个故事——《夜莺的歌声》。这是一个孩子用哨声传递信息，协助游击队歼灭法西斯强盗的故事。

“孩子们，口哨有两种用途，好的用途是可以帮助传递信息，打败敌人；坏的用途是破坏安静的环境，只为了自己好玩。你们觉得哪种用途好呢？

“老师相信你们应该只是觉得很好玩。如果你们很喜欢吹口哨，等我们六一儿童节的时候组织一个吹口哨比赛，让大家都来展示一下谁的口哨吹得最好听、最响亮、最特别，好吗？”

我用余光打量了一下刘强，他没有像之前那样抗拒，而是能够和其他同学一起顺着老师的问题往下回答，这说明他听进去了，没有像之前那样逆反。临近六一时，我组织同学们开展了吹口哨大赛，参赛的同学都刻苦练习，刘强也就顺理成章接受了这一“惩罚”。

此后，刘强虽然还是会偶尔调皮，但是上课时吹口哨的事情再也没有发生过。

（案例作者：深圳市光明区凤凰学校　陈晞）

案例7

驼背的爷爷

早在2016年，教育部联合最高人民法院、最高人民检察院、公安部等多个部门印发了《关于防治中小学生欺凌和暴力的指导意见》（以下简称《指导意见》），向校园暴力亮出红牌。在这份文件中，强调了对构成违法犯罪的学生，必要时可由政府特定机构集中收容教育。《指导意见》史无前例的强力表态，引发了社会各界的广泛关注。

实际上，校园暴力存在于老师和家长关注不到的隐秘角落，影响着学生心理的健康成长。学生间的小矛盾如果没有得到及时、有效的疏导，长期在孩子心中蓄积，有可能会造成严重的恶性社会事件。因此，在孩子们顽皮、不知轻重的打闹中，如何正确防范和处理校园暴力，显得尤为重要。

2019年5月，三年级二班赵一凡（化名）同学在操场活动时，因小事与同学发生摩擦，后处理不当，双方动手打架，赵一凡被蒋晓斌（化名）同学打伤并入院治疗。事后，我认真询问了蒋晓斌同学整个打人过程，希望能从根源上杜绝此类事件。在交谈过程中，他经常不说话，以沉默的方式对抗老师。后来，我经过多方打听才发现蒋晓斌同学的问题不仅仅是顽皮这么简单，他是一个“前科累累”的问题学生。

为了了解蒋晓斌平日的生活，我多次与孩子家长沟通，表示希望能在学校面对面交流一次。但是，得到的回馈非常有限，其父母的态度冷漠且无动于衷，最后是他70多岁的爷爷出面到赵一凡家道歉。而蒋晓斌也只有在驼背的爷爷出现后，才立刻流露出愧疚和懊悔的神情。这些细节，让我慢慢地察觉到了这个孩子的叛逆与他成长的环境有着密不可分的联系。在随后的几天，我去孩子爷爷家家访了几次，从老人家口中详细了解这个家的现状——父母离异，蒋晓斌由爷爷抚养，孩子与学校周边的社会青年来往紧密等。人之初，性本善。我相信孩子的本质是好的！于是，我想尽各种办法让蒋晓斌体谅到他爷爷的不容易。例如，我抽空去拍下了驼背爷爷在菜市场艰难营生的照片，用生动的影像去打动孩子。几经努力，蒋晓斌被触动了，放学后他不再跟小混混们游荡在各处的网吧，他选择了去菜市场帮爷爷看摊，给爷爷扇扇子……

两个月后，我邀请了学校德育处主任共同组织了一个“文明你、我、他”的主题班会，不仅正式处理上次的打架事件，同时想对在校其他学生起到警示作用。在这次班会中，打架的同学、其本班同学、在现场的同学和各年级班干部也都参与了进来。首先，我客观公正地描述了学生违纪违规的事件经过，并由德育处主任宣讲了学校的初步处理意见。随后，被打伤的赵一凡同学也陈述了整个过程中自己的所见、所闻、所为，及自己在处理同学关系上存在的问题。最后发言的是蒋晓斌，他对自己犯的错误进行概述，对自己当时的冲动行为进行了检讨，对自己的错误进行了深刻的剖析，并向大家保证他一定清醒地认识错误并端正态度。

参加班会的同学在他们发言后，都分别进行了较为积极的发言。针对因为一些小事就发生口角、打架甚至群殴的现象，他们都一致认为是错误的，事发后一定要第一时间和对方道歉并认真反思。最后，在我的见证下，参与打架的同学向蒋晓斌同学鞠躬道歉，双方握手言和。

（案例作者：深圳市光明区凤凰学校　陈晞）

案例 8

犯错的小大人

随着时代的变迁，人口大范围的流动给特定地区的社会发展带来了诸多的红利。但是，从家庭的演变与发展方面来看，留守儿童问题已经日益突出，这个问题关系到大量未成年人能否健康成长，这些关联的社会“细胞”是否健康。父母在异地打工，正处在成长关键期的儿童在家乡跟随祖辈生活，必将造成亲子关系的疏远。家庭教育环境的制约、家庭情感的缺失、家庭中父母角色的空缺和家庭中祖辈思想观念的滞后，很可能会产生许多负面影响。

学校教育是未成年人教育的一个重要环节，在特定条件下，甚至要填补家庭教育缺失的位置。留守儿童在隔辈亲的宠溺中，往往容易长成一株“歪苗”。应对未成年人的顽劣行为，教师在好言相劝的同时，也需要同步进行必要的惩戒手段。

上学期的一天，我利用课前 10 分钟检查三年级一班学生英语课文的背诵情况。该班学生王晓磊（化名）不但把背诵任务甩在一边，而且嬉皮笑脸地打扰其他同学。类似的事情并非首次发生，我深刻地意识到，如果对这种现象听之任之、随意放纵，势必会形成一种危害班集体、扰乱课堂的歪风邪气。

课后，我向班主任李老师投诉了王晓磊的行为，并详细了解了他的家庭情况。

这个孩子也是班主任感到比较头痛的双差生。在与李老师的交谈中，我得知王晓磊是单亲家庭的孩子，父母在他五岁时就离异，父亲争取到了法律上的抚养权。但是，父亲常年在外地打工，孩子不得已跟爷爷、奶奶一起生活。两位老人年老体弱，没有充沛的精力去管教这个小孙子；同时，隔辈亲的理念让老人家一切都依着顺着孙子。在这种环境下，王晓磊养成了自私自利、任性、玩世不恭的性格。读小学三年级，王晓磊就已经是声名远扬的“顽劣 F4”之一。他时常在课堂上向老师发难，在面对老师的批评时充耳不闻，还把激怒老师作为泄愤和寻求刺激的一种途径。对这类学生的教育，要让他明辨是非是比较困难的，他缺的不是明辨是非的能力，而是能激发他去正确行动的引导。

对于教育这种掏心费力的学生，很多教师其实是抗拒的。我也有过同样的顾虑，犹豫、斗争了好久，最终决定接下这个“烫手山芋”。根据我自己的教学经验，计划对王晓磊采取惩戒与关爱双管齐下的教育方式。

有一天，我特意守在教室门口，等放学铃声一响就进教室把王晓磊叫到办公室。在平复好自己的情绪后，我严肃地问他：“王晓磊，你知道老师为什么把你叫到办公室里来吗？”他装出一脸无辜的样子，用若无其事的口气说：“不晓得。”于是我用更加严厉的口吻说：“需要我帮你回忆一下吗？走，你先到教学楼下面跑三圈，认真反思一下自己的错误，反思好之后，我们再谈。”王晓磊极度不情愿地走到操场，嘀嘀咕咕地完成了跑操场任务。之后，他气喘吁吁地回到了办公室，我没说话，拉出条凳示意他坐下休息，然后我转身关了办公室的门出去了。大约 10 分钟过后，我拿着预先准备好的两份面包、两袋牛奶回到办公室，分出一半递到王晓磊手中，说：“吃吧，想必也差不多该饿了，反正我是饿了。咱俩现在是平等的，午餐的标准也一样，吃完再说。”说完，我主动帮孩子把面包外包装拆开，插好牛奶吸管递了过去……王晓磊愣了一会儿，显得不知所措了。他原以为雷霆风暴般的批评、指责没有按他的预期到来，吹过的却是老师温柔的关爱。孩子哽咽了：“我，我……”半天也没挤出一句完整的话。我把手中的面包和牛奶又向前推了推，示意他先不说话，接住食物先填饱肚子再说。孩子接受了，低下头，若有所思地、大口大口地吃着手里的东西。在还剩下小半个面包时，他主动开口说：“陈老师，我承认错误，是我不好好背诵课文和上课调皮捣蛋才被你叫到办公室来的。”我见到他态度有所缓和，自己的话语也更加柔和了：“王晓磊同学，每个人在成长的过程中或多或少都会犯下一些错误，但是我们应该在犯错误后勇于承认，勇于承担犯错误所对应的责任，这两者的关系也是平等的、均分的。”听到这些，王晓磊捏了捏那半块面包，最后塞进了嘴里，他快速地抬起头说：“陈老师，对不起，我愿意主动承担我犯错的责任，我可以做一个小大人。这样吧，我按照惯例，自愿罚抄课文 5 遍可以吗？”我很高兴地表扬了他这种勇于承担的行为，也为他眼中那真诚的目光感到欣慰。

（案例作者：深圳市光明区凤凰学校　陈晞）

案例 9

“小偷”的检讨书

孩子在成长过程中，因为周边环境的影响，或多或少会模仿身边人一些不良的习惯或者嗜好，例如说脏话、打架、说谎、偷窃等。其中，偷窃行为发生得较为隐秘，行为的实施者不容易被受害者及时发现。即使被发现了，也往往由于损失程度不大，或者孩子拒不认账，导致家长和老师处理此类问题时感到尤为棘手。但是，如果放任不管行吗？中国很早就有一句民间俗语，“小时偷针，长大偷金”。像偷窃这样的恶习是有成瘾性的，而且偷窃的物品价格也会逐渐地上升。如果没有及时地教育干预，“浪子”很难回头。

某个学期的一天，办公室的李老师无意中发现她的挎包疑似被人翻过，经检查核实后，发现丢失了 300 元现金。由于当天的课间时间，我们班上的几个孩子跑到办公室来玩过，因而李老师的第一反应是怀疑那几个学生。由于没有直接的证据，李老师找到我，希望我能帮助她去找“嫌疑人”问话并探听虚实。刚开始我内心是很矛盾的：一方面，内心有一个强烈的心理暗示，我班的学生都是品格优秀的；另一方面，我也没有充分的证据去消除李老师的疑虑。最终，我还是答应了协助调查。午间下课铃敲响了，孩子们都去了食堂吃中饭。我一个人来到教室，在班上转了两圈，正苦于没有一个合适、高效的方法时，教室角落里闪着微微红光的摄像头让我豁然开朗。后面的事情就相对简单了，通过走廊的摄像头，犯错误的学生很快就给找了出来，是班上的彭晓刚，一个成绩普通、低调沉默的孩子。这个结果让我非常惊讶，也异常气愤，第一反应就是立马去找这个孩子兴师问罪。但是冷静下来想想，作为一名教师、一个班主任，我需要帮助他，也要保护他。

下午放学前的一节课，我把彭晓刚叫到了一间活动休息室，李老师已经提前在那间房里等着了。因为我和李老师已经事先商量好了对策，所以李老师的态度也显得非常平静、温和。我让彭晓刚站在我们面前，我和李老师都静静地看着他，没有说任何话。这孩子挺聪明的，他似乎从这无言的对视中发觉到老师们已经知道了事情的来龙去脉。又过了许久，他耷拉着脑袋用非常细小的声音说："老师，我错了。"说完，从裤兜里拿出一个红色的小纸卷。这是一个良好的开始，他承认错误的端正态度也让我们两位老师更有耐心去理性看待这个问题。"彭晓刚，你能说说为什么会拿老师的钱吗？是不是遇到什么困难了？还是有其他原因？"李老师小声地问。彭晓刚突然眼泪不停地往下掉，泣不成声地说："爷爷病了，我不知道怎么去帮助爷爷，药好贵，我买不起……"对于他说的这个理由我起初深感怀疑，但是没有证据，我也只能相信他。于是我说："即使是为了给爷爷治病，也不可以在别人未允许的条件下，拿别人的东西。你如果真的需要帮助，可以跟老师、同学们寻求帮助，我相信大家也会愿意帮助你。"李老师也接着说："需不需要我给你父母打个电话了解一下详细情况？如果确实非常需要帮助，我可以帮你向学校申请援助。"他听李老师这么说，竟然哭得更厉害了，痛哭流涕地哀求："李老师，求求你，千万别告诉我家长和学校，我知道错了，也不想让全校人都知道，他们会笑话我的，爸妈知道会打死我的。"我见他这样恳求我，说："你放心吧，我不会告诉你家长的，那你说你错在哪里了？"他还是显得有些扭扭捏捏，最后避重就轻地说："我不该拿老师的钱给爷爷治病……"

通过与彭晓刚的谈话，我心中的些许疑惑并没有完全打消，但是还是秉持着最大的善意去理解孩子犯下的错误。"晓刚，老师相信你是一个品行不错的孩子，你要保证跟老师说的都是实话，不许撒谎，好吗？"我再次提到。孩子默默地点了点头。最后，彭晓刚在我和李老师的见证下，将整个事情的发生经过和细节一一写了下来，还详细描述了犯错的原因和自己悔过的决心。这份自我检讨书写得非常深刻，我相信这能起到标本兼治的效果。

晚上7点左右，我还在回想此事，突然电话响了，来电显示是彭晓刚的爸爸。我立刻接通了电话，那头传来彭晓刚略带哭腔的声音："老师，你不会因为这件事认为我是一个坏孩子吧？同学们会不会瞧不起我了……"我听到他这么说，我很高兴，因为他已经想到了这件事的后果。于是，我耐心地说："彭晓刚，这件事不必放在心上，知错就改是好孩子。”放下电话，我之前的些许疑虑也消散了，不再困扰孩子有没有说实话，也不再为用不用向家长反映而左右为难，听得出，他是当着家长的面给我打的电话。

（案例作者：深圳市光明区凤凰学校　陈晞）

案例10

诚实的小纸条

“劝君更尽一杯酒，西出阳关无故人。”在中华文化中，美酒一直是一种人际关系的润滑剂。但是，大量酒精对大脑细胞有着强烈的麻痹作用。大量摄入酒精往往会对处于成长发育期的儿童的大脑造成不可逆的损伤。另外，未成年人的胃、肝等脏器由于没有发育成熟，部分解毒功能也是不完善的。综合各种对未成年人的不利因素，世界许多国家的法律法规都明文禁止向未成年人出售酒精制品。但是，实际生活中，受到周围环境的影响，未成年人饮酒的问题屡禁不止。作为教育工作者，应当规劝此类不当的行为，凸显出教师不抛弃、不放弃的工匠精神。

9月份刚刚开学的一天中午，学校德育处的刘主任主动约我一起在食堂吃工作餐。饭后闲聊之余，她向我反映了我班几个学生在暑假期间聚众饮酒，影响邻里关系的事情，希望我能协助学校德育处调查处理这件事。我一听，当时就觉得火冒三丈，平时上课期间就喜欢打闹的小家伙，放长假了还让我这么不省心。想到这儿，我匆匆收拾了碗筷，快速向班级走去。当我来到教室，看到班上的孩子们满面笑容迎接我的样子，刚才的那阵怒火慢慢被浇灭了。我试着平复了自己的心情，不去把这群孩子想象成“大闹天宫”的小坏蛋，更多地去发现他们可爱的地方。这样，我既能享受这种融洽的师生关系，又能为后面的平静交谈做好铺垫。毕竟，我是来解决问题的，而不是单单地去训斥他们一顿。

打定主意后，我来到讲台上，用笑容回应学生们的热情，问道：“老师不在的这段时间，你们听话吗？有没有违反校规校纪啊？”他们异口同声地说：“陈老师，我们很听话！守纪律！”我又说：“是吗？你们愿意跟我分享一下你们暑假的生活吗？你们把这个假期各自做的好人好事和调皮捣蛋犯下错误的事情都写在纸条上，好吗？当然，还有个前提非常重要，那就是不许撒谎、不许遗漏。只要你写的是真实的，即使犯了错，老师也不会责罚你的。”就在这样一个祥和的气氛中，每个同学都写了一张纸条交给了我。全部收齐后，我快速地浏览起来，从中挑选出关键“证物”。经过对几张小纸条信息的拼凑，我基本了解了事情发生的全部过程。原来，因为班上有一名同学这学期转学去其他城市了，与他玩得很好的小伙伴为了表达自己对他的不舍，就模仿家里的父母喝起啤酒和果啤等酒精饮料。喝完后，孩子们又担心家长会训斥他们，就打算把那些酒瓶子扔掉，结果在走廊里打闹时，把剩余部分酒洒到邻居家的门口，搞得一塌糊涂，最后导致他们被投诉到学校德育处。

未成年人饮酒有可能影响到他们身体的成长发育，那就不是普通的调皮捣蛋了，适当的惩罚肯定是必要的，只是方式方法需要多思考。那天快放学的时候，我单独找几位喝酒的同学留下来谈话。在谈话之前，我从网上找了几段科普类的小视频，主要内容都是展示酒精对人体细胞和成长发育的危害。在活生生的展示画面前，孩子们受到的感触不小。放映结束后，我对他们说：“同学们，老师经过慎重的考虑，决定不在班级上公开批评你们了，也不会因为这次事件要求你们家长到学校来接受谈话。但是，你们都认识到自己的错误了吗？”他们都拼命地点着头，异口同声地说：“老师，我们错了，保证下次不敢了！”看到他们诚恳的悔过表现，我也感到很欣慰。在那一周周末的班会课上，我主动向班上的学生承诺：“同学们，你们坐在同一间教室里是缘分，如果有一天要分别了，都会舍不得，都会去表达自己的感情。我建议，如果有哪位同学要转学，可以事先通知大家，这样我们可以为他（她）开欢送会！大家愿意吗？”同学们都高兴地鼓起掌来，我又调侃了一句：“不能拉帮结派去喝酒哦，能做到吗？”“能！”

（案例作者：深圳市光明区凤凰学校　陈晞）

第六章

体验教育

网络媒体时代，德育的可接受性和有效性是我们面临的一个重要课题。基于德育实践的研究表明，目前青少年对于社会的基本认识、对游戏规则的把握，乃至世界观、人生观、价值观的形成，都在一定程度上受到了新媒体的影响。 家庭和学校教育常常是枯燥的、 满载压力的， 而传媒的“教育”却是充满趣味和快感的。有教育专家提出：“人的德行必须在自然的活动中形成，这是德行形成的第一规律。”体验教育建构于实践活动之中，把学生作为学习的主体，亲自参与或置身某种情境中，用心智去感受、关注、欣赏、评价某一事件、人物、环境、思想和情感等，从而获得知识、技能、情感以达到教育目的。在教育理念的数次更新迭代中，体验教育越来越受到重视。在新时代背景下，体验教育也成为学校实现立德树人教育目标的重要途径之一。

第一节　对体验教育的认知理解

一、体验教育的含义

（一）体验

对体和验的注解在古代典籍中就有出现，其中对体的界定着重强调运用身体去听、感、做等，而验是指“证”“考视”[①]。体和验的合

① 朱熹．朱子语类：第七册［M］．北京：中华书局，1986：2879.

意表现为在实践中认识事物，亲身经历和体察、考察两层含义。从当前的研究中，对体验一词的理解多是基于不同学科视角下的诠释，其中主要体现在哲学、心理学、教育学等领域。

1. 哲学视角下对体验的诠释

从哲学角度看，体验主要指主体与客体之间的一种特殊的关系状态。哲学中的体验范畴有认识论和本体论之分。认识论意义上的体验归结为人认识世界的特殊方式。周龙兴和宋进喜认为体验是主体把自身当作客体，从而获得关于客体的感情信息的感知方式。① 李英指出体验是主体不经过任何中介而直接与客体相互作用，即通过亲身经历来认识客体。② 本体论意义上的体验则是指个体生命对与其人生意义和价值相关的生存事件的深切领悟。朱小蔓认为体验是人的生存方式，也是人追求生命意义的方式。③ 孙俊三指出体验是一种生命活动状态，是个体在当下的一种悟解、领会、观照、神思状态，是一种高度澄明的心灵境界。④

2. 心理学视角下对体验的诠释

从心理学角度看，体验主要指人的一种特殊的心理活动。陈佑清认为体验是主体以全部的“自我”（已有的经历和心理结构）去感受、理解事物，因发现事物与自我的关联而生成情感反应，并由此产生丰富的联想和深刻的领悟，即在真切感受和深刻理解的基础上对事物产生情感并生成意义的活动。⑤ 罗国杰认为体验通常是指一种与主体的感知、情感、意志、想象、回忆、直觉等心理功能结合在一起的意识活动。⑥ 童庆炳指出，体验是以主体在认识过程中和心理成长过程中所积累的经验内容为对象，是对经验带有感情色彩的回味、反刍、体味。⑦

---

① 周龙兴，宋进喜．体验的教育学意义与学习主体的确立［J］．上海教育科研，2002（4）：8–11.

② 李英．体验：一种教育学的话语：初探教育学的体验范畴［J］．教育理论与实践，2001（12）：1–5.

③ 朱小蔓．情感教育论纲［M］．南京：南京出版社，1993，225.

④ 孙俊三．从经验的积累到生命的体验：论教学过程审美模式的构建［J］．教育研究，2001（2）：34–38.

⑤ 陈佑清．体验及其生成［J］．教育研究与实验，2002（2）：11–16.

⑥ 罗国杰．伦理学［M］．北京：人民出版社，1993.

⑦ 童庆炳．现代心理美学［M］．北京：中国社会科学出版社，1993.

3. 教育学视角下对体验的诠释

从教育学角度看，体验既是一种活动，也是活动的结果。沈建从教育活动的综合性出发，认为体验是主体内在历时性的知、情、意、行的亲历、体认与验证，它是一种活动，更是一个过程，是生理和心理、感性和理性、情感和思想、社会和历史等方面复合交织的整体矛盾运动。[①]刘惊铎基于个体人的整体性存在角度，指出体验是一种图景思维活动，是在受教育者大脑中发生了生活阅历、生活场景和未来希冀蓝图的关系与结构的自组织转换活动，它不是以单纯语言文字符号的逻辑转换为主的逻辑思维活动。[②]

综上，研究者从多学科视角对体验概念的诠释，有较多价值假设性的意蕴在其中，而且不同学科视角下的理解也不尽相同。作为一个哲学概念，体验是一种认识生命的方式，并根植于主体的精神世界；作为一个心理学概念，体验更多体现出情感论的意义；作为一个教育学概念，它把经历、情感和认识三层含义融合在一起，是对哲学、心理学有关界定的综合性概括和包容性吸收。但是它们共同指向一点，即个体的内在感受，都认为体验是与个体的认识、情意、经历、感受等相关并指向内心世界且关涉精神生活的复杂的、多维的活动。另外，研究者对体验概念的界定也存在着一些不容忽视的问题，这体现在两大层面上：一方面是研究视角的单一，这主要是指目前的研究仅侧重围绕体验的某一特征展开论述；另一方面是在界定定义时将功能与特性相混，这主要是指研究者通过对体验功能的论述来代替体验特性的界定，这是对体验概念的置换式界定。比如心理学视角下认为体验是产生情感并生成意义的活动，却忽视了体验从何而来的问题。

（二）体验教育

体验与体验教育是两个联系紧密但却不同的概念。周龙兴和宋进喜基于体验中个体主体地位的角度，认为体验教育是一种强调知识与学习主体互动联系的教育，注重学习者的深入参与，突出人与人、读者（学生）与作者（教材）双向交流沟通，指出它不是对知识体系的原封不动的储存，而是强调自我的感悟与发现，是一种变书本化为人本化的教育。[③]也有研究者从学生发展的角度出

---

① 沈建．体验性：学生主体参与的一个重要维度［J］．中国教育学刊，2001（2）：41-43.

② 刘惊铎．体验：道德教育的本体［J］．教育研究，2003（2）：53-59.

③ 周龙兴，宋进喜．体验的教育学意义与学习主体的确立［J］．上海教育科研，2002（4）：8-11.

发理解体验教育，如杨智榕指出体验教育是倡导以体验为核心的学习教育方式，它旨在唤醒、开掘与提升学生的潜能，促进学生的自主发展；它着眼于学生的全面成长，促进学生认知、情感、态度与技能等方面的和谐发展；它关注学生的生活世界和独特需要，促进学生有特色的发展；它关注学生终身学习的愿望和能力的形成，促进学生的可持续发展。有研究者从主体自主性的角度出发，如关尚敏认为体验教育是教育者按照预定的教育内容和目标，科学、有效地创设一种达到身临其境或心临其境的体验氛围，使受教育者能在这种环境氛围的影响下，主动、自觉地通过体验和内省来实现自我教育，并达到自我实现和个性完善的内化过程。[①] 也有研究者从主体内在状态的成熟性角度出发，如蒋友梅和胡弼成认为体验教育是建立在个体内部知觉基础上的一种特殊活动，教育者通过提高受教育者的体验敏感度而使受教育者能够产生类似的情感匹配，从而实现人的理性不断增强的过程。[②] 另外，还有研究者从情感优化过程的角度出发，如刘惊铎认为体验教育中的教与学的过程是一种全息沉浸、全脑贯通、激发生命潜能和灵性、陶养健康人格的过程，体验者经历了“感情触动—眼界打开—心灵洞开—生命感动—美善意识涌流”等教育与成长历程。[③]

综上，研究者们对体验教育概念的理解，共同反映了体验教育的几大要素，即主体、情境、情感、行动、反思、问题等。研究者们也都意欲寻求一种路径，以使体验理念与学生的原有经验、实际生活联系起来，从而通过体验使学生的认知、行为及内在精神世界发生变化，从中可以总结出体验教育的主体具有自主性，体验教育的目标具有导向性，体验教育的内容具有可接受性，体验教育的方式具有多样性，体验教育的意义具有生成性的特点。另外，体验教育要以何种形式走近学生？通过哪些体验活动才能激发学生的情感共鸣？对这些活动的效果如何评价？这些都是值得关注的问题。

---

① 关尚敏．“体验教育”的探索与实践［J］．中小学教师培训（中学版），1998（C4）：22-23.

② 蒋友梅，胡弼成．论体验教育与道德内化［J］．煤炭高等教育，2005，23（2）：47-49.

③ 刘惊铎．生态体验：道德教育的新模式［J］．教育研究，2006，27（11）：64-68.

二、体验教育的内容

体验根植于人的精神世界，着眼于自然、社会、自我之整体的有机统一。从当前的研究中，体验教育的内容主要聚焦于人与自然、人与社会、人与自我三个方面的关系向度上，并最终指向于人的自然性、社会性、自主性的健全发展。

（一）表现人与自然的关系向度

人与自然的关系，实质是形成人与自然和谐相处以及情感共鸣的观念。岳伟和徐凤雏从自然体验教育的价值意蕴和实践逻辑出发，提出了以自然为场所，通过有目的、系统的体验性活动方式使学生获得直接经验，从而习得综合性知识、提高实践能力并与自然建立情感连接的自然体验教育形式。从自然观察、生态研学旅行、自然科学探究活动、园艺体验活动以及亲子户外游戏等方面构建了自然体验教育的内容，让学生在与自然交往的过程中，通过对自然的归属感教育和体悟自然价值的过程达成自然意义的建构与生命的成长，以及培养学生复杂的系统思维方式、亲生命性的关爱之心以及与万物共生的责任担当。① 黄宇和陈泽基于个体生态意识、生态能力和生态智慧的养成，搭建了直接面向自然且具有较少人工干预的自然体验学习课程，使学习者浸润其中并得到发展，从而获得身体、心灵、知识、技能、品德等方面的发展。②

人与自然的关系作为体验课程开发的向度，具有情境性、行动性、反思性、感悟性、主体性的特征，它让学习者有机会与自然展开丰富多彩的交往，推动个体形成对自然的探究欲望、依恋情感、伦理精神、审美体验等自然意识。

（二）表现人与社会的关系向度

张华着眼于人的社会性之发展的体验课程开发，指出社会作为体验课程开发的向度不是为了认识社会的发展规律以有效控制与驾驭社会，也不是为了谋求社会的理性化，而是为了使人在精神上与社会融为一体，发展人的社会体验，形成人的合作、同情、理解、关爱等诸种类主体意识。③ 刘惊铎立足生活世界的回归，认为体验是道德教育的本体，体验教育反对在时空上局限于实体性道德

---

① 岳伟，徐凤雏．自然体验教育的价值意蕴与实践逻辑［J］．广西师范大学学报（哲学社会科学版），2020，56（2）：115–123.

② 黄宇，陈泽．自然体验学习的源流、内涵和特征［J］．环境教育，2018（9）：72–75.

③ 张华．体验课程论：一种整体主义的课程观：下［J］．教育理论与实践，1999，19（12）：38–44.

教育样式，以及把道德教育从生活中抽离出来，变成一种相对封闭的、孤立和单向的学校——课堂道德规范知识传输体系，丧失了与生活世界的复杂性联系的教育意识和教育思想，并强调体验教育要超越定向体验某种固定文本和既定道德规范要求的局限，积极关注和挖掘、利用带有体验价值的生活场景。①

人与社会的关系作为体验课程开发的向度意味着：在课程目标上指向于人的社会性之发展；在课程内容上直接面向社会，与生活融为一体，强调在人与社会、他人的平等交往中形成交互主体的关系。

（三）表现人与自我的关系向度

孙俊三以人的生命体验为核心，指出体验教育立足于对人的自我生命的升华和超越，认为在以科学为中心的教学过程中，过多地强调概念、判断、推理、原则、规律的掌握，却忽视了个体的情感、体察、领悟、想象、回忆等功能的发挥，扼杀了人的直觉、敏感、童心和灵性，并从入境入神、明心会意、神游怀想、移情忘怀、悦志畅神五个方面构建了体验教育的内容。②张华认为，自我认同感、存在体验、自我价值感等诸种被传统课程忽略或漠视的自我意识，在体验课程体系中居于重要地位，并指出着眼于人的自主性之发展的课程应信奉自由原则与选择原则，这是把自由视为人生来的权利，并为学习者的自由选择创造机会。③

人与自我关系作为体验课程开发的向度，指向自我开放，尊重并提升人的个性差异，尊重人的个人知识。它关注人的体验能力，培养感性与理性和谐统一的人，使主体成为自我生命的体验者和创造者。

综上，对于体验教育内容的研究实质上是回答体验什么的问题。研究聚焦于人与自然、人与社会、人与自我三大层面的内容设置，分别体现在思想、道德、政治、法律、环保等多个方面的思想。这实质上也是确立了动态生成的知识观，将学科世界与生活世界相整合，融对象世界与意义世界为一体。另外，体现这三个层面的关系向度的内容不能是相互独立的，它们相互交织，最终指向完整的人的培养。

---

① 刘惊铎．道德体验论［D］．南京：南京师范大学，2002.

② 孙俊三．从经验的积累到生命的体验：论教学过程审美模式的构建［J］．教育研究，2001，22（2）：34–38.

③ 张华．体验课程论：一种整体主义的课程观：下［J］．教育理论与实践，1999，19（12）：38–44.

三、体验教育的类型

关于体验教育的类型，是在探讨体验教育是如何体现和表征的问题。不同的类型有不同的划分依据，从当前的研究中提炼总结，其类型主要基于目标层次、手段性质与活动方式三个角度进行划分并展开论述。

（一）根据目标的层次划分：认知体验、技能体验和情感体验

吴敏按照教育者对教育目标侧重点的不同，将体验教育分为三类，即认知体验、技能体验以及情感体验。具体来讲，当体验教育的目标偏重于认知目标的实现时，教学的组织与设计将基于学生的认知发展，强调学生认知的主动性，主动体验、主动认知；当体验教育的主要目的是开发学生的实践动手能力时，其活动在于使学生获得一定的技能并强调学生实践活动中创造性的培养；当体验教育的目的是让学生在思想上加深对事物的认识、在体验中获得情感的共鸣与震撼时，其活动在于让学生产生某种态度、感悟或价值观的改变，这实质上是一个情感、态度的塑造过程。①

（二）根据手段的性质划分：成就体验和挫折体验

关尚敏指出体验教育是基于个体心灵维度的德育实践，它使个体心灵沉浸在内在的感动中，并在不知不觉中完成情感与理性的升华。根据实践过程中手段的不同性质，体验教育的形式具体包括培养自信、自强精神的成就体验和培养坚强的意志品质的挫折体验。②冯永刚将成就体验与挫折体验视为某一特定的体验，揭示了两类体验的产生取决于认知评价、个体经历、倾向性、情绪状态、期望值和健康状态等，并且具体分析了挫折体验是指一个人在某种动机推动下，在实现目标的过程中遇到无法战胜或自以为无法克服的障碍或干扰，进而产生紧张心理状态和消极情绪反应。③

（三）根据活动的方式划分：直接体验和间接体验

朱琳通过活动的开展以获取学习的方式不同，从体验是主体亲自从活动中得到的还是借助一定的媒介而间接取得的角度，辨明了直接体验与间接体验，前者是从亲身经历中获得的真实体验，后者利用一定的媒介材料进行角色扮演、

---

① 吴敏．体验教育模式研究：基于江苏省未成年人社会实践基地的个案［D］．无锡：江南大学，2009.

② 关尚敏．体验教育：基于个体心灵维度的德育实践［J］．中小学管理，2013（2）：41–43.

③ 冯永刚．论挫折教育在学校道德教育中的功效［J］．教育科学研究，2007（3）：52–56.

换位思考或移情处理而获取一定的情感、意识、态度和观念。[1] 李英也指出直接体验是主体在实践上亲身经历某件事并获得相应的认识和情感，间接体验是主体从心理上对自己或他人的亲身经历进行体验，认为前者具有回顾与反思的性质，称之为对己体验；后者是此主体设身处地扮演彼主体的角色，实质上是一种移情性理解，可称之为对他体验。[2]

综上，研究者们对于体验教育类型划分的出发点实质上诉诸以自己或他人两大身份和视角，进入设定的事件和情境中，然后经历感受和产生意义的过程。而且，不同的体验类型之间的差异也不是绝对的，它们相辅相成、相互促进。另外，从活动本身的角度来看，主体性水平的高低也可作为体验教育类型划分的依据之一，比如创造性体验和接受性体验等。

第二节　以体验教育实现立德树人的路径

体验是人类生存的基本方式，具有重要的道德教育价值，道德教育的实效性是在体验中发生的。另外，德性的养成是内外互化的过程，而体验正是一种从外部世界的本质化认识走向内外交融的生成性领悟，它不是去单向体认某种外在既定的规范条文，而是在人与周遭世界的相互作用中不断生成的道德境界。从当前的研究中发现，体验教育之所以成为实现立德树人理念的策略之一，主要是因为体验教育对于立德树人的各个环节具有重要影响。

一、体验教育催化个体道德认知

体验使受教育者对道德规范能够产生切己的理解和领悟。周龙兴和宋进喜认为体验将主体的已有经验与新知衔接、贯通，并帮助主体完成认识升华，它引领主体从物境到情境再到意境，并有所感悟，它是认识主体到认识客体之间的通道。[3] 蒋友梅和胡弼成指出体验教育是架构知识和道德的桥梁，认为体验是介于刺激和反应之间的内部活动，体验是中介，连接着刺激和反应。[4]

---

① 朱琳 . 小学生课堂学习体验研究［D］. 长春：东北师范大学，2008.

② 李英 . 体验：一种教育学的话语：初探教育学的体验范畴［J］. 教育理论与实践，2001，21（12）：1-5.

③ 周龙兴，宋进喜 . 体验的教育学意义与学习主体的确立［J］. 上海教育科研，2002（4）：8-11.

④ 蒋友梅，胡弼成 . 论体验教育与道德内化［J］. 煤炭高等教育，2005，23（2）：47-49.

二、体验教育生长个体道德情感

左群英从激发体验、聆听体验和反思体验三个逐步深入、相互联系的阶段出发，对体验式德育活动走进学生心灵进行了探索，提出体验教育是一个意义给予和获得、道德情感发动和生成的过程。[①] 刘济良揭示了生命体验是道德教育的意蕴所在，生命体验在主体间的理解中得以丰满，道德教育主体间的理解是主体间生命体验双向的流动，是各方都全身心地投入他人的亲身体验中，并设身处地考虑他人的处境，并指出之所以道德内化不能实现，是因为忽视了学生心灵的体悟、情感的激发、生命之间的交流。[②] 石鸥和侯静敏关注情感体验价值直指学生自我认同感、自我存在感、自我价值感的和谐发展，认为体验追求的是意义的建构和心灵的冲动，情感的融入使体验到达了意义世界和价值世界，形成了个体的态度、个性和信仰。[③]

三、体验教育稳定个体道德信念

刘惊铎从生存实践的视野探讨体验的道德教育价值，提出了“体验是道德教育的本体”的命题，并认为道德体验是一种含有价值判断的关系融通性体验。[④] 张彩霞认为道德教育不仅要解决“知不知”的问题，也要解决“信不信”的问题，在体验过程中，学生在已有的生活阅历的基础上，能感悟和理解社会的思想道德要求，形成正确的道德认识，坚定道德意志，将知识内化到主体自身的知识结构和信念体系之中。[⑤]

四、体验教育推进个体道德践行

肖川认为体验是知识转化为教养的中介，只有当知识能够渗入性格结构之中，体现于日常的、细微的、不经意的行为之中，知识才转化为教养。[⑥] 靳江丽

---

① 左群英. 体验：让德育活动走进学生心灵［J］. 中国教育学刊，2017（4）：87–91.

② 刘济良. 生命体验：道德教育的意蕴所在［J］. 教育研究，2006，27（1）：27–30.

③ 石鸥，侯静敏. 在过程中体验：从新课程改革关注情感体验价值谈起［J］. 课程·教材·教法，2002（8）：10–13.

④ 刘惊铎. 体验：道德教育的本体［J］. 教育研究，2003，24（2）：53–59.

⑤ 张彩霞. 体验教学的德育价值意蕴［J］. 思想政治课教学，2017，3（3）：7–10.

⑥ 肖川. 体验：从知识到教养的中介［J］. 中小学管理，2002（11）：48.

指出体验教育通过设置具体的场景和氛围，使学生身临其境，在情境中感受、理解，主动体悟道德，产生道德体验，并与某种道德需要相结合，激发道德动机，做出相应的道德行为。[①]

综上，研究者主要是从体验的生成机制以及道德教育的过程环节角度出发来探讨德育实效性的有力保障，回答了体验教育为何能够实现立德树人理念的问题。体验本身是一个完整的道德教育过程的有机组成部分，它凸显人的道德体验过程和道德体验境界。体验越深，则主体认知更明确，主体情感更深刻，主体信念更笃定，主体行动更成熟。可以说，体验教育是认知、情感、意志、行为等诸多活动的整合。

五、施行体验教育需要处理好的几对关系

体验的展开需要知识的储备、情感的投入以及智慧的整合，在体验教育的实践环节中，由于体验具有本源性、活动性、感官性、情景性、经验性、价值性等特征，需要处理和把握好主体与客体、认知与情感、引导与自主的关系，从而在实质上探索体验在实际教育中渗入与运用的现实可能。

（一）体验教育中主体与客体的关系

体验教育强调主体对客体产生的感受、领悟、内心反应和体验。把握主客体的关系是体验发生的关键。卢曼萍、潘晓华和张继河认为主体是掌握相关理论并参与活动的学习者，但是体验包含元认知的过程，体验不仅强调亲历，更强调学习者的反思、批判、内省及各种情感因素的培养。在体验过程中，主体是学习者，客体包括学习者进行的各种实践活动及学习者本身。[②]黄伟指出体验教育具有主客相融性，体验是感知并认识世界、社会、人生、自我的一种途径和方式。[③]陈佑清强调主体只会与自己有关系或具有意义的事物产生体验，并指出体验中的主、客体关系状态同认知中的主、客体关系状态很不一样，体验中的客体是生命化的。[④]

---

① 靳江丽．体验：学校道德教育的一种回归［D］．南京：南京师范大学，2004.

② 卢曼萍，潘晓华，张继河．体验：实践教学的重要内涵：体验式实践教学模式解析［J］．教育学术月刊，2011（3）：105–107.

③ 黄伟．体验在语文教学中的运用［J］．课程・教材・教法，2005，25（7）：48–52.

④ 陈佑清．体验及其生成［J］．教育研究与实验，2002（2）：11–16.

（二）体验教育中认知与情感的关系

体验教育强调认知与情感的涵容互摄，既注重情感的作用，也重视认知的深化。黄伟强调体验教育中运用理性的效度和限度，承认认知对情绪的引导作用，并指出没有相应的感知和表象活动，主体细腻、丰富的情感过程就无从展开。[①] 陈佑清指出体验是一种伴有情感反应的意义生成活动，它是一种具有价值性的认识和领悟，体验的结果是产生情感且生成意义的活动，前者指向内心反应、内心感动，后者产生联想、领悟，二者缺一不可。[②] 也就是说，对事物理解越深刻、全面，领悟和联想就会越丰富且多样。

（三）体验教育中引导与自主的关系

体验是不能强迫的，它是联想、想象、顿悟、情感在学生心灵世界的绽放，它来自每个学生精神世界和文本世界的碰撞、对接与交融，任何强迫和律令都会妨碍体验的展开。黄伟基于教学中体验发生的时期划分，指出在体验前期，教师需做好铺垫、提供背景并给予引导；在体验初期，实现书本知识与经验世界的“沟通”；在体验后期，借助学生的交流、表达、分享等环节，使体验得以升华。罗仲贤认为在体验教育中若过分强调尊重学员和以学员为主体，而不注意对体验者的观察、引导和控制，将会错过受教时机，易使体验学习偏离方向。[③]

综上，上述关系的提出是沿着体验教育性质、内容、形式的考量，实质上这些关系的处理都可归结为体验与发展的问题，它们都围绕如何促进学生发展这一中心命题来组织的。除了以上聚焦的三对关系的处理，体验过程中个性差异与教育资源的共享关系、师生情感交融互动的关系、教学和评价的关系也是值得关注的地方。

第三节　以体验教育实现立德树人的策略

体验教育的实践策略是对体验活动的程序、方法、形式等因素的总体考虑。如何进行体验教育策略的开发和设计，既是一个理论问题，也是一个亟待解决

① 黄伟．体验在语文教学中的运用［J］．课程·教材·教法，2005，25（7）：48-52.

② 陈佑清．体验及其生成［J］．教育研究与实验，2002（2）：11-16.

③ 罗仲贤．“主题”和“意义”是体验学习的关键：兼议历奇教育的“生命力”［J］．广东青年干部学院学报，2010，24（4）：63-66.

的现实问题。当前对于体验教育实践策略的研究，归结起来主要分为基本策略与特殊策略两类，前者是以体验过程本身为视角，后者则是立足于具体的学科教学之中。

体验教育的基本策略主要针对体验的一般操作过程而言。从已有的研究中，将这一类策略概括为角色换位策略、情景感染策略、考察提炼策略以及交流澄清策略四大方面的内容。

研究者以体验过程为视角的基本策略的开发和设计，是置于比较广阔的教学情境以及各种变量和变量之间的关系之中的。在同一个体验教育的活动中，可能同时包含几种体验教育的策略，作为引导者的教师应当把多种教育策略有机地结合在一起，并且融会贯通。而且，要注意的是，以上策略的建构是一个动态的过程，强调随情境变化而变化。

策略一：角色换位

（一）基本概念

角色换位策略的核心是引导学生进行角色的模拟体验。李放滔指出角色换位是个体或群体通过观察、学习任务或事件，在一定的情境之中，用他人的视角参与体验，再对任务或事件进行角色模仿的一种方法，并提出了以学生主体为宗旨，以过程循序渐进、结果提炼升华为引导，以安全、生动、实效为原则，以知识信息的获取、活动欲望的激起、活动角色的融入、交流空间的创造为环节具体要求。[①]刘书艳认为让学生扮演相关角色，并处理事务、解决问题或矛盾，体验真实的工作过程，能够激发学生对知识的兴趣以及对某种社会角色的深入理解，强化学生之间的情感交流。另外，还指出教师在体验者角色模拟的过程中应观察并记录学生的行为表现，测评学生的素质潜能，对学生进行个性化的指导。[②]张芳提出，开展角色体验活动应遵循的原则在于角色安排以需求为宗旨，环节设计以兴趣为导向，设计目的以体验为中心，活动过程应有知识渗透。[③]

（二）基本操作

体验是让对方转换自身角色，体验其他身份做到感同身受。体验教育是从

① 李放滔．论学校思想道德教育中的体验教育［D］．上海：华东师范大学，2003.

② 刘书艳．体验式教学模式研究［J］．教育理论与实践，2015，35（34）：57-60.

③ 张芳．开展角色模拟体验活动应遵循的原则［J］．当代教育论坛，2004（4）：133.

另一个角色身份出发，换位思考，使对方在不同角度的思考中能理解不同事物在不同人身上的意义，做到能共情。

青少年时期的学生，思维处于尚未成熟的阶段，对事物的思考不够客观全面，往往带有很多的主观情绪。作为教师，应有义务去帮助学生正确认识这个世界，带领他们走出误区，树立正确的三观。体验教育在德育教育中是一把利刃，有些学生会应付式处理老师和家长的批评教育，实际上却是阳奉阴违、走向叛逆，偷偷保持之前的不良习惯。要真正将孩子内心的阴霾散去，让他们懂得这些道理，亲身感受和体验是一个好方法。让学生在角色体验中去感受，才能鼓舞他们更积极地塑造出完善的人格。

青少年对社会的接触很少，在学校和家长的保护下，孩子们会觉得很多事情无所谓，不会产生大的影响。但在社会生活中，面对庞大的个体数量，哪怕是再小的事情都需要大学问，每个人的言行举止都可能会对别人的工作产生直接的影响。让孩子有机会亲身体验社会生活，意识到像图书馆管理员这样的工作也是需要精细化管理的。站在别人的角度看待自己的行为，能更清晰地认识到自己的错误。同时，在体验过程中，也能让孩子建立对自己实践能力的信心，能够真正感受到自己对于他人产生的价值。

很多时候，学生总是在渴求别人的赞赏和肯定，而忽略了自己对于别人的赞美也是可以产生巨大的情绪价值的。让学生作为一个赞美者，让他们亲身感受赞美的魔力，体验自己和别人之间的情感交流变化。同时，在这个过程中，老师要观察学生遇到的问题和行为表现，并进行进一步的分析和引导，培养学生正确的价值观和人生观。

（三）实践案例

案例1

摆摊少年

近几年，人们的消费水平逐渐提高，同时随着互联网短视频的兴起，炫富、攀比、追求名牌的畸形消费价值观正侵蚀着青少年。许多家长出于对孩子疏于陪伴的愧疚而放纵孩子的消费，甚至一些条件一般的家庭平时省吃俭用，对于子女的消费却毫不吝啬，更加助长了孩子虚荣、盲目的消费观。

对孩子来说，是非观尚未成熟，容易受环境和周围同学的影响而出现盲目的攀比行为，中学时期本应该以学习为主，却将父母给的钱大部分用于游戏充值、电子产品、名牌服饰等，不懂得进行合理消费。更有甚者，瞒着父母，用父母的手机账号给游戏疯狂充值，少则几千，多则几万。对父母辛苦赚来的钱没有丝毫敬畏之心。对学校而言，这些行为严重影响了校园风气，不利于孩子的健康成长。因此，学校和老师要重视培养孩子正确的消费价值观，让孩子明白勤俭节约是我们中华儿女的优良传统。

暑假将至，部分孩子的心开始躁动。疫情期间，许多家长和孩子严格遵守疫情防控要求，选择留守家里。出门活动的时间减少，游戏则成为家长和孩子的娱乐消遣活动。有些家长没有意识到自己的行为对孩子的影响，孩子在耳濡目染中也开始沉迷上了玩游戏，甚至学会了游戏充值。

一个上午，已经有三个老师跟我反映，我们班上的小肖（化名）上课又睡觉了。小肖是我们班上的一个男生，性格外向，大大咧咧的，但是很贪玩，自控能力比较弱，最近上课老是没有精神，作业也不准时交。我打算午餐时间结束后找他谈话。上午的课结束后，我到班上巡视，碰巧在门口听到小肖正在高声和其他同学谈论自己昨天在游戏里花了多少钱，抽到了什么游戏角色，言语中带着炫耀的语气，还想带着其他同学一起玩。我当即批评了小肖这种行为。午餐结束后，我对小肖进行教育："今天有三个老师向我反映你上课睡觉，是什么原因？"小肖还在嬉皮笑脸地和我开玩笑道："作业太多了，写不完呀，老师。"我很严肃地说道："老师现在很认真，没有跟你开玩笑。你的成绩已经下降了很多，你要和老师说实话，我会向你的家长求证。"小肖收起了他的笑脸，低头说道："昨晚玩游戏玩到很晚……"我严厉地说道："首先你愿意承认，诚实告诉老师这很好，但是游戏只是一个虚拟世界，你可以在完成所有学习任务后，在家长允许的情况下，安排合理的娱乐放松时间。可是，你的娱乐时间已经严重影响你的作息了，上课睡觉，作业缺交、晚交，还在游戏上乱花钱，甚至还想拉其他同学陪你一起玩？爸妈辛苦赚钱让你上好的学校，有好的生活，你却把钱花在游戏上，你对得起爸爸妈妈吗？你回去写一份检讨，给我检查合格后，让家长签名交给我。"

当天我联系了小肖的爸爸，将他的情况反映给家长，经过长时间的沟通，得知小肖的爸爸妈妈平时都工作到很晚才下班，平时都是奶奶接他回来。父母平时工作太累，周末就会选择在家打游戏。为了联系孩子，父母还给孩子买了智能手机，平时也不怎么管孩子玩手机的情况。爸爸妈妈、爷爷奶奶都很宠孩子，小肖从来不缺零花钱，导致小肖花钱越来越大手大脚。最近看小肖买衣服的开销少了很多，还以为他收敛了，懂得省钱了，结果查了小肖的游戏记录和账单才发现，小肖偷偷在游戏中花了几千块钱，都是小肖自己的压岁钱。小肖平时还喜欢和别人攀比谁在游戏中花的钱多。

得知这些事情后，我明白单靠检讨和家长监督无法让小肖改变内心的想法，孩子的消费观是在长期影响下形成的，简单粗暴地压抑孩子的消费可能还会起反效果，导致孩子使用极端的方法获得金钱。

学校近期恰好在举办校园爱心义卖活动，小肖平时参加活动都很积极，我鼓励小肖这次自己摆一个摊，赚到的钱一半用于义卖，剩下的一半可以让他自由支配。小肖满怀信心地答应了。等到校园日义卖活动的那一天，小肖用自己亲手制作的饮品参加义卖，当天太阳高照，天气炎热，小肖的“生意”很好，一天下来累出了一身汗，腿脚酸疼。

活动结束后，我问小肖：“怎么样？今天辛苦了，赚到多少钱了？”小肖说：“好累啊，昨天准备了一天，今天卖了一天的奶茶，才赚了 200 块钱。”“好，老师会按照约定，100 块钱我们以你的名义拿去捐款，给那些山区小朋友送去温暖和爱，剩下的 100 块钱你可以自由支配，这些钱是你辛辛苦苦劳动所得的，你打算怎么使用它呢？”我问道。小肖认真地思考着：“老师，赚钱真的好辛苦啊，我才明白爸爸妈妈为了赚钱也是很辛苦的。我昨晚看到爸爸很晚了还在书房工作，妈妈也累得在沙发上睡着了，可是他们都没有跟我抱怨。这个钱我不会再拿去玩游戏充钱了，我想都捐出去，这样我的劳动就不会白费了。”我看着小肖眼里的坚定，倍感欣慰：“小肖，你能明白这个道理老师很感动，你爸爸妈妈的钱不是大风刮来的，每个人都要付出自己的劳动才能有所收获，我们应该要学会珍惜，珍惜每个人的劳动所得。如何花钱也是一门学问，你可以和爸爸妈妈商量要怎么分配你的零花钱，我们可以将钱花在很多有意义和有价值的地方，比如我们今天的捐款活动，还可以购买你喜欢的书籍、给爸爸妈妈买礼物，等等。”

活动结束后，我在班上再次公开表扬了小肖，小肖非常开心得到了老师的肯定和同学们的赞扬。事后，小肖的爸爸妈妈也很高兴地向我反映，小肖再也没有熬夜玩游戏，也没有在游戏里乱充钱，还给他们买了生日礼物。

（案例作者：深圳市光明区凤凰学校　冯丽燕）

案例2

可以体验的母爱

初中生正处于叛逆期，不懂得感恩，常与父母发生争吵。近几年频频发生的未成年人犯罪案件，更让很多家长寒心。许多孩子从小就能够得到父母的爱，会认为父母对他们的爱和照顾是理所当然的，一旦感觉到父母的疏忽便会很敏感地认为父母不再爱他，或者没那么爱他了。而对于父母来说，他们认为工作赚钱可以给孩子更好的照顾，却渐渐开始忽略孩子本身，忘记自己的初心，家庭逐渐出现矛盾，既影响了家长，也影响了孩子。孩子会逐渐变得封闭，不愿与父母交流，在学校也不愿意和老师敞开心扉。此时需要家校共同合作才能解开孩子的心结，言语有时候不能起到很好的作用，让孩子切身体验到父母的爱，重拾对父母的信心是解开心结的第一步。

初中晚自习结束后，老师们都会将孩子一个个安全地送到父母手中，很多刚下班的父母匆匆忙忙赶来学校，即使一脸疲惫，看到孩子的一瞬间还是会露出欣慰的笑容，仿佛一天的疲惫都是值得的。其中有一个叫小帆（化名）的孩子，他的妈妈今天来晚了，看到小帆和老师等了那么久，连忙向小帆和老师道歉。小帆却一脸生气地说："不想来就别来，反正你们都不想要我。"

小帆原本是我们班上的一个阳光男孩，在班上上课的时候总是很积极地回答老师的问题，与周围的同学相处也很融洽，老师和同学们都很喜欢他。暑假结束后，初二刚开学，细心的班主任就发现小帆逐渐变得不爱说话了，脸上也总是闷闷不乐的，仿佛心里筑起了一面墙，将老师和同学都拒之门外，脾气甚至开始变得暴躁，经常与同学有点小摩擦。小帆的情绪渐渐影响到了他的成绩，因为他上课总是走神，课后有问题也不想找同学或者老师解决。

于是班主任找来了小帆，细声询问他的情况："小帆，最近看你心情不是很好，是不是生活上遇到了什么烦心事？可以和老师说，老师就是你们的小树洞。"但小帆总是一脸逃避地说："没什么。"再怎么耐心询问，小帆依旧封闭自我，不愿意多说，这让班主任更加担心小帆了。

最后班主任联系到了小帆的妈妈，将他的情况详细地反映给家长，在长时间的沟通后，了解到小帆父母刚离异，父母协商后让小帆跟着妈妈生活。因为小帆爸爸工作总是很忙，没时间照顾小帆，只有在给小帆生活费的时候会询问几句小帆的近况，而妈妈其实也要一边工作一边照顾小帆，难免会有些疏忽。

小帆一开始很难接受父母分开，但是在听到爸爸妈妈日夜的争吵后，还是不情愿地接受了。妈妈表示，自己其实也很关心孩子的心理和学习问题，但是小帆一直不怎么愿意和她多说话，说着说着妈妈开始哽咽起来。

针对小帆的这种情况，班主任明白，简单的言语并不能解决小帆的心理问题，要打开小帆的心门，需要一把“钥匙”。

在一次统考结束后，班主任组织全班同学进行了自愿报名参加分娩疼痛模拟体验的活动，让学生们体验妈妈在分娩过程中从1级到12级的疼痛。为了保护孩子，护士会仔细缓慢地增加疼痛程度，在孩子适应的情况下再增加疼痛程度。如果学生受不了可以主动叫停，这个过程是非常安全的。

小帆虽然心里对爸爸妈妈的分开有埋怨，但内心其实是很爱父母的，也报名参加了这次活动，班主任很是欣慰。小帆在体验疼痛的过程中，逐渐感受到妈妈当初生自己的不容易。班主任借机和小帆进行了一次深入交谈，小帆终于将内心的不安说了出来：“爸爸已经放弃我了，妈妈以后也会因为工作而放弃我，当初为什么还要生我呢？”

面对小帆的不安，班主任非常心疼，说道：“你今天体验到的疼痛是妈妈生你的疼痛，这么痛你妈妈都扛过来了，又怎么会因为工作放弃你呢？每一个孩子都是在爸爸妈妈的期待中降临的，没有爸爸妈妈会放弃自己的孩子。爸爸妈妈分开了不代表他们就不爱你，父母只是不擅长表达爱。妈妈工作是为了能给你更好的生活条件，同时她依旧很努力地在照顾你，每天接送你上下学，经常询问老师你在学校里有没有被欺负，在班里有没有朋友等。作为孩子，你为爸爸妈妈做了些什么呢？不要把父母的爱当作理所当然，不要自私地让父母完全为了自己在生活，明白吗？假如你是父母，你能够做到像你妈妈一样照顾你的孩子吗？”小帆低下了头。

班主任拍了拍他的肩膀，继续说道：“虽然这是一道坎，但是我们要勇敢一点，接受这个坎，勇敢迈过去，老师相信你可以做到的。”小帆的眼神渐渐澄澈了起来，愧疚地说：“我明白妈妈是爱我的，但是我心里有很多话也不知道怎么和她说。”班主任露出了欣慰的笑容，说道：“借着今天体验活动的机会，老师安排大家写一篇感想，你把它当作是一封写给妈妈的信，将你的想法和顾虑都写在信里，可以吗？”小帆也终于露出了笑容：“好，谢谢老师！”

活动结束后不久，小帆的妈妈联系到了班主任，表示小帆渐渐变回了以前积极向上的样子，回到家会主动和她聊学校里的生活。在班里，小帆也不再纠结于父母的事情，上课认真听讲，与同学相处也懂得包容，不乱发脾气。

小帆的转变需要一个契机，分娩体验的活动让他亲身体验到母亲的辛苦，他才会发自内心地感激母亲在生活中带给他的点点滴滴、细水长流的母爱，也体会到父母的爱不是理所当然的。

（案例作者：深圳市光明区凤凰学校　冯丽燕）

案例3

小小图书管理员

对于中学生，除日常学习以外，培养社会实践能力是提高其综合素质的重要部分。部分家长出于对孩子的保护，将孩子困在学校和书本的海洋里，严重脱离生活实际，导致孩子的社会交往能力、劳动实践能力缺失。

对于学校而言，要能够为学生提供一个社会实践平台并为他们保驾护航，在安全的前提下培养学生的社会实践能力。学生通过服务社会的体验活动，能亲身参与到社会活动当中去。在社会实践过程中，他们能够感受到自己也可以力所能及地为社会做出贡献，不仅锻炼了自己的社会交往能力，还培养了尊重劳动、热爱劳动的意识和做事尽责的态度。

为了营造良好的班级环境和读书氛围，我们学校在每个教室的后面都设置了图书角，图书柜上摆放的都是老师和同学们捐献的书，负责管理的班干部会分类摆放各种科普类、文学类等书籍供同学们阅读。

小宇是我们班上一个特别顽皮的学生，平时最大的爱好就是阅读各种课外书，因此，教室的图书角简直就是他的小天堂。但让人头疼的是他有一个坏习惯，看完书之后总是乱摆乱放。班干部已经多次向我反映了，为此，他俩还经常吵起来。作为对小宇的“惩罚”，我安排他去参加学校组织的周末图书馆管理员义工体验活动。

在小义工上岗前，图书馆工作人员对小宇和其他小义工进行了集中培训，教导他们图书馆管理的基本知识和实际操作的技巧，包括图书的摆放方式、整理书架的方式等。对于归还的书籍，还要按照编号将其放回原位。如果有读者找不到书籍，还需要指引读者到与编号对应的书架寻找书籍。另外，还安排了小宇在少儿馆内对图书进行细致的检查，将破损、掉页的书籍排查出来。最后，小义工们拿着胶水和小剪刀共同修补被损坏的图书。

在一个月的图书馆管理员体验活动中，小宇从一开始到处碰壁，遇到各种小问题，在通过咨询工作人员或者和其他小伙伴合作后一点点解决，到最后，小宇已经可以手脚麻利地将读者放乱的书籍放回原处。等小宇一个月的“惩罚期”结束后，我找来了小宇，让他谈谈自己这一个月的感受和收获。他苦着脸说：“图书馆管理员好累呀，啥都要干。那些读者还经常把书乱放，小学生还会把书弄破，我和图书馆的小姐姐还要帮他们修补。”听到他的抱怨，我笑着说：“那你明白你之前的行为给班干部和其他同学造成多大的麻烦了吗？”小宇不好意思地说道：“老师，我知道之前我做得不好，连把书放回原位都不会，还怪班干部唠叨……”我拍了拍小宇的肩膀说：“这一个月里，你从一个图书借阅者变成一个图书馆管理员，亲身感受到了一个图书馆管理员的辛苦，从一个连放书都不会的读者，慢慢学会了图书馆管理员的工作，老师觉得你做得真的很棒。经过这次的学习，你要学会和别人交流时换位思考，理解别人的不容易，每个人的劳动付出都是值得尊重的，爱护别人的劳动成果也是非常重要的。学习成绩不是衡量一个优秀学生的唯一标准，我们的道德素养、动手实践能力都是同样重要的。老师觉得你这次收获很大，即使是小小的图书管理工作，你也能够细心细致，戒骄戒躁，尽心负责地完成了。将来你做任何事情，老师也相信你一样可以做得很棒噢。”小宇拍拍自己的胸口，很开心地说：“当然，我可是当过图书馆管理员的呢。”

（案例作者：深圳市光明区凤凰学校　冯丽燕）

案例4

严谨，是一种态度

初中阶段的学生心态容易浮躁，学习沉不下心，很多问题不去细究，学习总是浮于表面。长此以往，学生会养成一种不良习惯，做事情总是觉得差不多就行了，不利于形成一种严谨的学习思维，从而影响下一阶段的学习甚至是一辈子。实际上，学生的严谨思维的形成与教师的培养密不可分，教师在教学讲授过程中体现出来的严谨的态度正是他们学习的目标。培养孩子严谨的态度对他们来说是一生受益的。

学生们在上初二的时候，刚开始接触物理知识，会觉得很新奇。物理入门的知识是很浅显易懂的，许多聪明的孩子会觉得这些知识对他们来说非常简单，便不去深入探究现象背后的规律，不善于发散思维，这对孩子将来的学习会产生深远的影响，不利于他们形成严谨的学习思维和态度。

小晨原本是我们班上一名学习成绩很优秀的学生，头脑很聪明，上课经常大声回答老师的问题，并常常以回答出问题而感到骄傲，但是他上课集中注意力的时间很短，总以为自己已经掌握了这节课的知识，便开始看课外书或者和其他同学讲话。结果，小晨的考试成绩往往波动很大，尤其是物理和数学。我看了小晨的答卷，经常是因为计算失误或者粗心大意而失分。

小晨的粗心大意和懒散的态度还体现在了生活上，做事情常常将“差不多就得了”挂在嘴边。作为班干部的她，常常不会严格按照要求落实好老师交代的事情。小晨的这种态度甚至开始影响班级上的其他同学，班上渐渐地形成了一股不良的班风。

作为老师，我明白这种习惯的形成不是一朝一夕的，是长期积累的结果，有家长的因素，也有老师的因素。此后我开始注意一言一行，对他们承诺的事情会按时按量、一丝不苟地严格做到，实验和板书都追求严谨细致，“差不多”这个词也逐渐从我的课堂消失。渐渐地，学生也开始变得严谨起来，课堂上会深入思考现象的本质。近期神舟十二号成功发射，学生们对航天技术的学习热情空前高涨，这是一个能加深他们对严谨的重视的好机会。

“航天工程是牵动上万人的庞大工程，但是很多时候我们的关注点却聚焦在极少数的航天员和科学家身上，其实这个庞大的工程能够实现离不开背后每一个部门、每一个人的一丝不苟和工匠精神。”我在介绍神舟十二号的主题班会上这样说道。我让同学们观看了短片《大国工匠曹玉玺》之后，说：“虽然同学们无法亲身体验航天技术员的工作，但是通过短片可以感受到作为一名航天技术员严谨的工作态度，即使是一份小小的工作，也不允许任何的失误。差之毫厘，谬之千里。人类航天史上失败的案例往往都是源自一个小小的失误或疏忽，细致、严谨才是成功的关键。假如我们现在是一位航天技术员，完成任务可以允许我们以‘差不多’来对待吗？同样作为学生，严谨的求学态度就是我们的‘工匠精神’，比如我们班上的小晨同学，她以前也总是懒懒散散，但是最近老师发现她上课懂得深究，考试也变得更细心了，班干部的工作也完成得一丝不苟，大家要向她学习。”在我的表扬下，小晨也逐渐明白了，严谨的态度对于任何事情都是非常重要的。后来，在小晨的带领下，班上也渐渐形成了一种良好的学习氛围。

（案例作者：深圳市光明区凤凰学校　冯丽燕）

案例5

赞美的魔力

心理学家威廉·詹姆斯说过："人类本性上最深的企图之一是期望获得赞美、钦佩和尊重。"我们常常说，教师要学会赞美学生，善于赞美学生能够让我们看到每个学生身上的闪光点，树立起学生的自信心和自豪感，激励他们学习。

作为学生，懂得赞美对他们来说也是一种优秀的品质。作为教师，我们应该引导学生体验赞美的力量，亲身感受赞美带给别人、带给自己的益处，培养学生欣赏别人优点和长处的美德，从而激发学生去学习别人的优点。

人人都爱被他人赞美，都希望得到别人的赞许和欣赏。学生希望得到老师和同学的夸奖，老师也希望能得到学生的肯定，但是能做到主动去赞美别人却是一件不容易的事，老师会有意识地去利用夸奖激励学生，而很多学生对于赞美别人却羞于启齿，不懂得表达自己的欣赏。其实赞美也是需要培养的一种习惯。

小琳是我们班上一个不太爱说话的小女孩，学习成绩很好，却不擅长与别人交流，与同学之间的关系也不太好。像这样的学生，我们班上其实还有很多。虽然我经常会和他们闲谈，鼓励他们多和老师、同学交流，但是他们总是表现得很害羞，比较内向。与小琳形成鲜明对比的是我们班上的一朵"霸王花"——小童，她是我们班上非常自信的一个学生，但是总是容易骄傲自满，认为自己各方面都比别人优秀，与其他同学也相处不来。这两种学生，在我看来，有一个共同的特点，就是不善于发现别人身上的亮点，不善于表达自己对别人的赞赏。

我给她们布置了一个任务，就是每天赞美身边的一个人并记录下来，做成一张赞美卡。我告诉她们，赞美对象可以是帮我们保持城市环境干净整洁的环卫工人，可以是在讲台上精神饱满为我们讲课的老师，可以是疫情期间为我们测核酸、打疫苗的医护人员，可以是每天接送我们上下学的父母，也可以是帮我们看晚自习的家长义工，可以是我们身边每一个乐于助人的同学……我还让她们互相监督，每天互相交流她们赞美的对象，交换各自的赞美卡。

在这之后，办公室的常态就是每天她们都会来向我汇报。一开始她们不懂得如何赞美别人，只会用简单的话语表达，比如“老师你今天上课上得真好”“小琳你今天很认真”，等等。渐渐地，她们开始疑惑，为什么别人对于她们的赞美似乎并没有特别地高兴。我耐心地告诉她们：“赞美别人要发自内心，发现别人身上真正的闪光点，真诚地去赞美别人做得好的地方，别人才会感受到你的真诚，而不是为了赞美去赞美。”

渐渐地，她们的赞美多了手势，表达的话语变得深入细致，她们身边的朋友也多了起来，同学们都很喜欢和她们玩，老师们也很喜欢她们。两个月后，我将她们上交的赞美卡做成一本纪念册交还给她们，并叮嘱她们：“这两个月你们做得很棒，要记住赞美不是我们获得别人好感的手段，而是表达你对别人的欣赏，同时学习别人身上的优点。”小琳点点头，说：“老师，我们明白了，每次我夸别人的时候，不仅别人高兴，我自己也很高兴，就会想着我也要像他那样，做得这么好。”

赞美具有神奇的魔力，它可以真诚地表达你的善意，可以化解尴尬，可以迅速拉近人与人之间的距离、建立友情，还可以化解朋友之间的矛盾。但是孩子们很多时候都羞于表达，要让她们亲身体验作为一个“夸夸小能手”可以带给别人、带给自己的情绪价值，同时也让她们学会表达，学会发现别人的优点和长处，而不是骄傲自满。

（案例作者：深圳市光明区凤凰学校　冯丽燕）

案例 6

爱地球就是爱自己

由于科学技术和医学水平的不断进步，地球上的人口在不断增加，伴随着人口数目变大，人类对地球上各种资源的需求也与日俱增。资源问题一直以来都备受人们关注，国家大力扶持可再生的绿色清洁能源产业，并制定了可持续发展战略，我们应当响应号召，从身边小事做起，节约资源。但现在的孩子处于一个较为安定的环境，没有接触到资源缺乏的状况，对于资源的重视程度不足，存在浪费资源的现象。孩子目前处于个人价值观的构建阶段，帮助孩子树立正确的观念和认知是教师的职责。

作为班级的班主任，我常常会去教室看看学生们的情况，不仅是为了让他们遵守规矩好好学习，也是要实时掌握学生的各种状况以便及时采取措施。最近，我在巡查教室的时候发现，教室的灯、空调和投影仪等电器在教室无人的情况下没有关闭，仍然开着。教室旁边直饮水的取水点，水龙头有好几次没有拧紧，任由水从水龙头流出。

这些浪费资源的行为当然要制止，于是我开始了解情况。首先，在课间和放学这些时间观察这些浪费的现象是否为自觉的行为。我发现有些学生在打完水或者离开教室的时候都是嘻嘻哈哈的，丝毫没有意识到自己的浪费行为。我又单独约谈了几个学生，问他们知不知道教室的电器没有关，饮用水的水龙头一直开着。出乎我的预料，他们居然对这些事情都见怪不怪，甚至还十分清楚，丝毫没有意识到自己的错误，言语中都是像在开玩笑一样，他们说反正现在也不缺电、水什么的，稍微浪费一点也无所谓吧，给钱就好啦。

这样的说法引起了我的重视。如果学生是在不知情的情况下做出浪费的行为，可以通过给他们科普和规范行为来解决。但是，现在学生是明知道浪费还在放任自己。对于青春期的孩子来说，他们的世界观、价值观、人生观还处于形成发展阶段，不成熟的思想方式以及外界的信息干扰都会让他们的价值观走入误区。这些孩子从小就有一个较为优越的家庭环境，对于资源和金钱这些物质观念没有正确的认识。得来过于容易，导致他们自然而然地萌生出无须去珍惜的想法，这对他们以后的成长是极其不利的。这就需要老师来带领他们走出误区，帮助他们在正确的时间段朝着正确的观念前进。

为培养学生正确的价值观，我专门组织班干部开展了一次主题为“爱护资源，保护地球”的班会。在班会上，我给学生们讲了我们现在居住的地球总体资源含量并不丰富，展示了各种因为资源缺少而可能出现的恶劣情况，让学生对资源短缺及其后果有了一个初步的认识。然后，我与学生们开展了一个活动，那就是限定一周之内用电的数额，如果做到了，我会给他们每人一个奖励。听到这儿，学生们一个个摩拳擦掌，信誓旦旦说他们肯定可以做到的，老师这次的奖励可跑不掉了。但是，我知道现在的他们是做不到的，因为他们对这些东西完全没有概念，也就不会过分地去在意。比赛就这么开展了。第一天、第二天、第三天，他们依旧还是老样子，没有注意节约用电，没有人的教室空调开得很低，投影仪也开着，放学后电灯也没有关。到了第四天早上，我向他们宣布剩下的两天都无法开空调了，因为他们前三天没有好好管理自己的用电情况，出现了大量的浪费现象，如果想赢得比赛且不影响正常的教学，那就只能不开空调。我让他们自己选择。好胜的他们自然不服输，打算不开空调坚持下去。当时正值七月，天气炎热，这些娇生惯养的孩子哪里受过这样的苦，他们中有用书本不停扇风的，不停喝水的，还有把头靠在窗户上想感受外面的风的，着实让人又心疼又好笑。在他们痛苦的坚持下，这周总算是过去了，我对学生们说："你们赢了，但是我想听听你们的体会。"一个学生代表说："老师，这两天实在太难熬了，我们实在不敢想象要是完全没有了电，生活将会怎么样。老师，我们知道错了，我们以后都会注意节约用电的，之前浪费了这么多电，我们以后还能有电用吗？"看着学生认真的样子，我回答他说："你们能意识到这一点，老师很开心，但是你们放心，只要我们每个人都注意不浪费资源，加上现在全世界都在发展可持续使用的清洁能源，资源匮乏的危机是能解决的。"听到我这样说，他们脸上终于又有了笑容。一切仿佛都没有变，但是放学后教室是黑漆漆的一片。

（案例作者：深圳市光明区凤凰学校　何其聪）

案例 7

成为吃好饭的孩子

我国作为人口大国，粮食问题一直都被人们广泛关注。当下，由于多种农产技术的发展与创新，我们的温饱得到保障并且可以凭自己的能力自由选择食品。但是，对于现在的孩子而言，他们对于粮食缺少感恩之心，因为他们从小就生活在一个相对富足的环境，父母为了孩子的成长，也会尽最大努力给他们吃最好的、健康的以及他们想吃的。这些思想尚不成熟的孩子就会认为，食物是可以肆意挥霍的，对家长和老师节约粮食的教育不重视甚至出现抵抗情绪，这些都阻碍了我们培养孩子形成正确的价值观。因此，教师要让孩子体会到"粒粒皆辛苦"，食物都是来之不易的，要培养勤俭节约的良好习惯。

小明是一名初一学生，学习成绩处于班级的中上游，平时见到老师都会很有礼貌地打招呼，虽然有时候在课堂上会打瞌睡，总的来说还是一个听话的乖孩子。

但最近，小明在课堂上睡觉的现象越来越严重，一睡就是大半节课，课间也没有以前活跃，身体感觉比以前虚弱了不少，甚至有一次在升旗的时候晕倒了。由于他经常在课上睡觉，学习成绩也下降了不少。我与他妈妈联系询问小明在家的情况。他妈妈反映说除了晚上回家的时候还要大吃一顿，跟平时也没什么区别，家里以为是孩子长身体饿得快，也就没往心里去。我隐隐觉得问题就出在吃饭上。

我对小明的午餐情况进行了观察，也向中午送餐的大叔进行了解，发现小明中午的时候经常剩饭剩菜，有时候一盒饭一口都没动，有几次他拿餐盒里的食物跟同学打闹被我当场抓住。我把小明叫到办公室交流。

在谈话中，小明告诉我原因："学校里做的饭菜都不是我爱吃的，我不吃拿来玩不行吗？这些又不是什么贵重的东西，把种子放进地里，每天浇浇水就有了。"言语中显露出不以为然的态度，语气也是平时一样嘻嘻哈哈，表明小明没有意识到他的错误。

我整理了一下思绪，小明是因为不吃饭没力气才导致现在的情况，我想到了一个好主意："小明，那你要不要跟老师一起在天台种点植物，体验一下农民伯伯的生活？"小明十分兴奋："好呀，好呀。老师，我相信这么简单的事情，还有老师跟我一起，我一定能做到的。"新鲜感驱使他愿意跟我一起完成这次活动。

那一天，我们一起松土，播下了种子。起初小明不理解为什么还要松土，不是把种子丢进去，让种子自己生长就可以了吗？我耐心地向他解释，他才嘟嘟囔囔不情愿地开始动手。我每天中午都会看着小明吃饭，即使他不喜欢我也会鼓励他多吃点，确保他能摄入足够的营养。课间小明在跟同学玩耍的时候，我会叫住他，让他跟我一起去照料植物，他很不情愿："老师，这跟我想的不一样啊，不是种下去每天放学浇些水就可以了吗？为什么我现在要这么频繁照顾它，我连玩的时间都没有了。"我说道："小明，你想想这种下去的种子是不是就像刚刚来到这个世界的孩子，你作为它的'父亲'，是不是要在它能'独立'之前好好地保护它，帮助它解决一些它做不到的事情？现在它还小，很多事情都需要你这个'父亲'去帮助它，那你是不是要负起责任来？"小明听完后若有所思，开始埋头苦干。

往后的日子，小明课间也不跟伙伴打闹了，勤快地去照料他的小苗圃，中午吃饭的情况也有很大的改善，他把饭菜吃得干干净净，再也没有拿食物玩耍的情况，整个人的精神气也好起来了，充满朝气。一天放学后，小明跟我说："老师，谢谢你让我体验了一次农民伯伯的生活，正如老师说的，每份食物都像是他们的孩子一样，天热了要浇水，下雨了要放水，风大了要保护住叶子，还要防止被虫子吃掉，真的是太辛苦、太不容易了。他们辛辛苦苦种出来的粮食却被我浪费掉了，我感觉挺对不起他们的。”说着，他低下了头。我摸摸他的头，安慰道：“没事的，小明，既然你现在已经知道食物来之不易，那我们以后珍惜每一粒粮食，我相信农民伯伯会原谅你的。”“真的吗？我以后一定会好好吃饭，不再浪费粮食了，谢谢老师。”说罢，他蹦蹦跳跳地跑远了。虽然我们种下的种子还未结果，但在小明心中种下的“种子”正在茁壮地成长。

（案例作者：深圳市光明区凤凰学校　何其聪）

案例8

体验老师的辛苦

教师，在整个社会中有着举足轻重的地位，扮演着教书育人的角色，承担着为祖国培养未来之希望，为国家未来建设输送人才的责任。可以说，一个教师的职业水平和职业操守影响的不只有教师本身，还会影响众多学生。学生的言行举止、对事物的思考方式以及各种知识的掌握程度都会被教师的教育方式影响。因此，现代教师不仅要有扎实的专业知识，还要有理想信念、道德情操和仁爱之心。但现在有些孩子对教师存在误解，认为教师就是阻碍他们快乐前行的路障，导致他们对教师的教育无动于衷，甚至产生抵抗情绪，这不利于教师帮助成长期的孩子树立正确的观念和认知。因此，我们要帮学生进一步了解教师的职责与任务。

小黄是我们班的一个女孩子，长得白白净净，很清秀，有一股大家闺秀的气质，平时跟同学的关系也很好，朋友也很多。但是在与老师相处这一方面就跟变了一个人一样，她平时见到老师不会主动打招呼，老师叫她的时候永远要叫三四次她才会有回应。课堂上从来不听讲，老师在上面“上大课”，她在下面要么和旁边的同学“上小课”，要么就在那看一些课外书，甚至有的时候直接在课堂上呼呼大睡，被老师叫醒她还一副满不在乎的样子，嘴里一直在抱怨。课下的作业从来没有完成过，仅有的几次上交也是乱写的，学习态度很差，成绩自然也不是很好。在老师组织出操和班会时，也总是不听从老师的安排，我行我素。

为了能解决这些问题，我想让小黄到办公室来跟她好好交流一番，但她依旧我行我素，用身体不舒服作为借口推托过去了，看来我还是对她不够了解。于是我想从她身边的人入手，先了解她内心中的想法。首先，我找了平时跟小黄玩得比较好的同学，据她们说小黄一直都不想学习，觉得以前每天跟伙伴一起玩的日子很开心，她就想早点把学校的时间混过去好去玩，老师就是不让她快乐的根源，每天限制她做不喜欢的事。然后，我在跟小黄的父母沟通时了解到，小黄是独生女，父母对于她一直都是有求必应，只要她开心就好，可能正是父母的宠溺导致她的畏难情绪较为严重。结合这些信息，我认为小黄这些行为都是由于青少年时期心理不成熟，对于事物的认知处于初级阶段，抱有片面的认知，因此产生了对学习的误解，滋生对教师的负面情绪和逆反心理。我作为教师要让她正确认识学习的意义，帮助她从误区中走出来。

我决定从小黄对学习的认知和对教师的认知两方面进行教育。首先在班会课上，我组织了一场关于学生未来职业规划的班会，通过短视频、图片、文章等向学生介绍各种各样的职业，丰富他们的见识，增长他们对于不同职业的认识。同时向他们讲述想要在未来获得自己心仪的职位需要经历大量的筛选和竞争，而学习正是使他们在这些竞争中增加自己筹码的最佳方式，只有筹码多了，获胜的机会才会更大。让学生知道，学习的受益人是自己。在上完这节班会后，我发觉小黄对待上课和作业的态度有所改善，于是趁热打铁把她叫到办公室，与她交流。交流中我对小黄讲："老师呢，永远都是想学生好的，把学生当成自己的孩子去照顾，老师也不是任何时候都是对的，如果老师有哪里做得不对你可以指出来，老师会改正。" 她还是对我抱有一种抵触的情绪，嘴里说着："老师你每天都轻轻松松的，就只用上课教我们就可以了，我们学得要死要活的。"可以看出小黄仍然十分不满。"你觉得老师的任务少，那你要不要当一天老师的助手，跟老师做一样的事情试试？你的能力这么强，老师相信你一定能胜任。"我笑着对她说。小黄答应了，于是我让她第二天早上六点五十就到教室来找我。

第二天早上，小黄按时到了，精神上却显得有些疲惫。她不解地问道："为什么要来这么早？明明上课时间是七点二十。"我耐心地解释道："老师要提前来到学校，看看同学们的到达情况；如果有同学没来，就要赶紧跟他家长联系看看是不是有什么突发状况；学生打闹要及时制止，不能让他们发生危险；等等。总之没有这么轻松。"这一整天，小黄在空闲时间都跟着我，帮我处理班级事务：组织早读；帮助我批改作业；中午午休的时候，管理同学们吃饭；

跑操的时候，让同学们排好队有序下楼；自习时维持班级纪律；最后到放学时，小黄也帮我将同学安全地送到家长手中。虽然事情很多很烦琐，但她很好地完成了我布置给她的任务，最后晚上走的时候整个人都快累趴下了。我没有单独再跟她说什么，相信在经历这些后她会有所转变。

后来，小黄单独找到我，向我道歉，说为自己之前的幼稚言行感到很惭愧，希望我能原谅她。我自然不会把她之前的作为放在心上，摸摸她的头，说："当然可以。"她对我说："老师要负责的东西太多了，都是为了学生能茁壮成长，虽然很累，但是看到自己的辛苦能变为学生成长的养料，就慢慢有了成就感。我会好好学习，将来成为一位像您一样教书育人的好老师。"听到她这么说，我很欣慰，觉得教师这个职业真的是很好、很光明。

（案例作者：深圳市光明区凤凰学校　何其聪）

案例9

职业没有高低贵贱

在这个科技水平发达的现代社会，诞生了很多我们之前没有听说过的新职业，这些职业或者新奇，或者需要高的技术含量等。但是现在有些孩子有自己的职业观，认为哪些职业的从业者是人上人，哪些职业的从业者是被人看不起的，这是一种病态的观念。在现代社会，每个职位、每个人都有独特的使命，每个人都是在自己的岗位上努力，职业都是平等的。因此，学校要与家庭配合让孩子知道每个行业都很辛苦，没有事情是轻松的，同时职业之间没有高低贵贱之分，只要付出汗水就值得被尊重，以此帮助他们树立正确的认知。

小政是七年级四班的一个男生，平时在学校是一个大大咧咧的孩子，对老师很有礼貌，见面会主动打招呼，跟同学们的关系也很融洽，平时也不会产生矛盾，课堂上认真听讲，作业也会认真完成，在各个老师眼中是一个听话乖巧的好孩子。乍一看，他好像没有什么问题，但是我注意到，小政在学校中对老师同学的态度较好，在对待其他校园后勤工作人员的态度上却有所差别，在遇到他们的时候，小政会刻意地闪躲，也不愿与他们交流，脸上挂着嫌弃的表情。

为进一步了解小政的想法，我把他叫来面谈。他来到我这儿时，依旧是那副阳光男孩的样子，脸上挂着笑容，说话也很活泼。看着这样的孩子，我在思考该如何跟他谈。"小政啊，你是个有礼貌的孩子，每天都跟老师打招呼，元气满满的。”小政开心地回答道：“谢谢老师，我想着礼貌待人，这样别人会开心，我也会开心。”我又说道：“那送饭的叔叔阿姨，看到你这样活泼的笑容一定也很喜欢你吧？”小政这时候沉默了，然后说：“我没有和他们打过招呼，他们每天都穿着那一身衣服，身上也脏脏的，看起来就不干净的样子，干着那些没人愿意去干的活，我可不想跟他们说话，以后我可不要跟他们一样。”这一番话让我真实了解了小政的想法，处于青少年时期的他，有着错误的职业观，虽然想找一份好工作、有上进心值得肯定，但是这种贬低其他职业的行为是不好的，把那些做着基础工作的职业看成低等的职业，干着这些活的人也被他分等级对待，这就影响到了他的人生观，可见问题还是十分严重的。

为了能帮助小政重新树立正确的观念，我打算让他体验各种基础职业，让他明白每种职业都有存在的必要，都是不可缺少的，值得我们去尊重而不是轻视。我摸摸他的头：“小政啊，明天负责给我们班送餐的叔叔阿姨有事情忙不过来，可能要我跟你一起去帮忙，可以帮帮老师吗？”起初他十分不情愿，在我的劝说下他最终还是答应了。我提前跟后勤的工作人员商量过了，明天不需要他们负责我们班，让我来就好，稍微减轻一下他们的负担。

第二天早上早读前，我去教室找到小政，让他跟我一起把教室外面的走廊清扫一下，小政问道：“昨天下午不是有人扫过了吗？就一个晚上能脏到哪里去，不用扫了吧，老师。”我带他出来看，发现走廊上有不少树叶，还有一些积水，更多的是同学们的脚印，我向他解释道：“今天早上比较早的时候下了一场雨，吹了不少树叶进来，同学们来教室的时候鞋底有一些泥，就把走廊弄得比较乱。今天由我们两个负责，那我们就好好打扫一下，不要让班级的卫生红旗丢了。”小政跟我一起收拾了起来。到了中午，我把小政叫来，让他和我一起把班上同学的餐食送到教室去，小政也没说什么，就挽起袖子跟我一起干。他小小的身子在庞大的送餐车面前显得更小了，但他还是很卖力地帮忙推。到了教室，同学们还在抱怨为啥今天的饭菜来得这么晚。小政听到他们的抱怨后，默默地去推下一车了。就这样，我们干了一天，小政嘴上说着不愿意，但是做起来还是很卖力的。放学时我又把他叫来，说：“小政，今天真的是辛苦你了，还好有你，要不然老师都不知道这么多事情怎么处理了，今天你做得非常好，我看你超级卖力的，是不是喜欢上干这些活了？有没有对这些职业有一些改观啊？”小政正经地回答：“老师，那些叔叔阿姨真的很辛苦，每天都要干这么多事情，有时候没有干到位还要被我们抱怨，也正是因为有了他们我们才能舒舒服服安心在教室里学习，每种职业都是辛苦的，我们都要平等地对待，明天开始我要好好跟叔叔阿姨们打招呼问好，可以的话就帮帮他们。”听到他这么说，我知道小政已经不再是之前那个小政了，现在的他是一个对每个人都能笑脸相迎的好学生。

（案例作者：深圳市光明区凤凰学校　何其聪）

案例10

做一个文明的绅士

如今，很多孩子都是整个家里的掌上明珠。家长在很多时候对孩子一些行为过分地宽容，更多的是一种溺爱。心灵尚未成熟的孩子就会认为自己是一个独特的存在，周围的一切都要按照他的想法来运行，对陌生人不尊重，有一种高人一等的自负感，当遇到不顺心的事情就会出现明显的抵触情绪，用一切手段来达到自己的目的，这是一种病态的心理。作为教师，我们应该在孩子处于成长起步阶段时给予他们及时的指引，帮助他们树立正确的人生观和价值观，让他们懂得每一个人都是独一无二的，都值得被尊重。

初二年级的阿锦同学一直以来都是学校老师的重点关注对象。阿锦是一个身高一米八的大男孩，上课时从来都不听讲，作业上交情况较差，但是他天赋比较好，人也比较聪明，学东西很快，成绩尚可。他在学校每天都跟一群小伙伴打打闹闹，经常表现出大哥的做派；遇到老师时也不会主动问好，有时还会从他口中听到一些粗鄙之词。课堂上他经常会跟其他同学说话，影响别人学习，对老师的提醒熟视无睹，甚至还有当众顶撞老师的行为。

对于这样一个天赋较高的学生，我觉得给予适当的帮助与扶持可以让他改掉这些坏毛病，重新养成良好的行为习惯。为了了解更多的情况，我请了阿锦的妈妈到办公室面谈，也更加深入地了解了阿锦。阿锦父母是做小生意的，平时比较忙，也没有空关注孩子，都是爷爷奶奶在照顾。作为家里的独苗，爷爷奶奶把他宠上了天，一直都满足他的需求，从小没受到一点委屈。每天父母与他唯一的接触就是睡觉前给一些试卷什么的签字。看到孩子的成绩还可以，家长也没太在意；如果问他作业写了没有，他会说在学校已经完成了，表现出不耐烦的情绪，家长也不太敢管他。问到阿锦对家里人怎么样，他妈妈说一直都很不尊重他们包括爷爷奶奶，有时候甚至用“喂”称呼他们，说到这儿他妈妈也很无奈。

对于一个问题较多的学生，我决定让他体验一下自己这种对待人的方式。首先，我与阿锦的妈妈约好了，要双方一起努力才行，任何一方松懈都会让他的问题继续存在。在家里，我让他的家人不要像以前那样宠溺他，有时候适当无视他的无理要求，在检查作业和询问学习情况时态度强硬一些。在学校里，我在课堂上无视他的行为，仅对他周围的同学提出认真上课的提醒，不让他影响到课堂；对与他经常一起玩耍的小伙伴进行一些辅导和引导，让他们把更多心思花在学习上，减少跟阿锦一起胡闹的时间。一段时间下来，在一次模拟小考中阿锦的成绩出现明显的退步，他第一次来到我办公室问我问题。我知道原因，因为他身边跟他一起玩的小伙伴最近都不怎么理他，甚至有几个成绩已经超过了他，让他在这些学生中的地位大不如前。一直认为自己靠天赋就足够的他，此刻也慌了阵脚。他拿着作业来问，上来也不跟我打招呼，直接就开问。我当没听见，继续批改作业。他问完后，看我没反应，又重新问了一次。我还是没有理他。直到他叫出“老师”，我才开始回应他。“说说吧，刚刚我不理你的时候，你是什么感觉。”我问道。阿锦说：“感觉很无助，觉得自己没有被尊重，明明我就在旁边。”我语重心长地说：“那你对家里人是不是也这样？还这么对待学校里教你的老师？大家都尽心尽力地教你照顾你，你对大家不理不睬，是不是也对大家不尊重，让大家很寒心？你问我为什么大家成绩都追上你了，因为他们在认真听课，作业也按时完成。你确实很有天赋，但是大家都是聪明的孩子，他们比你更努力，能追上你也正常。要是你还想保持成绩，那就先做到上课认真听讲。”此时阿锦不知道在想些什么，自己低着头走了。

在谈话完后我上的第一节课，阿锦不再是一副吊儿郎当的样子，课上不再跟别的同学说话，开始认真对待上课，也会做一些笔记。我开始收到他的作业，对他的学习情况进行了解和分析。阿锦课间打闹的情况也少了，反而经常来问我一些学习上的问题，成绩又回到了较好的水平。但和之前不一样的是，遇到老师的时候他会主动打招呼，变得有礼貌了。阿锦妈妈跟我反映他在家也愿意跟家里人沟通，在遇到问题的时候会先思考，变得成熟了不少。

（案例作者：深圳市光明区凤凰学校　何其聪）

策略二：情境感染

（一）基本概念

个体在一定的情境中体验情感，情境能够对人的行为起到良好的调控和驱动作用，使个体实现自我教育和个性完善。李宪勇和李香娥指出体验的对象不是孤立存在的，也不可能把体验的对象从周围事物中相对分离出来，它总是处于某种关系和情境之中的，认为学生的体验往往靠一定情境来引发，情境实质上是一种铺垫、一种背景设置，是一种为思维与情境的激发所作的准备。[①] 杨亿君和黄明娣认为教师应该艺术性地创设仿真情境，这需要先进行学情分析和教材分析。另外，为了使学生产生体验的欲望和需求，教师设计的情境要尽可能地具有针对性和隐藏性。[②]

（二）基本操作

情境感染策略属于体验教育策略的一种，它通过创设情境或氛围来感染学生，引起学生的兴趣。

情境教学法不仅强调学生在学习过程中的经验和感情，而且也强调学生自主研究和合作的能力。情因境生，境为情设，情境统一和谐方为情境。创造教学情境不仅促进教师与学生之间、学生与学生之间的多边互动，还激发学生的情绪，激励学生发现问题、解决问题。教师是课堂教学的主导者和指挥者，以丰富的教学设计创设情境，富有创新意识，并且借助现有的手段，引导学生学习，增强他们的理解能力和运用能力，帮助学生塑造个性和形成健全的人格。

小学生尤其是低龄小学生的思维侧重于直观形象，对抽象概念的理解力较弱，简单的说教式教育容易引起学生的抵触心理。为了加深学生对纸上理论的体验，加强对行为养成习惯的理解力和执行力，创设不同的情境有利于促使学生在较为生动、真切的氛围中感知行为习惯养成的重要性，培养学生主动调整、约束自我的行为习惯。

教师设定真实情境，让学生在其中体验情感，对他们的行为起到良好的调控作用。学生按照所设定的角色，担当一定的职责，进行思考、体验、对话、演示、操作等活动。在真实的情境中学生得以快速理解角色规定的地位、言行，

---

① 李宪勇，李香娥．体验教学：含义、特征与实施［J］．天津市教科院学报，2010（2）：21–23.

② 杨亿君，黄明娣．基于学生核心素养的情感体验教学在高中思想政治课的运用［J］．思想政治课研究，2016（6）：82–84.

产生体验的欲望和需求，情不自禁地按照所扮演的角色身份思考问题，表达自我的想法，最终形成良好的行为习惯。

（三）实践案例

案例1

精心创设情境激发学生兴趣
——以《富饶的西沙群岛》教学为例

实施情境教学是语文教学走向最佳教学的必由之路。精心设计的情境教育，让学生带着问题思考，在愉悦的情绪中学习知识。在语文教学中，教师应该最大限度地提高学生的学习兴趣，而实现这一目标的最好方法莫过于在创设的情境中进行教学。

上一堂充满趣味的课是让学生最开心最幸福的事了。在语文教学中，想让学生积极思考，参与学习，就必须首先激发学生的兴趣。感人的引导可以创造生动、可见和动态的情境。因此在开学的时候，我都会仔细地设计课堂，展现语文的魅力，激发学生学习的兴趣。

多媒体技术在日常教学中日益普及，使教室教学的视觉形象更为清晰。多媒体技术已经成熟运用在教学当中，从而更容易调动学生的视觉、听觉等，更加形象直观地展示课文内容，并锻炼了他们的思维能力。

如我在教授《富饶的西沙群岛》公开课时，先要求学生自主读课文，之后观看西沙群岛的动画朗读，视频中五颜六色的海水、多种多样的海底生物等，都调动了学生的学习兴趣。

在讲解的过程中，我还展示了运用多媒体制作出的美丽的西沙群岛和附近海域形状奇特、五彩缤纷、气势磅礴的珊瑚，以及闻所未闻的各种形状的鱼。由美丽的岛屿景观和奇妙的水下世界所构建的形象，可以加强学生对文本的理解，进而让学生用自己的语言来描述美丽的风景。如在欣赏《富饶的西沙群岛》第三自然段时，我先让学生自主概括文段内容，随后提出问题："大家通过概括，了解到这段主要描写了珊瑚、海参和大龙虾等生物，那作者是如何具体描写的呢？"学生很快找到了"大龙虾全身披甲，划过来，划过去，样子挺威武"这句话，我请这位同学配着动作朗读这句话，全班同学看了捧腹大笑。在融洽和谐的氛围中学习，会有意想不到的效果。

遇到课文中比较难理解的词，例如“蠕动”，我就以海参为载体，引发学生的学习认知，在认知激活后，又借助多媒体技术，直观展示海参在海底蠕动的画面，学生轻松愉快地完成了识字学习，激发了他们学习词语的热情。

学习者始终处于兴奋状态，思维的积极性得到了充分发挥。因此，多媒体环境带来的效果是学生在轻松愉快的氛围中实现知识的积累、情感的体会和思维的发展。

（案例作者：深圳市光明区凤凰学校　廖恩惠）

案例 2

加深体验　感受成长

小学生正处于形成良好日常行为习惯的关键期，而小学低年级更是某些良好行为习惯经历从无到有、由依从向独立发展的重要阶段，一旦错过这一重要阶段，这些行为意识和习惯就很难再习得，甚至会对学生的终生发展产生深远影响。小学生尤其是低年级的学生，其任何一个良好行为习惯的养成都必须经过长期往复的训练。

一年级开学第一天，学生小 S 就引起了我的注意。当别的孩子都坐得端端正正时，这个皮肤白皙、头上扎着小辫子、两只眼睛大大圆圆的小女孩竟然一坐下就习惯性地把腿抬起来放在凳子前沿，眼睛斜看讲台，双手不停地往嘴里放，不时还扭过头去和后桌讲话。接下来的一个学期里，她的行为更是令我惊讶：将桌子当画布，用彩色蜡笔在上面“作画”；用铅笔戳同学；对同学说脏话；不经过同学同意拿走了同学的三本小本子；带零食到学校，上课偷吃……为此我们“交锋”无数次，一边是我不停地说教，一边是她不停地犯错。其间我不断地查找资料，翻阅教育心理学相关书籍，我发现像小 S 这样的孩子主要存在的应该是注意力和自控力问题。此类孩子行为随意，口头表达能力差，容易做错事情，注意力易分散，存在很大的学习和社交障碍。了解了这些后，我心中大致就有底了，在降低了对孩子的预期目标的同时，也尽量俯下身子帮助她。另外小 S 由于家庭原因，在 5 岁前极少与外界小朋友沟通，因而缺乏与同伴沟通的能力。为了培养小 S 良好的行为习惯和交流沟通能力，我安排班上最认真、最自觉的孩子与小 S 坐在一起，以优等生的行为自觉辐射影响小 S，让小 S 感受榜样的力量，时刻提醒自己要守规矩，在她需要的时候能及时伸出援手，以认真作为奖励的依据来鼓励她。另一方面为了提高小S积极性，鼓励她主动参与到行为习惯培养的活动中来，我创设竞赛情境，组织学生抢答关于小学生行为规范、纪律等方面的问题，从而加深个体乃至集体对行为规范的记忆。

就这样挣扎着过了第一个学期。让我惊喜的是，这个从来不让我省心的小女孩竟然在第二个学期有了些变化。她的桌子干净了，能听懂课堂规则完成课堂作业了，她的座位周围不再布满纸屑……虽然她只是做到了别的孩子在第一个学期就已经完成的事情，但已足够让我感到开心了。接下来还要再接再厉，对她抓紧、抓紧，再抓紧，决不放松。

（案例作者：深圳市光明区凤凰学校　肖均嫣）

案例3

巧设情境，享受学习

给低年级的孩子上英语课，以活动、游戏居多，孩子们大都很喜欢。但是随着学习的深入，难度加大，学生学习英语的兴趣下降，每每到这个时候，我的教学激情也会回落。我经常反思教学的各个环节，虽不断调整教学方法仍不见效。实践证明，学生的英语学习不仅与教学方法、学生本身的智力有关，还与学生的情绪、态度、动力等非智力因素有关。因此，在英语教育教学中，老师应调动学生的积极性，提高主动性。

在教授牛津英语深圳版一年级下册 Unit 8 Weather 时，因涉及的单词如"sunny""windy""summer""autumn""winter"等比较抽象，单词不易识记，学生不管读了多少次还是容易混淆，教学效果欠佳。于是那天上课我决定换一种教学方式。课堂伊始，为了与学生建立情感联系，活跃课堂，我播放了一段动画吸引学生的注意，同时结合当天天气状况表达亲切的问候：How are you today？ How's the weather today？接着在教授单词时我决定加入一些具体的动作帮助他们记忆，如每次读"autumn"时我会让孩子们加一声"咻"表示风声，读"winter"时我会让他们一边假装发抖一边读出这个单词，就这样经过几次练习之后，我发现他们的记忆正确率高了许多，反应也快了很多。有了这次的成功经验，我又继续用同样的方法教授其他英语单词，如"fly""skip""play""jump"，每个单词赋予相应的动作，一边读一边做动作，学生也一边学一边做动作，最后请学生上台根据提示说出单词或做出动作。几节课下来，我发现学生对这种表演活动很感兴趣，参与率大大地提高了，不但提高了学生读的能力，还培养了学生认真听讲、积极参与课堂的好习惯。亲其师信其道，学生在课堂上学得开心、记得牢固，参与课堂的积极性得以较大地提升，学习状态好了，效果自然就明显，学习成绩也有了明显提高。

（案例作者：深圳市光明区凤凰学校　肖均嫣）

案例4

调皮男孩的成长之路

父母是儿童的第一任老师，家庭教育对孩子影响深远，父母对教育责任的漠视、观念的偏颇将直接影响到孩子的成长。“棍棒出孝子，不打不成器”是中国家庭教育中主要存在的错误观念，很多孩子因此产生错误行为，情绪变得暴躁不安，自信心受挫，对于在家庭教育缺失的环境中长大的孩子，老师要给予特别的关注和爱护，让困境中的孩子通过参与学校各种情境活动重拾信心。

当上班主任之后和学生们相处的时间多了很多，有一个男孩子引起了我的注意：他家境很好，形象也好，但是上课不认真，学习习惯差，见了老师不主动问好，课间会跑到架空层上和其他同学打闹，等到打铃才急急忙忙回到教室，从来不会做好课前准备，打架事件更是频发，让家长和老师头疼不已。但从他的学习成绩可以看出这是一个很聪明的孩子，学习能力强，口语表达流畅，并且脑子灵活，具有很大的可塑性，可惜的是由于家里缺乏管教，他最终没有养成良好的学习和生活习惯，于是我决定帮助他。我计划从课堂下手，课堂中我利用一切可利用的环节，培养孩子良好的学习习惯，用体验来填平知识与实践之间的鸿沟。例如上英语课时孩子们最喜欢的就是角色扮演的活动，这个男生最喜欢的也是这项活动。为了提高他的学习积极性，我会经常邀请他上台表演，然后鼓动全班同学一起夸奖他，把他当作榜样看待，这是他最自豪的时刻，脸上的笑容像花儿一样灿烂。课间空闲时，我也会找他帮忙擦黑板、整理讲台，提高他的主动性和积极性，同时和他谈心交流。不知不觉间这个男生下课后就特别喜欢到我身边来，也不出去追逐打闹了，而且对自己的要求越来越高，每天主动向老师问好，帮助老师做一些力所能及的事；在课堂上认真听讲、卖力表演，为了当好榜样，他回家后勤加练习，英语吐字发音又清晰又准确。本来他就是个好苗子，经过努力，英语学习成绩越来越优异。

学业上的进步给这个男生的行为习惯方面也带来了一定的积极影响，为了让自己在各方面都能成为全班同学的榜样，他的学习状态有了明显的变化，现在他一见到老师就会主动问好，作业可以按时完成，学习成绩有了很大的进步。

（案例作者：深圳市光明区凤凰学校　肖均嫣）

案例5

体验成功，增强自信

自信可以给一个人带来愉快的内心体验，激发各种潜能，是人成才必备的个性品质。每一个人都要正确认识自己和评价自己，对自己充满信心。小学生缺乏自信，会产生自卑心理，继而导致各种问题行为。作为老师，我们需要做的就是引导孩子学会正视自己，不管自己有再多的不足，都不应该对自己失去信心，要相信自己能行。很多老师在实际教育教学中发现部分学生因为不同程度的自卑而引起迟到、早退、厌学等各种问题，影响了孩子健康成长。由此，教师应积极引导学生学会正确评价自己，并在实践中增强自信心。

小琪原本是个很活泼的女孩子，身材高挑，声音柔柔的，一双眼睛又大又亮，可后来像变了一个人似的，她开始不交作业，前面的刘海长长了也没剪掉，老把眼睛遮住，衣服也总是脏脏的，作业本皱皱巴巴的。我很讶异，连忙找她的家长谈话。原来女孩妈妈在她刚上小学不久就和爸爸离婚了，女孩现在跟爸爸和哥哥住在一起，没有了妈妈的悉心照料，女孩的学习、生活变得粗糙不已。这样一来，孩子的学习就成了一个“老大难”，孩子的性格也变得很内向。由于父亲忙于生计，较少陪伴孩子，在一定程度上来说，小琪也缺少了父爱。破碎的家庭和缺失的爱让小琪从活泼变得特别敏感，虽然看上去很乖巧懂事，但少了些同龄人的纯真。因为缺少父母监督，小琪经常不能完成作业，完成率低，这就直接导致了她所学知识得不到及时巩固，成绩直线下滑。由于经常被老师批评以及成绩不理想等因素，小琪上课态度越发消极，体现在不认真听课、不愿意举手回答问题等方面。加上平常做事磨蹭，无论是做作业还是考试用时都较长，卷子也无法全部完成。这样的恶性循环造成的后果就是小琪经历的挫折越来越多，越来越多的失败严重挫伤她的学习积极性，作业做得就更慢，消极的自我评价使得她对自己的学习能力持怀疑态度，产生了自卑的心理。经过一段时间的了解和观察，我发现小琪虽然性格内向，但其学习能力不差，接受能力很强。哪个学生不希望被表扬、不希望变得更优秀呢？每个孩子都有自己的目标，都希望成为一个积极向上的学生。我认为要教好学生，关键的着力点在老师。

亲其师才能信其道，老师要与孩子建立良好的师生互动关系。为了改变孩子内向胆小的心理，我花费了大量时间找她交流，鼓励她在课间多和老师及同学们进行互动。由于这个孩子心理较为敏感和要强，犯错误时尽量不公开点名批评她，多向她提问，及时表扬她的进步，班级活动中也多给她安排一些任务。渐渐地，我们的关系变得亲近起来，彼此的交流也多了起来。但是解铃还须系铃人，小琪的问题主要由家庭引起，因此重建小琪的自信关键在于改变家庭的教育观念和方式。因此，我经常通过微信和电话与家长沟通，互相了解孩子在家、在校的表现情况，共同商量解决孩子不良心理状况的办法，选择适合孩子成长发展的教育方式，给予她更多的自信心。慢慢地，孩子从他人的积极评价中得到了满足，树立了自信。通过多方的努力，小琪现在有了很大的改变，上课能专心听讲，积极投入课堂活动中来了，与班级里的同学友好相处，学习成绩也在逐渐提高，还成了我的英语小助手，每天帮忙收发作业。

（案例作者：深圳市光明区凤凰学校　肖均嫣）

案例 6

我是班级小主人

班主任工作忙，一个事无巨细、事事躬亲的班主任更是忙得不可开交，而一旁的学生却是“游手好闲，无动于衷”，其问题的症结在于没有培养一支高效的班干部队伍。一个班集体的核心力量是班干部队伍，选拔、培养一批优秀的班干部是班主任做好班级管理工作的基础。建设一支积极向上、作风优良、能起表率作用的班干部队伍不仅让老师的班级管理工作更加省心，更能锻炼学生的组织管理能力和人际交流能力。

第一天接手这个班，我就发现了这个班的不同之处：开学第一天上课，铃声响了好久班上还有一大部分人没有回到座位，原来课间都出去玩了。随后课堂在陆陆续续的报告声和开门声中被强制中断。午饭时间，我走进教室之后，发现讲台上有几个孩子在争先恐后地拿饭，有的在吃饭，有的在讲话，有的还在看书。好不容易吃饭的人到齐了，我却发现孩子们的用餐习惯都不好。到了放学时间，只见学生们不情不愿地收拾着书包，有的连书包拉链都没有拉就跑了。通过一星期的接触和观察，我发现班级现存的主要问题是：学生没有养成良好的行为习惯，缺少班级核心领导人员。因此我认真思考了班级的管理计划和目标：学规范、抓规范是关键，选班干树榜样是方向。

在“我的书包我来收拾”主题班会课上，我设定以下情境：小明美美地睡了一觉之后，高高兴兴上学去了。等到了学校，要拿出课文来读书的时候，他却犯难了，语文课本怎么也找不着了，急得团团转。再一翻，发现不仅语文书没有带，作业也落在家里了，这该如何是好？我适时提问：同学们，小明为什么会出现这样的情况呢？你有什么好方法帮助小明吗？在这样一种较为真实的情境中，学生得以设身处地地思考问题，在提高解决问题能力的同时也能进行自我反省。

在“我的班级我来管理”主题班会课上，通过师生、同伴讨论后，引导学生认识到班级是一个大家庭，每天都需要有人来擦黑板、窗台，开关灯、摆好桌椅，进而鼓励孩子进行岗位认领，形成人人有事做、事事有人跟的风气。为了提升学生的岗位责任感，感受实现自身价值的愉悦，我特意制作了班级岗位证，用于岗位任命，增加仪式感。在相对真实的情境中，孩子们得以快乐实践，迈开履行职责第一步。

（案例作者：深圳市光明区凤凰学校　肖均嫣）

案例7

争做小小红领巾

红领巾是少先队员的标志，小学生系上红领巾是成长的标志，激励着少年儿童好好学习，成为同龄人的先锋。正是因为这样，一年级小朋友对成为少先队员、戴上红领巾有着极大的向往，在这个美好愿景的激励下，一年级的孩子时刻不忘严格要求自己，以优秀少先队员的标准严格要求自己，争做首批加入少先队的一员。同等条件下，愿意付出更多的孩子，或者某方面表现特别突出的会优先进入候选名单。在这个条件下，大部分孩子受到了极大的鼓舞。

踏进小学校园的一年级小朋友，对戴着红领巾的哥哥姐姐有着崇高的敬意，从幼儿园毕业后他们对于“长大”的理解又更加深入了一些，看着戴着鲜艳红领巾的哥哥姐姐们敬着队礼，他们期盼有一天也能跟哥哥姐姐们一样成为少先队员。转眼间一年级的小朋友已经到了入队的时间了，经过一个学期的努力，孩子们都已经是一个合格的小学生了。当我给孩子们上队课、介绍队史、了解红领巾、练习誓词时，一双双大眼睛瞪得圆圆的，听得可认真了。之后我又布置了入队任务，分发入队任务星星卡，鼓励孩子们尽早完成上面的任务，作为入队的前提条件。看着孩子们拿着任务卡片那股兴奋积极的劲头以及期待的样子，我的心里也不禁激动了起来！孩子们想了很久的红领巾梦终于要实现了。之后为了进一步激发孩子们入队的动力，我又不断在他们耳边提醒着要用最好的表现争取加入少先队，孩子们也很给力，这几周的表现都很好，不良行为少了许多，就连最调皮的小泽也被班级积极向上的氛围影响着，不断约束自己，挨批评的次数也少了。然而因为分批的限制，孩子们无法全员同时入队，当我公布班上进入少先队员的名单时，那些得知自己被选为第一批少先队员的孩子兴奋不已，为了当好榜样，表现愈加积极。当然，其余没当选的孩子也越挫越勇，一改以往不好的行为。看着首批入队的孩子登上台接受哥哥姐姐们的敬礼，佩戴上鲜艳的红领巾，我心中的自豪之情溢于言表。

（案例作者：深圳市光明区凤凰学校　肖均嫣）

案例8

身边的鸟儿

自然与城市共存。鸟类是人类的朋友，它们穿梭于茫茫林海，给宁静的森林带来无限生机；它们飞翔于万顷良田，为大自然增添无限诗情画意。鸟类是生态系统的重要组成部分，也是衡量生态环境的重要指标物种。2021 年 3 月 20 日至 26 日是广东省第四十届“爱鸟周”。

光明区凤凰学校爱鸟社成立于 2012 年 3 月 30 日，是光明区中小学校中第一个市级观鸟协会会员单位。爱鸟社成立至今，在学校生态教育领域承担了重要的职责。这是一个倡导爱护鸟类、保护大自然，旨在激发学生对科学、自然的兴趣，提高学生的观察能力、动手实践能力，培养学生热爱大自然的社团。

秉承着“观鸟观自然，爱家爱生活”的理念，社团成立之初，学校就积极与深圳市观鸟协会合作，多次组织学生在校内外开展爱鸟护鸟、观鸟等自然观察活动，社团成员的足迹遍布校园、光明新城公园、深圳湾、红树林、笔架山公园等地。“观鸟爱自然”讲座、野外观鸟研习、鸟类生长赏片会和鸟类绘画成为社员内部互动的重要形式。

在深圳市观鸟协会的协助下，社员在经过一定的观鸟知识培训后，对校园、公园等场所常见的华南鸟类有所了解，能够说出飞鸟的名称、体态特征、生活习性，对于常见的鸟类问题有自己的思考和解决方法。社员“保护野生鸟类，珍爱美好家园”的公益意识慢慢形成，个人的人文修养在科学观鸟实践活动的促进下，有了大幅度的提高。

（案例作者：深圳市光明区凤凰学校　欧晓婷　李嘉玲）

案例9

共护河流生态　建设绿色家园

从20世纪90年代开始，随着城市扩张发展，企业不断集聚，很多生活污水、工业废水直排入河，使得茅洲河河水渐渐变黑，水面油层逐渐变厚，干流和支流无一幸免，茅洲河成为珠三角地区受污染最严重的河流之一。

水是万物之源，也是城市孕育和发展的基础。2016年深圳把治水作为最大的民生工程，开启了水污染治理攻坚战。光明区积极响应，通过净化河道动脉、完善管网系统、源头生态补水、消除“小微黑臭”等一系列治水措施，建立形成雨水、污水、初雨水“三水分离”的水务管理新模式，开创了水生态文明建设新局面，让茅洲河恢复了秀丽本色。

2020年12月20日，凤凰学校义工队组织亲子义工20人，与公明街道义工队在光明区茅洲河畔共同开展“共护河流生态，建设绿色家园”亲子护河活动。

活动初始，公明街道义工队带队队长程江涛带领所有义工一起做义工操，并宣传了爱河护河的重要性以及这些年来光明区在茅洲河水污染治理过程中所做的努力与目前所取得的成就。到达护河地点后，家长、学生们都纷纷感慨，如今的茅洲河已经从“龙须沟”变成了一湾碧流，不但闻不到臭味异味，反而能看到河水清澈见底，道路两侧绿草如茵、树木葱翠。程队介绍道，整治河道的工作是非常艰辛的。下河道排查时，工作人员需要穿好几层衣服，还要戴手套、安全帽、防毒面具，喷很多防蚊水。由于空间密闭、呼吸不畅，工作人员每次下河道十分钟就得上来休息，歇会儿再下去，如此反复。而天气又十分炎热，他们每次上来都是一身汗。

这来之不易的成果，还得靠你我共同维护。家长和学生义工积极向河边的人们发放爱河护河宣传资料，并拿起拾钳和垃圾袋，一路向前巡查，沿河捡起垃圾。

通过这次亲子护河活动，学生们真切感受到茅洲河如今的蜕变，感受到光明区水污染治理的喜人成果，也更能真切体会到茅洲河水生态环境治理过程的艰辛。学生及家长义工都纷纷表示，今后会用实际行动保护水环境，并在日常生活中珍惜水资源、合理利用水资源。

（案例作者：深圳市光明区凤凰学校　欧晓婷）

案例10

假如世界没有电

随着夏季的到来，气温逐渐升高，教室内空调、风扇等制冷设备给师生们的校园生活带来了凉爽，而随之而来的则是一年一度的用电高峰期。过低的空调温度设置和超长的待机时间导致学校电力系统超负荷运转，不仅不利于资源节约，还会对环境造成伤害。因此，培养学生良好的用电习惯刻不容缓。

六月的深圳已经初步进入一年中最炎热的时节，同学们每次到达教室的第一件事情就是打开空调，感受空调带来的丝丝凉意。为了迅速降温，他们习惯把温度设置到最低，等室内温度降下来后也没有意识到要去调整成较节能的温度。此外，他们因上体育课或者跳课间操需要离开教室时，也没有自觉关闭空调。我有好几次路过教室发现，设置成17摄氏度的空调在空无一人的教室里吹着冷风，心里默念着要好好教育一下这帮孩子了。正值6月5日世界环境日，想着这次应该用个特别的法子让学生从根本上注意到自己浪费电的行为，并且要让他们牢牢记住节约用电的重要性。

第一节课下课后，学生们又要到操场集合跑操了，这次我特意没有提醒他们要关空调，观察他们是不是一个个头也不回地走出教室。果不其然，直到最后一个同学离开，教室的空调也没有被关上。他们走后，我立马把教室内的所有电器关上，并且开窗通风，让室内外温度一致，等待学生回来接受“惊喜”。

跑完操冒着热汗的学生还没进教室，就发出了疑问：“怎么教室的灯灭了？停电了吗？”走进教室后更是怨声连天：“好热呀，空调也没法开了。”我站在讲台上看着同学们用书本扇着风，问道：“你们知道什么人过着这种没有电的生活吗？”台下的学生不假思索地答道：“古时候的人呗。”我笑了笑，问：

"还有呢？"看着他们一时间答不上来，我补充道："将来的人。"听到这个答案他们表示很疑惑，将来的科技不是应该更加发达吗？怎么会没有电呢？我抛出了一串数据对这个回答做出了解释："按照人类目前的消耗速度，地球上的石油还能用20多年，煤还能用30多年。而这些资源目前仍然是发电的主要材料，如果我们不节约用电，肆意挥霍现有资源，可能在不久的将来我们也要过上电力短缺的生活，大功率电器例如空调都要被限制使用。那么以后的日子都得靠纯手动散热了，再加上全球气候变暖，夏天可不好过。"

听完这段话，学生都沉默了。我让他们反省自己平时的用电行为，他们也意识到存在把空调温度开得太低，离开教室忘记关电源等问题。与其口头强调一百次"夏天空调温度设置不低于26摄氏度，及时关空调、关灯"，不如来一次汗流浃背的体验更有教育意义。

（案例作者：深圳市光明区凤凰学校　文倩）

案例11

眼见一定为实吗？

随着信息交流的发展，网络上出现了很多"键盘侠""造谣侠"，由于青少年的判断力不足，就容易成为其中的一员。对此，教师应该引导学生形成正确的批判意识，在不了解事件的真实情况时不要轻易进行评判，甚至煽动他人情绪。

最近，"键盘侠"事件给社会造成了很多不良影响，根据学生反映，我们班有几位学生平时也喜欢在微博、贴吧等社交平台上发布帖子，所以我决定用一节班会课让学生了解一下"键盘侠"的危害。

班会课开始时，我让学生在座位上坐好，认真观看接下来播放的一段小视频。视频内容是一个菜市场的管理员抢走了一个卖菜老人的食品称，并且把它重重地砸在了地上，食品称瞬间摔得粉碎，老人也在管理员的推搡中离开了菜市场。视频播放结束后，我让学生思考：如果当时你在场，你会怎么评论这件事呢？学生们看完后都毫无例外地表示非常气愤，说这个管理员太缺德了，恃强凌弱，欺负老人，应该被大家唾骂。接着我又播放了第二段视频，有人把这段视频发到了网上，并且做出了和大家一样的评论，说这位管理员残酷霸道。不久围观这条视频的人越来越多，骂声也越来越激烈。这条视频毫无意外地上了网络头条，有不少住在附近的居民自发组织起来到管理员家门口扔垃圾砸鸡蛋，对管理员的生活造成了极大的影响。这时，我问学生的感受，他们有人附和这样做很解恨，如果发生在他身边，他也会在网上评论，但也有同学说，可以评价，但是恶意扔垃圾就算了，是违法行为。

但是事实的真相在第三段视频中体现了出来，其实是这位老人为了占小便宜，在菜市场使用缺斤少两的称，还找给顾客假钞，菜市场管理员在为顾客主持公道。同学们看了都十分惊讶，原来看起来板上钉钉的事情，真相也并不全是我们所看到的样子， 大家都错怪了一个好人，还给他造成了这么多不良的影响。

我告诉同学们，其实生活中类似的事件还有很多，我们如果不理智地看待问题，往往就会被事件的冰山一角所迷惑，眼见也不一定为实，理智的思考非常重要。在经过这场班会课后，同学们也意识到做“键盘侠”可能不是惩恶扬善，而是混淆视听，给社会造成混乱，他们表示之后不能轻易做判断，更不能冲动地对一个人做出过激的评价。

（案例作者：深圳市光明区凤凰学校　文倩）

策略三：考察提炼

（一）基本概念

考察提炼策略是指通过组织学习者有目的、有计划地参加实地考察，实现认知提炼的过程。刘书艳基于知识理论“源于实践，用于实践”的本质特征，指出组织学生到校外实训基地或校企合作单位进行参观和调研，体验最真实的情境、工作流程、技巧等，有利于提高学生对本课程学习的热情、巩固已经学习到的内容，也可以大大改善学生被动学习的状况。[①] 李放滔提出考察体验的具体要求在于以学、思、行的统一为基准，体现价值针对性的原则和对于安全性能的保障。

（二）基本操作

走出校门，亲身体验。学生对于科技发展的认知一般来自课本、网络，很少亲身体验。结合党史教育活动，组织学生走出校门，让学生与科学家们面对

① 刘书艳．体验式教学模式研究［J］．教育理论与实践，2015，35（34）：57-60.

面交谈，参观生物实验室，自己动手操作实验，从而让学生了解最新的科技发展动态，感受时代发展，热爱科学，树立科技创新意识，在未来规划方面得到一些启发。

深圳市光明区凤凰学校组织学生在种植中体验劳动的快乐。实践活动运用了体验教育中的考察提炼策略，通过组织学生参与种植草莓的活动，体验耕作劳动，感受耕作种植的快乐，促进学生主动亲近自然，感知生命的成长，将课内所学知识应用于种植实践，并在种植过程中感受自然魅力。同学们运用语文课堂学到的知识撰写观察日记，运用数学知识记录植物的各项数据，筛选合适的种子和植株，运用科学知识正确培育植物等，真正做到了将所学用于实践并在实践体验中学习。通过此次种植实践活动，学生提升了劳动技能，丰富了课余生活，更获得了一次宝贵的亲身体验和参与实践的机会，学到了很多课本上学不到的知识。此次草莓栽培与种植活动，让学生了解草莓的栽种知识和生长特点，提高学生的劳动技能和实践能力，让学生和植物亲密接触，进一步激发学生对大自然的热爱、喜爱之情。

考察提炼需要注意：首先，主题要贴近学生生活，活动内容要具有教育性、针对性；其次，要精心设计，准确定位；最后，要寻求家长的支持，这是活动成功的保证。

（三）实践案例

案例 1

在种植中体验劳动的快乐

北京教育科学研究院基础教育科学研究所的报告显示，美国小学生平均每天的劳动时间为 1.2 小时，韩国为 0.7 小时，法国为 0.6 小时，英国为 0.5 小时，而中国小学生平均每天的劳动时间只有 12 分钟。如何逐步增强孩子参与劳动的意识呢？

凤凰学校积极探索劳动教育新模式，通过导师制、小组合作的形式开设劳动种植实践活动。在实践活动中，导师带领学生体验农耕种植，带领学生体验农耕劳动的快乐。

凤凰学校开辟农作物种植田地，让学生通过参与种植、观察、记录等过程，切实感受农作物生长带来的惊喜。五年级的同学们经过全体师生的共同讨论，以及和园艺叔叔的沟通、交流，决定开展草莓的栽培与种植活动。同学们聘请园艺叔叔做他们的种植顾问，通过上网、翻阅书籍、询问园艺叔叔等方式储备种植草莓的相关知识，接着在园艺叔叔和老师的指导下开始种植草莓。

第一阶段，整地做畦。园艺叔叔说，要想种草莓，需选择此前没有种植过草莓的土地，并且要给这块地施足有机基肥，还要进行多次耕耙。经过大家和园艺叔叔的共同努力，五年级草莓队的成员一共开辟出了九畦。整完地后，同学们齐心协力给草莓地铺上了水管。

第二阶段，定植育苗。整地后，同学们栽下草莓苗，每畦种植了两行，园艺叔叔说，在种植过程中要注意栽植的深度，太深可能会让草莓苗的根腐烂，太浅草莓则容易枯死。

第三阶段，生长管理。定植育苗后，接下来就要进行生长管理和及时浇水、补充肥料的工作了。

第四阶段，铺设黑地膜。这样做可以把草莓的果实和土壤隔开，保持草莓果实的干净和卫生，同时可以保持土壤中的水分，减少杂草。同学们请来了环卫叔叔帮忙铺开又宽又长的黑地膜，给草莓穿上一件洁净、光滑的“黑衣裳”。接下来，同学们在草莓的“黑衣裳”上小心地撕开一个个小孔，轻轻地把叶片拨出来，让一颗颗草莓苗露出了脸。

第五阶段，学生对草莓进行生长管理。通过分组，安排学生在不同的时间段巡查草莓，及时摘掉已经枯黄的叶子，根据草莓不同生长阶段的需水量安排人手定时定点地浇水，同时还要防止鸟啄食草莓和病虫害。鼠害、虫害和灰霉病是草莓面临的主要病虫害。其中最严重的当数灰霉病，因此同学们要重点做好草莓的保温、降湿工作。此外，同学们还在园艺叔叔的帮助下准备了相应的杀虫剂或灭鼠药来对付虫害或鼠害。

第六阶段，草莓生长。草莓长出嫩叶以后，后来又开出了洁白素雅的小花。十天后，它们结出了一颗颗青色的小果子，接下来，它们渐渐长大，渐渐变圆了，然后慢慢地变红了。

从整地做畦、定植育苗、生长管理到收获，同学们在这一过程中既有辛苦付出也有收获。在农耕种植的过程中，同学们将其中的发现记录了下来，写成了一篇篇观察日记，积累了生活经验，锻炼了动手能力。在种植劳动过程中，学生们不仅见证了生命的萌发过程，也体会到耕作的辛苦，启发学生学会珍惜食物、尊重每一位劳动者。同时，同学们合作种植并最终品尝到好吃的草莓，他们在种植中感受到了劳动的快乐。这次实践活动，同学们付出了艰辛的汗水，但比汗水更耀眼的是同学们脸上洋溢着的灿烂笑容。丰收的喜悦让同学们笑逐颜开。

（案例作者：深圳市光明区凤凰学校　黄晓欣）

案例 2

体验游戏设计，提高创造能力

游戏是儿童产生高级心理现象的重要源泉，是儿童社会化的重要途径。游戏对发展儿童的语言、增强儿童的体力、培养儿童的审美、培养合作和规则意识等十分有益，对儿童的智力因素和非智力因素的提升都有非常重要的影响。

随着社会的不断发展，物质生活水平的不断提高，文化娱乐业的不断进步，小学生的课余生活越来越丰富，已经不仅仅局限于传统的线下游戏、体育项目和歌唱文艺活动以及阅读写作，随着电脑和手机的普及，网络游戏也出现在小学生的课余休闲生活中。疫情期间，我们发现有些同学花费在手机游戏上的时间太长，复学之后减少了与同学的交往互动。这些同学倾向于电子游戏而减少了玩现实游戏的时间，这对他们的人际交往和身心健康有着不好的影响。

凤凰学校致力于成为一所让孩子热爱和留恋的学校，推出了一系列以玩促学、以趣启智的活动。学校依靠得天独厚的地理环境，整合校内外教育资源推出了丰富多彩的社团活动，如踢足球、打高尔夫、写书法、学美术、创作儿童诗、绘画、舞蹈、合唱等，让孩子们在活动中能玩、会玩，不仅玩得有趣，也玩得有益，玩出品位。在学校生活中学生能玩得有趣、玩得有益，那在课余生活中怎么样让学生也能玩得有趣、玩得有益呢?

凤凰学校二年级和五年级的学生在数学老师黄老师和陈老师的指导下分组开展了“设计有趣、有益的游戏”暑期实践活动。第一阶段：市场调研，学生分享自己喜欢的游戏及体验，通过查找资料、询问家长、参观游戏公司等方式了解今昔游戏，并对了解到的游戏进行记录与分享。第二阶段：用户调查，组员设定的目标用户是二到五年级的学生群体，小组通过开会讨论调查的分工安排，明确调查需求，设计调查问卷，在学校小学部二到五年级展开问卷调查，回收数据并分析数据。第三阶段：设计游戏。根据前期的调查与讨论，组员们对学生的需求有了一定的了解后，有了各自的想法。大家在此后两周内设计一款新游戏或改进某一款游戏。两周后进行游戏试玩，组员提出改进意见，游戏再次改进。第四阶段：展示游戏。各位“游戏设计师”展示自己的游戏，由二到五年级的游戏用户进行投票，判断谁的游戏更受市场欢迎。

二年级的学生是第一次参与实践活动。何同学说：“一开始我不知道应该怎么做，还没有学过如何分析收集到的数据，但是高年级的哥哥姐姐都会教我们处理复杂的数据，跟他们合作我们很安心。在这次活动中我学会了一些处理数据的方法，还用到了美术课上学的知识。”曾同学说：“以前我只是玩游戏，这回第一次设计了游戏，这个活动真好玩。”

五年级的学生也有收获。白同学说：“同学们都很喜欢玩我设计的游戏，我觉得很开心。希望以后也能和同学们继续这样玩新游戏。”范同学说：“我设计的24点游戏虽然没有获奖,但是我也有很多收获。通过这次和同学一起调查、统计、设计、玩游戏，我觉得我把书本上学到的知识用起来了。”黎同学说：“虽然这次我没有设计出编程的游戏，但是在这个过程中，我知道了要怎样才能设计出同学们喜欢的游戏。我很喜欢设计游戏，以后要继续研究，长大做游戏开发者。”

指导老师黄老师说：科技实践活动对学生来说不是一项困难的任务，但是学生一开始却不知从何下手，因此，作为指导老师，我们需要帮助学生揭开实践活动的神秘面纱。科技实践活动是学生研究自己感兴趣的问题，合作讨论出解决方案并将问题解决的过程。学生在此次实践活动过程中表现得特别积极，认真配合组员，敢于提出自己的想法，他们收获的不仅是研究成果，还有能力的提升。在活动过程中，我们将实践活动的主动权完全交给学生，让学生联系实际生活，从身边发现感兴趣的问题，注重引导而不是讲授，培养学生的自主性，尽量只在学生遇到技术难题及出现较大失误时给予适当的引导和纠正，同时提醒学生注意组员间的沟通交流与合作，培养学生人际交往和合作解决问题的能力。

（案例作者：深圳市光明区凤凰学校　黄晓欣）

案例3

走进家务劳动主题活动

通过对班级学生的观察，我发现班级里的孩子自理能力较差，不能熟练地整理内务。在午休时，小林、小王、小程等同学不会叠被子，每次睡醒总把被子弄得一团糟。我跟学生交谈后发现，他们在家中基本不做家务，都是爸爸妈妈包办一切。在学生成长过程中，劳动教育是不可或缺的。为了培养孩子的自理能力，增强劳动意识和家庭责任感，让他们学会体谅父母、感恩父母，学会在家庭中主动劳动，学会基本的自理能力，我在班级中设计了此次劳动主题活动。

一天早晨，我走进教室，发现小王的被子又乱七八糟地团成一团，堆在自己的位置上，再一看，小程的抽屉乱糟糟的，小郑同学没有扣好衣服上的扣子。我当即检查了每个同学的抽屉，发现能够整齐地摆放自己东西的同学屈指可数。我在班上做了个小调查，帮助家里做过家务的同学只有十个左右，这让我意识到，孩子们的劳动意识有待加强。怎么让同学们都能主动参与家务劳动呢?

第一，让学生在班级里自由讨论："你觉得哪些劳动属于家务劳动？""你会做哪些家务劳动？""妈妈或爸爸一天在家务上花多长时间？""如果没有人做家务，你们家会是什么样？"让学生在自由讨论的过程中意识到家务劳动的重要性。

第二，展开跟踪调查。我要求学生利用课余时间观察、统计妈妈或爸爸某一天的家务劳动内容及时间，并在表格中记录下来，计算出一周大约的家务劳动时间，从而设计出一份专属的劳动小能手时间安排表。学生在二年级下册的数学中学习了时间和统计表的内容，具备这方面的知识储备。让学生用心观察家人的家务劳动时间，不仅是为了科学地制作表格，更是为了让孩子在观察中体会家人做家务劳动的辛苦，学会体谅父母。

第三，让学生根据调查表进行小组讨论，制订一周家务劳动计划。家长们都积极配合，表示愿意当自己孩子的"导师"。学生在这一周时间内利用课余时间跟"导师"学习简单的家务劳动技能，如叠被子、扣扣子、洗碗、拖地、做菜、用洗衣机洗衣服、晾衣服等。

第四，一周后，让同学们在班上分享自己这一周学到的新本领，交流学做家务的体验和感受。小程同学说："这周我学了用手洗衣服，原来洗衣服这么累啊，妈妈好辛苦。以后我一定要爱护衣服，不能把衣服搞得脏脏的了。”小赵同学说：“其实做家务也没有想象中那么难，但是每天做就很累，我们不能把家务都推给大人，小孩子也可以做力所能及的事情。”小王同学说：“这一周我不仅知道了妈妈很辛苦，还学到了很多新本领，以后我要继续帮助妈妈做家务，要学会自己做事情，让妈妈少辛苦一点。”

班会课上，我展示了家长协助拍摄的活动照片，孩子们的成长都被记录了下来。我们还举办了班级第一届“独立之星”比赛，小王同学在叠被子项目中取得了第一名，小郑同学也在扣扣子比赛中取得不错的成绩。

在学习做家务的过程中，学生不仅掌握了新的技能，还将所学的知识运用到了体验家务的过程中，并在其间增强了信心，学会了独立、自强，这是他们一生的财富。做家务是培养孩子劳动能力的好办法，父母适当地交给孩子一些任务，不仅能减轻父母的负担，而且能教育和引导孩子。

（案例作者：深圳市光明区凤凰学校　黄晓欣）

案例4

参观深圳湾实验室，体验科创魅力

习近平总书记指出，中国要强盛、要复兴，就一定要大力发展科学技术，努力成为世界主要科学中心和创新高地。深圳湾实验室由广东省委、省政府启动培育创建，2020年6月18日正式进驻深圳市光明区。为了丰富同学们的见识，拓宽学生的视野，培育学生的科技创新精神，使学生对自己未来的发展有更清晰的定位，凤凰学校组织教师代表和学生代表参观了深圳湾实验室。

凤凰学校在党史教育系列活动中组织学生参观深圳湾实验室，由学校德育处代表黄老师、党员代表许老师、团员代表肖老师带领学生代表实地体验省实验室的科创魅力。

第一站是深圳湾实验室展览，由深圳湾实验室科研部李老师带领学校代表参观本次展览。李老师严谨负责，将深圳湾实验室的构造、布局和研究方向娓娓道来，并向同学们详细介绍了在深圳湾实验室中开展科研工作的科学家们。同学们在李老师精彩的介绍中感受到了深圳湾实验室的魅力和科学家们的科研精神，都听得津津有味，他们心中产生了对科学家们浓浓的敬佩之意和对祖国科技发展的自豪之情。

第二站是科学讲座。这场主题为“阿尔茨海默病的诊断和预防”的科学讲座由深圳湾实验室生物医学工程研究所郭博士开讲。本次讲座内容丰富，互动效果极佳，郭博士在讲座过程中生动且专业地揭示了阿尔茨海默病的产生和形成机理，并给同学们介绍了如何对阿尔茨海默病进行有效的诊断和预防。同学们认真聆听，将自己学习到的知识和产生的疑惑及时记录下来。讲座结束后，意犹未尽的同学们根据自己在本子上记录的内容向郭博士提问，并得到了郭博士专业的解答，学生们因此对脑科学产生了浓厚的兴趣。他们的眼中闪烁着对知识的渴望和对科学的向往，这将成为学生们一生的财富，指引着他们不断探索科学世界未知的奥秘！

第三站是体验实验室。同学们在深圳湾实验室科研部代表的带领下走进了两个实验室，进行了近距离实验操作，亲身体验了科学实验。在这样风清气正的科研环境中，同学们都认真且专注地进行实验操作，仿佛自己就是这里的一员，正在专心致志地进行科研工作。这样的独特体验，对同学们来说真是可遇不可求！

活动结束后，学生说，感谢老师们组织这样独特而有趣的体验活动，在这次活动过程中他们感受到了科学发展的高度，并意识到了作为新时代的中学生，应该做好学生的本分，努力学习科学知识，为建设祖国美好的未来而奋斗。领队老师表示，本次参观深圳湾实验室的活动开拓了学生的视野，激发了学生学习科学的热情，让学生通过近距离操作体验科学的神奇，对他们来说是一次特别有益的科学学习之旅，让他们在体验中培养科技创新意识，这样的活动可以多来几次！

（案例作者：深圳市光明区凤凰学校　黄晓欣）

案例 5

亲近自然，体验田园乐趣

参观植物园可以让学生亲密接触大自然，欣赏美景，借此拓展学生的视野。近距离观察植物、了解植物，还可以培养学生的环保意识。通过与班上学生的谈话，我发现有些学生对课文中的植物只知其名，不知实物，而且在现实中没有接触过课本提及的植物，对于课文中描写的场景无法感同身受。为了让他们能近距离观察植物，了解植物生长习性，感性认识世界，我班组织了一次校外基地实践活动，让学生到植物园中感受自然风光，体验田园乐趣。

春天，正是踏青的好季节。为了让学生走近自然、亲近植物，我班的学生在老师和导游的带领下，到植物园进行校外实践活动。

第一个环节，分组。我让同学们自由组合成小组，讨论选出小组长，小组长要负责维持本组的纪律和组织活动资料的收集整理工作。同学们热情高涨，纷纷发表自己的竞选宣言。有些小组以花卉为主题做观察记录，有些小组想要了解植物的作用，有些小组想要根据植物的外形设计独特的图案，有些小组想体验种植，同学们都选择了自己感兴趣的小组加入。

第二个环节，实地考察。每个小组在老师和导游的带领下秩序井然地进入植物园。导游首先热情地介绍了植物园的历史和意义，接着介绍了各种植物的名称、习性、用途。同学们认真听讲，将自己了解到的知识认真地记录了下来。讲解之后，我让同学们自由活动，选择自己喜欢的植物生长区域进行实地观察，给同学们充分的时间观察植物的特点，并用自己喜欢的方式记录下来。

第三个环节，集合汇报。通过一个上午的观察体验，每个小组都有了一些收获。有些小组用表格的形式展示了他们记录下的植物的各项特点，有些小组将美丽的花用绘画的方式展示出来，有些小组用照片的形式展示了许多形状各异的植物。

活动结束后，同学们表示，以前是在书里和电视里感受植物的美，此次亲眼所见，才知道大自然中有这么多神奇的植物。在今天的活动中，学生们认识了很多美丽的花草，如三色堇、秋海棠、鼠尾草、洋地黄、非洲菊、醉蝶花、长春花、一串红、虞美人、月见草等；终于知道有些平时在身边见到却不知名字的花朵叫什么了；了解到了花卉种植有花镜、花带等形式。

本次校外实践活动不仅丰富了学生的课外知识，使他们对生命有了更多感知，对植物有了更多了解，更让学生将课内学习的知识综合应用到观察、记录中。对植物园自然风光的欣赏，增加了学生对自然的认识，激发了学生对自然的热爱。

（案例作者：深圳市光明区凤凰学校　黄晓欣）

案例 6

知史爱党，做爱国有志少年

以史为镜，可以知兴替。历史，是最好的教科书。凤凰学校立足于学生的体验和参与，让爱国主义教育有机地融入各种系列体验活动中，让学生充分理解与感悟历史的传承与启迪。每年的 5 月 18 日是国际博物馆日，为了让学生感受党的峥嵘岁月，感受时代的发展与变迁，学校在第四十五个国际博物馆日组织学生前往党史馆参观学习。

知史爱党，奋发有为。凤凰学校利用第四十五个国际博物馆日来临的契机，组织学生前往党史馆参观学习党的历史征程，重温红色记忆，听取时代的声音。

知史明理，争做时代新人。老党员教师丘老师带领学生代表了解光明区发展史，声情并茂地讲解光明区的发展故事。一段段艰苦卓绝的斗争故事，一张张珍贵的照片，一段段激动人心的视频，让学生们仿佛置身于那段峥嵘岁月，感受到革命先烈大无畏的革命精神和无私奉献的爱国精神，在思想上和心灵上都接受了洗礼。通过聆听丘老师详细的讲解和参观党史馆中展出的一件件刻有时代印记的展品，学生们深切感受到了时代的发展，感受到我国在党的领导下发生的翻天覆地的变化。年轻党员教师陈老师则向同学们介绍了国际博物馆日的意义，启迪学生关注历史，奋发向上，要有作为一名新时代少年的使命感和责任感。

知史启情，做爱国有志少年。自由参观阶段，同学们通过展出的珍贵影像资料、文稿资料和实物，翻开红色记忆的历史篇章，了解光明区发展的历史进程及革命先辈的艰苦付出，通过多媒体互动技术与历史进行亲密的交流。通过这些珍贵的资料，同学们了解了一段段感人至深、可歌可泣的故事，领略了党的历史沿革和地域发展特色，感受到革命先辈勇于担当、不畏牺牲的爱国主义精神。驻足于这些珍贵的资料前，同学们受益匪浅，并表示他们对这段特别的历史有了更深刻的感悟。学生代表李同学说："那段艰辛而辉煌的历史中，正是有无数勇于爱国奉献的革命先烈，才有如今幸福的生活。我们要坚定信念，增强时代责任感和使命感，凝心聚力，贡献力量，为祖国的未来奋发向上，做爱国有志青年。"

百年初心历久弥坚，学校利用校内学习和校外实践活动等多种形式讲好党的故事，激发学生学习党史的热情，做好青少年爱国教育，增强学生的时代责任感，让红色基因代代传承。

（案例作者：深圳市光明区凤凰学校　黄晓欣）

案例 7

走近水污染治理，感悟生态文明建设

水是生命之源，是连接人与自然的亲密纽带，人们依赖水。但有时，人们可能会破坏人与自然的和谐关系，造成水污染。水域污染不仅会造成环境恶化，也会对人类生活产生不良的影响。如何与自然和谐共处，做一个懂环保的学生是凤凰学校生态教育的一个重要课题。2021 年世界水日，学校组织学生参观“为了深圳的秀水长清——深圳市水污染治理攻坚战纪实图片展”，了解深圳市水污染治理的过程，感受生态文明建设历程。

水清岸绿，这是同学们进入展厅见到各种图片后的第一反应。来到展厅，水务局代表热情地接待了师生们，结合图片展生动地介绍了光明区水污染治理的细节，并陪同学生一起观看了治水宣传视频。在视频中，同学们看到了城市中被污染的河流是如何变得明净清澈的，连最难治理的茅洲河光明段都做到了各类水体水质百分百达标，更看到了人们治理水污染的智慧与艰苦付出，感慨我们一定要珍惜得之不易的成果，保护环境，不能污染水资源。

最后，光明区水务局副局长与学校师生共同合影留念，他勉励学生要好好学习科学文化知识，用智慧为水污染治理贡献力量，以实际行动让环境越来越好。

本次实践活动以水污染治理图片展为载体，对学生进行生态文明教育，学生在观看人们用智慧恢复青山绿水的图片和视频的过程中，感受到人与自然和谐相处的重要性，增强了自己的环保意识。

（案例作者：深圳市光明区凤凰学校　黄晓欣）

案例 8

走进科学实践小学堂

清华大学深圳国际研究生院推出了一系列服务深圳市中小学生的项目活动，科学实践小学堂是其中的项目之一，凤凰学校有幸成为光明区首所参加此项目的学校。该项目通过寓教于乐的活动，充分地利用了清华大学的人才优势和设备资源，在小项目、小学堂的活动过程中，让参与项目的中小学生能够充分地感受到科技的力量，亲身体验到当代科学的实用性和前沿性。2021 年 6 月 3 日，国务院印发了《全民科学素质行动规划纲要（2021—2035 年）》，纲要指出：将弘扬科学精神贯穿于育人全链条，建立校内外科学教育资源有效衔接机制。

为提高本校学生的科学素养，学校组织学生前往清华大学深圳国际研究生院开展学习实践活动。

为打造高水平的科创社团，提高学生的科学素养，拉近学生与先进科学技术的距离，凤凰学校组织二十名科创社团的学生代表前往清华大学国际研究生院参加科学实践小学堂系列项目活动，学习第十期科学实践小学堂——机器人好帮手。

第一站，清芬楼A楼展厅。在这里，同学们观看了清华大学研究生院精彩的宣传片。同学们通过宣传资料和清华大学的老师生动的介绍，知道了清华SIGS的发展历程，同学们不由赞叹科学家的创新精神和默默付出的研究精神，明白了科技发展从来不是一件一帆风顺的事情，而是经过前人无数的探索才有了今天的成果。

第二站，E楼物流机器人实验室。在这里，同学们开始探索物流机器人之旅。清华大学的老师热情地展示了先进的仪器和物流机器人，并深入浅出地向同学们讲解了物流机器人的使用原理，通过丰富的视频资料和图片资料展示了机器人的应用场景。同学们聚精会神地听着，将自己学到的知识和产生的问题认真记录下来。为了让同学们进一步理解物流机器人的原理，清华大学的老师现场拆卸了一个物流机器人，为同学们展示其中的原理和奥妙，同学们看得津津有味。同学们非常惊讶，原来一个小小的盒子里居然装置着这么精密复杂的设备。最后，清华大学的老师操作机器展示了物流机器人搬运的过程，同学们明白了物流机器人可以逐步代替操作人员从事繁重劳动，降低劳动成本，这正是当今科技发展的趋势。

第三站，机械臂实验室。同学们在这里参观了我国目前主流的工业制造机械臂。制作精巧的机械臂完成了精准的动作，同学们为机械臂的神奇折服，并向老师提出了自己的想法和疑问。了解机械臂的相关原理和知识后，同学们参加了智能机械臂的体验活动。同学们自由组队分成了六组，在老师讲解操作方法之后，开始合作操作模拟机械臂，将小积木搭建起来，亲身体验机械臂的工作原理。

活动最后是交流分享心得。学生代表纷纷表示这是一次内容充实、生动有趣的课外实践活动，不仅有丰富的知识讲解，更有亲身体验的乐趣。通过本次科学实践小学堂项目活动，同学们对机器人的发展历程和工作原理有了一定的了解，对机器人实验室所展示的创新和实践精神有了更加深刻的认识，同时也提升了自身的科学素养和创新实践能力。

（案例作者：深圳市光明区凤凰学校　黄晓欣）

策略四：交流澄清

（一）基本概念

李放滔指出，交流澄清是指在体验过程中给学生预留时间和机会来充分表述他们对问题的认识和理解，比如展开研讨或辩论等。严奕峰和谢利民将这一过程称为抽象概括阶段，强调经由这个过程才能发展质疑、判断或推理的思维品质，更能够内化与迁移其学习经验。[①]陈岸涛也强调在体验活动中，教师要引导学生将情感体验过程中内心积聚的矛盾、冲突通过语言表达出来，并接受外部的合理评价，进一步强化正确的感受，矫正过激或偏向的情绪，升华道德情感。[②]

（二）基本操作

老师应先摆正自己宽容的心态，以学生为本，尊重个体差异，学会倾听和理解，成为学生成长的引导者和鼓励者，给学生预留时间和机会来充分表达他们对问题的认识和理解。

在今天这个信息发达的时代，电视、电影、网络等的信息在我们的生活中大量传播，帮助孩子提高信息辨别能力就变得更为重要了。路易斯·拉斯等人提出了价值澄清（Values Clarification）理论，其主要任务不同于传统的说教法，而在于帮助学生澄清其所持的观念，从而调整自身去适应身边的世界。通过老师引导，同学之间讨论互动的方式，帮助孩子澄清一些重要的知识，形成正确观念。

而对于犯错的学生，简单的说教不见得会获得有效的结果，为了让学生对错误的行为有更加深刻的认识，教师通过组织讨论交流的方式，引导学生在与同伴的交流过程中产生体验，不断升华内心情感。为了在讨论中能发表正确的意见，得到同伴的赞许，学生会对问题进行推理、总结等思维活动，这一活动

---

① 严奕峰，谢利民．体验教学如何进行：基于体验学习圈的视角［J］．课程·教材·教法，2012，32（6）：21–25.

② 陈岸涛．体验式教学模式在高校思想政治理论课中的运用［J］．学校党建与思想教育，2010（26）：54–55.

就是学生探索的过程。而与同伴互相交流则是澄清价值的过程，使学生自行实现思想上的共鸣、情感上的升华。

利用辩论的方式进行德育教育也属于体验教育中交流澄清策略的一种。辩论活动能够激发学生的参与积极性，充分挖掘学生的内心想法，提高学生的语言表达能力和思辨能力，是一举多得的活动。另外，辩论可以帮助教师把教育的主动权交给学生，让学生获得同伴的教育。

（三）实践案例

案例 1

“问题学生”的转变

在教育工作中，遇到学生犯错违纪是难免的，也是班主任最为头疼的事之一。然而这却是教书育人的大事，是学校德育工作的要事，若处理不当会带来消极后果。因此，如何正确处理学生的犯错和违纪行为是我们每个教师都必须面对的问题。

金无足赤，人无完人。任何人都有犯错误的时候，特别是小学生，他们还处于成长发育阶段，活泼好动和随大流是他们的天性，无理取闹、相互打骂、戏弄同学等违纪现象时有发生。如何帮助他们改正错误呢？

在我所教的四年级学生中有一个叫小罗的学生，常常欺负同学，有事没事喜欢碰同学，屡教不改。一次，排队上体育课，他碰碰前面同学的屁股，打打旁边同学的头等。当体育老师问到他，他毫不在意地说：“我只是和他们开玩笑，没什么大不了。”下课后，好几个学生来到办公室向我哭诉小罗的种种“恶迹”。我听后陷入了思考，决定通过谈话让他知道自己所做的事情是让人不舒服的，以此改变自己。我的做法是找到小罗，以谈话教育为主，告诉他：“老师其实知道你不是有意伤害同学，你可能只是想拉近和同学的关系，但是这样做的话，只会让同学更不喜欢你，远离你，你觉得呢？”我并不训斥、严惩他，而是耐心地与其解释如此对待同学的严重性。小罗同学听完我的话后，默默低下头几分钟，我也没有打扰他。过后，他便嘟囔道：“全班都不喜欢我，让我很伤心。”我便连忙安慰说：“这样吧，你能说说你自己身上的优点吗？”他说：“没有优点。”我接着说：“有，而且很多，例如你很诚实、不说谎，这是非常值得大家学习的地方；其次，你很善良，愿意帮助同学，你没发现吗？”我不断地带他回忆他之前做的种种好事，他终于露出了微笑。我说：“人与人相处，最重要的是真诚相待。你对他（她）好，他们就会永远记住你的好。你们能成为同学、成为朋友是缘分，应该好好地珍惜啊！”他连忙说：“是的，我知道这样做对同学不礼貌，且容易伤害同学，我之前也一直想为什么同学们都不喜欢我，现在我知道了。我以后会忍住不再乱碰同学，制造矛盾。”我微笑着看着他，问：“那如果真的忍不住呢？”他说：“那就用自己的左手打右手吧。”我笑出了声。我们的聊天就在这样愉快的氛围中结束了。我不断地给他鼓励、给他自信：你可以做好，你可以改变！

当班主任会面对各种形形色色的问题，其实更需要我们用宽容的心态正确对待学生。犯错误是孩子成长的必经之路，我们应该利用一切资源给孩子一个自我认识错误、改正错误的机会。让“热”问题得到“冷”处理，使学生感受到教育的艺术，最终实现从被动接受教育到主动进行自我教育。

小罗同学在之后的两年时间里，逐渐学会控制自己，这是非常值得我开心的事情。

（案例作者：深圳市光明区凤凰学校　廖恩惠）

案例2

让孩子自己选择

当代儿童身处在价值观多元且相互冲突的环境中，处理每一件事情时都面临许多选择，会对某种道德选择充满了困惑，对复杂的社会环境无所适从。比较常见的是，人们常常在不明白应持何种价值时便做出选择。杜威认为人能自由选择，但信息多了，人的抉择也多了，没有适当建立起个体正向价值观的孩子，更容易迷失其中而不自知。对于很明显或似是而非的错误观念，教师应该加以引导。

小河气急败坏地大声质问我：“老师，明明小问也在走廊奔跑了，为什么您却只责怪我一个人？”那天课间我在走廊上值日，抓住一个在和同学追逐打闹的学生小河，但他好像并不太服气，当场和我吵了起来，引起同学们围观。对教师来说，这个场景并不陌生，是学校里面比较常见的师生言语冲突场景。为了学生的安全着想，我不止一次在班上强调课间不能和同学追逐打闹，又是劝导又是说教，可这些话语好像从来没有进入过部分孩子的耳朵里，每天课间还是不断有人在走廊上奔跑，不时还发生互相碰撞摔倒的事件，甚至还会有学生执着于群体外在公平原则，忽略了个体内在反思、反观能力，追求“公平惩罚”。最终导致的结果是违反纪律的孩子不停地在争论，忽略了事情本身的对错。为此我特意召开安全教育主题班会，讨论在走廊上奔跑存在的问题。班会伊始，我先给学生呈现故事情境：课间十分钟，有的同学在教室里面看书、玩游戏，有的同学在教室外面大声喊叫，互相推搡。这时提问：你觉得哪种行为才是正确的？接着组织学生进行话题讨论，寻找问题的答案。这一步的目的是引导学生将个人价值观和现实生活结合起来，同时鼓励学生坦诚大胆地表达自己内心的想法。下一步鼓励学生进行综合反省：不正确的行为会导致什么样的后果？你身边还有哪些不安全的行为？再一次组织学生进行话题讨论，使他们对课间不文明现象进行深层思考，进行自我指导和自我教育。这一环节结束之后，我邀请了小河上台来谈谈他的看法，令人欣慰的是经过与同伴们的讨论和思考，小河已经不再像之前那样生气了，而是对自己的行为进行反省深思，并做好了下一步的思索和计划：他主动要求班干部监督自己，如果发现他有不正确的行为就立马提醒，直到他完全改正为止。这就是交流澄清教育策略的魅力，不需要任何说教，学习的主动权完全掌握在学生自己的手里，他们在不断摸索中找到正确的方向，而后砥砺前行！

（案例作者：深圳市光明区凤凰学校　肖均嫣）

案例3

最美的花需要最用心的浇灌

如何引导学生树立正确的价值观？

“肖老师！小泽和小姚又在厕所闹起来啦！”课间我刚到教室就遇到几个“情报员”飞奔向我报告这一情况，本来愉悦的心情瞬间消失了，这已经不是他们俩第一次在厕所里打闹了。厕所潮湿，孩子们在里面打闹时避免不了会接触到地面。果然当他们回到班级的时候，其中一个孩子的裤子是湿的——他们居然坐到了厕所的地板上！我当时恼火极了，不仅因为我多次强调不能在厕所里面打闹，更是因为担心他们会因此而受凉、生病，我打算给他们一点小教训。在帮助他们简单擦拭之后，我把他们带到了厕所，表情很严肃地教育了他们，并且告诉他们可以在里面再玩一会儿，玩够了再回教室（我暗中派了班长观察他们是否有按时回到教室）。为了让这两个孩子更加深刻地认识到自己的错误，第二天我适时开展了一节主题为课间安全十分钟的班会课，目的是让孩子们充分讨论课间十分钟应该如何安全度过。学生结合实际情况，列举身边的例子，分小组讨论自己的观点，充分交流意见，用正反事例说明在课间要守秩序，最后每组请一位代表上台发表感想。

本来以为事情就这样过去了，可让我没想到的是，下课之后，小泽和小姚经过反思，痛定思痛，主动向我提出解决方案。这节班会课结束之后，他们提出："老师，我们想当厕所安全员，监督班里的同学是否有在厕所打闹。"我大吃一惊，他们居然在我之前就想出了解决方法！在确认他们确实想担任这个职务之后，我毫不犹豫地答应了他们，并且告知了全班同学，就当是临时任职了。在接下来的一天里，小泽和小姚尽职尽责，每节课下课都会去厕所查看，就连赶作业的时候也不忘他俩的工作。我的心情一度因小泽和小姚而沉重，又因他们重新变得美妙。

（案例作者：深圳市光明区凤凰学校　肖均嫣）

案例 4

"拍马屁"大会

由于中小学生的身体和心理在发生着巨大的变化，难免存在自卑心理和情绪低落的现象，基于这个问题，我开设了"拍马屁"大会，让学生学会欣赏他人，发现他人身上的闪光点，同时也找到自身的长处，树立自信。

进入青春期后，有许多学生开始过分关注自己的外表，产生了一些焦虑和自卑的心理。为了解决这一问题，我打算开一节主题为"拍马屁"大会的班会课，让学生们树立正确的观念，将眼光放在内在美上，帮助他们建立自信。

当我用投影仪投射出"'拍马屁'大会"五个字后，学生们兴奋得炸开了锅，觉得今天的班会课肯定热闹好玩。我让学生们安静下来，然后解释了大会的规则：大会用接龙的方式进行，第一位同学站起来后要首先谈谈自己的优点，然后选择另一位同学，谈谈他的优点或者让你敬佩的地方，接下来再由那位同学做同样的事情，用这样的方式将大会持续下去。一开始，同学们有些害羞，有点不敢开口说自己的优点。于是我给大家做了个示范："我的优点是有耐心，学生问问题我都会细心解答，从来不会出现不耐烦的情绪。我认为班长的优点是很大方，乐于助人。平时同学忘记带文具了，班长会主动借出自己的文具，同桌有不会的题目也会给他讲解。”我告诉大家不要不好意思，实事求是就好。

于是，接下来班长也说出了他自己的想法：“我的优点是上课很认真听讲，这样可以学到很多知识，也可以帮助基础不好的同学。我觉得小李同学的优点是他的字写得非常工整，我应该向他学习。”教室里爆发出了热烈的掌声，“拍马屁”大会开了个好头。班长说完后，小李同学继续了他的发言。不知不觉，一节课已经过去了一大半。大家从一开始鸦雀无声到后来侃侃而谈，气氛十分活跃，基本上班上全体同学都被表扬了，有些学生被表扬的时候脸上乐开了花。

大会结束时，学生对自己和班上的同学有了更加深入的了解，这次的“拍马屁”大会非常成功，不仅让学生意识到自己和他人身上的闪光点，还让班级氛围更加和谐融洽，学生对自己也更有自信了。

（案例作者：深圳市光明区凤凰学校　文倩）

案例5

每个人的恐惧

初中阶段是孩子成长的转折期。进入青春期的孩子，不仅会经历身体形态上的变化，还会产生复杂而又矛盾的心态变化。尤其是内心敏感脆弱的孩子，在受到嘲笑后自尊心很容易受到伤害。在学校，教师需要正确引导学生面对生活中的各种情绪，帮助学生培养良好的道德品质。

小刘是个文静听话、做事细心的女生，她平日里的表现都获得了各科老师很高的评价。但是今天课间的时候，我却发现她趴在桌子上默默地抹着眼泪，旁边的几个男生还朝着她的方向起哄。

我立马朝他们走了过去，那几个男生看到我走近，心虚地停止了哄闹。我在心里暗暗地猜测，这群男生是不是又在欺负女同学了。我安抚好小刘的情绪以后，在班上询问情况。另外一个女同学把事情的来龙去脉告诉了我：小刘在经过教室后方的储物柜时被一只爬虫吓到，慌乱之中大叫着，还被旁边的扫把绊倒了。坐在教室后排的几个男生，不但没有把小刘扶起来，反而像看笑话一样指着小刘，还不停地嘲笑她是个胆小鬼。面对这群调皮捣蛋的男生，我心生一计，觉得有必要利用班会课的时间让全班同学都意识到恐惧心理并不可笑。

班会课上，我邀请同学们回忆自己的日常生活，以“我不敢”“我害怕”开头，分享自己的故事。女生们比较积极，纷纷说出自己害怕的事物，如怕一个人在家、怕黑、怕大狗等；而男生们好像有点好面子，为了保持自己勇敢无畏的形象都不愿意说出自己害怕的事物。于是我开始让男生们互相“检举”，说出自己好朋友最害怕什么。这下便打开了话匣子。小王说他最好的朋友是班上的体育委员，体育委员虽然看起来身强力壮，但是最怕妈妈生气时批评他。体育委员听了也不甘示弱，反击说小王怕鸡，因为他小时候眉毛被鸡啄掉了。同学们瞬间哄堂大笑，气氛很快活跃了起来，那几个课间嘲笑小刘的男同学最惧怕的事物也被好哥们儿“泄密”了。此时的教室里充满了笑声，但我明白这次的笑不是对同学恶意的嘲笑，而是大家在轻松愉悦的氛围中敞开心扉后的笑。

在同学们的分享结束之后，我告诉他们，每个人都有恐惧的时候，那是一种再正常不过的心理状态。惧怕危险，才能更好地保护好自己；惧怕失败，我们才能够更加坚定地走向成功。我们应该正视害怕，它并不可笑。我继续引出课间发生的那件事，最后，嘲笑小刘的那几个男同学向小刘道歉，并表示以后再也不会嘲笑他人。

（案例作者：深圳市光明区凤凰学校　文倩）

案例 6

手机的利与弊

随着科技的发展，人们的生活逐渐离不开手机，但是过长的手机使用时间和不当的使用方式会对学生造成严重的不良影响，教师和家长都有必要帮助学生树立正确的手机使用观念，让手机这把双刃剑成为有利的工具，而不是伤人的刀剑。

由于中考将英语听说纳入了考试范围，因而需要学生利用手机软件进行听力、口语练习，每天进行打卡训练。因为部分家长经常工作到很晚，平时无法监督孩子完成练习，所以干脆给孩子配备了一台智能手机，让他们回家自行练习、打卡。但在最近，有不少家长反映孩子有了手机后，经常玩手机玩得废寝忘食，平时的管教也不听。学生对于大人的管教有逆反心理，因此矛盾焦点必须从“大人叫我这样做”转变为“我应该怎么做”。针对这一问题，我觉得应该开一场辩论会，让学生从自身的想法出发，总结出正确使用手机的方式。

在课上，我提出了“初中生该不该拥有自己的手机”这个辩题，让学生分成正反两个阵营，并把他们分别安排在教室的左右两侧，中间隔着一条过道。正方的观点是“初中生应该拥有自己的手机”，而反方的观点是“初中生不该拥有自己的手机”。阵营划分好后，同学们先进行了5分钟的自由讨论，双方将自己的观点做初步的梳理，并写在草稿本上备用。5分钟很快就结束了，同学们都情绪高涨。接下来就是同学们举手发言的时间。首先，正方阵营的选手进行发言，很多人都把手举得高高的，就连平时不怎么爱说话的小何同学也举起了手，于是我点名让他发言，他说：“初中生应该拥有自己的手机，因为手机可以查资料，给我们的学习带来帮助，我们还必须用手机打卡写作业。”发言完毕后，反方立即举手，个个争先恐后，小王反驳说：“我们不应该有自己的手机，因为初中生自制力弱，会用手机玩游戏，反而耽误学习。如果要用手机打卡的话，用家长的手机就可以了。”正方又针对反方的观点做出了针对性的回答：“家长并不是时刻在家，他们有上晚班的时候，我们如果等他们回来会等到很晚，耽误打卡。而且有时我们需要和家长电话联系，所以需要配备自己的手机。”

就这样争论了几十个回合，个个都有理有据。这场辩论虽然不是很正式，但是同学们都积极参与，各抒己见，给辩论会增添了很多色彩。最后快要下课了，同学们还意犹未尽。其实同学们在辩论的时候，我把双方论据中的关键词写在了黑板上，他们看着黑板就发现了手机是个有利有弊的工具，最后总结出结论：手机的确能给学生的学习和生活提供很大的帮助，但关键是要杜绝不正确的使用方式。最后我给他们布置了一个作业：回去想想，应该怎样帮助自己合理使用手机，让手机的使用利大于弊。

（案例作者：深圳市光明区凤凰学校　文倩）

策略五：委托任务

案例1

给个舞台吧

刚经历小升初的学生，面临着学习环境的改变，人际关系的重建，学业压力的陡增，逐渐增强的独立意识与自身能力不足的冲突等。部分学生短时间内调整不过来，无法顺利进入新一阶段的学习，容易出现焦虑、自卑、成绩下滑、厌学、人际关系紧张等问题。班主任如何尽快帮助学生找到自己在班级的“生态位”，成为组建新班集体后的一个棘手问题。

小朱同学个子不高，坐在班级第一排，却是一个让我在开学一个月后才逐渐关注到的孩子，其平日在班级的存在感可想而知。这是一个从学校小学部升上来的女孩子，成绩平平，其貌不扬，平日里沉默寡言，在班级里几乎没什么朋友。但是，我从小学部老师那里了解到，这是一个成绩优秀、有着认真的学习和做事态度、有良好人缘的女孩子，还曾经是老师在班级里的得力助手。为什么到了初中，她变得如此落寞？

我从家长口中了解到，小朱上初中后多次在家中表示班上同学都比她优秀，她压力很大；而从科任老师口中了解到，她在近几次考试中的表现都十分不理想，成绩处于中下游水平。小学与初中成绩的强烈反差，对小朱打击极大，让小朱无所适从，产生自我怀疑。而小朱成绩如此不理想的根本原因在于她没有融入新的班级，在新的班级里没有找到属于自己的位置。作为班主任，我决定帮她一把。

我试着接近她，有意无意地找她聊天，试图让她坦然面对现状，调整好自己的心态，积极应对。但是，语言往往显得有些苍白无力，偶尔燃起一点微光，但终究抵不过成绩落差给她带来的自卑感。

终于，在我与学校音乐老师赵老师的一次偶然谈话中提起这个孩子时，赵老师表示对小朱的印象特别深刻，她嗓音独特，有钢琴特长，是一个学音乐的好苗子。这可是一个大大的闪光点。

在一次“感恩父母”主题班会展示课中，我提前给她布置了一项特殊的任务，请她在班会的高潮环节为班级弹唱一首《烛光里的妈妈》。起初，小朱感觉到十分难为情，不敢答应。“小朱，这节班会课没有你可不行，在我们班我可再也找不到能完成这个任务的孩子了。”听到我这么一说，小朱的使命感油然而生，郑重地点了点头。在班会课上，小朱怯懦地走上台，然而琴声一响，她便惊艳了所有同学；动情的歌声一出，更是让同学们忍不住发出声声赞叹，而后又不禁被歌声感动得纷纷落泪。我清楚地看到，小朱眼里闪烁着耀眼的光芒。

经过此次班会课上的亮相，同学们对小朱刮目相看，小朱脸上的笑容慢慢地多了起来，课间常能看到小朱与同学谈笑风生，她跟各科老师也亲近起来，初中学习生活渐入佳境。

上个月，学校举行“班班有歌声”合唱比赛，同学们第一个想到的就是小朱。

在同学们的鼓励和推荐下，小朱不仅担任这次合唱的领唱人，还成为这个节目的主要策划人。关于这个节目，从合唱安排、呈现形式到服饰妆容，小朱有着各种各样的金点子。大家慢慢发现，原来小朱是这样一个“宝藏”女孩。

就这样，小朱在一个个的活动任务中，收获了在班集体的存在感，收获了人缘、收获了自信。而这份自信带动了她学习上的信心，她的学习成绩稳步提高。

（案例作者：深圳市光明区凤凰学校　欧晓婷）

案例 2

疏还是堵

2019—2020 学年第二学期是一个特殊的学期，新冠肺炎疫情考验着万千大众。学生居家学习，实体教学改为线上教学。深圳各校积极响应“停课不停学”教学工作部署，自 2020 年 2 月 16 日到 2020 年 5 月 11 日，线上教学共开展了将近三个月。然而，部分孩子因为长时间接触网络，对网络的依赖越发严重，沉迷于网络上激烈的虚拟游戏和无拘无束的网上聊天。

自从结束网课返校上学后，小辉同学便总是顶着“熊猫眼”到校，且到校时间越来越晚，迟到问题屡教无果。这天早上，一直不见小辉身影，我联系家长后了解到，小辉昨晚又玩游戏玩到两三点，今天早上压根儿就起不来，家长也拿他没办法。孩子沉迷于网络游戏，厌学情绪重，这可真是个棘手的问题。我叮嘱家长，小辉起床后，无论几点，一定要将他送来学校。

下午，终于等来了小辉。看着无精打采的孩子那怯懦黯淡的眼神，可真是让人焦急、惋惜。面对我的询问，小辉倒是很诚实地回答了。这回，我一反常态，没有着急说教，而是与他闲聊，跟他聊他最喜欢的游戏、最喜欢的游戏皮肤、人物，以及他现在在游戏中所获得的成就。谈起游戏，他倒是打开了话匣子，滔滔不绝。我引导他：“这个如此好玩的游戏到底是谁发明的呀？你知道游戏界面、人物、规则等都是怎么来的吗？”小辉有些兴奋，答道：“我知道，信息技术老师说过背后都是由代码控制的。”我说：“对呀，我们的信息技术老师可是一个编程高手，他了解到你有游戏特长，正想跟你聊聊，想看看你有没有兴趣加入他的创客社团呢。”小辉一听，眼里终于闪出久违的光芒。当然，我与信息技术老师早已打好招呼，说明了小辉的情况，并与他计划着把小辉揽入创客社团，在校发展小辉在编程方面的兴趣爱好，从其感兴趣的地方入手，让他对上学这件事情有些盼头。

而后，我又联合班上几个与小辉玩得比较好的同学，动员他们在自由活动时带上小辉一同去操场打篮球，因为我了解到打篮球是小辉除游戏外为数不多的兴趣之一了。这样做的目的是，一来，让小辉慢慢发现在学校不仅仅可以学习文化课，还有很多他感兴趣的爱好可以发展；二来，希望小辉在打球时可以与同学们建立起钢铁般的友谊，让小辉日后再抗拒来学校时可以想起班上还有一群如此好玩的哥们儿。

而后，我又约小辉父母谈话，希望小辉父母近期在家中可以着手完成以下几件事情：①与小辉共同制订合约，合约内容越细越好，具体到每周玩游戏的次数、每次游戏时长、每周按时到校天数，以及奖励与惩罚；②做好监督工作，不管孩子几点睡觉，早上必须督促孩子起床上学，且不管几点，都必须把孩子送往学校；③多陪孩子外出，每天放学后、周末尽可能多陪孩子外出运动或者逛逛孩子感兴趣的地方；④多跟班主任、科任老师沟通交流，做到家校联手。

渐渐地，小辉每周到校的次数越来越多，对学校创客社团布置的各项任务也越来越上心，也经常能看到他跟同学在校园里谈笑风生的身影，各科老师都反映小辉像变了一个人似的，精神面貌焕然一新。

（案例作者：深圳市光明区凤凰学校　欧晓婷）

第四节　以学科教学为视角的特殊策略

体验教育的策略选择离不开对于特定背景的考量，这主要指的是教师在开展体验教学活动时，对所选取的策略形式需要依据具体学科进行积极的建构，诸如语文、外语、音乐等具体学科中会涉及的特殊教学策略。

一、语文教学中的体验策略

语文课程强调在体验中培育敏慧的心灵和对语言、生活敏锐的悟性。黄伟在探讨语文教学中“文的感知”“情的映射”“意的揣摩”“境的沉浸”的基本要求下，提出了形象体验、情感体验、意趣体验、遐思体验四种语文教学中体验的主要类型；具体构建了以情调、韵味、意趣为中心的美读法，搭建背景平台的情境法，强调切己体察、推己及人的移情法，落脚由此及彼、触类旁通的会悟法四大类语文体验教学的方法。[①] 夏静认为语文体验教学主要通过围绕某个主题，以一个个学习任务层次推进的过程，基于学生的已知，针对学生的须知以及连接学生的需知，强调抵达深度学习的语文体验教学策略在于创设存在于语言本身的真实情境中，并重视情感的呼应，逐步建构与充实类似概念，进行指向结构的梳理与反思。[②]

二、外语教学中的体验策略

王海啸认为体验式外语学习提倡将学习者置于语言教学的中心位置，强调学习者的个体需求和个性化的学习风格的体验基点，强调合作式学习的体验方式，强调课堂交际情境对校外社会现实再现的体验内容。[③] 伍忠杰和高照等人从理论和实践两个层面对体验式外语教学的手段和方法进行了研究，基于“学生、教师、任务和环境”的四要素教学结构和“体验环境—循趣探究—构思解答—快乐验证—学习反思”的五步骤教学程序，构建了口语促听说的循环自主体验式学习模式、英语辩论主导的体验式英语学习模式、个性化分级体验式学习模式等。[④] 刘俊、杨芳和郭红霞将“互联网＋教育”的思维融入外语体验教学中，提出了“情景再现合作学习”外语体验教学模式的设计思路，分析教学对象、细化教学目标，创设虚拟学习情境和实践环境，确定教学组织形式，建立认知和体验、反思、感悟之间沟通的有效渠道，使学生沉浸于近乎真实的外语应用环境中，得到真实的学习和应用体验，实现语言知识构建。[⑤]

三、音乐教学中的体验策略

音乐教学中的体验策略，立足于体验者情感、直觉和灵性的发挥，它以激

---

① 黄伟．体验在语文教学中的运用［J］．课程・教材・教法，2005，25（7）：48-52.

② 夏静．抵达深度学习的语文体验教学策略［J］．上海教育科研，2019（8）：93-96.

③ 王海啸．体验式外语学习的教学原则：从理论到实践［J］．中国外语，2010（1）：53-60.

④ 伍忠杰，高照，李京南，等．体验式外语教学模式探索与实践［J］．中国外语，2010，7（1）：61-67.

⑤ 刘俊，杨芳，郭红霞．“互联网＋教育”时代语言知识建构和体验式学习：以“情景再现合作学习”外语教学模式实践为例［J］．南方职业教育学刊，2017，7（5）：77-81.

发学生学习音乐艺术的兴趣与培养情感为目的，核心在于培养学生的审美体验与情趣。陈喜基于音乐课程情感性、审美性和人文性的特点，提出音乐体验教学通过情感体验、审美体验、人文体验三个向度来提升素养、涵养美感、陶冶德性，最终达到以情感人、以美育人、以德化人的目的。① 俞加平强调音乐体验教学从感性入手，以情动人、以美感人，并勾勒了情景体验、参与体验、沉浸体验、创编体验的教学模式。② 吕斌认为音乐体验教学的意义在于引发听者的共鸣与微妙的情感交错，提出了构建具体项目，创造教学情境；以任务为驱动，引导角色扮演；鼓励互动讨论，进行思维碰撞的路径选择。③

综上，以学科教学为视角的特殊策略是一种调控具体教学活动的方法论体系。在当前的研究中，研究者多聚焦于特定学科背景和学科要求下的体验策略的开发和设计，都反对单纯地强调对概念、判断和推理等知性因素的掌握，而忽视个体感受、领悟等心理功能的发挥。相比语文、外语和音乐等这些具体学科中体验教学策略的研究，对类似数学学科的体验教学策略的研究较为稀缺，这些学科同样需要教师采取特殊的策略，赋予其情感，并在教学中适时地进行情感调节，从而让学习者产生美感体验。

---

① 陈喜．音乐体验教学：内涵、价值与路径选择［J］．湖南师范大学教育科学学报，2015，14（1）：71–75.

② 俞加平．小学音乐体验式教学的实践与探索［J］．上海教育科研，2007（4）：68–69.

③ 吕斌．音乐体验教学：内涵、创新与路径选择［J］．陕西教育（高教），2018（6）：28–29.